Mathias Hansen
Arnold Schönberg
Ein Konzept der Moderne

Mathias Hansen

Arnold Schönberg
Ein Konzept der Moderne

Bärenreiter
Kassel · Basel · London · New York · Prag

Die Deutsche Bibliothek - CIP-Einheitsaufnahme

Hansen, Mathias:
Arnold Schönberg : ein Konzept der Moderne / Mathias Hansen. -
Kassel ; Basel ; London ; New York ; Prag : Bärenreiter-Verl., 1993
ISBN 3-7618-1146-2

Umschlaggestaltung: Jörg Richter, Emstal-Sand
Satz: Tau Type, Bad Sauerbrunn
Druck und buchbinderische Verarbeitung: Clausen & Bosse, Leck
ISBN 3-7618-1146-2

Inhalt

VORAUSSETZUNGEN

»Kunst heißt Neue Kunst«
»Neue Musik ist die Musik
neuer musikalischer Gedanken«
(Arnold Schönberg)[1]

»Schönberg fasziniert, solange er der musikalischen Sprache gegenüber eine freie Haltung einnimmt und seine nachromantische Ästhetik vollkommen mit dieser Freiheit in Einklang bringt. Aber nach der Entdeckung der Reihe, einer Entdeckung wohlgemerkt, der wir selber verpflichtet sind, scheint es bei ihm zu einer Spaltung gekommen zu sein zwischen der eigentlichen Technik und einem Zwang zum Akademischen, das ihm sozusagen als Garantie diente. Dennoch haben wenige Männer mit solcher Kraft auf die Geschichte der Musik eingewirkt wie er: er ist eine jener ragenden Gestalten in der Musik des 20. Jahrhunderts, die der zeitgenössischen Sprache ihre gegenwärtigen Konturen verliehen.«[2]

Pierre Boulez schrieb dies 1961 als Fazit eines Lexikonartikels. Die Abhandlung, ein zentrales Motiv des programmatischen Vortrags »Schönberg ist tot« von 1951 aufnehmend, hält an der These jener »Kritischen Theorie« fest, derzufolge in Schönbergs kompositorischem und theoretischem Werk ein unaufgelöster Widerspruch zwischen »fortgeschrittener« Technik und »traditioneller« Sprache bestünde. Er hätte, um an eine bereits aus dem Jahre 1924 stammende Äußerung Hanns Eislers anzuknüpfen,

»sich ein neues Material geschaffen, um in der Fülle und Geschlossenheit der Klassiker zu musizieren. Er ist der wahre Konservative: er schuf sich sogar eine Revolution, um Reaktionär sein zu können.«[3]

In Kunstdiskussionen der letzten Jahrzehnte verfestigte und vergröberte sich dann diese Auffassung zur meist blanken Entgegensetzung von beispielgebender »Traditionsbewahrung« und problematisch-gefährdetem »Avantgardismus« – einerseits fand Schönberg gleichsam offizielle Anerkennung als »Klassiker der Moderne« neben Igor Strawinsky, Béla Bartók, Dmitri Schostakowitsch, Paul Hindemith, Benjamin Britten usw., andererseits wurde sein Werk als unzeitgemäß gekennzeichnet, als Fossil aus einer Zeit, in der konstruktivistische Experimente ohne Rücksicht auf öffentliche Resonanz den Vorrang vor kommunikativen Absichten und den sich ihnen unterwerfenden Darstellungsweisen besessen hätten.

Beide Urteile einschließlich des Widerspruchs, der zwischen ihnen zu bestehen scheint, erschöpfen sich in flachen Etikettierungen und machen auf keineswegs ungewöhnliche oder gar neue Weise deutlich, daß sie lediglich Neutralisierung dessen bewirken, woran sie haften. Solche Etikettierung täuscht einen »normalisierten« Umgang mit Person und Werk vor; suggeriert, daß verstanden worden ist, welche »Botschaft« die Meister von Bach bis Schönberg zu vermitteln gesucht haben und daß ihre Utopien im realen Lebensgefühl der Gegenwart aufgelöst und somit erfüllt sind. Davon vermag auch keine anderslautende Beschwörung abzulenken, derzufolge die »Klassiker« noch immer und auch weiterhin zur Auseinandersetzung herausforderten, die Verpflichtungen ihrer Werke längst nicht und vielleicht auch niemals abgegolten seien. Die Praxis – und nicht erst die jüngste – läßt entschieden anderes erkennen.

So hat sich im Aufführungsbetrieb ein nahezu geschlossener Fundus an traditionell-klassischen Werken herausgebildet, der in sich rotiert und kaum noch – und durch neue Musik so gut wie gar keinen – Zuwachs findet. Aber auch die kompositorische Praxis hält Beispiele bereit, welche den gleichsam formalen Umgang mit den Werken belegen. Man hätte von ihnen gelernt, und dazu gehöre eben auch, daß man sie überschreite – wie dies in der Musikgeschichte gang und gäbe sei. Der Haken liegt aber wohl in der immer offenkundigeren Tatsache, daß an die Stelle von Überschreitung als produktiver Fortsetzung von Tradition kaum sehr abwechslungsreiche Formen von deren Verdrängung treten und der Vorwurf erhoben wird, die »Moderne«, die »Avantgarde« mit ihrem vermeintlichen Kern der Wiener Schule Arnold Schönbergs wäre einem Irrweg gefolgt, der zur Selbstisolierung der neuen Musik, zu deren »Sprachlosigkeit« geführt habe. Dagegen wehre sich nicht nur, sondern revoltiere geradezu ein künstlerisches Gewissen, dem an einer Wiederherstellung des Öffentlichkeitscharakters neuer Musik gelegen ist.

So wenig letzterem Anliegen widersprochen werden kann und darf, ist doch um so energischer darauf zu verweisen, daß der praktische und theoretische Ansatz für ein solches Anliegen mit Blick auf Schönberg (aber nicht nur auf ihn!) eine grobe Verkennung und Verfälschung von musikgeschichtlichen und -ästhetischen Tatsachen beinhaltet. Dieser Ansatz deckt auf, daß eine unverbindliche Klassikerverklärung lediglich die Kehrseite einer Medaille bildet, der die Abwehr bzw. Verdrängung von authentischer Avantgarde aufgeprägt ist. So ergibt sich denn aus einem Widerspruch, der im Grunde keiner ist, die Konsequenz, einen Versuch zu unternehmen, das, was die Wiener Schule und insbesondere Schönberg an künstlerischen Leistungen erreicht, welche ästhetischen Ziele sie verfolgt haben, sachgerecht darzustellen. Es geht hier also darum, in der Verflechtung von Dokumentation und Interpretation historische, ästhetische bis kompositionstechnische Positionen Schönbergs transparent zu machen; sie in direktem Kontakt mit den kompositorischen und theoretischen Werken zu diskutieren: es geht um eine Darstellung »durch Schönberg hindurch«.

Dies kann und soll nicht heißen, daß auch nur der Versuch für sinnvoll gehalten wird, Schönbergs künstlerisches Denken in seiner verzweigten Totalität – es regiert geradezu sämtliche anderen Denkmotive, -ebenen und -richtungen – ausbreiten zu wollen. Doch es gibt eine Art Fokus, auf den dieses Denken zusteuert, den es ausbaut, um von ihm endlich alle weiteren Gedankenflüge ausgehen zu lassen. Der Fokus besteht in nichts anderem als in der Bestimmung dessen, was unter einem »musikalischen Gedanken« zu verstehen ist, wovon er sich herleitet, was ihn prägt, welche Folgerungen er enthält. Es ist dies ein Fixpunkt, der noch und gerade in den stürmischsten Bewegungen individueller Entwicklung bis hin zu den aufreibenden Auseinandersetzungen in gesellschaftlicher Öffentlichkeit als Kraftzentrum wirkt, ja, auf den Schönberg vielleicht ohne die scharfe Konfrontation zwischen Werk und Öffentlichkeit gar nicht gestoßen wäre.

Denn das Konzept des musikalischen Gedankens bündelt nicht nur die Elemente und Verfahrensweisen der eigenen spezifischen kompositorischen Arbeit einschließlich die sie tragenden ästhetischen und ethischen Absichten, sondern umfaßt ausdrücklich das gesamte, von Schönberg wahrgenommene und für relevant gehaltene Feld musikalischer Produktivität, die, von der Renaissance bis in die Gegenwart, als Gedankendarstellung sich entfaltet hat und auch weiterhin entfalten müßte. D. h., das Konzept zielt in erheblichem Maße auf Rechtfertigung der eigenen Leistung: Indem Schönberg sie als Teil eines Traditionsstroms auszuweisen sucht, entwirft er eine Werthierarchie, deren Spitze eben diese Tradition und mit ihr, in ihr sein Werk bilden. Zwangsläufig erscheint jede Opposition gegen Schönberg nicht schlechthin als Kritik an einer individuellen künstlerischen Ausdrucksweise, sondern an einer gesamten, gewachsenen Tradition, die in ihrem Wesen als Gedankendarstellung zu verkennen oder zu ignorieren den Hauptvorwurf gegen die Opponenten ausmacht.

Es war denn auch alles andere als Zufall, daß Schönberg seinen Gedankenbegriff und die in ihm gründende Rechtfertigungsstrategie mit der ersten Phase atonalen Komponierens seit 1909 zu entwerfen begann, nach den bitteren Erfahrungen aus den Aufführungen seiner Werke also, die, ausgenommen einige tonale Frühwerke wie *Verklärte Nacht* op. 4, die sinfonische Dichtung *Pelleas und Melisande* op. 5 oder die *Gurrelieder,* in schöner Regelmäßigkeit zu Skandalen führten und dem Komponisten den Ruf eines unbelehrbaren Traditionsverächters eintrugen. Doch hegte Schönberg nicht den geringsten Zweifel daran, daß der Weg, den er eingeschlagen hatte, unumkehrbar ist und daß er mit Notwendigkeit gegangen werden muß – auf ihm erfolge die historisch wie logisch begründete Weiterführung dessen, was von der Tradition angebahnt worden sei.

Die Parallelität von kompositorischer und theoretischer Arbeit, in der Schönberg seinen »Gedanken« – und mit ihm seinen Musikbegriff – entfaltete, fand mit der Überwindung der atonalen »Krise« kein Ende. Sie konnte kein Ende finden, weil diesen Begriff ein offenes Feld von Bestimmungen, Folgerungen und Forderungen umgibt, die kaum fixierbar und deshalb auch nicht kodifizierbar sind. Darin gründet seine ungeminderte Aktualität, der sich nicht zuletzt Schönberg selbst immer wieder stellte und die ihn ein Leben lang zu neuen Überlegungen herausforderte – auch zu unzähligen vergeblichen Versuchen, den »Gedanken« zu definieren.

Die Parallelität von Komposition und Theorie seit 1910 macht die Kennzeichnung des Jahrzehnts bis zum Anfang der zwanziger Jahre als eine Schaffens-»Lücke« gegenstandslos – sie ist falsch. Wenn auch in diesem Zeitraum, von einigen Marginalien abgesehen, fast ausschließlich Fragmente zustande kommen, die auch Fragmente bleiben, so ist doch das entscheidende und unvergleichlich schöpferische Ergebnis nicht zu übersehen: die Auffindung einer Perspektive, in der die Atonalität zu dodekaphoner Durchbildung findet und der »Gedanke« als ebenso offener wie übergreifender Musikbegriff Gestalt annimmt.

Der um den »Gedanken« zentrierte Begriffskreis zeigt an, daß in ihm aktuelle kompositionstechnische Gegebenheiten, Verhältnisse und Anforderungen mit einem recht genau zu bestimmenden historischen Vorfeld in Verbindung gebracht werden: mit der auf dem Entwicklungsprinzip beruhenden, motivisch-thematisch, harmonisch, rhythmisch, dynamisch und klanglich immer stärker differenzierten Musik seit der Klassik Bachs und Beethovens und ihrer Weiterführung durch Schubert,

Schumann, Liszt, Bruckner oder Mahler im instrumentalen bzw. vokal-kammermusikalischen, durch Wagner im musikdramatischen Bereich. Dies als Verabsolutierung einer historischen Entwicklungstendenz zu bezeichnen – Musik sei einzig als »Ideenkunstwerk« gültige Musik –, trifft nicht den Kern. Denn Schönberg hatte keine »Wahl«: Indem er sich für diese Entwicklung »entschied«, legte er nur den Boden frei, auf dem sein eigener Musikbegriff gewachsen war und der sein gesamtes musikalisches Denken trug und lenkte. Es verführte ihn nicht, andere Entwicklungen geringzuschätzen oder gar zu ignorieren – freilich aber auch nicht dazu, auf produktive Kritik zu verzichten und alles Überlieferte oder Entstehende als zu akzeptierende Realisierungen von unterschiedlichen Absichten aufzunehmen, als »Vielfalt von Handschriften«, wie die unverbindliche und deshalb nichtssagende Floskel inzwischen lautet. Selbst ein flüchtiger Blick nur in die Beispielsammlungen der theoretischen Werke lehrt, daß Schönberg neben den Klassikern von Bach bis Mahler auch Komponisten aus anderen Traditionsbindungen – quantitativ freilich abgestuft – für die Demonstration musikalischer »Gedanken« und ihrer jeweils spezifischen »Darstellung« heranzieht. Andererseits ist nicht zu übersehen, daß gerade die historische Perspektive dazu genutzt wird, das eigene Musikverständnis und seine kompositorischen Ergebnisse durch den Bezug auf autoritative »Meisterwerke« zu legitimieren.

»Ich lege nicht so sehr Gewicht darauf, ein musikalischer Bauernschreck zu sein, als vielmehr ein natürlicher Fortsetzer richtig verstandener, guter, alter Tradition.«[4]

Eine solche Haltung hat nichts mit traditionsfrömmelndem Akademismus oder gar neostilistischer Koketterie zu tun. Schönberg war zutiefst davon überzeugt, eine historisch notwendige Aufgabe zu erfüllen, ein Vermächtnis, das die Klassiker einem jeden ernsthaft Schaffenden auferlegten – und das nicht zu erkennen oder abzuweisen eine der entscheidenden Ursachen wäre für den Verfall ästhetisch-ethischer Wertmaßstäbe, für die unaufhaltsam scheinende Ausbreitung eines »Unterhaltungsdeliriums«.[5] Darin, in der Überzeugung, daß seine Arbeit Anteil habe an der Durchsetzung des »Weltgeistes«, daß sie selbst ein Teil von ihm sei, gründen Schönbergs Rigorosität und Strenge des künstlerischen Urteils, der Forderungen an Kunst und Künstler – die er allerdings an sich selbst zuerst stellte:

»Es liegt mir daran, Sie darüber aufzuklären, warum ich bei der Verwirklichung der von mir in Noten dargestellten musikalischen Gedanken keinen anderen Willen als den meinigen gelten lassen kann, und warum bei dieser Verwirklichung dieser blutige Ernst, diese nachsichtslose Strenge angewendet werden muß: weil mit ganz derselben komponiert wurde.«[6]

Die Geschichte der Musik erscheint Schönberg als Geschichte der Darstellung musikalischer Gedanken, die einem Fortschrittskriterium unterworfen ist. Es besteht im Maß dessen, was als Zuwachs an Differenzierung und zugleich an Vereinheitlichung des musikalischen Materials, mithin des darzustellenden Gedankens, erreicht wird. Dergestalt hat Geschichte einen teleologischen Charakter, und die ästhetische Beurteilung von Musik geht von der Frage aus, »in wieweit sie in Richtung auf das gegebene Ziel fortschreitet«.[7]

Schönbergs Überzeugung, daß die Zwölfton-Methode zu dem ihr gegebenen geschichtlichen Zeitpunkt ein Höchstmaß an Differenzierung und Vereinheitlichung ermögliche, gab ihm die Gewißheit, die von der Tradition auferlegten Verpflichtungen zu erfüllen:

»Man macht sich selten klar, daß eine Hand, die es wagt, auf so viele Errungenschaften unserer Vorfahren zu verzichten, gründlich in den Techniken geübt sein muß, die durch neue Methoden ersetzt werden sollen. Man macht sich selten klar, daß zwischen der Technik der Vorfahren und der Technik eines Neuerers eine Verbindung besteht und daß in den Künsten keine neue Technik geschaffen wird, die nicht in der Vergangenheit wurzelt.«[8]

In dem für Schönbergs Verhältnis zur Tradition bekenntnishaften Aufsatz »Nationale Musik« von 1931 heißt es:

»Ich bin überzeugt, daß man einmal in diesem Neuen erkennen wird, wie innig es mit dem Besten verbunden ist, was uns als Vorbild gegeben war. Ich maße mir das Verdienst an, eine wahrhaft neue Musik geschrieben zu haben, welche, wie sie auf der Tradition beruht, zur Tradition zu werden bestimmt ist.«[9]

Es wurde bereits angedeutet, daß die konstante, im Lauf der Jahre immer konkreter werdende Fixierung auf den »Gedanken« zusammenhängt mit der Abwehr von zermürbenden Widerständen, denen Schönberg nicht minder konstant ausgesetzt war. Dies aber macht auch den epochalen Charakter seines Werkes aus: Noch angestrengteste, zuweilen überanstrengte und dann geradezu hilflos erscheinende Rechtfertigungsaktivität ließ ihn den Zusammenhang von Geschichte und Gegenwart nicht aus den Augen verlieren; noch die Selbstverteidigung geriet Schönberg zur Verteidigung klassischer Kultur, die ihm die schlechthin menschheitliche war – gegen mächtig aufschießende Anpassungs- und Vermarktungsmechanismen. Die manisch wirkende Unnachgiebigkeit, mit der Schönberg auf dem »Gedanken« beharrte, mit der er ihn auszubauen und zugleich zu kondensieren suchte, hängt offensichtlich mit der Absicht zusammen, ein praktikables Konzept zu finden, um dem kulturellen Verfall Widerstand entgegenzusetzen. Unter diesem Gesichtspunkt rückt der musiktheoretische »Gedanke« in eine bemerkenswerte Nähe zum »Gedanken«, zum »Wort«, das *Moses* der Bilderwelt *Arons* entgegenhält – vergebens freilich: Das Wort, das ihm fehlt, läßt den Widerstand in Utopie aufgehen. Doch die Ohnmacht der Utopie, im theoretischen wie im musikdramatischen Werk, gibt keinem Pessimismus Raum: »Es (war) immer mein Glaube, daß ein Komponist, wenn er von seinen eigenen Problemen spricht, zugleich die Probleme der Menschheit behandelt.«[10] Er tut dies »in symbolischer Weise«, was auch heißen kann, daß er mittels der Utopie sowohl auf drohende Verluste hinweist, als auch eine Alternative entwirft, welche dem Verfall entgegenwirkt.

Ohne dieses übergreifende Konzept läßt sich der ebenso intensive wie vielschichtige Einfluß Schönbergs auf das geistige Leben nun bald eines Jahrhunderts schwerlich verstehen. Dabei gilt es – und dies bringt uns an den Ausgangspunkt für die folgenden Darlegungen wieder zurück –, den Gedankenbegriff in seinem Doppelcharakter, in seiner Doppelsinnigkeit herauszustellen, um die Breite der Wirkung von produktiver Ausdeutung bis ignoranter Mißdeutung erfassen zu können.

Einerseits dient der Begriff gewissermaßen als theoretische Brücke von der Atonalität zur Dodekaphonie, sucht Schönberg mit ihm die Antwort auf die Frage, wie

»logisches« Komponieren nach Ausschaltung der traditionellen technischen Regulative zu ermöglichen sei; wie der »Verlust« ersetzt werden könne, ohne den auch weiterhin als verbindlich erachteten Inhalt des traditionellen Werkbegriffs – die Darstellung von Gedanken – aufzugeben. Insofern legt der Begriff eine Rechtfertigungsstrategie nahe, die den Verdacht auf sich zieht, Geschichte zu manipulieren, einseitig zu interpretieren, um die eigene Leistung und Entwicklung als einzig legitim aus ihr hervorgehend vorführen zu können. Der »Gedanke« fungiert als Garant einer kompositorischen Logik, in der Schönberg gewissermaßen das Grundgesetz der Musikgeschichte erkannt hatte und deren nicht minder gesetzmäßige Konsequenz nun die Zwölfton-Methode bildet. Dieser Sinn, diese Sicht enthält die individuelle Seite des Gedankenbegriffs, an der sich auch nahezu ausschließlich der Widerstand gegen Schönberg entzündete.

Andererseits gilt es, eine allgemeine Seite herauszustellen, welche die zukunftsträchtigere ist, jedoch bisher weit weniger Beachtung fand. Deshalb wird sie auch um so eingehender zur Sprache kommen, ja unser eigentliches Thema sein. Das Gedankenkonzept setzt die niemals unproblematische Einheit von Gestalt und Gestaltungsweise voraus, von gegenstandsfixierender Begrifflichkeit (»Thema«, »Gestalt«) und funktionsorientiertem Verfahren (»Darstellung«):

»Der musikalische Gedanke ist das, was dargestellt werden soll, die Darstellung des Gedankens ist jedoch der Gedanke selbst. Der Gedanke existiert also nur in der Darstellung.«[11]

Ungeachtet zunächst der hier leicht absehbaren definitorischen Schwierigkeiten, die sich sogleich auch als inhaltliche zu erkennen geben, zielt Schönbergs Konstruktion auf eine gedanklich erfüllte Musik. D. h. auf eine Musik, welche aus der Analyse der Tradition die notwendigen Schlußfolgerungen abzuleiten versteht, um wahrhaft neue, also gedanklich neue Musik zu sein. Dies heißt aber auch, daß es sich hierbei stets um einen Anfang eines Weges handelt, und damit auch, daß andere Wege keinesfalls ausgeschlossen sind. Schönberg überträgt das Gedankenkonzept auf Musik insgesamt, beginnend mit dessen Rückprojizierung auf die tonale: »Ich spüre noch heute in jeder Wendung Beethovens oder Bachs das Neue.«[12] Freilich geschieht diese Rückprojizierung erst, nachdem die Zwölfton-Methode gefunden war und mit ihr das theoretische Regulativ für die Atonalität: der vollzogene »Brückenschlag« von »anarchischer« zu »geregelter« Atonalität durch die Reihentechnik als Tonalitätsersatz machte die ursprüngliche Begrenzung auf die Reihentechnik und deren Anbahnung nicht nur durchlässig zugunsten anderer Musikbereiche, sondern forderte eine solche Erweiterung geradezu heraus. Denn nun ging es Schönberg darum, nicht allein mehr die historische Bewegung zur Zwölfton-Methode als Bewegung von Gedankendarstellung hervorzuheben, aus taktischen Durchsetzungsgründen eine Verengung auf die Methode zu betonen, sondern in der seiner Meinung nach durchgesetzten Methode *eine* authentische Konsequenz neben einer prinzipiell unbegrenzten Zahl weiterer Möglichkeiten zu sehen.

Allerdings geschah dies nicht ohne listigen Hintersinn: Zutiefst davon überzeugt, daß seine Methode und die sie tragende Komposition als Realisierung von Gedankendarstellung sich notwendigerweise durchsetzen und die Geschicke der Musik »in den nächsten hundert Jahren« lenken werden, meinte er wohl, auf einen spezifischen – somit immer auch einengenden – Nachweis verzichten zu können. Statt verbaler

Exkurse waren nunmehr Werke (ab op. 23) vorhanden, welche die Tragfähigkeit der Theorie, eingeschlossen deren Überlegenheit gegenüber jedweder anderer, vor aller Ohren demonstrierten.

Es ist dies ein neues Motiv innerhalb der Rechtfertigungsstrategie, das sich für Schönberg aus der *etablierten* Reihentechnik ergibt: Im Bewußtsein, mit ihr einer von der Tradition angebahnten Entwicklung gefolgt zu sein, und im Vertrauen auf die von ihr freigesetzten schöpferischen Potenzen öffnet sich das Konzept allem, was den Anspruch erhebt, Musik zu sein. Indem dergestalt der »Gedanke« zum einzigen Kriterium erhoben wird, das dazu taugt, eine sinnvolle Entscheidung treffen zu können, welche Musik »authentisch« und welche dies nicht sei, gewinnt es die Dimension »musikalischen Denkens«. D. h., das Rechtfertigungsmoment als individuelle, subjektive Seite des Gedankenbegriffs findet, obwohl es niemals aus Schönbergs Theoriebildung verschwinden wird, durch seine Auflösung in einem allgemeinen Musikbegriff zu einer Objektivierung, welche tolerante Urteilsfähigkeit ermöglicht.

Der Übergang vom konzeptionellen »Gedanken« zum »Denken« erfolgte keineswegs programmatisch-zielbewußt – dies verdeutlichen allein schon die bis in die letzten Lebensjahre unternommenen Versuche zu definieren, was denn der »Gedanke« nun eigentlich sei, und dabei selbst merkwürdig starre und enge Formulierungen weiterhin durchzuspielen. Der Übergang ist vielmehr eine gleichsam lautlose Verwandlung, die als Fazit der gesamten theoretischen Überlegungen wie der Kompositionsarbeit erscheint. Hat der »Gedanke« im Rahmen der Atonalität programmatischen Charakter, der selbst von propagandistischem Eifer nicht unberührt bleibt, so schlagen sich in der Verwandlung zum – freilich immer auch als Synonym zu verstehenden – »Denken« neue kompositorische und theoretische Erkenntnisse nieder. Ihm wächst aus der Verschmelzung von Phantasietätigkeit und Abstraktionsfähigkeit, die in den zwölftönigen Kompositionen seit den zwanziger Jahren vormusiziert wird, ein offener Charakter zu, über den sich Schönberg nunmehr auch mit der aktuellen Musikproduktion streitbar und sensibel auseinanderzusetzen vermag. Als »Losungswort« erscheint dabei eine in zahlreichen Varianten überlieferte Maxime, derzufolge es nicht so sehr darauf ankomme, wie etwas gemacht sei, als darauf, was es ist.[13] Der Gedanke beherrscht die Technik, freilich unter der Voraussetzung, daß er und die Art seiner Darstellung gemeinsam erfunden werden (»Ich betrachte die Totalität eines Stückes als den Gedanken«). Alles, was sich als Teil eines Gedankens = Denkens = Gedachten zu erkennen gibt, ist somit gleichermaßen gerechtfertigt und – variabel.

Diese Konzeption, welche vielleicht das Kernstück von Schönbergs Theorie bildet, ermöglicht, unterschiedliche Kompositionsweisen angemessen, d. h. entsprechend den ihnen jeweils zugrundeliegenden Voraussetzungen, Maßstäben und Verfahren zu analysieren und als eigenständige, eigen-artige Gedankendarstellung zu beurteilen. Verworfen wird nur das Beliebige, das Nachgeahmte, das Nicht-Gedachte, das den logischen Zwängen des musikalischen Denkens sich Entziehende. Verständlich, daß solchem Konzept heftige Abwehr entgegenschlug, zumal in Zeiten anti-experimenteller Beruhigung wie seit Mitte der 20er oder seit den 70er/80er Jahren, da man sich eher in einmal Gedachtem einzurichten suchte und somit bereit war, Kunst als Kunst neuer musikalischer Gedanken preiszugeben.

All dies macht wohl das Moment der Rechtfertigung gegenüber den allgemeinen Konsequenzen der Konzeption relativ: Hinter ihr steht Schönbergs Werk in seiner Gesamtheit von Kompositionspraxis und -theorie, das durchzusetzen nicht nur dessen Belange erfaßte, sondern zugleich einen gewissermaßen universalen Musikbegriff ins Blickfeld rückte.

Begriff und Bedeutung des »musikalischen Gedankens« gewannen Kontur im theoretischen Brückenschlag von der Atonalität zur Dodekaphonie. Dies zeichnet auch unseren Exkursen den Weg vor: Zunächst gilt es, den Ausgangspunkt, die Atonalität in ihrer Entwicklung und Verzweigung zu umreißen, um dann eines ihrer Ergebnisse, die Dodekaphonie als eine Variante von »Gedankendarstellung«, zu erörtern.

»EMANZIPATION DER DISSONANZ«

»Secession«
Österreichische Kultur zwischen Geschichte und Tradition

Der 3. April 1897 sollte für Wien ein denkwürdiger Tag werden: Johannes Brahms stirbt – und eine Gruppe junger Künstler, an ihrer Spitze Gustav Klimt, entschließt sich, eine »Secession« zu bilden. Und nur wenige Tage später, am 15. April, unterzeichnet Gustav Mahler einen Vertrag, der ihm das Kapellmeisteramt an der Wiener Hofoper überträgt.

Es schienen nicht nur zwei Generationen, sondern zwei Zeitalter voneinander Abschied zu nehmen.

Brahms war die Symbolfigur eines auf die Klassik eingeschworenen, ihren Formen und Gestaltungsweisen kanonische Verbindlichkeit zuweisenden Akademismus, dem in der Bildenden Kunst eine nicht minder akademisch gestimmte Geschichtsmalerei mit dem Kennzeichen eines »statischen Verismus«[1] entsprach. Dieser Akademismus war zugleich, so merkwürdig dies auch klingen mag, Ausdruck des politischen Aufstiegs des Bürgertums und seiner Ideologie, des Liberalismus, seit den sechziger Jahren des 19. Jahrhunderts. Die gescheiterte Revolution von 1848/49, eine Reihe von außenpolitischen Niederlagen wie die verlorenen Kriege gegen Italien (1859) und Preußen (1866) sowie die wachsenden sozialen und nationalen Spannungen innerhalb des Vielvölkerstaates brachten dessen längst anachronistisch gewordene Feudalstruktur an den Rand des Zerbrechens. Das absolutistische Habsburgerregime sah sich nicht nur gezwungen, durch den sogenannten »Ausgleich« von 1867 auf eine Gewaltenteilung zwischen Österreich und Ungarn einzugehen, sondern auch, durch die »Dezemberverfassung« vom selben Jahre, eine Konstitutionalisierung von Staat und Regierung hinzunehmen. Freilich geschah dies stets – noch jahrzehntelang und praktisch bis in die Katastrophe des 1. Weltkriegs hinein – unter »österreichischem Vorbehalt«: Durch eine allgemeine Ausgleichs- oder auch «Schaukelpolitik«, an der die feudalen wie die bürgerlichen Schichten aus Gründen der Machterhaltung oder der Machtgewinnung gleichermaßen interessiert waren, sollte und wurde in der Tat den schwelenden Konflikten immer wieder die Schärfe genommen. Und so breitete sich eine ebenso anziehende wie trügerische Ruhe aus, in der die »Legende Alt-Österreich«, die Vision einer »österreichischen Schweiz« geboren wurde und die noch in ihren eher zynischen Charakterisierungen als »Despotie, gemildert durch Schlamperei« oder als »Völkerkerker – aber ein angenehmer«[2] humanes Einverständnis voraussetzte.

Für solche »Milderungen« sorgte in nicht geringem Maße auch die Kunst, indem sie dem aufgestauten Repräsentationsbedürfnis eines Bürgertums von Habsburgs Gnaden unterworfen wurde. Der Akademismus entfaltete sich dabei total: einerseits als ein stilaufsaugender Monumentalitätspluralismus, in dem vom ägyptischen Altertum bis zum katholischen Barock alles enthalten war, was »Größe« versprach;

andererseits, jedoch darin fest eingebunden, als eine Traditionskonservierung, deren Gültigkeit und Bestand ein Zeichen von »Ewigkeitswerten« sein sollten, auf die man die eigene Existenz zu errichten wähnte. Die Unverrückbarkeit »ewiger Werte« in der Kunst wurde nicht nur ein Symbol, sondern geradezu eine Garantie für die Kontinuität eines unverletzbaren Lebens. Sichtbarsten Ausdruck fand dieser Akademismus in der Wiener Ringstraße, an der man von den späten fünfziger Jahren bis um die Jahrhundertwende baute und durch die sich, neben den Architekten, auch den Malern ein schier unausschöpfliches Betätigungsfeld erschloß:

»In den großen Ausstattungszyklen von Oper, Museen, Parlament, Burgtheater, zuletzt auch der Universität, veranschaulichte sich das Geschichtsbewußtsein des Jahrhunderts. Historie, Mythologie und Allegorie vermittelten Inhalte, die dem damaligen Einklang von Kunst und Gesellschaft entsprachen. Von der Idee des Liberalismus getragen, wurde in den idealisierten Darstellungen ein Goldenes Zeitalter fernab jeglicher Störung beschworen.«[3]

In Österreich, zumal in dessen auf Repräsentation und Traditionsabsicherung bedachter Metropole Wien, entfaltete sich eine Atmosphäre, ein Lebensgefühl, auf die gleichermaßen die Charakterisierung der preußisch-deutschen Verhältnisse als »machtgeschützte Innerlichkeit«[4] zutrifft. Bemerkenswert ist dabei eine weitere Parallele, auch wenn – oder gerade: weil – sie den Betroffenen keineswegs bewußt geworden sein dürfte. 1869, auf dem Höhepunkt der liberalen Phase, entscheidet sich Brahms endgültig für Wien als seinen ständigen Aufenthaltsort und künstlerischen Wirkungskreis – und Hans Makart wird gewissermaßen zum Chef des Ausstattungswesens für die Ringstraßenpaläste berufen. In den folgenden Jahren schreibt Brahms den größten und gewichtigsten Teil seines instrumentalsinfonischen Werkes, die Sinfonien und drei von insgesamt vier Konzerten, in denen sich nach außen – und deshalb auch ganz im Gegensatz zu späteren Erkenntnissen Arnold Schönbergs – eine willkommene Unterwerfung unter die Normen klassischer Tradition abzuzeichnen scheint.

Kaum anders, wenn auch noch weitaus folgenreicher, wirkte der Historismus Makarts, der als »Makart-Stil« zu einer Epochenkennzeichnung aufstieg:

»Alles, Wohnung und Kleidung, seine Malerei, standen im Dienste des Gesamtkunstwerkes des Historismus. Wie es seinen Zwecken entsprach, benutzte er Stilformen der Renaissance, des Barocks oder Rokokos. Die historische Malerei trat durch ihn in die Spätphase.«[5]

Indem der Historismus von innen heraus, von seinen Gegenständen her, die ihm nur noch dekorative Vorwände bedeuten, austrocknet, steigert er sich in Illusionen hinein, die ihn – und mit ihm die klassische »Schönlebendigkeit«[6] – zerstören. Wie dies geschieht, ist einerseits ein typisch österreichisches Phänomen und hat andererseits mit einer »tabula rasa« zu tun, von der aus sich neue Wege der Gestaltung eröffnen.

Diese Befreiung aber durchläuft einen äußerst widerspruchsvollen Prozeß, den seit Mitte der siebziger Jahre, dann vor allem in den achtziger und neunziger Jahren vehement aufbrechende gesellschaftliche Widersprüche auslösen. Sie haben eine Krise des Liberalismus zur Folge, in der freilich nur an die Oberfläche geschwemmt wurde, was an latentem Konfliktstoff sich angesammelt hatte und bisher, wenn auch immer mühsamer, durch Beschwichtigungs-, durch »Ausgleichs«-Taktik neutralisiert zu werden vermochte.

Die vielfältigen Verunsicherungen in den politisch-sozialen Bereichen, deren Schwächung des gesellschaftlichen Organismus, seiner Austauschs- und Reproduktionsfähigkeit eine apologieträchtige Traditions- und Repräsentationskultur entgegengestellt werden sollte, wurden ergänzt und befördert durch neuartige Entwicklungen in der Wissenschaft – in Philosophie und Psychologie wie in den Naturwissenschaften. Die »Krise des Liberalismus« entfaltete sich zugleich als eine »Krise des liberalen Ich«.[7]

Die stürmisch voranschreitende Industrialisierung seit der Jahrhundertmitte hatte nicht nur einem evolutionistischen Fortschrittsbegriff, sondern auch dessen wissenschaftstheoretischer Grundlage: der klassischen Physik und dem mechanischen Materialismus, allgemeine Anerkennung verschafft. Es schien nur logisch, aus diesem Konzept mittels eines verzweigt-ineinandergreifenden Systems von Reformen auch ein brauchbares Fortschrittskonzept für die Gesellschaft abzuleiten. Doch die nicht selten euphorischen Entwürfe stießen nicht nur umgehend mit bürgerlichen Herrschaftsinteressen zusammen, sondern gerieten auch in Konflikt mit einem philosophischen Skeptizismus, der in wachsendem Maße von den revolutionierend neuen Erkenntnissen der jungen, das Gebäude der klassischen Physik erschütternden Relativitätstheorie genährt wurde. Es entwickelte sich ein physikalischer Idealismus[8], der insbesondere in Wien auf fruchtbaren Boden fiel. Sein namhaftester Protagonist war Ernst Mach, dessen Relativitätslehre mit ihrer Kritik an der Verabsolutierung von Zeit, Raum und Bewegung unmittelbar in die Forschungen Albert Einsteins hineinführt. Machs »Deutung der Naturgesetze, daß sie nur funktionale Beziehungen zwischen Änderungen zustandskennzeichnender Meßgrößen aussprechen, hat die bisher absoluten Begriffe der Physik relativiert«.[9] Die Kritik im Rahmen physikalisch-naturwissenschaftlicher Begriffe und Gesetze wird sogleich zu einer umfassend-philosophischen erweitert: Da die Welt entsprechend dem Relativitätsgesetz (dem einzigen, das feststeht) sich aus Empfindungen und Empfindungskomplexen zusammensetzt, eine Erkenntnis der Welt demzufolge nur durch die Empfindung(en) hindurch möglich ist, kann schwerlich zwischen Realität und Empfindung von Realität unterschieden werden. Diese Ununterscheidbarkeit, angesichts derer lediglich ein Mikrokosmos »positiver Tatsachen« gegeben ist, setzt jedwede Erkenntnistheorie außer Kraft und an deren Stelle eine umfassende Erkenntniskritik.

»Die letzten Elemente der Erkenntnis sind Empfindungen. Die Wissenschaft handelt vom Zusammenhang und von Komplexen jener Elemente, die wir Empfindungen nennen. Ersetzen wir das Wort Empfindungen durch Sätze, haben wir den Kern jener Ersetzung der Philosophie durch Wissenschaftslogik, der aus der Analyse von Sätzen besteht, vor Augen, die Formulierung der Philosophie als Sprachkritik.«[10]

Die erkenntniskritische Wende, ausgehend von idealistisch interpretierten Entwicklungen und Entdeckungen innerhalb von Naturwissenschaft und Philosophie, wirkte sich nachhaltig auf Kultur und Kunst aus. Indem die Welt der Tatsachen lediglich aus »Empfindungstatsachen« besteht, deren Zusammenhänge nicht erklärt werden könnten, gewinnt ein schrankenloser Subjektivismus [11] die Oberhand, dessen Verwurzelung in den angedeuteten gesellschaftlichen Verunsicherungen, in der »Krise des Liberalismus«, die auch das »Ich« und seine Erkenntnisfähigkeit erfaßt, nicht zu übersehen ist. Zugleich aber strahlt dieser Subjektivismus Impulse aus, die das akademisch-traditionalistische Verständnis von Kultur und Kunst aufs schärfste attackieren und damit deren subjektivistische Verwandlung fördern und rechtfertigen.[12]

Auf dem Höhepunkt dieser Entwicklung in den neunziger Jahren greifen also mehrere Krisenschübe ineinander und entfalten eine Energie, von der kaum ein Lebensbereich verschont bleibt. Die hieraus resultierende Instabilität, die gleichermaßen die politisch-sozialen wie ideologisch-kulturellen Verhältnisse erfaßt und die nicht zuletzt auch das herrschende Lebensgefühl mit den in ihm verankerten Wertsetzungen durchdringt, formiert sich nun in ebenso voneinander abgehobenen wie zusammenhängenden Tendenzen. Einerseits in der Kanonisierung und Tabuisierung von traditioneller Kultur und Kunst, die, im Bunde mit den für erneuerungsfähig gehaltenen Resten einer aufklärerisch-reformistischen Kulturpädagogik, die Instabilität in Grenzen halten und nach Möglichkeit verringern sollen. Die Instabilität äußert sich hier also als eine Fluchtbewegung gegenüber der Gegenwart, die freilich durch die Berufung auf traditionelle und damit auf vermeintlich »stabile« Werte verhüllt und zugleich als »Heilsweg“ für diese gefährdete Gegenwart ausgegeben wird.

Andererseits mündet die Instabilität in einen ganz und gar »neuzeitlichen« Relativismus, der nicht allein auf die bereits erwähnten Bereiche von Wissenschaft und Philosophie beschränkt bleibt, sondern ausnahmslos in alle Lebenssphären eindringt. Dieser Relativismus, volkstümlich zu umschreiben mit der Wendung: »Es ist ja eh alles wurscht!«, bereitet den Boden für eine Mentalität, in der sich Abfinden mit der Vergänglichkeit und Sehnsucht nach reinigender Erneuerung, Todesdrang und Sinnenfülle auf merkwürdig-wunderliche Weise vermischen. Diese Mentalität wurde zu einem charakteristischen Phänomen in der österreichischen Gesellschaft um die Jahrhundertwende:

> »Wien, Hauptstadt einer sterbenden Monarchie, hatte zwar allerlei Beziehungen zum Sterben, aber nicht die geringste zum Tode; die berühmte Wiener Sentimentalität war Wissen um Abschied, war Abschiedsstimmung, war Frucht eines perpetuierten Sterbezustandes, dessen Ende man nicht absah und nicht abzusehen wünschte: der Tod definierte sich an allem, wovon man Abschied zu nehmen hat; ›Es wird ein Wein sein und mir wer'n nimmer sein‹, heißt es in einer wahrhaft dichterischen Wiener Volksstrophe, unernst und traurig zugleich.«[13]

Beide Tendenzen jedoch, die des fluchtgetriebenen Konservatismus wie die des skepsissüchtigen Relativismus, erscheinen als unterschiedliche bis entgegengesetzte Ausgangspunkte für neuartige künstlerische Bestrebungen. Es schlägt die Stunde der »Secessionisten« im weitesten Sinn einer Protestbewegung der Jugend, wie sie zuvor bereits in München und Berlin (1892) aufgebrochen ist. Der Protest richtet sich gegen den versteinerten Traditionskult des Konservatismus, gegen eine »Scheinlebendigkeit«, in die sich die klassische »Schönlebendigkeit« verwandelt hatte. Zugleich und von diesem Protest nicht zu trennen, setzen die Jungen, das Relativismuskonzept aufnehmend, auf Entfesselung von Phantasie und Triebleben, drängen sie auf konventionensprengende Selbstverwirklichung. Obwohl auch für die Wiener Secession ein Gründungsdatum angegeben werden kann (1897 trat, wie schon erwähnt, eine Gruppe bildender Künstler unter Gustav Klimts Führung aus der altväterlichen »Genossenschaft bildender Künstler« aus) und damit der Schwerpunkt der Bewegung auf Malerei, Architektur und Angewandter Kunst zu liegen schien, hatte dies weder stilistische Abstimmung oder gar Uniformierung zur Folge, noch blieb die Bewegung auf diese Bereiche beschränkt. Sie erfaßte ebenso die Literatur, innerhalb derer mit dem »Jung-Wiener« Kreis um Hermann Bahr und Hugo von Hofmannsthal eine locker gefügte Gruppierung entstand, die weitgehend der bild-künstlerisch akzentuierten Secession entsprach. Doch auch wenn die Protesthaltung gegen das Überlebte und Erstarrte, auch wenn die Sehnsucht nach Individualität und Sublimierung das einigende Band bilden, das die Künstler umfängt, so ist andererseits nicht zu übersehen, daß sowohl zwischen den Gruppierungen wie in einer jeden – von Beginn an – Differenzen bestehen, die bald erhebliche Auswirkungen haben werden. Und gerade sie sind für unsere Fragestellung außerordentlich belangvoll.

Zunächst, in den neunziger Jahren, beherrscht das Protestmotiv die gesamte Secessionsbewegung: in der Malerei etwa durch forsche Attacken auf den ausgezehrten Historismus wie auf den falschen Glanz schwelgerischer, aber nicht minder abgestorbener Repäsentativität. Insbesondere Klimt setzte dem, z. B. mit den Fresken für die Wiener Universität (ab 1895), symbolträchtige Visionen entgegen, die, an der Philosophie Schopenhauers und Nietzsches sich entzündend, »den Schmerz – und mehr noch, die Lust selbst – in den Traum aufnehmen, um das Leben in seiner mysteriösen Gesamtheit zu bestätigen, sein unergründliches Miteinander von Eros und Tod«.[14] Hermann Bahr, der aufgeschlossene, bewegliche Ideenkatalysator und gewissermaßen der Sprecher der »Jung-Wiener« Dichter, behauptete bereits 1891 mit provokantem Bezug auf die traditionsfromme Erzählweise der Altvorderen: »Die Sprache ist alt und verbraucht und ihre Sätze für jedes Gefühl kennen wir lange, bevor wir das Gefühl selbst noch kennen.«[15]

Der Protest der Künstler gegen sinnentleerte, nur noch durch Gewalt und Lüge aufrecht zu erhaltende Konventionen fand einen nicht zu überschätzenden Rückhalt in den psychoanalytischen Forschungen Sigmund Freuds, der moralische Defizite in Kultur und Gesellschaft auf Verdrängungen im Triebleben zurückführte: die Selbstversklavung des Menschen als Folge der Versklavung des Eros.

> »Die in Wien gezeigte symbolistische Malerei eines Klimt, Khnopff, Munch, Toorop machte – im Einklang mit Ideen Nietzsches, Huysmans', Ibsens, Maeterlincks, Rimbauds oder Whitmans – gegen den bürgerlichen Kompromiß zwischen Moral und Sinnlichkeit den erotischen Exhibitionismus als eine wirksame Methode der Selbstdarstellung und Abgrenzung von herrschender Triebverdrängung und Zensur geltend.«[16]

Die provokativ angelegte Verherrlichung von Eros und Sexualität mit dem Ziel, die sie gleichermaßen beherrschenden und verzerrenden gesellschaftlichen Tabus zu sprengen, drängte in den aufreizenden Frauenbildern von Klimt (*Nuda veritas* 1899; *Judith*, *Goldfische* 1901/02 u. v. a.) ebenso hervor wie in den, die Geschlechterbeziehung entzaubernden Stücken und Erzählungen von Arthur Schnitzler (*Reigen* 1900): und sie zeigte sich derart kompromißlos, daß sie sich sogar in schockierend pornographischen Phantasien austobte (*Josephine Mutzenbacher* 1904, wahrscheinlich von Felix Salten). Andererseits fanden die hier, wenn auch nur latent mitschwingenden sozialkritischen Tendenzen eine geradezu demonstrative Herausstellung, z. B. bei Richard Dehmel, dessen Gedichtzyklus *Weib und Welt* (1896)

Schönberg einen Text als Vorlage für sein programmatisches Streichsextett *Verklärte Nacht* (1899) entnahm. In ihm geht es um eine zwar symbolistisch überhöhte und entrückte, aber dennoch sachlich wertende Darstellung einer Liebesbeziehung, die nach konservativem Verständnis skandalös und somit peinlichst zu verschweigen wäre.

Überhaupt gehen von den secessionistischen Bewegungen starke sozialkritische Impulse aus, die, auch wenn sie – wie die gesamte Bewegung – bald ihren widersprüchlichen Charakter offenbaren, schroff gegen schlechte Konvention und Tradition gerichtet sind wie die eher ästhetisch orientierte Freisetzung von Subjektivität und Phantasie. In der Eröffnungsnummer der Secessionszeitschrift *Ver sacrum* (1898) heißt es apodiktisch:

»Und da wenden wir uns an euch alle, ohne Unterschied des Standes und des Vermögens. Wir kennen keinen Unterschied zwischen ›hoher Kunst‹ und ›Kleinkunst‹, zwischen Kunst für die Reichen und Kunst für die Armen. Kunst ist Allgemeingut.«[17]

Das sozialkritische Interesse der secessionistischen Künstler entzündete sich an wachsenden gesellschaftlichen Entfremdungserscheinungen, die, als Folge der zweiten industriellen Revolution seit Jahrhundertende, das Problem der Masse und der Massenkultur verstörend ins Gesichtsfeld rückten. Der damit heraufziehenden, auch und nicht zuletzt die Kunst erfassenden Entwertung durch massenhafte Verdinglichung der Lebensbeziehungen suchte man durch Erneuerung eines ganzheitlichen Kulturbegriffs zu begegnen, zu dessen Kennzeichnung immer häufiger das wenn auch noch so vorbelastete Schlagwort »Gesamtkunstwerk« diente. So war es nur folgerichtig, daß aus der vorrangig von Malern und Architekten gebildeten »Secession« sich eine Gruppe »angewandter« Künstler in einer eigenen Vereinigung sammelte, in der 1903 gegründeten »Wiener Werkstätte«, deren Programm die Idee des »Gesamtkunstwerkes« als gewissermaßen sozialutopisches Ziel herausstellte.

Es ging, wie der Architekt und Mitbegründer der Secession Josef Hoffmann später schrieb, um »Neugestaltung aller Dinge des täglichen Lebens«[18], wiederum also um eine Art »Gesamtkunstwerk«, das aber, im Gegensatz zu den dionysischen Festen Makarts oder den symbolistischen Visionen Klimts, sozialen, demokratischen Bestimmungen unterworfen werden sollte. Doch gerade dies erwies sich umgehend als blanke Illusion. Die angestrebte Funktionalität der Gebrauchsgegenstände, in der Kunst- und Zweckhaftes einander durchdringen und zu einem Ausgleich kommen, der nichts Geringeres als eine Versöhnung von Kunst und Leben herbeiführen soll, zerbricht an den rein ästhetizistischen Voraussetzungen, auf denen das gesamte Konzept errichtet ist. Das Zweckmoment erschöpft sich in – zweifellos schöner, formvollendeter – Stilisierung, der sich auch das künstlerische Moment – als »zwecklos« ästhetisches – unterwirft. Die Funktionalität, die Verschmelzung von praktischem Zweck und künstlerischer Sublimierung zerrinnen in dem Maße, wie die Gegenstände solcher »angewandten« Kunst zu Ausstellungsstücken geraten: »Ein Saucelöffel könnte als Thema für einen Vortrag über Logik dienen.«[19]

Im Konzept der »Wiener Werkstätte« tritt der widersprüchliche Charakter der Secession – als spezifischer Gruppierung wie als zeittypischer Bewegung – besonders deutlich hervor. Einerseits opponiert man dem sinnentleerten Traditionalismus einer dem Leben entfremdeten, offiziell-akademischen Kunst und Kultur, dringt man auf Erneuerung bzw. Wiederherstellung von deren kollektiv-ethischen Grundlagen, fordert und fördert man die Freisetzung selbstbewußter Phantasie- und Triebenergien, um »Der Zeit ihre Kunst, der Kunst ihre Freiheit« zu geben, wie das Motto am Wiener Secessionsgebäude lautet. Andererseits aber spielte sich aller Kampf, so fruchtbar und impulsiv er auch war, in einem wiederum abgedichteten Raum von Individualismus und Ästhetizismus ab, der seinerseits – und in der Tendenz nicht anders als im Falle des geschmähten Traditionalismus – in einen Stilisierungsprozeß mündete und nicht minder schwerwiegende Verhärtungen zur Folge hatte. Der, wenn auch äußerst vage Begriff »Jugendstil« deutet dies an. Stilisierung aber, noch dazu in der ornamentbetonenden Art der Secessionisten, die ein Abschwenken ins unverbindlich Dekorative geradezu nahelegt, läuft auf Abschwächung der ursprünglichen eruptiven Erfindungskraft hinaus und damit auf eine »Normalität«, die problemlos offizielle Anerkennung findet: Der innovatorische Impuls zerrinnt zur Mode.

Die als Kritik an der akademischen Scheinlebendigkeit entworfene symbolistische Ornamentik erhielt einen dekorativen Zuschnitt, durch den nicht minder illusionistisch-repräsentative Wirkungen erzielt wurden als mit der figürlichen Gegenständlichkeit von einst. Darin aber liegt ein Doppelcharakter der Secession begründet, der auf kritische Widerstände stieß und neuerliche »Secessionen« veranlaßte: bereits 1905 traten Klimt und Koloman Moser aus der Secession aus, um sich als »Klimt-Gruppe« zu etablieren, aus der später der »Österreichische Künstlerbund« hervorging.

Noch schärfer allerdings reagierten auf diesen Doppelcharakter der Secession einige Künstler, deren Selbstverständnis und individuelles Leistungsvermögen zwar einen Zusammenschluß zur »Gruppe« unangemessen erscheinen ließen, zwischen denen aber nichtsdestoweniger eine weitgehende Übereinstimmung in der Beurteilung der künstlerischen wie kulturpolitischen Situation bestand: Adolf Loos, der Architekt, und Karl Kraus, der Publizist, denen sich noch in den neunziger Jahren der Musiker Arnold Schönberg anschließen sollte. Kraus geißelte die Secessionisten als »Dekorateure des Untergangs«[20]. Loos zielte auf sie in seinem Pamphlet *Ornament und Verbrechen*[21] – und beide geben damit ihrer Kritik eine geschichtsphilosophische Dimension, die sie – über die Secession hinaus – zur Zeitkritik machte. Deshalb auch ist es erforderlich, einen Blick auf die secessionistisch gestimmte Literatur, auf den »Jung-Wiener« Dichterkreis zu werfen, durch den gerade die Zeitproblematik, das ins unmittelbar Politische hineinreichende Verständnis des historischen Augenblicks, seiner Herkunft und seiner Zukunftschancen herausgestellt werden.

Das Werk Hofmannsthals, das hier beispielhaft angeführt sei, erhellt in eindringlicher Weise die Zeitproblematik als Ergebnis des besonderen Entwicklungsweges der österreichischen Geschichte. Zugleich läßt es eine in sie eingeschlossene Polarisierung künstlerischer Tendenzen erkennen, die auf der einen Seite unmittelbar traditionsorientierte, ästhetisierende, mythisch überhöhende Darstellungsformen versammelt, auf der anderen eine lose Bündelung »modernistischer«, nach außen traditionsfeindlicher, »experimenteller« Bestrebungen bewirkt.

Am 12. September 1910 fand in München die Uraufführung der *8. Sinfonie* von Gustav Mahler statt. Unter den Anwesenden befand sich auch Thomas Mann, der nach diesem triumphalen Ereignis dem Musiker einen Dankesbrief schrieb, in dem er betonte, daß sich in Mahler »der ernsteste und heiligste künstlerische Wille unserer Zeit verkörpert«.[22] Man darf wohl annehmen, daß ein Schriftsteller vom Rang Thomas Manns solch große Worte nicht ohne Bedacht wählt. Und in der Tat artikulieren sie unmißverständlich eine ganz und gar zeittypische Sehnsucht nach dem umfassenden, sinngebenden, prophetisch-weisen Kunstwerk, das die zur quälenden Frage gewordene Einheit des Woher und Wohin aufnehmen und beantworten könne. Es geht um Eindämmung, um Überwindung der beängstigend fortschreitenden Entfremdung zwischen Kunst und Leben, Kunst und Geschichte, Kunst und Gegenwart, um eine Forderung, die auch und gerade in der »Wiener Moderne« zu einem Topos künstlerischer Arbeit wurde. Hofmannsthal hat diese Forderung am Ende seines Lebens auf die bedenkliche Formel der Notwendigkeit einer »konservativen Revolution« gebracht, durch die die Wiedervereinigung von Kunst und Leben, Kunst und Volk zu »höchster Gemeinschaft«[23] erreicht werden solle, und zwar im Zeichen der humanen und humanisierenden Traditionen des Habsburgerreiches und seiner jahrhundertealten, die politischen Katastrophen überdauernden Kultur.

Es war dies ein Wunschtraum, dessen Wurzeln tief in die Geschichte greifen und der bereits im Lauf des 19. Jahrhunderts eben jene »konservative Revolution« in Gang bringt, die Hofmannsthal erst Jahrzehnte, fast ein Jahrhundert später anbrechen zu sehen wünschte. Die Geschichte Österreichs in diesem Zeitraum, beginnend mit der restaurativen Metternich-Ära über die gescheiterte bürgerliche Revolution 1848/49 bis zum 1867 erstmals festgeschriebenen und dann bis 1918 unablässig abgesicherten und ausgebauten »Ausgleich« zwischen Aristokratie und Bourgeoisie, verlief in entscheidendem Maße als permanente »konservative Revolution«. Ihr Erfolg bestand darin, die Kontinuität im »Ausgleich« zu gewährleisten und dabei jedweden Widerstand unterhalb jener Schwelle zu halten, die zu überschreiten den Ausgleich ernstlich gefährdet hätte.

Zusammen mit dem politischen Bedeutungsverlust Österreichs verbreitet sich um die Jahrhundertwende ein Geschichtsbewußtsein, dem in eindringlicher Weise und als Kehrseite des oben beschriebenen übersteigerten Historismus der geschichtliche Inhalt verlorengeht. Der allgegenwärtige »Ausgleich« als permanente »konservative Revolution« suggeriert, daß die Dynamik der Geschichte zerrinnt, schließlich zum Stillstand kommt. Es scheint sich nichts Wesentliches mehr ändern zu wollen und ändern zu können. Noch drückende Misere umhüllen, federn »mildernde Umstände« ab, welche die Kräfte zur Veränderung lähmen. Für wen sollte man sprechen, für wen eintreten? Es gab keinen blutigen Eklat, der mit dem der Pariser Commune oder des Sozialistengesetzes in Preußen-Deutschland vergleichbar gewesen wäre: dagegen eine immer perfekter ausgebildete Virtuosität in der Verschleierung gesellschaftlicher Mißstände, eine Art »offiziellen« Idealismus, der wie ein »Polizeipräsidium über allen Äußerungen des Lebens« waltete.[24]

Die derart druckvoll sich zu vollziehen scheinende Aushöhlung des Geschichtlichen eröffnete nun freilich nicht minder illusionsgezeugte Freiräume, die auszufüllen der kulturell-künstlerischen Tradition auferlegt und vorbehalten sei. Geschichte verengt sich zur Tradition[25], die zugleich jedoch den Anspruch erhebt, die ganze Geschichte zu sein. Hierin liegt der Grund einerseits für die relativ episodische Rolle, die in Österreich der sozialkritische Naturalismus spielte (das Reizklima offener sozialpolitischer Widersprüche fehlte bzw. wurde immer wieder und rechtzeitig neutralisiert), andererseits für jene spezifisch »österreichische Idee« von Geschichte, die im unbeschädigten kulturellen Traditionskontinuum eine »Idealform« von Geschichte zu erkennen glaubte.

Dergestalt erfahren Kultur und insbesondere Kunst als individuelle Schöpfung eine Aufwertung, die ihnen gewissermaßen mythische Dimensionen gibt. Die historisch- wie aktuell-politische Geschichte verdrängend, erheben sich Kultur und Kunst zu einzig noch vorhandenen Bewahrern von Geschichte und verschleiern dadurch wirkungsvoll die Tatsache, daß sie lediglich als Geschichtsersatz auftreten und als solcher in eine den Urhebern wie den Aufnehmenden allerdings meist verborgene, eminent politische Funktion gedrängt werden.

Anschaulich kommen diese Verkettungen bei Hofmannsthal zum Ausdruck. Im vielzitierten *Prolog* zu Arthur Schnitzlers *Anatol* hatte der jugendliche »Loris« eine elegische Klage über die dickichthaft unreal wirkende Realgeschichte angestimmt, wie sie etwa in den von Makart inszenierten »Bildern« (in den »komponierten« Gemälden nicht anders als in den »arrangierten« Festumzügen) heraufbeschworen wurde:

»Also spielen wir Theater,
Spielen unsere eignen Stücke,
Frühgereift und zart und traurig,
Die Komödie unsrer Seele,
Unsres Fühlens Heut und Gestern,
Böser Dinge hübsche Formel,
Glatte Worte, bunte Bilder,
Halbes, heimliches Empfinden,
Agonien, Episoden...«[26]

Hermann Bahr kennzeichnete das sich hier aussprechende, schwermütig-»wissende« Gefühl als den »Ausdruck einer ermüdeten Zeit, der die großen Gegenstände fehlten, aber von der Vergangenheit, die noch große Gegenstände hatte, lebte: so genoß nun die Sprache sich selbst und brachte, einst selbst aus dem Leben entstanden, nun selber die Täuschungen des Lebens hervor.«[27] Hofmannsthal durchschaute bald die Wirkungslosigkeit der lyrischen Klage als die eines ästhetizistisch sublimierten Protests: Der *Brief* des Lord Chandos über die Sinnlosigkeit puristischen Denkens, das nicht allein die Rhetorik zum Scheitern verurteilt, »die gut ist für Frauen oder für das Haus der Gemeinen, deren von unserer Zeit so überschätzte Machtmittel aber nicht hinreichen, ins Innere der Dinge zu dringen«, sondern schließlich sogar die Worte »im Munde wie modrige Pilze«[28] zusammenfallen läßt – dieser *Brief* ist ein Zeitdokument selbstkritischer Besinnung. Und auch die Konsequenz, die Hofmannsthal aus ihr zieht, erlangt überpersönliche Bedeutung. Sein »Weg führte nicht zur radikalisierten künstlerischen Formulierung von Mißverhältnissen in der Wirklichkeit (...) wie in der Dichtung des Expressionismus, sondern zur Aufhebung realer Konflikte im ethischen Postulat und der ästhetischen Höhenluft des Mythos.«[29]

Der Mythos als Traditionskontinuum, in dem die Marksteine gleichermaßen von Mozart und Goethe wie von Maria Theresia und Franz Joseph I. gesetzt werden, ist nicht mehr »Quelle«, sondern »Antipode historischer Wahrheit. Der Mythos (wird) der Historie nicht nur entgegengestellt, sondern als ihre Überwindung bewertet.«[30] Dergestalt brechen Tradition und Gegenwart, Tradition und Leben noch weiter auseinander, wird also gerade das verfehlt, was man sich so sehnsüchtig erhoffte: die Aufhebung der geschichtlichen wie existenziellen Entfremdungszwänge. Ob dies nun bewußt wurde oder nicht – Hofmannsthal, und mit ihm eine ganze Phalanx von Künstlern, Theoretikern und auch Wissenschaftlern, mobilisierte angesichts der erneuten Drohung von Stagnation alle nur erschließbaren Bindungen an die Tradition, um »eine im Zeichen Mozarts und Goethes betriebene lebensfreundliche, zivilisations- und kulturzugewandte Humanisierung des Mythos«[31] zu erreichen. Und die politische Variante dieser Humanisierung bildete jene genannte »österreichische Idee« von Geschichte, jene »Legende Alt-Österreich«, welche den Anbrandungen der politisch-sozialen Konflikte standhalten sollte.

Ein nur schwer zu entwirrendes Geflecht von Idealen und Illusionen breitet sich aus, das den Nährboden auch und gerade für eine Kunst bildet, welche die Fäden eines in Vereinzelungen zerrinnenden Lebens wieder zusammenbinden möchte. Ihr Impuls ist der beispielgebende Appell, der, wie etwa bei Mahler, zu Besinnung und Katharsis zwingen oder, wie im Falle Hofmannsthals, im mythisch entrückten Spiel zu ethischer Gesittung anhalten möchte. Solch durchaus »kulturpädagogische« Intention ist in den »Lustspielen« oder den Libretti vom *Rosenkavalier* bis zur *Arabella,* ist hinter der als unerschütterlich geltenden Fassade von Pseudo-Renaissance oder theresianischem Pseudo-Rokoko nicht minder zu vernehmen als im überzeitlich angelegten »Welttheater« des *Jedermann*, im mythischen Spiel um Leben und Tod. In der späten, gleichsam testamentarischen Rede *Das Schrifttum als geistiger Raum der Nation,* aus der bereits das bedeutungsschwere Wort von der »konservativen Revolution« zitiert wurde, heißt es zuvor, dies Wort ansteuernd:

> »Alle Zweiteilungen, in die der Geist das Leben polarisiert hatte, sind im Geiste zu überwinden und in geistige Einheit überzuführen: alles im äußeren Zerklüftete muß hineingerissen werden ins eigene Innere und dort in eines gedichtet werden, damit außen Einheit werde, denn nur dem in sich Ganzen wird die Welt zur Einheit. Hier bricht dieses einsame, auf sich gestellte Ich des titanisch Suchenden durch zur höchsten Gemeinschaft (...)«[32]

Hofmannsthals Entwicklung ist symptomatisch für ein Kunstverständnis, das, von den heraufziehenden politischen Katastrophen verunsichert, sich ebenso entschieden an eine Kontinuität ganzheitlicher, geschichtsbewahrender Kultur klammerte, wie es den aufbrechenden »modernistischen« Tendenzen auszuweichen suchte, welche die Krise der Welt als Krise der Kunst ausstellen und dadurch »faßbar« machen wollten. Im Spannungsfeld zwischen diesen Polen entstand sein Werk, wie das einer ganzen Reihe von österreichischen Künstlern, zu denen Arthur Schnitzler oder Stefan Zweig, aber auch der spätere Gustav Klimt und Gustav Mahler gehören. Und nicht minder symptomatisch ist, daß einige ausländische Künstler wie Max Klinger und insbesondere Ferdinand Hodler erst in Wien zu internationaler Anerkennung fanden, Künstler, die zumal für ihre mythenträchtigen Darstellungen hier den fruchtbaren Boden fanden.

Die 14. Secessionsausstellung im Jahre 1902 setzte mit Klingers *Beethoven*-Skulptur ein weithin vernehmbares und vernommenes Zeichen, dem Gustav Klimts *Beethoven*-Fries den effektvoll-hintergründigen Rahmen und Mahlers Bläserbearbeitung des *Freude*-Chores aus Beethovens *9. Sinfonie* die erhabene Einleitung gaben. Aufschlußreich für unseren Zusammenhang sind denn auch die die Ausstellung begleitenden Rezensionen und Beschreibungen, etwa die des Katalogs, in dem über Klimts Fries zu lesen steht:

»Erste Langwand: Die Sehnsucht nach dem Glück. Die Leiden der schwachen Menschheit (...) Zweite Langwand: Die Sehnsucht nach dem Glück findet Stillung in der Poesie. Die Künste führen uns in das ideale Reich hinüber, in dem allein wir reine Freude, reines Glück, reine Liebe finden können. Chor der Paradiesengel. ›Freude, schöner Götterfunken‹. ›Diesen Kuß der ganzen Welt‹.«[33]

Die Ausstellung strebte als Ensemble, das die bloße Ansammlung von Einzelstücken in einem indifferenten Raum [34] vermeiden wollte, zum »Gesamtkunstwerk« mit Klingers *Beethoven* als Leitbild. Der Betrachter sollte – und hiermit sei an frühere Ausführungen wieder angeschlossen – eine Monumentalkunst erleben, die, umfangen von einem tempelartigen Bau, Motive antiker und christlicher Mythologie vereint: Beethoven erscheint als Märtyrer und Erlöser, als Zeus und Messias, um ihn herum versammeln sich Adam und Eva, die Tantaliden, Venus und Christus.[35] Das Theatralische dieses »Gesamtkunstwerkes« läßt sich nicht übersehen, es verweist zudem erstaunlich direkt etwa auf die monumentalen Inszenierungen Max Reinhardts, als deren Höhepunkte seine Präsentation von Sophokles-Hofmannsthals *König Ödipus* (1911) oder *Jedermann* (1912) gelten können und die in Adolf Loos' Plan eines *Theaters für 4000* (1898) einen signifikanten Vorläufer hatten.

Überhaupt fällt auf, daß die darstellenden Künste, das Theater, aber auch die ob ihres theatralischen Zuschnitts ebenfalls dazugehörende bildende Kunst und die Musik eine merkliche Aufwertung erfuhren, gegen die Lyrik und Prosa offensichtlich aufgrund ihrer begrenzten Wirkungsmöglichkeiten, zumal im Idealrahmen eines »Gesamtkunstwerk«-Konzepts, abfielen. Auch und gerade Gustav Mahler unterwirft sich diesem Zug, indem seine Musik insgesamt zu musikdramatischer Darstellung neigt und im Falle der monumentalen *8. Sinfonie* sogar die szenischen Bemerkungen Goethes zur Schlußszene des *Faust II,* die im 2. Teil der Sinfonie die Textvorlage bildet, einbezieht. Geschichtsträchtigkeit im Gewand kultureller Kontinuität ist gerade in diesem Werk Mahlers in jedem Augenblick gegenwärtig. Über den lateinischen Hymnus des 1. Teiles bindet sich Mahler an eine katholische Tradition, die jedoch kaum etwas mit der »Vorzeit« eines 9. Jahrhunderts zu tun hat, in der der Pfingsthymnus entstanden sein soll, sondern aus der Verschmelzung von quasi »Liturgie« und oratorisch-kantatenhaften Darstellungsmitteln ein fiktives, synthetisches »Barock« gewinnt. Und dies verweist wiederum auf eine spezifisch österreichische Traditionskonstellation, in der das katholische Barock, nicht zuletzt als ein Signum politischer Stabilität auf dem Höhepunkt absolutistischer Herrschaft, bis in die Makart-Ära und weiter bis in die secessionistische Moderne hineingetragen wird. Hofmannsthal hat es ein Leben lang zu erhalten gesucht. Sein Blick richtete sich insbesondere auf die spanisch-katholische Kultur des 17. Jahrhunderts, etwa auf Calderón, und auch in Klimts Werk hat eine christliche Tradition von den byzantinischen Fresken bis zum jesuitischen Manierismus El Grecos unverwischbare Spuren hinterlassen. Das Barock, gerade dieser sinneentfesselnde, repräsentationssüchtige und zugleich jenseitsträchtige, zutiefst religiöse Stil, wurde als willkommenes Symbol für eine noch intakte Einheit von Kunst und Leben aufgenommen, dem die Kraft des Mythos zugewachsen war.

Daß diese Kraft sich in einer Art »Neo-Barock« als einer zwischen Historisierung und Ästhetisierung schwankenden Stilnachbildung erschöpfte, dabei ihre humanisierenden Intentionen verlor und in kaum verhüllten Illusionismus einmündete, wurde zu einem entscheidenden Kritikpunkt für unterschiedliche, aber eben in dieser Kritik sich nahekommende Künstler wie Adolf Loos, Karl Kraus und Arnold Schönberg. Sie griffen eine Kunst, eine Kultur an, die in solcher Illusion, nicht in kunst- bis sozialkritischen Entwürfen, Erfüllung findet; deren humanitäre Motive – ob gewollt oder ungewollt – auf das Einverständnis mit dem Gegebenen hinauslaufen. Den Kritikern ist solche Kultur »nicht kultiviert genug«[36], ihr Protest schließt die angespannte Suche nach einer Alternative ein, die sich zu lösen vermag aus den Zwängen einer offiziellen Kultur, welche noch der Einspruch – in der pathetischen Klage wie im »lyrischen Drama« – zur sublimierten Form von Affirmation gerät. Es war »die Poetisierung eines Zustands kapitalistischer Entfremdung unter den besonderen Bedingungen des österreichischen Traditionsgedankens«[37], die den Protest auf sich zog.

»Secession der Secession«
Auf der Suche nach Wahrhaftigkeit

»Mit der Wahrheit, und sei sie Hunderte von Jahren alt, haben wir mehr innere Zusammenhänge als mit der Lüge, die neben uns geht.«[1]

Dieser provokante Satz von Adolf Loos zielt auf die offizielle Wiener Kultur der Jahrhundertwende, in die der Doppelcharakter der Secession fest eingebunden ist. Die Secessionisten verwarfen zwar jedweden leeren, zum ritualisierten Spektakel erstarrten Akademismus, indem sie Kollektivgeist und ethischer Verantwortung wieder Geltung zu verschaffen suchten, gerieten dann aber selbst in den Sog eines ästhetizistischen Stilisierungsprozesses, welcher dem, der den bekämpften Akademismus erfaßt hatte, durchaus nicht unähnlich war.

Eine solcherart regulierte Rebellion mußte geradezu zwangsläufig, nach einer Phase des Befremdens und Verstörens, ihren kritischen Elan verlieren und schließlich in eben dem gesellschaftlichen Konsens aufgehen, gegen den sie angetreten war. Es brauchte nur wenige Jahre, bis die secessionistische Kunst einer Neutralisierung erlag, welche ihre einst schockierenden Formen in schmückendes Dekor und die symbolistisch vertieften Gehalte zur nunmehr genußvoll nachzuvollziehenden Flucht in Innerlichkeit und Pessimismus verwandelte. Diese verhängnisvolle Vereinnahmung traf die »Jung-Wiener« Dichter, insbesondere Hofmannsthal, nicht minder als etwa Gustav Klimt: die Secession wurde Teil einer staatlich anerkannten Kultur, und sie konnte hinsichtlich des Konzepts, von dem sie ausgegangen war, lediglich als Verdienst beanspruchen, daß sie den Staat überlebte und weltweite Geltung errang.

Dabei haben die Secessionisten selbst auf die als verhängnisvoll erkannte Entwicklung zu reagieren versucht – die Gründung der Wiener Werkstätte (1903) gehört dazu, und auch der Austritt Klimts und Mosers aus der Secession (1905). Aber es konnte dies nur ein Aufbegehren sein, ein »Prolog« für eine »Secession der Secession«, die allerdings nach radikaleren Mitteln verlangte.

Gefordert war eine grundlegende Veränderung in den Beziehungen zwischen künstlerischer und gesellschaftlicher Realität. Die klassische Kunst, in die auch noch die Secession eingeschlossen blieb, hatte mit dem Prinzip der »Schönlebendigkeit« einen Abbildcharakter entfaltet, der durch die »Einfühlung« als ihm gemäße Weise der Vermittlung und Aufnahme auch widersprüchliche, konfrontativ angelegte Darstellungen zu sublimierten »Erlebnissen« machte. Das Widersprüchliche, Konfrontative entschärfte sich in der niemals in Frage gestellten Möglichkeit, es in »schön« durchgebildeter Gestalt – »genießend« – zu erleben.

Aus der Enthüllung der »Schönlebendigkeit« als »Scheinlebendigkeit« erwächst eine grundsätzliche Kritik an jedweder unverbindlichen Ästhetik, die gerade in der österreichischen Kultur einen fruchtbaren Boden gefunden hatte: »Die mit sich selbst zufriedene wienerische Konzilianz milderte die brutalen Anforderungen der materiellen Produktion und gestattete damit dem Geist, sich zu regen und zu bilden.«[2] Die Gegner solcher Konzilianz, hinter der sich ein umfassender Geschichtsverlust und damit zugleich ein Verlust produktiv-offener Wechselbeziehungen zwischen Kunst und Leben verbarg, forderten, das Prinzip »Wahrheit« über das der »Schönheit« zu stellen. Jedoch nicht lediglich durch Umakzentuierung im Rahmen einer tradierten Abbildästhetik, sondern unmittelbar, d. h. diesseits des Abbildmoments als Art und Weise künstlerischer Gestaltung und entsprechend dem jeweils spezifischen Material sowie den Verfahrensweisen, von denen diese Gestaltung ausgeht. Nach außen macht sich dies in einem recht schroffen Abrücken von der überkommenen, zu zweiter Natur kultivierten, domestizierten Formensprache bemerkbar[3], die ihre »divertierende Stütze im Gegenständlichen«[4] verliert, und zugleich in der Rückbesinnung auf »elementare« Gestaltungsmaterialien und -prinzipien, welche das illusionistische Raffinement jener Formensprache ausschalten. Man steuert eine »negative Schönheit«[5] an, deren programmatisch ausgestelltes »verneinendes« Moment dann in die schlagwortartigen Begriffsbildungen »Abstraktion« oder »Atonalität« hineinführt. In jedem Fall geht es um kompromißlose Ausgrenzung von allem Dekorativen, Ornamentalen und somit »Divertierenden«, das nicht ursächlich aus der Darstellung eines gleichsam konzentrisch wirkenden »Gedankens« gerechtfertigt ist.

Im Kern vollzieht sich hier eine Reaktivierung von »Metierästhetik«, die zwar – als in der Regel unbewußt praktizierte Ästhetik der Produzenten – auf eine reiche Tradition aufbaut, jedoch durch Abbilddeutung, durch blühende Hermeneutik vor allem innerhalb romantischen Kunstverständnisses[6], weitgehend verdeckt worden ist. Die Herausstellung des Kunstcharakters als Äußerung des Metiers, als Arbeit in und mit einem jeweils spezifischen künstlerischen Material entzieht sich bewußt dem Abbilden von außerkünstlerischen Gegebenheiten und Verhältnissen im Sinne von deren passiver Spiegelung, um unmittelbar in diesem Metier, in seiner Genese, Beschaffenheit, Beziehungsvielfalt und Wirkung, widersprüchliche Prozesse zu gestalten, von denen aus – versetzt oder parallel, durch Kopplung und Rückkopplung –

außerhalb ablaufende Prozesse in Sicht kommen können. Freilich gehört unabdingbar zu solcher »metiervermittelten« Wahrheit, daß sie weitgehend verschlüsselt ist und ihre Entschlüsselung – somit ihre Wirksamkeit – Kenntnisse voraussetzt, die im allgemeinen nicht vorausgesetzt werden können. Das hat die Schwierigkeiten, die solcher kritischen Kunst umgehend entgegentreten sollten, leicht vorhersehbar gemacht: Sie wurde ob einer vermeintlichen Aufkündigung jedweden Traditionszusammenhangs (durch »Abstraktion« bzw. Atonalität«) als unverständlich kritisiert und zurückgewiesen.

Doch die Austreibung von Ornament und Dekor als lediglich schmückende Elemente zugunsten des erstrebten Wahrheitscharakters hat nur scheinbar ein Abrücken, einen Verzicht auf Verständlichkeit zur Folge. Vielmehr ging es den Autoren darum, jene trügerische Übereinstimmung zwischen Kunst und Leben aufzubrechen, die eine »schönlebendige Dekorativität«, deren »Verständlichkeit« fest an solche »Vorspiegelung« gebunden war, den Menschen unablässig aufdrängte. Es ging also nicht um Abwendung von der Öffentlichkeit und von dem auf sie eingespielten Verhältnis zur Kunst, sondern, im Gegenteil, um Hinwendung – allerdings mit dem wahrhaft dialektischen Anspruch Schillers, den Zeitgenossen zu geben, »was sie bedürfen, nicht was sie loben«.[7] Die Hinwendung geschieht also ohne affirmativen Kompromiß, in den die klassischen Traditionen längst und nunmehr auch die jüngsten – sofern sie eben nicht »den Lebensnerv der tradierten Grundwerte« angriffen – getrieben worden sind. Und diese Kompromißlosigkeit führte dann dazu, daß aus der Hinwendung heraus ein Gegenbild zu den vorgefundenen Verhältnissen entfaltet wurde, das sowohl die Sicht auf Tradition wie die Antriebe des aktuellen Schaffens grundlegend verändern sollte.

In der Durchbruchsphase einer »Neuen Kunst« vom Jahrhundertbeginn bis zum 1. Weltkrieg, die ein Kunsthistoriker als »schöpferische Befreiung« und als Übergang »von der Nachahmung zur Wirklichkeit«[8] bezeichnete, wird das schwierige, jedoch für unausweichlich gehaltene Problem zu lösen gesucht, künstlerisches Metier und dessen Vergegenständlichung in Werken als eine eigene, relativ unabhängige Wirklichkeit zu verstehen und zu gestalten. Seine Wahrheit vermittelt eine innere Stimmigkeit, die aus dem angemessenen (»stimmigen«) Verhältnis zwischen dem gewählten Material und seiner Behandlung resultiert. Gefordert wird also ein materialgerechtes Arbeiten, das jedes Element oder Detail auf den jeweiligen gedanklichen, werkbildenden Mittelpunkt bezieht.

Daß es sich nun bei dieser Arbeitsweise, verbunden mit dem Verzicht auf abbildhafte Nachahmung und somit auf gewohnte Verständlichkeit, um alles andere als um anarchistisch-fahrlässige Aufkündigung von Tradition handelt, daß hier »lediglich« bestimmte Folgerungen aus der Tradition gezogen werden, um ihr die Aktualität und damit die Lebensfähigkeit zu wahren und zugleich die Gegenwartskunst wieder auf das Niveau zu heben, das diese Tradition erreicht und als Wertkriterium für die Zukunft hinterlassen hat – an diesem Bündel von Problemen entzündete sich ein heftiger, andauernder, in seinen Auswirkungen noch heute nicht beigelegter Streit. Ist die Neue Kunst, ist die »Avantgarde«, die »Moderne« eine notwendige, unvermeidliche, gewissermaßen logische Folge der Tradition, oder ist sie einer der Irrwege, auf denen man sich nur demagogisch auf Tradition beruft, um Sinn in die Sinnlosigkeit zu pressen?

So sehr der common sense zu letzterem Urteil neigte und neigt, so entschieden – eingedenk der Schillerschen Trennung von »Loben« und »Bedürfen« – behaupteten die Akteure der Neuen Kunst das Gegenteil. Ihr Tun zu rechtfertigen, Widerstände auszuhalten und der Fehlorientierung zu überführen, entfalteten sie intellektuelle Kräfte, die, beispielhaft im Falle Schönbergs, gleichermaßen das theoretische wie künstlerisch-praktische Werk durchdrangen – es zu einem einheitlichen Bekenntnis machten.

»An die stelle der auf unseren hochschulen gelehrten bauweise, die teils aus der adaptierung vergangener baustile auf unsere lebensbedürfnisse besteht, teils auf das suchen nach einem neuen stil gerichtet ist, will ich meine lehre setzen: die tradition (…) Das heute baue sich auf das gestern auf, so wie sich das gestern auf das vorgestern aufgebaut hat (…) Ich warne kraftlose, meine schüler zu werden. Ausgeschlossen aus der kameraderie, die sich durch bünde, vereine, kunstzeitschriften und die tagespresse die öffentlichkeit erobert hat, müssen sie ihre eigenen wege gehen.«[9]

Vertauschte man in diesen Sätzen von Adolf Loos die Architekturvokabel mit einer entsprechenden aus der Musik, so hätte dies auch Schönberg geschrieben haben können. Auf vielfältige Weise, in einer oftmals nur noch schwer zu entwirrenden Verflechtung von bewußten und unbewußten, absichtlichen und unabsichtlichen Bezugnahmen, orientierte er sich an den kompromißverachtenden Kritikern der Secession, an Loos wie Karl Kraus, deren vehemente Wirkung nicht zuletzt davon ausging, daß sie regional, thematisch oder zeitlich begrenzte Kontroversen zu umfassender, geschichtsphilosophisch untersetzter Kritik an herrschenden kulturellen und gesellschaftlichen Verhältnissen ausweiteten. Schönberg hat beide zeitlebens hoch geschätzt. Für den nahezu unablässig verkannten und geschmähten Loos setzte sich Schönberg energisch ein, um dessen wahrhaft innovatorischen und deshalb auch nicht selten utopisch erscheinenden Ideen zum Durchbruch zu verhelfen. Aber da er in diesen Ideen so vieles vom eigenen Denken fand, war in Schönbergs Streiten für Loos immer auch die Selbstverteidigung enthalten.

Die erste größere Publikation, die *Harmonielehre* (1911), wurde Gustav Mahlers Andenken gewidmet; die letzte, die Essay-Sammlung *Style and Idea* (1950) wendet sich »meinen toten Freunden, meinen geistigen Verwandten« zu: Webern, Berg, Jalowetz, Zemlinsky, Schreker – und zwei Nicht-Musikern: Loos und Kraus.

»Sie gehören zu jenen, mit denen man die Prinzipien der Musik, der Kunst, der künstlerischen und bürgerlichen Moral nicht zu erörtern brauchte. Es bestand ein stilles und klares gegenseitiges Einverständnis in all diesen Dingen. Außer daß jeder von uns ständig daran arbeitete, jene Prinzipien zu vertiefen und strenger zu fassen und sie bis ins letzte zu verfeinern.«[10]

Adolf Loos hat den zentralen Punkt seiner Argumentation, den Kampf gegen das »Ornament«, gegen dieses Kainsmal einer Scheinkultur, zu der anmaßende Schönfärberei und handfeste Marktorientierung verschmolzen, frühzeitig zur Sprache gebracht. Bereits im Juli 1898, wenige Monate nach Eröffnung der ersten Secessions-Ausstellung, schreibt er in einem Artikel: »Die schönheit nur in der form zu suchen und nicht vom ornament abhängig zu machen, ist das ziel, dem die ganze menschheit zustrebt.«[11]

Noch im selben Jahr bringt Loos dann auch schon eine der wichtigsten Schlußfolgerungen aus seiner Kritik am Ornament zum Ausdruck: die Trennung von Handwerk und Kunst, von zweckgebundenem Gewerbe und nicht-zweckgebundener künstlerischer Phantasietätigkeit, worin eingeschlossen ist, daß ein jeder Bereich von spezifischen Produktionsvoraussetzungen ausgeht und ebensolche Produktionsbedingungen entwickelt:

»Ein jedes material hat seine eigene formensprache, und keines kann die formen eines anderen materials für sich in anspruch nehmen. Denn die formen haben sich aus der verwendbarkeit und herstellungsweise eines jeden materials gebildet, sie sind mit dem material und durch das material geworden. Kein material gestattet einen eingriff in seinen formenkreis. Wer einen solchen eingriff dennoch wagt, den brandmarkt die welt als fälscher. Die kunst aber hat mit fälschung, mit lüge nichts zu tun. Ihre wege sind zwar dornenvoll, aber rein.«[12]

Die Forderung nach materialgerechtem Arbeiten, das der strikten Trennung von »angewandter« Handwerksleistung und »absoluter« Kunstleistung entspricht, hat Loos sogleich, als ob es ihm um die Ankündigung eines Lebensprogramms ginge, in der ersten Veröffentlichung aus dem Jahre 1897 gestellt. Sie erscheint um so bemerkenswerter, als sich hier bereits in Begriffe gebündelt findet, was später, über Jahrzehnte, in kunsttheoretischen Überlegungen zur Entfaltung gelangt und, wie hier schon klar erkennbar, einen bestimmenden Einfluß auf Schönberg nehmen wird:

»Der moderne geist verlangt vor allem, daß der gebrauchsgegenstand praktisch sei. Für ihn bedeutet schönheit die höchste vollkommenheit. Und da das unpraktische niemals vollkommen ist, so kann es auch nicht schön sein. Sodann verlangt der moderne geist unbedingt wahrheit. Ich habe ja schon oben gesagt, daß die imitation, die pseudoeleganz, gott sei dank, endlich unmodern werden. Und drittens verlangt er individualität.«[13]

»Vollkommenheit«, »Wahrheit« und »Individualität« aber mangeln einer »Kultur«, deren Pseudocharakter aus der ebenso traditions- wie gegenwartsblinden Vermischung von Gebrauchs- und Kunst-»Gegenständen« erwächst – mittels einer Ornamentik, die wie wuchernde Tätowierungen geradezu sämtliche Lebensbereiche überzieht und verkrustet. In solcher Vermischung verliert der Gebrauchsgegenstand – beispielhaft in den Erzeugnissen der »Wiener Werkstätte« – durch hybride künstlerische Ambition seine Würde als gleichermaßen praxis- wie traditionsbewußte Handwerksleistung: der Kunst-»Gegenstand« zerrinnt in flitterhaftem Dekor – weder zweckvoll noch wahr.

Den schärfsten, deshalb wohl auch am meisten bekannt gewordenen Angriff auf die herrschende Pseudo-Kultur löste die im Mai 1908 eröffnete »Kunstschau« aus, die durch Gustav Klimts, von der Secession abgespalteten »Österreichischen Künstlerbund« initiiert worden war, jedoch auch und sogar überwiegend »Alt-Secessionisten« ausstellte. Der Dissens, der Klimts Austritt bewirkt hatte, scheint wahrlich nicht allzu tiefgehend und dauerhaft gewesen zu sein – und dies wiederum könnte Loos zum Anlaß genommen haben, die Ausstellung in ihrer Gesamtheit unter dem Streitruf *Ornament und Verbrechen* anzugreifen. So lautet jedenfalls der Titel eines Textes, den Loos zwar unmittelbar nach Eröffnung der »Kunstschau« formulierte, allerdings erst im Januar 1910 vortrug und sogar erst 1929 veröffentlichte.

Loos zielt vor allem auf einen harmonistischen »Stilwillen«, der nach Auffassung der Aussteller jedes Detail, ob Löffel oder Tafelbild, in den Zusammenhang eines Raumkunstwerks bringen möchte.

»Noch einmal strebte man auf allen Lebensgebieten den umfassenden Stil an, in so überwältigend angehäufter Menge, daß sich das Publikum auch überfordert fühlte. (...) Von den Gebrauchsgegenständen bis zum Hoffmann'schen Musterhaus, von der ›Kunst für das Kind‹ über ›Reformmode‹ bis zur Friedhofsgestaltung war alles aufgeboten.«[14]

Solcher »Stilwille« aber ist für Loos gleichbedeutend mit dem Sieg des Ornaments über die Kultur, einer barbarischen Finsternis über das prometheische Licht. Er zögert nicht, in einer äußerst scharfen, an Kraus und Nietzsche gemahnenden Diktion, das Ornament als den »Schwarzalben« gemäß zu kennzeichnen,

»die solche niedrige Kulturstufe als neuzeitliche ausgeben wollen. (...) Ich predige den aristokraten. Ich ertrage ornamente am eigenen Körper, wenn sie die freude meiner mitmenschen ausmachen. Sie sind dann auch meine freude. Ich ertrage die ornamente des kaffern, des persers, der slowenischen bäuerin, die ornamente meines schusters, denn sie alle haben kein anderes mittel, um zu den höhepunkten ihres daseins zu kommen. Wir haben die kunst, die das ornament abgelöst hat. Wir gehen nach des tages last und mühen zu Beethoven oder in den Tristan. Das kann mein schuster nicht. Ich darf ihm seine freude nicht nehmen, da ich nichts anderes an ihre stelle zu setzen habe. Wer aber zur neunten symphonie geht und sich dann hinsetzt, um ein tapetenmuster zu zeichnen, ist entweder ein hochstapler oder ein degenerierter.«[15]

Die aggressive Forderung nach Ausgrenzung des Ornaments aus der Kunst als Voraussetzung für deren Entwicklung war ein Affront gegen die herrschenden Kunstverhältnisse, der auf nicht minder aggressiven Widerstand stoßen mußte. Loos wurde zum mental mehr als gefährdeten enfant terrible gestempelt, seine ohnehin nur wenigen architektonischen Arbeiten vermochte er nur unter andauerndem Einspruch von Staat und pressegeführter Öffentlichkeit zu realisieren. Doch die Unfähigkeit zum Kompromiß gehörte ins Konzept, und damit auch das Risiko, als absolute Minderheit in die Randzonen des gesellschaftlichen Interesses gedrängt zu werden: »Der künstler hat bei den lebenden keine majorität hinter sich zu haben. Sein reich ist die zukunft.«[16]

Daß Wahrheitsfindung als Kampf gegen eingeschliffene Gewohnheiten und repressive Gleichgültigkeit unpopulär sein, daß sie auf eine nahezu geschlossene Front von Widersachern treffen würde, konnte Loos' Überzeugung, den richtigen Weg eingeschlagen zu haben, nicht im geringsten erschüttern. Auch wenn in dem beschwörenden Ton, mit dem er seine »öffentliche Einsamkeit« benennt, der sehnsüchtige Wunsch mitschwingen dürfte, daß es anders um ihn stünde, daß man ihn doch begreifen und ihm folgen könne – so ist sich Loos stets der Unvereinbarkeit seiner Ideen mit der Trägheit des common sense bewußt:

»Und so ist mein wirken vielleicht wirkungslos. Man kennt nichts von mir. Da aber zeigt sich die kraft meiner ideen und die richtigkeit meiner lehre. Ich, der unveröffentlichte, ich, dessen wirken man nicht kennt, ich bin der einzige von den tausenden, der wirklich einfluß besitzt.«[17]

Das ist ein anderer Ton im künstlerischen Selbstverständnis, der kaum noch etwas mit den gewiß nicht undramatischen Kunstfehden des vergangenen Jahrhunderts zu tun hat. Nun wird in der Sache (die es zu unterscheiden gilt von der Sicht des einzelnen Künstlers auf sie) ein Konflikt zwischen öffentlichem Umgang mit Kunst und deren »künstlergemäßen« Entwicklung inkauf genommen, dessen Tragweite nicht abzusehen war und auch bis heute noch nicht abzusehen ist. Wie immer auch die seitdem quasi gegensteuernden Konzepte angelegt sind: es scheint, daß mit diesem bewußt eingegangenen Dissens sich der Gedanke herausgebildet und immer weiter entfaltet hat, daß eine Kultur nur dann lebensfähig bleibt, wenn sie über die Kraft und das Vermögen verfügt, permanent Leistungen hervorzubringen, die ihren jeweiligen status quo überschreiten. Und die Fähigkeit, jene Belastungen auszuhalten, die der Utopiecharakter wahrhaft neuer Gedanken für die öffentliche Meinung bereithält (indem sie in eine produktive Auseinandersetzung aufgenommen werden und somit jeder status quo zur Zukunft hin sich öffnet) – diese Fähigkeit könnte etwas über den Wert einer Kultur und die gesellschaftlichen Verhältnissen, in denen sie verankert ist, besagen. Es muß wohl so sein: Die Überzeugung, mit ihren Forderungen und Ideen solch weitgespannte Dimensionen anzusteuern, gab Loos und dann auch Schönberg die Gewißheit, »Recht« zu haben – und damit die Unbeirrbarkeit, die Unerbittlichkeit in der Durchsetzung ihres Anliegens. Sie fühlten sich als Propheten inmitten einer heidnisch gewordenen Welt:

»Wer aber weiß, daß die kunst dazu da ist, um die menschen immer weiter und weiter, immer höher und höher zu führen, sie gottähnlicher zu machen, der empfindet die verquickung von materiellem zweck mit kunst als profanation des höchsten.«[18]

In 38 Jahrgängen, seit der Nummer 1 vom 1. April 1899, stritt Karl Kraus mit seiner kleinformatigen, in leuchtendes, aber auch leicht giftig wirkendes Rot gebundenen Zeitschrift *Die Fackel* gegen die Zerstörung der Sprache als der »Wirklichkeit des Gedankens«. Er tat dies

»mit einem ethischen Abscheu vor jener Schlampigkeit des Denkens und des Ausdrucks, die der Widersacher jeder persönlichen Integrität ist und die Menschen wehrlos macht gegen politischen Betrug, geistige Korruption und Heuchelei. (...) Er erweckte bald Widerhall auf anderen geistigen und künstlerischen Gebieten, der sich zur Forderung nach einer Kritik der Ausdrucksmittel in allen Sphären ausweitete.«[19]

Wie Loos gegen das Ornament auftrat, so geißelte Kraus die sprachliche Phrase als »Ornament des Geistes«[20], das sich im Journalismus als trügerische Vermischung von Tatsachenbericht und künstlerischem Ausdruck sintfluthaft ausbreitete. Deshalb, um der Wahrhaftigkeit willen, die alles Denken zum Ziel haben solle, gelte es, streng zwischen den »Tatsachen des Lebens« und denen der Kunst zu unterscheiden:

»Die Zeitung ruiniert alle Vorstellungskraft: unmittelbar, da sie, die Tatsache mit der Phantasie servierend, dem Empfänger die eigene Leistung erspart; mittelbar, indem sie ihn unempfänglich für die Kunst macht und diese reizlos für ihn, weil sie deren Oberflächenwerte abgenommen hat (...) Die Vorstellung ist pfutsch, es kann keinen Dichter mehr geben, weil schon der Reporter einer ist, und der Staat hat nicht mehr genug Phantasie, um die letzte Steuer zu erfinden, die wenigstens etwas wie ein Ausweg wäre und wie der ehrliche Versuch, aus dem geistigen Elend Kapital zu schlagen: die Phrasensteuer.«[21]

Den entscheidenden Angriffspunkt am Journalismus und in der »Kunst«, die sich ihm dienstbar macht, erkennt Kraus in der Zerstörung menschlicher Phantasietätigkeit, aus der wahrhaftige, ethische Werte setzende Kunst hervorgeht. Solche Werte sind nichts weniger als lebenserhaltend, da sie die »menschliche Vorstellungs- und damit auch die Mitleidensfähigkeit«[22] nähren. Gegen Ästhetizismus und Utilitarismus sich gleichermaßen wendend, forderte Kraus die Abhebung der Kunst vom Alltagsleben, um deren humanisierende Potenzen freizusetzen: Sie wirken, durch die Auslösung von Phantasietätigkeit, in der die Menschen erst zum Bewußtsein ethischer Wertbegriffe gelangen, auf das Leben zurück. Anders, in der zweckorientierten und somit manipulierbaren Vermengung von »Kunst und Leben« blieben diese Werte nicht nur unkenntlich – sie gingen verloren:

»Der Künstler gestaltet den Tag, die Stunde, die Minute. Sein Anlaß mag zeitlich und lokal noch so begrenzt und bedingt sein, sein Werk wächst um so grenzenloser und freier, je weiter es dem Anlaß entrückt wird. Es veralte getrost im Augenblick: es verjüngt sich in Jahrzehnten. Was vom Stoff lebt, stirbt vor dem Stoffe. Was in der Sprache lebt, lebt mit der Sprache.«[23]

All dem liegt, nicht anders als bei Loos, das Streben nach Erkenntnis und Vermittlung von unbedingter Wahrhaftigkeit zugrunde. Einerseits, und unter gleichsam negativem Aspekt, indem Kraus immer stärker darauf bedacht ist, die Gegenstände seiner Kritik referierend – und somit bar aller möglichen Glättung durch eigene, zwangsläufig literarisch angehobene Wiedergabe – auszustellen. Die »Trockenlegung des Phrasensumpfes«[24] geschieht mit dem Zitat, das besser als jede Beschreibung, und sei sie noch so sehr um Sachlichkeit bemüht, die in ihm verborgenen Motive zu erkennen gibt:

»Ich habe Geräusche vernommen und sagte sie jenen, die nicht mehr hören. Ich habe Gesichte empfangen, und zeigte sie jenen, die nicht mehr sahen. Mein Amt war, die Zeit in Anführungszeichen zu setzen, in Druck und Klammern sich verzerren zu lassen, wissend, daß ihr Unsäglichstes nur von ihr selbst gesagt werden konnte. Nicht auszusprechen, nachzusprechen, was ist. Nachzumachen, was scheint. Zu zitieren und zu photographieren. Und Phrase und Klischee als die Grundlage eines Jahrhunderts zu erkennen.«[25]

Auf der anderen Seite drängt Kraus' Polemik zur Wiederfindung dessen, was er mit einem komplex zu verstehenden Begriff des »Ursprungs« bezeichnet – und der sich möglicherweise bereits im »Zitat« als Kernpunkt, als Wahrheitsmoment eines Negativbildes andeutet. In positiver Auslegung meint der Begriff eine Besinnung auf jene, die Kunst umschließenden, zugleich aber auch überschreitenden Wertkriterien, welche zu allen Zeiten unabdingbar mit schöpferischer – das ist eben mit menschlicher – Tätigkeit verbunden sind: »Geistige Unabhängigkeit, Wahrhaftigkeit, Echtheit – sie formen jenen Begriff der Integrität, den Kraus als selten gewordenes Kennzeichen des ethisch und künstlerisch Wertvollen ansah.«[26] »Ursprung« verweist auf eine imaginäre, jedoch aus der Gesamtheit von humanen, die Zeiten überspannenden Leistungen und Verhaltensweisen heraustretende Gegenwelt zum verwahrlosten »Jetzt«. Sie hält am Idealbild einer »Natürlichkeit« fest, deren »sanftes Gesetz« auch und gerade der aktuellen wie zukünftigen Produktivität die Fähigkeit erhält, das »Geheimnis der Geburt des alten Wortes«[27] auf immer wieder neue Weise zu vermitteln. »Ursprung« ist für Kraus die einzig sinnvolle Alternative zur unaufhaltsam scheinenden Ausbreitung gesellschaftlicher Entfremdung, deren deutlichster, wie mit Händen zu greifender Ausdruck in Verletzung, in Zerstörung der Sprache besteht. Dem entgegenzuwirken, sich entgegenzuwerfen, setzte Kraus sein Lebenswerk ein. Es machte ihn zum Außenseiter, zum Einzelkämpfer (wie Loos), zum »Höhlenforscher«, als den sich Schönberg später bezeichnen wird: Von der Mehrheit ob des Risikos der Wahrheitsfindung verlassen, fordert er Recht und Anerkennung für eine Minderheit, die solches Risiko nicht nur nicht scheut, sondern es als unerläßliche Bedingung für die Durchsetzung des Neuen annimmt.

»Ursprung« meint ein Ineinandergreifen von Wahrhaftigkeit, Echtheit, Integrität, von »Tugenden«, die es auch und gerade dann zu bewahren gilt, wenn ihre Chancen für nichtillusorische Einflußnahme sich weiterhin verringern. Sie verhindern zugleich – und diese Konsequenz sollte nicht unterschätzt werden –, daß sie von herrschenden Verhältnissen und deren Nutznießern zu affirmativen Zwecken umgebogen werden können: Das Bewußtsein des »Ursprungs«, zu dem alles zurückkehren muß, was wirklich voranschreitet, erhält die Kraft der Verweigerung gegenüber jedwedem manipulierten Fortschritt, der lediglich die Beharrung, die Regressivität verschleiert:

»Zwei Läufer laufen zeitentlang,
der eine dreist, der andere bang:
Der von Nirgendher sein Ziel erwirbt;
der vom Ursprung kommt und am Wege stirbt.
Der von Nirgendher das Ziel erwarb,
macht Platz dem, der am Wege starb.
Und dieser, den es ewig bangt,
ist stets am Ursprung angelangt.«[28]

Härteste Widerstände, selbst der Tod, vermögen nichts gegen die lebenszugewandte Vision des »Ursprungs« auszurichten, eines Leitbildes, das in einem weiteren Verständnis dem Traditionsbegriff von Loos und Schönberg nahekommt:

»Ist es nicht auffallend, daß die kühnsten neuerer, also die tüchtigsten menschen, auch die tiefste verehrung für die werke ihrer vorfahren bekunden? Eigentlich nicht. Denn die tüchtigkeit kann nur wieder von der tüchtigkeit gewürdigt werden.«[29]

Auch diese Sätze von Loos hätte Schönberg geschrieben haben können, und den letzten paraphrasierte er mehrfach: »Gedanken kann nur achten, wer sie auch hat; aber achten kann nur, wem selbst Achtung gebührt.«[30] Gegen die »Adaptierung vergangener Baustile«, gegen »das Suchen nach einem neuen Stil« setzt Loos, wie bereits angeführt, seine Lehre: »die Tradition«[31], welcher Schönbergs Anspruch, nicht als Zerstörer, sondern als »Fortsetzer guter alter, richtig verstandener Tradition«[32] zu gelten, mehr als nahekommt. Das entscheidende Wort hierbei ist »richtig verstanden«, womit jenen Spielarten eines Traditionsbegriffs eine Absage erteilt wird, die an der Überlieferung lediglich aus Gründen der Absicherung, der Legitimation interessiert sind und demzufolge an einem regressiven Kunstbegriff festhalten, dessen aktuelle Leistungen sich gleichsam parasitär an jene Tradition klammern. Vernachlässigt oder gar abgewiesen wird durch solch regressive Bindung die risikovolle, aber unumgängliche Aufgabe, die Konsequenzen zu erkennen und zur Entfaltung zu bringen, die nicht nur irgendwie beiläufig aus der Tradition hervorgehen (und deshalb auch nach Belieben angenommen oder verworfen werden können), sondern in jedem Augenblick der Geschichte wie der Gegenwart deren treibende, erneuernde Impulse vermitteln:

»In Wien hat, keineswegs bloß in der Musik, konsequente Tradition protestiert gegen die Tradition, sie umgewälzt durch die Forderung, daß sie sich ernst nehme. Man könnte das gesamte Werk

Schönbergs ohne Gewalt unter den Gesichtspunkt bringen, daß er die Verpflichtungen honorierte, die nach den Maßstäben der Wiener Klassik eine Komposition mit ihrem ersten Takt auf sich nimmt.«[33]

Tradition sei, so Loos, die »einzige Wahrheit«[34], deshalb auch nicht auf bestimmte historische oder stilistische Bereiche, Leistungen usw. zu begrenzen; sie ist ein Kontinuum, in dem Einst und Jetzt, Alt und Neu aufgehen im Sinne jener Krausschen »Ursprünglichkeit«, die sich immer wieder aus sich selbst heraus erzeugt und stilgeschichtliche Begriffe wie »Klassik« oder »Moderne« als Ordnungs- und Abgrenzungskennzeichnung gegenstandslos macht. An Kraus' Läufer erinnernd, »der vom Ursprung kommt und am Wege stirbt«, aber dennoch »stets am Ursprung« anlangt, heißt Kunst für Schönberg stets »Neue Kunst – und folglich werden wir in allen großen Werken der Großen jene Neuheit finden, die niemals vergeht«.[35]

Während Kraus' auf der Ursprungsmetapher und Loos' auf das Wahrheitsmoment errichteter Traditionsbegriff vornehmlich dazu bestimmt ist, den aktuellen Verfall humaner Werte nicht nur in der Kunst, sondern in sämtlichen Lebensbereichen und -beziehungen polemisch aufzudecken, präzisiert Schönberg diesen Traditionsbegriff zu einer umfassenden Bestimmung von Kunst, in der Vergangenheit, Gegenwart und Zukunft einander durchdringen. Die Polemik gegen den status quo wandelt sich zu einer Konzeption, welche die Um- und Neubewertung von historischen Verläufen, Phasen bis hin zu einzelnen Kunstleistungen zu erzwingen sucht – mit dem erklärten Ziel, der »Moderne« den Makel eines »Verfallsproduktes« zu nehmen. Tradition häufe sich nicht an im Wechselspiel von »klassischen« Aufschwüngen und Höhepunkten und »klassizistischen« Abschwüngen, in denen deren »Normen« zerfielen, aufgegeben würden. Es ginge vielmehr darum, das Progressive einer jeden Phase zu erkennen, die Kontinuität von »Ursprünglichkeit«, der allein, und zwar zu allen Zeiten, das »Nicht-Ursprüngliche«, das Traditionalistische, Neuerungsfeindliche entgegenstünden. Es geht um ein Konzept, das, indem es die gewissermaßen zu zweiter Natur stilisierten Normen der Klassik als nur formal erfüllbar enthüllt, künstlerischen Ausdruck in allen Varianten und in ihnen jeweils angemessener, gerecht werdender Weise zu erfassen vermag.

Ein solches Konzept lag nach der Jahrhundertwende gleichsam in der Luft, wie leicht einzusehen ist: Die massiven Widerstände gegen die »Moderne«, so unterschiedlich sie sich auch äußerten, fanden immer wieder im Vorwurf der Dekadenz, der Traditionszerstörung usw. einen gemeinsamen Nenner. Einer der theoretischen Wortführer der »Moderne« war Wilhelm Worringer, der die Gleichsetzung von »Natürlichkeit« und »Klassizität« als Wertkriterium aufgrund der für unsere Sinneswahrnehmung »natürlich« erscheinenden Übereinstimmung von Abbild und Abgebildetem eines kunstfremden Rationalismus überführte:

»Wir wollen wieder eine Suggestionskraft der Kunst, die stärker ist als die Suggestionskraft jenes höheren und kultivierten Illusionismus, der seit der Renaissance das Schicksal unserer Kunst ist. Um das zu erreichen, versuchen wir uns zu emanzipieren von jenem Rationalismus des Sehens, der dem gebildeten Europa als das natürliche Sehen erscheint.«[36]

Für diese programmatischen Sätze hatte Worringer wenige Jahre zuvor in seiner Dissertation *Abstraktion und Einfühlung* (gedruckt 1907) das theoretische Fundament geliefert. Er setzt der Einfühlung, dem Einfühlungsdrang, der »ein glückliches pantheistisches Vertraulichkeitsverhältnis zwischen dem Menschen und den Außenwelterscheinungen zur Bedingung hat« und über Jahrhunderte als vermeintlich natürliche, in Wahrheit jedoch illusionsgeleitete Aufnahmeweise von Kunst kultiviert worden ist, den Abstraktionsdrang als »Folge einer großen inneren Beunruhigung des Menschen durch die Erscheinungen der Außenwelt«[37] entgegen. Anders als die Einfühlung, deren Sinn darin besteht, »sich in die Dinge der Außenwelt zu versenken, sich in ihnen zu genießen«, strebt Abstraktion danach, »das einzelne Ding der Außenwelt aus seiner Willkürlichkeit und scheinbaren Zufälligkeit herauszunehmen, es durch Annäherung an abstrakte Formen zu verewigen und auf diese Weise einen Ruhepunkt in der Erscheinungen Flucht zu finden«.[38]

Dergestalt weicht der Abstraktionsdrang selbst der Willkür, dem Zufall aus: »Was uns heute als die größte Verzerrung befremdet, ist nicht Schuld eines mangelhaften Könnens, sondern Folge eines andersgerichteten Wollens. Man konnte nicht anders, weil man nicht anders wollte.«[39] Damit aber entzieht sich die Abstraktion zugleich dem Vorwurf, ein spätzeitliches, »dekadentes« Phänomen zu sein, das auf klassische Hochzeiten als deren Verfall folge, im Gegenteil: Abstraktion mit der Tendenz zur Vereinfachung, zum Elementaren leitet neue Entwicklung ein und ist Abschluß nur insofern, als sie die akademischen Aushöhlungen einer zum Normenkanon erstarrten Klassik aufdeckt, in denen sich deren eigentliche Verfallsphase zu erkennen gibt.

Abstraktion statt Einfühlung, Notwendigkeit und Gesetzlichkeit statt Zufall und Willkür, subjektbewußtes, d. h. von innerer Notwendigkeit geleitetes Wollen statt akademisch-perfektioniertem Können – das sind Stichworte, aus denen einerseits die ideellen Verunsicherungen am Jahrhundertbeginn zu vernehmen sind, andererseits jedoch ein Kunstkonzept hervorgeht, das die temporären Verunsicherungen überwindet und einen grundlegend veränderten Kunstbegriff in Sicht bringt:

> »Je weniger sich die Menschheit kraft ihres geistigen Erkennens mit der Erscheinung der Außenwelt befreundet und zu ihr ein Vertrauensverhältnis gewonnen hat, desto gewaltiger ist die Dynamik, aus der heraus jene höchste abstrakte Schönheit erstrebt wird. (...) Hier ist Gesetz, ist Notwendigkeit, wo sonst überall die Willkür des Organischen herrscht.«[40]

Die einigermaßen naiv, vielleicht auch ratlos wirkende Entgegensetzung von desolater »Außenwelt« und »abstrakter Schönheit«, welche um so »reiner« hervortritt, als jene der »Willkür des Organischen« verfällt, könnte leicht zum Anlaß für eine grundsätzliche Ideologiekritik werden – und wurde dies auch. Der Vorwurf liegt nahe, daß Worringer mit der »Abstraktion« ein Ausweichmanöver gegenüber dem undurchschauten Konfliktcharakter der Epoche zu unternehmen suchte und darin den Nachweis seiner Unfähigkeit erbrachte, sich und seinen Adressaten künstlerisches wie gesellschaftliches Perspektivbewußtsein zu vermitteln. Doch solche Kritik greift zu kurz: Sie vernachlässigt den Umstand, daß Skeptizismus und Pessimismus – die Worringer zweifellos beherrschten – nur Bestandteil der verbalen Interpretation eines künstlerischen Konzepts sind, das aus der Sache heraus (und somit auch unabhängig von subjektiver Sicht) progressive Impulse freisetzt. Es sind dies Impulse einer Kunst, einer künstlerischen Haltung, die sich als moralische Instanz erneuert und im Vorweisen ihrer »Gesetzlichkeit« der »Willkür« in den allgemeinen Lebensverhältnissen opponiert, läuternden Einfluß nehmen will auf das Sein der Menschen. So »idealisch« solche Opposition auch immer erscheinen möge – als Ferment von Änderung zum Besseren, Vernünftigeren, Menschlicheren ist sie wohl unverzichtbar, und sei es nur als nahezu stumme Mahnung inmitten verdinglichter Lebensbeziehungen.

Abstraktionsprozesse mit der Tendenz zum Elementaren, zum Ausdruck eines »Objektiven«, das der »Willkür des Organischen« als Verdunkelung durch eine für realistisch gehaltene illusionistische Abbildbeziehung entgeht, brechen in vielgestaltiger Weise auf – vor allem mit der Entwicklung von Expressionismus und Kubismus, jenen Polen, an denen »die expressive Vergröberung und Deformation« bzw. »die geometrische Abstraktion der Wirklichkeit versucht«[41] wird. Haben Karl Kraus und auch Adolf Loos die Entfaltung solch »avantgardistischer« Prozesse nur mittelbar gefördert – als Mahner zu Echtheit, Ursprünglichkeit, Integrität, womit nicht unbedingt ein Engagement für »abstrakte« Kunst oder »atonale« Musik verbunden war –, so findet sie in Wassily Kandinsky einen Akteur in Praxis und Theorie, der zugleich Schönbergs Entwicklung nachhaltig beeinflussen sollte.

Beider theoretische Arbeiten, welche die Grundlage ihrer weiteren konzeptionellen Überlegungen bilden – Schönbergs *Harmonielehre* und Kandinskys *Über das Geistige in der Kunst* –, erschienen nahezu gleichzeitig um die Jahreswende 1911/12. Auch wenn der Musiker und der Maler seit Anfang 1911 in Kontakt standen (frühere Datierungen beruhen auf Fehlangaben[42]) und Kandinsky nicht nur Kompositionen Schönbergs, sondern auch ein im Oktober 1910 vorab in der Zeitschrift *Die Musik* veröffentlichtes Teilkapitel aus der *Harmonielehre* bereits kannte, haben sie ihre Bücher weitgehend unabhängig voneinander geschrieben. Wie Kandinsky berichtet, war sein Manuskript 1910, Notizen aus »mindestens zehn Jahren«[43] zusammenfassend, abgeschlossen, und Schönberg, der seinen Text im wesentlichen im Sommer 1910 und 1911 verfaßte, hatte vor dem ersten Brief Kandinskys an ihn (Januar 1911) nichts von dessen künstlerischer Existenz gewußt.

Um so überraschender und eindrucksvoller erweist sich die Affinität zwischen der kunst- und der musiktheoretischen Schrift, die über einzelne Argumentationszüge und Begriffsbildungen hinaus ein gemeinsames »Hauptziel« erkennen läßt, das, in Kandinskys Formulierung, darin besteht, die »unbedingt in der Zukunft nötige, unendliche Erlebnisse ermöglichende Fähigkeit des Erlebens des Geistigen in den materiellen und in den abstrakten Dingen zu wecken«.[44]

Harmonielehre und *Über das Geistige* sind Dokumente einer Selbstverständigung, die sich aus der jeweiligen aktuellen Situation der Autoren erforderlich machte. Binnen weniger Jahre, zwischen 1909 und 1911, vollzieht Kandinsky mit geradezu bestürzender Zielstrebigkeit die Auflösung des Gegenständlichen, die Hinwendung zur abstrakten Bildkomposition (wie Schönberg in nahezu gleichem Zeitraum die Ausstufung des chromatischen Totals zur atonalen Satzstruktur). Dieser wie auf einen Punkt konzentrierte Prozeß war zwar für Kandinsky unabweislicher Ausdruck einer »inneren Notwendigkeit«, verlangte aber auch nach »äußerer« Rechtfertigung, die nur in der kunstgeschichtlichen Entwicklung gefunden werden konnte. Ähnlich Worringers Antithetik von »Abstraktion und Einfühlung«, die wohl als Vorbild gewirkt haben könnte, entwirft Kandinsky eine Typologie, eine elementare Klassifizierung kunstgeschichtlicher Leistungen, die deren gesamtes historisches Spektrum zu umfassen vermag. Ausgangspunkt ist die entschiedene Absage an jederlei Art von Nachahmung, die an Affen erinnere: »Der Affe sitzt und hält ein Buch vor die Nase, blättert darin, macht ein bedenkliches Gesicht, aber der innere Sinn dieser Bewegung fehlt vollständig.«[45] Um diesen »inneren Sinn« aber geht es, will man sich nicht weiterhin dem »Alpdruck« des Materialismus (d. i. Nachahmung)[46] aussetzen und somit einem »L'art pour l'art«, das für die Unfähigkeit steht, »innerliche Klänge, die der Farben Leben« (sind)[47], wahrzunehmen. Kunst »ist nicht ein zweckloses Schaffen der Dinge, die im Leeren zerfließen«, sie dient vielmehr »der Entwicklung und Verfeinerung der menschlichen Seele«.[48] So ungenau und vieldeutig auch Kandinskys Argumentation oftmals erscheint: er läßt keinen Zweifel daran aufkommen, daß seine Kritik die Überwindung des in stilistischen Konventionen erstarrten Nachahmungsprinzips zum Ziel hat und somit an jene Bestrebungen anschließt, die über eine Reaktivierung von Metierästhetik wieder subjektbewußten, subjektzentrierten künstlerischen Gestaltungsweisen Geltung verschaffen wollen. Als Ausgangspunkt der Argumentation zeichnet sich ein Begriffspaar ab, das einen methodologischen und einen phänomenologischen Aspekt zusammenbringt: »das Prinzip der inneren Notwendigkeit« als Motivation und Rechtfertigung einer künstlerischen Leistung und den »inneren Klang« als umfassende Metapher für deren inhaltliche Relevanz. Demzufolge

»soll (man) jede Form für richtig (= künstlerisch) halten, die ein äußerer Ausdruck des inneren Inhalts ist (…) Nicht das ist das wichtigste, ob die Form persönlich, national, stilvoll ist, ob sie der Hauptbewegung der Zeitgenossen entspricht oder nicht, ob sie mit vielen oder wenigen anderen Formen verwandt ist oder nicht, ob sie ganz einzeln dasteht oder nicht usw. usw., sondern das wichtigste in der Formfrage ist das, ob die Form aus der inneren Notwendigkeit gewachsen ist oder nicht.«[49]

Diese »innere Notwendigkeit« hat jedoch nicht das geringste mit subjektivistischer Willkür zu tun:

»Das unvermeidliche Sichausdrückenwollen des Objektiven ist die Kraft, die hier als innere Notwendigkeit bezeichnet wird und die aus dem Subjektiven heute *eine* allgemeine Form braucht und morgen eine *andere*. Sie ist der ständige unermüdliche Hebel, die Feder, die ununterbrochen ›vorwärts‹ treibt. Der Geist schreitet weiter und deshalb sind die heutigen inneren Gesetze der Harmonie morgen äußere Gesetze, die in weiterer Anwendung nur durch diese äußerlich gewordene Notwendigkeit leben.«[50]

Mit dem »inneren Klang« ist gewissermaßen der inhaltliche Kristallisationspunkt eines jeden Kunstwerks gemeint, das, worin ein jeweiliges künstlerisches Darstellungs- bzw. Ausdruckswollen sich vermittelt. Solche Vermittlung, die einzig und allein die Kunst zu leisten vermag, macht die Unterscheidung sowohl von alter und neuer wie von realistischer und abstrakter Kunst hinfällig: Der »innere Klang« ertönt aus jedwedem künstlerisch Gestalteten, sofern es aus einer »inneren Notwendigkeit« hervorgegangen ist: »Stuhl lebt, Linie lebt.«[51] Und diese Erkenntnis war es vor allem, die Kandinsky zu der Überzeugung brachte, daß nunmehr eine »große geistige Epoche« anbreche,

»und zwar: 1. eine große *Freiheit*, die manchem grenzenlos erscheint und die 2. den *Geist* hörbar macht, welchen 3. wir mit einer ganz besonderen *Kraft* sich in den Dingen offenbaren sehen, welcher 4. alle *geistigen Gebiete* sich allmählich zum Werkzeug nehmen wird und schon nimmt, woraus 5. er auch auf jedem geistigen Gebiete, also auch in der plastischen Kunst (speziell in der Malerei), viele einzelstehende und Gruppen umfassende *Ausdrucksmittel* (Formen) schafft und 6.

welchem heute die ganze Vorratskammer zur Verfügung steht, d. h. es wird *jede Materie*, von der ›härtesten‹ bis zu der nur zweidimensional lebenden (-abstrakten), als Formelement angewendet. (...) ad 3. Diese scheinbar zügellose Freiheit und das Eingreifen des Geistes entspringt aus der Tatsache, daß wir in jedem Ding den Geist, den *inneren Klang* zu fühlen beginnen.«[52]

Um nun die sich hiermit eröffnende grenzenlose Verfügbarkeit des künstlerischen Materials verständlich zu machen, stellt sie Kandinsky sowohl in eine historische wie in eine typologische Perspektive. Die historische dokumentiert er im Almanach *Der blaue Reiter* (1912), der auch den bereits mehrfach zitierten, die Schrift *Über das Geistige in der Kunst* weiterführenden Aufsatz *Über die Formfrage* enthält. Der Almanach vereint neben Abhandlungen über verschiedene aktuelle theoretische Problemstellungen der Malerei, Musik, des Theaters usw. 144 Abbildungen von Kunstwerken, die während mehrerer Jahrhunderte, vom frühen Mittelalter bis zur Gegenwart entstanden sind und hier in bunter Folge aufeinandertreffen:

»Wenn der Leser (...) das Buch durchblättert, von einem Votivbild zu Delaunay übergeht und weiter von einem Cézanne zu einem russischen Volksblatt, von einer Maske zu Picasso, von einem Glasbild zu Kubin usw. usw., so wird seine Seele viele Vibrationen erleben und in das Gebiet der Kunst eintreten. (...) Hier findet er dann, daß die sämtlichen gebrachten Beispiele einem inneren Rufe gehorchen – Komposition, daß sie alle auf einer inneren Basis stehen – Konstruktion.«[53]

Kunstgeschichte erscheine dergestalt als eine zwar wechselvolle, aber kontinuierliche Folge von Vergegenständlichung dessen, was Kandinsky mit »innerem Klang« bezeichnet (und wofür Schönberg den Begriff »musikalischer Gedanke« prägen wird). Diese Vergegenständlichung geschieht unabhängig von stilistischen, programmatischen u. a. metierfremden Faktoren, da sie einzig und allein der »inneren Notwendigkeit«, dem subjektiven Ausdrucksbedürfnis und -vermögen des Künstlers entspringt. Und die wiederum haben den Abstraktionsdrang zur Voraussetzung – als Bedingung für künstlerische Form und Formulierung, in denen alles Außerkünstlerische – ob »gegenständlich« oder »abstrakt« – zu »innerem Klang« verwandelt wird. Dergestalt fallen die üblichen, auf äußerliche Symptome aufgebauten Periodisierungen und Klassifizierungen der Kunstgeschichte, die doktrinären Höhepunkts- und Verfallskonstruktionen, um den Blick freizugeben auf die wirklichen und wahren Beweggründe, die nicht zuletzt die »Moderne« als gewissermaßen logische Konsequenz der – freilich »richtig verstandenen« – Tradition ausweisen.

Dagegen, daß die Einbettung in solchen Traditionsfluß bestritten, daß die »Moderne« von der offiziellen Kritik als frevelhafte Preisgabe vermeintlich unverzichtbarer Werte verurteilt wird, entwirft Kandinsky eine typologische Bestimmung künstlerischer Phänomene, deren Berührungspunkt mit Worringers Gegensatzpaar »Abstraktion und Einfühlung«, wie gesagt, einigermaßen offenliegt. Auf die Frage: »*wo* der Weg zur Malerei liegt und (...) wie im *allgemeinen* Prinzip dieser Weg zu betreten ist«, antwortet Kandinsky:

»Dieser Weg liegt zwischen zwei Gebieten (...): rechts liegt das vollständig abstrakte, ganz emanzipierte Anwenden der Farben in ›geometrischer‹ Form (Ornamentik), links das mehr reale, zu stark von äußeren Formen gelähmte Gebrauchen der Farbe in ›körperlicher‹ Form (Phantastik). Und zur selben Zeit schon (und, womöglich nur heute) ist die Möglichkeit vorhanden, bis zur rechtsliegenden Grenze zu schreiten ... und sie zu überschreiten, und ebenso bis zur linksliegenden und darüber hinaus. Hinter diesen Grenzen (...) liegt rechts: die *reine Abstraktion* (d. h. größere Abstraktion als die der geometrischen Form) und links *reine Realistik* (d. h. höhere Phantastik – Phantastik in härtester Materie). Und zwischen denselben – grenzenlose Freiheit, Tiefe, Breite, Reichtum der Möglichkeiten und hinter ihnen liegende Gebiete der reinen: Abstraktion und Realistik – *alles* ist heute (...) dem Künstler zu Diensten gestellt. Heute ist der Tag einer Freiheit, die nur zur Zeit einer keimenden großen Epoche denkbar ist. Und im selben Augenblick ist diese selbe Freiheit eine der größten Unfreiheiten, da alle diese Möglichkeiten zwischen, in und hinter den Grenzen aus einer und derselben Wurzel wachsen: aus dem kategorischen Rufen der *inneren Notwendigkeit.*«[54]

In dem Aufsatz *Über die Formfrage* führt Kandinsky dann diese Typologie weiter, begründet er sie ausführlicher: Das, was er nunmehr »große Abstraktion« und »große Realistik« nennt,

»eröffnen *zwei Wege*, die schließlich *zu einem Ziel* führen. Zwischen diesen zwei Polen liegen viele Kombinationen der verschiedenen Zusammenklänge des Abstrakten mit dem Realen. Diese beiden Elemente waren in der Kunst immer vorhanden, wobei sie als das ›Reinkünstlerische‹ und das ›Gegenständliche‹ zu bezeichnen wären. Das erste drückte sich im zweiten aus, wobei das zweite dem ersten diente. Es war ein verschiedenartiges Balancieren, welches scheinbar im absoluten Gleichgewicht den Höhepunkt des Idealen zu erreichen suchte.«

Diesen Höhepunkt markiert die klassische Kunst von der Renaissance bis zur letzten Jahrhundertwende mit der Entfaltung jener »Schönlebendigkeit«, in der das permanente Wechselspiel von Abstraktion und Realistik, von »künstlerischer« und »realer« Wirklichkeit, zum Ausgleich kommt und den Charakter einer »zweiten Natur« annimmt – »realistisches« Abbild als perfekte Täuschung.

»Es scheint, daß man heute an diesem Ideal kein Ziel mehr findet, daß der die Schalen der Waage haltende Hebel verschwunden ist und daß beide Schalen als selbständige, voneinander unabhängige Einheiten ihre Existenz getrennt zu führen beabsichtigen (...) Dem angenehmen Ergänzen des Abstrakten durch das Gegenständliche und umgekehrt hat die Kunst scheinbar ein Ende bereitet. Einerseits wird dem Abstrakten die divertierende Stütze im Gegenständlichen genommen, und der Beschauer fühlt sich in der Luft schweben. Man sagt: die Kunst verliert den Boden. Andererseits wird dem Gegenständlichen die divertierende Idealisierung im Abstrakten (das ›künstlerische‹ Element) genommen, und der Beschauer fühlt sich an den Boden genagelt. Man sagt: die Kunst verliert das Ideal.«[55]

Nach Werner Hofmann hat Kandinsky mit dieser Feststellung genau die künstlerische Entwicklung in den folgenden Jahren vorausbeschrieben, einerseits zum »Geometrismus« (Mondrian u. a.), aus dem selbst »die fragmentarischen Wirklichkeitseinsprengsel« ausgeschieden werden, andererseits zum »ready made« (Duchamp u. a.), zur »absichtlich unkünstlerischen Darbietung wirklicher Wirklichkeit«.[56] Kandinsky bestimmt »große Realistik« als »ein Streben, aus dem Bilde das äußerlich Künstlerische zu vertreiben und den Inhalt des Werkes durch einfache (›unkünstlerische‹) Wiedergabe des einfachen harten Gegenstandes zu verkörpern«. Dadurch entblößte sich, unabhängig von »der gewohnten aufdringlichen Schönheit (...) am sichersten der innere Klang des Dinges (...) *Das zum Minimum gebrachte ›Künstlerische‹ muß hier als das am stärksten wirkende Abstrakte erkannt werden.*« Die »große Abstraktion« hingegen ziele darauf,

»das Gegenständliche (Reale) scheinbar ganz auszuschalten (...) und den Inhalt des Werkes in ›unmateriellen‹ Formen zu verkörpern. (...) Ebenso, wie in der Realistik durch das Streichen des Abstrakten der innere Klang verstärkt wird, so auch in der Abstraktion wird dieser Klang durch das Streichen des Realen verstärkt. Dort war es die gewohnte äußere wohlschmeckende Schönheit, die den Dämpfer bildet. Hier ist es der gewohnte äußere unterstützende Gegenstand. Zum ›Verständnis‹ dieser Art Bilder ist auch dieselbe Befreiung wie in der Realistik nötig, d. h. auch hier muß es möglich werden, die ganze Welt, so wie sie ist, ohne gegenständliche Interpretation hören zu können *(…) Das zum Minimum gebrachte ›Gegenständliche‹ muß in der Abstraktion als das am stärksten wirkende Reale erkannt werden.*«

Kandinsky schlußfolgert daraus:

»Wenn in der großen Realistik das Reale auffallend groß erscheint und das Abstrakte auffallend klein und in der großen Abstraktion dieses Verhältnis umgekehrt zu sein scheint, so sind im letzten Grunde (= Ziele) diese zwei Pole einander gleich (…) *Die größte Verschiedenheit im Äußeren wird zur größten Gleichheit im Inneren.*«[57]

Diese »Gleichheit« erläutert Kandinsky nun an einfachen Beispielen, u. a. an einem Gedankenstrich als Satzzeichen,

»eine Linie mit einer praktisch-zweckmäßigen Bedeutung. Wollen wir diese kleine Linie verlängern und sie doch an einer richtigen Stelle lassen: der Sinn der Linie bleibt, ebenso wie ihre Bedeutung, die aber durch das Ungewohnte dieser Verlängerung eine undefinierbare Färbung gibt, wobei der Leser sich fragt, warum die Linie so lang ist und ob diese Länge nicht einen praktisch-zweckmäßigen Zweck hat.«

Gerät die Linie an eine falsche Stelle, so geht das Praktisch-Zweckmäßige verloren,

»der Beiklang der Frage ist hoch gewachsen. Es bleibt der Gedanke an einen Druckfehler, d. h. an das entstellte Praktisch-Zweckmäßige. Hier klingt das letztere negativ (…) Solange aber diese oder jene Linie im Buch bleibt, ist das Praktisch-Zweckmäßige nicht definitiv zum Ausschalten zu bringen.«

Nun erscheint die Linie auf einer Leinwand:

»Solange der Beschauer (es ist kein Leser mehr) sie als ein Mittel zur Abgrenzung eines Gegenstandes ansieht, unterliegt er auch hier dem Eindrucke des Praktisch-Zweckmäßigen. In dem Augenblick aber, in welchem er sich sagt, daß der praktische Gegenstand auf dem Bilde meistens nur eine zufällige und nicht eine rein malerische Rolle spielt und daß die Linie manchmal eine ausschließlich rein malerische Bedeutung hatte, in diesem Augenblick ist die Seele des Beschauers reif, den *reinen inneren Klang* dieser Linie zu empfinden. Ist denn dadurch der Gegenstand, das Ding aus dem Bilde vertrieben? Nein. Die Linie ist (…) ein Ding, welches ebenso einen praktisch-zweckmäßigen Sinn hat wie ein Stuhl, ein Brunnen, ein Messer, ein Buch usw. Und dieses Ding wird in dem letzten Beispiel als ein rein malerisches Mittel gebraucht ohne die anderen Seiten, die es sonst besitzen kann – also in seinem reinen inneren Klang. Wenn also im Bild eine Linie von dem Ziel, ein Ding zu bezeichnen, befreit wird und selbst als ein Ding fungiert, wird ihr innerer Klang durch keine Nebenrollen abgeschwächt und bekommt ihre volle innere Kraft. So kommen wir zur Folge, daß die reine Abstraktion sich auch der Dinge bedient, die ihr materielles Dasein führen, geradeso wie die reine Realistik (…) Hier sehen wir, daß es also im Prinzip *gar keine Bedeutung* hat, *ob eine reale oder abstrakte Form vom Künstler gebraucht* wird.«[58]

Mit dieser Schlußfolgerung erreicht Kandinskys Diskurs, sein vehementes Plädoyer für die jungen künstlerischen Entwicklungen, einen Höhepunkt: Gefordert und bereits eingeleitet ist die radikale Uminterpretierung von Genese, Beschaffenheit und Perspektive künstlerischer Gestaltung einschließlich ihrer Wirkungsweise. Aber er beläßt es nicht bei solchen theoretisch abgehobenen Darlegungen, deren Gang im einzelnen – etwa hinsichtlich einer Elementarlehre von Farbe und Form – hier nur angedeutet werden konnte. Wichtiger für unseren Zusammenhang ist, daß Kandinsky das, was sich in der bildenden Kunst erst konturhaft abzeichnet, in einer anderen Kunst nicht nur vorgreifend angelegt, sondern längst als Schaffens- und Wirkungsmodus angewendet findet: in der Musik. Und zum Schlüsselerlebnis wurde ihm – gefördert durch ungewöhnlich stark ausgeprägte synästhetische Sensibilität[59] – das Werk Arnold Schönbergs.

Zunächst hatte Kandinsky das Teilkapitel *Oktaven- und Quintenparallelen* aus der *Harmonielehre*, wenig später, im Münchner Konzert vom 1. Januar 1911, auch Kompositionen kennengelernt: die *Klavierstücke* op. 11 und das *2. Streichquartett* op.10. Seine Betroffenheit ist tief, er zögert nicht, sie Schönberg mitzuteilen:

»Sie haben in Ihren Werken das verwirklicht, wonach ich in freilich unbestimmter Form in der Musik so eine große Sehnsucht hatte. Das selbständige Gehen durch eigene Schicksale, das eigene Leben der einzelnen Stimmen in Ihren Kompositionen ist gerade das, was auch ich in malerischer Form zu finden versuche.«[60]

Schönberg erlangt für Kandinsky außerordentliche Bedeutung, weil er mit dessen schöpferischer Leistung die Lösung der historisch gegebenen Aufgabe: Befreiung der Kunst vom naturalistischen Illusionsgebaren, in rigoroser Weise angebahnt findet. Wenn auch sämtliche Künste diesem Ziel zustreben, so verfügt doch hierfür die Musik über die günstigsten Voraussetzungen, da sie »ihre Mittel nicht zum Darstellen der Erscheinungen der Natur brauchte, sondern als Ausdrucksmittel des seelischen Lebens des Künstlers und zum Schaffen eines eigenartigen Lebens der musikalischen Töne«.[61] Wiederum verdeckt Kandinskys vage Formulierung keineswegs, worum es ihm geht: um den Ausdruck des »Nichtnaturellen, Abstrakten«, der »inneren Natur«, einen Ausdruck, der in der Musik bereits durch die Beschaffenheit ihres Materials vorgegeben sei und den es nunmehr auch in den übrigen Künsten – dem Beispiel der Musik folgend – freizusetzen gilt. Die Musik sei »von der Natur äußerlich ganz emanzipiert«, sie »braucht nicht irgendwo äußere Formen für ihre Sprache zu leihen«. Die Malerei hingegen wäre »heute noch beinahe vollständig an die naturellen Formen« gebunden und ihre Aufgabe sei es nunmehr, die »Mittel und Kräfte in rein malerischer Weise (...) anzuwenden«.[62]

Dies ist auch der Grund dafür, daß Kandinskys theoretische Exkurse, bis in die Begriffsbildung hinein, von musikalischen Vorstellungen geleitet werden, die er geradezu beschwört, um den eigenen Absichten Prägnanz zu geben. Vom »inneren Klang« ist die Rede, von der »malerischen Komposition« und vom »malerischen Kontrapunkt«:

»Das Überwiegen des Körperlichen oder des Abstrakten in (der) einzelnen Form einerseits und andererseits die Zusammenstellung der Formen, die die großen Formen mit den Formengruppen bilden, das Zusammenstellen der einzelnen Formen mit den Formgruppen, welche die große Form des ganzen Bildes schaffen, weiter die Prinzipien des Mit- oder Widerklangs aller erwähnten Teile, d. h. das Zusammentreffen einzelner Formen, das Hemmen einer Form durch die andere, ebenso das Schieben, das Mit- und Zerreißen der einzelnen Formen, die gleiche Behandlung der Formgruppen, des Kombinierens des Verschleierten mit dem Bloßgelegten, des Kombinierens des Rhythmischen und Arhythmischen auf derselben Fläche, des Kombinierens der abstrakten Formen als rein geometrischer (einfacher, komplizierter) und geometrisch unbezeichenbarer, des Kombinierens der Abgrenzungen der Formen voneinander (stärker, schwächer) usw. usw. – dies alles sind die Elemente, die die Möglichkeit eines rein zeichnerischen ›Kontrapunktes‹ bilden (…) Und die Farbe, die selbst ein Material zu einem Kontrapunkt bietet, die selbst unendliche Möglichkeiten in sich birgt, wird in Vereinigung mit der Zeichnung zum großen malerischen Kontrapunkt führen, auf welchem auch die Malerei zur Komposition gelangen wird.«[63]

Hier bringt Kandinsky in einer wahren Springflut von musikträchtigen Wendungen, die für sich genommen bereits »musikalische« Wirkungen einschließen, zum Ausdruck, welche neuen Räume sich den Künsten eröffneten, sobald sie dem Beispiel der Musik folgten. Aber er geht noch weiter, indem er nicht nur den Blick auf das Arsenal an einzelnen Mitteln und Gestaltungsweisen richtet, sondern das theoretische System insgesamt, die »Grammatik« der Musik aufzugreifen sucht. Es gelte, einen »konstruierten malerischen Generalbaß«[64] zu erarbeiten, mit dem, eine Formulierung Goethes verwendend, nichts anderes gemeint ist als eine »Harmonielehre der Malerei«[65], die Kandinsky, unverkennbar unter dem Eindruck des Schönbergschen Buches, auch wirklich zu schreiben beabsichtigte.[66] Doch hierfür war die Zeit noch nicht reif. Die andrängenden Ahnungen und aufbrechenden Erkenntnisse legten zunächst deren wagemutige Entfaltung in praktischen Werken nahe, ehe der Versuch sinnvoll erschien, zu theoretischer Verallgemeinerung zu gelangen. Und Schönberg befand sich in einer durchaus vergleichbaren Situation. Hatte es Kandinsky im *Blauen Reiter* unternommen, nicht nur »die internationale Solidarität der Moderne nachzuweisen«, sondern auch die »Verankerung der Gegenwart in der Vergangenheit«[67] herauszustellen, so vermittelte Schönberg in der *Harmonielehre* diese Solidarität und Verankerung als latentes Gesetz der Musikgeschichte. Sein Buch mündet in eine behutsame Beschreibung künftiger kompositorischer Gestaltungen, als deren Beispiel die Klangfarbenmelodie erscheint:

»Welche feinen Sinne, die hier unterscheiden, welcher hochentwickelte Geist, der an so subtilen Dingen Vergnügen finden mag! Wer wagt hier Theorie zu fordern!«[68]

»Es werde Einheit«
Tonalität und Entwickelnde Variation

»Man soll sich ausdrücken! Sich *unmittelbar* ausdrücken! Nicht aber seinen Geschmack, oder seine Erziehung oder seinen Verstand, sein Wissen, sein Können (…) alles bewußte Formen (…) spielt mit irgendeiner Mathematik, oder Geometrie, mit dem goldenen Schnitt und dergleichen. Das unbewußte Formen aber, das die Gleichung: ›Form = Erscheinungsform‹ setzt, das allein schafft wirklich Formen; das allein bringt jene Vorbilder hervor, die von den Unoriginellen nachgeahmt und zu ›Formeln‹ werden. Aber, wer imstande ist, sich zu hören, seine eigenen Triebe zu erkennen, sich auch denkend selbst in jedes Problem zu vertiefen, hat solche Krücken nicht nötig. Man muß kein

Bahnbrecher sein, wenn man so schaffen will, nur ein Mensch, der sich ernst nimmt; und der damit ernst nimmt, was die wirkliche Aufgabe der Menschheit auf jedem geistigen oder künstlerischen Gebiet ist: zu erkennen, und auszudrücken, was man erkannt hat!!! Das ist mein Glaube!«[1]

Dieses Bekenntnis legte Schönberg im ersten Brief vom 24. Januar 1911 an Wassily Kandinsky ab, nachdem dieser die Korrespondenz mit einem enthusiastischen Bericht über das Münchner Neujahrskonzert eröffnet hatte: »Sie haben in Ihren Werken das verwirklicht, wonach ich in freilich unbestimmter Form in der Musik so eine große Sehnsucht hatte.«[2] Kandinsky trifft den Nerv von Schönbergs Musik, wenn er, auf den ersten, unvorbereiteten Höreindruck hin, wahrnimmt: »Die ›heutige‹ malerische und musikalische Dissonanz ist nichts als die Consonanz von ›morgen‹. Dabei ist selbstverständlich das sozusagen akademisch-›harmonische‹ nicht prinzipiell auszuschließen: man nimmt das, was man braucht, ohne sich zu kümmern, *wo* man es nimmt.«[3]

Angesprochen ist hier ein Umgang mit Tradition, der, aus der Erkenntnis von deren geschichtlicher Bewegung und Zielstrebigkeit heraus, innovatorischem Darstellungsbedürfnis einen festen Halt zu geben vermag. Es geht darum, als objektiv angenommene Verpflichtungen der Tradition mit subjektivem Ausdruckszwang in Übereinstimmung zu bringen. Kandinsky und Schönberg verstehen und realisieren Traditionsbeziehungen als Austauschprozesse zwischen Kunstleistungen, die, ungeachtet aller Unterschiede in der äußeren Gestalt, ein gleichrangiges ästhetisches Niveau verbindet. Dieses Niveau bestimmt die »innere Notwendigkeit« oder der »Selbstausdruck«, der im Ineinandergreifen von traditionsorientierter Erkenntnis und produzierender Phantasietätigkeit sich in Kunstwerken vergegenständlicht. Die für Kandinsky wie für Schönberg relevante Kunstgeschichte erscheint dergestalt als eine ununterbrochene Folge von »Selbstausdruck«, deren Entwicklungsmoment darin zu sehen sei, daß dieser Selbstausdruck in wachsendem Maße die ihn gestaltenden, vermittelnden Elemente integriert und zugleich diejenigen abwirft, die – als ihm »unvermittelte« – lediglich »schmückendes« Beiwerk bilden – »Ornament«.

Integration: die in der Tendenz lückenlose Ausrichtung des künstlerischen Materials und seiner Durchbildung zum Werk auf Vergegenständlichung eines aus »innerer Notwendigkeit« geborenen »Selbstausdrucks« wird zum – gleichsam überprüfbaren – Moment von dessen Wahrheit. Was sie schmälert und verdunkelt, von kodifizierten Gestaltungsweisen einer zu Norm und Muster (v)erklärten Klassizität bis zur beliebig schweifenden Phantastik jenes secessionistischen Jugendstils, der Kunst als unablässiges, schönheitstrunkenes »Fest fürs Leben« herrichten wollte, geriet vor den Richtstuhl einer sich emanzipierenden Subjektivität, die über dies alles den Stab brach.

Hinter solchem Richtspruch verbirgt sich zweifellos ein Allgemeines, ein übergreifendes Lebensgefühl, das, wie oben bereits angedeutet, von Verunsicherungen im philosophischen Systemdenken durch Entwicklungen in Wissenschaft und Gesellschaft geleitet wurde. Doch die Identitätskrise des Subjekts, ausgelöst durch unübersehbare Zuspitzungen nationaler und internationaler Konflikte, durch das Heraufziehen einer die »klassische« Kultur in Frage stellenden Massenkultur und nicht zuletzt auch durch das Relativismuskonzept der modernen Naturwissenschaften, ist, zumindest in der Kunst, nicht nur gewissermaßen eine Negativ-Krise. Sie hat, Verteidigungskräfte herausfordernd, Subjektivität gestärkt – bis zur Hypertrophie, bis sich diese Subjektivität schließlich für das einzig gültige Maß von Wahrheit hielt. Wie immer man nun den historischen und politischen Inhalt solcher Verabsolutierung beurteilt; welche Defizite, Abwege oder Verblendungen in ihr auch immer enthalten sein mögen: fest steht wohl, daß aus der Verabsolutierung, der Hypertrophie des Subjekts Kunstwerke hervorgegangen sind, die das Lebensgefühl, aus dem sie entstanden, nicht nur abspiegeln, sondern durchschaubar machen – Kunstwerke, deren Wahrheit darin besteht, daß sie im rückhaltlosen Ausdruck von subjektiver Not welthaltige Widersprüche aufspüren.

Solcher Wahrheitsanspruch zwingt dazu, ein Höchstmaß an Darstellungskonzentration anzustreben, eine Unbedingtheit des Ausdrucks, die jede »divertierende Stütze« schroff abweist. Es ging hierbei immer schon um das, was Schönberg später mit dem »Gedanken« bezeichnen wird, der »die Totalität eines Stückes« umfaßt und den »faßlich« darzustellen voraussetzt, jedes ihn nicht vermittelnde Element auszuschließen. Das Schönberg-Konzert vom Januar 1911 hatte Kandinskys Überzeugung bestärkt, daß die Musik auf dieser Spur bereits am weitesten vorangeschritten sei. Die Gründe, die er im zitierten Brief nennt, erscheinen zwar erneut recht vage (»Das selbständige Gehen durch eigene Schicksale, das eigene Leben der einzelnen Stimmen« usw.), treffen jedoch durchaus Musikspezifisches – und wurden deshalb auch von Schönberg als sachkundige Bestätigung eigener Überlegungen willkommen geheißen. Wenig später, in der Gedenkrede für Gustav Mahler (1912), bringt der Musiker auf eine bündige Formel, was er zuvor in verschiedenen Varianten – zumal in der *Harmonielehre* – umschrieben hatte und worauf letztlich auch Kandinskys Bemerkung hinzielt. Auf die Frage, woran das »Große, das Mahler vergeblich angestrebt haben soll«, gemessen wird, antwortet Schönberg:

»Am Umfang der Werke, und an einem Umstand, der mir nebensächlich scheint im Verhältnis zu dem, was wirklich das Streben des Künstlers ist: an den stofflichen, an den textlichen Unterlagen einzelner Sätze seiner Symphonien: Mahler hat vom Tode, vom Auferstehen, vom Schicksal gesprochen, er hat den *Faust* komponiert. Und das soll das Größte sein. Aber fast jeder Musiker einer früheren Zeit hat Kirchenmusik komponiert, sich mit Gott, also mit noch Höherem befaßt, und durfte ruhig nach diesem Größten streben, ohne daß man sein Werk an diesem Maßstab gemessen hat (...) In Wirklichkeit gibt es für den Künstler nur ein Größtes, das er anstrebt: *sich auszudrücken* (...) darin ist alles andere enthalten: der Tod, die Auferstehung, der *Faust*, das Schicksal etc. (...) Daß es keine Nachahmungen dieser Symphonien gibt, die auch nur einigermaßen ihrem Vorbild ähneln, daß diese Musik unnachahmlich scheint, wie alles was nur einer kann, das ist der Beweis dafür, daß Mahler das Größte gekonnt hat, was ein Künstler können kann: sich ausdrücken! (...) Daß er nur das ausgedrückt hat, was unabhängig von Stil und Schnörkel, ihn, ihn allein darstellt (...) Aber auch dieser Stil selbst scheint auf eine bisher nicht dagewesene rätselhafte Art die Nachahmung auszuschließen. Vielleicht kommt das daher, daß hier zum erstenmal eine Ausdrucksweise mit der Sache, der sie gilt, so untrennbar verbunden ist, daß, was sonst bloß als Symptom der äußeren Form erscheint, hier gleichzeitig auch Material und Konstruktion ist.«[4]

Der letzte Satz bringt, wie eine weithin hallende Fanfare, das Finale eines Gedankenganges, der den Schlüsselpunkt nicht nur für die hier zu erörternde Entwicklungsetappe des Schönbergschen Musikbegriffs enthüllt. Das bis zur Ununterscheidbarkeit getriebene Ineinanderfallen von »Ausdrucksweise« und »Material und Konstruktion«, die stringente Einbindung eines jeden kompositorischen Elements in den

Gedankenkreis, den ein Werk jeweils ausschreitet, und, gleichsam als Gegenprobe, die Abwesenheit sämtlicher außerhalb der unmittelbaren Wechselwirkung zwischen »Ausdruck« und »Material« verbleibenden Elemente steuern einen Höhenflug kompositorischer Arbeit an, den es nunmehr – die Anbahnungen zu ihm seit der Klassik aufnehmend – fortzusetzen gilt. Ehe dies an einigen Kompositionen etwas eingehender verfolgt werden soll, seien Aussagen Schönbergs herangezogen, die, bisweilen weit auseinanderliegend, den theoretischen Ansatz für und die lebenslang währende Reflexion über diese Entwicklung veranschaulichen.

Das Postulat des »Selbstausdrucks« und der näherungsweisen Übereinstimmung von »Darstellung« und »Material/Konstruktion«, die jenen verwirklicht, war gegen die erdrückende Macht künstlerischer »Gesetze« gerichtet, denen ein akademisches Kunstverständnis »natürlichen Charakter« und somit »ewige Geltung« beizulegen und zu erhalten suchte. Mit solcher »Gesetzgebung« vermochte Schönberg keinen Kompromiß einzugehen, da sie in jeder Hinsicht seinem Ausdruckskonzept entgegenstand. Gesetze, die zu diesem Konzept nicht in Widerspruch geraten, ließen sich einzig und allein in den Erscheinungen selbst, in den »Kunsttatsachen« aufspüren, welche die Vergegenständlichung eines Ausdruckszwangs bilden. Um dies verständlich und glaubwürdig zu machen, wendet sich Schönberg an die Tradition, und zwar an jene, in der er sein definiertes Konzept angebahnt findet (zumeist in Kompositionen), zugleich aber auch an überlieferte Theoriebildung, in der er, als Kontrast, deren Defizite angesichts der realen Kompositionen herausstellt:

»Der edelste Trieb, der Trieb, zu erkennen, legt uns die Pflicht auf, zu suchen. Und eine in ehrlichem Suchen gefundene Irrlehre steht noch immer höher als die beschauliche Sicherheit dessen, der sich gegen sie wehrt, weil er zu wissen vermeint – zu wissen, ohne selbst gesucht zu haben! Es ist geradezu unsere Pflicht, über die geheimnisvollen Ursachen der Kunstwirkungen immer wieder nachzudenken. Aber: immer wieder, immer wieder von vorne anfangend; immer wieder von neuem selbst beobachtend und selbst zu ordnen versuchend. Nichts als gegeben ansehend als die Erscheinungen. Die darf man mit mehr Recht für ewig ansehen als die Gesetze, die man zu finden glaubt. Wir dürften, da wir sie bestimmt wissen, mit mehr Recht unser Wissen um die Erscheinungen Wissenschaft nennen als jene Vermutungen, die sie erklären wollen.«[5]

Diese Sätze stehen am Beginn der *Harmonielehre*, in der Schönberg mit dem abrechnete, was man bis dahin geläufigerweise unter Harmonielehre verstand. Zwar kreist die Darstellung beständig um Fragen des System- und Gesetzhaften (wie auch anders, will sie sich nicht in bloßer Aneinanderreihung von Beispielen erschöpfen), analysiert und beantwortet sie allerdings nicht im Rahmen eines ausdifferenzierten und nun ein für allemal feststehenden kompositorischen Regelkanons. Vielmehr behandelt Schönberg das »Gesetzliche« unter dem Aspekt permanent notwendiger Öffnung seiner Anwendung zu dem, was in ihm an potentieller Erneuerung, Erweiterung, aber auch an Umbewertung und Ausgrenzung steckt.

»Man muß bedenken, daß die Kunst ebenso den Weg der Natur der Töne, wie den der Natur des Menschen gegangen ist. Daß sie ein Ausgleich ist zwischen diesen beiden Faktoren, Anpassungsversuche des einen an den anderen. Und da der Ton, das unbelebte Material, sich nicht anpaßt, sollten wir es tun, bequemen uns aber manchesmal nur schwer dazu (...) Gesellt sich der Freude über die Errungenschaften der Zwang der Zunft, so kann das Kind dieser Ehe nur die Orthodoxie sein. Die Orthodoxie, die es nicht mehr notwendig hat, durchzusetzen, was neu errungen, findet ihre Aufgabe darin, es durch Übertreibung festzuhalten (...) Und so kann man sich wohl vorstellen, wie aus den Sätzen: ›Es ist nicht mehr notwendig, bloß in Oktaven und Quinten zu komponieren‹, ›man kann zu Oktaven und Quinten auch Terzen dazusetzen‹, ›man kann statt der parallelen Bewegung auch die Gegen- und Seitenbewegung verwenden‹, die Sätze wurden: ›Es ist schlecht, in Oktaven und Quinten zu komponieren‹, ›man muß zur Oktave und Quint die Terz dazusetzen‹, ›Gegen- und Seitenbewegung sind besser als parallele Bewegung‹. Bedenkt man nun, daß solche Überlegungen als Regeln gegeben und hingenommen wurden, als Regeln, deren Übertretung mit dem Interdikt belegt war, so begreift man, daß leicht der Ursprung vergessen werden konnte. Daß man leicht vergessen konnte, daß *Oktaven und Quinten nicht an sich schlecht*, sondern im Gegenteil *an sich gut waren*; daß man sie nur für veraltet gefunden hatte, für primitiv, für relativ kunstlos. Daß aber *kein physikalischer* oder *ästhetischer Grund* vorlag, sich ihrer nicht gelegentlich wieder zu bedienen. Und bedenkt man nun, daß diese Regeln in der Form des ›Du darfst nicht...‹ Jahrhunderte hindurch weiter verbreitet wurden, so wird klar, daß das Ohr den einmal schon gefundenen Wohlklang vergaß und seine Verwendung *Anstoß* erregte, durch das *Befremden*, das *Neues immer an sich hat*. Ich meine: da das Fortschreiten in parallelen Oktaven und Quinten durch Jahrhunderte nicht geübt wurde, war das Ohr darauf eingestellt, das gelegentliche Vorkommen solcher Verbindungen für neu, für befremdend zu halten: während das Umgekehrte wahr ist. Es war alt, aber nur vergessen.«[6]

Die kunst- und künstlergemäße Flexibilität der Gesetze, ihr gewissermaßen räumliches Offensein nach allen Bezugspunkten in die Geschichte hinein, von denen, entsprechend dem jeweiligen subjektiven Ausdruckszwang, Impulse empfangen werden, versteht Schönberg als das eigentliche, das »innere« Gesetz künstlerischer Entwicklung – und von ihm leitet er auch den Sinn, die Berechtigung, die Wahrheit der eigenen Arbeit ab. Konkrete historische Ereignisse aufnehmend, findet Schönberg bemerkenswert früh, im Umfeld der *Harmonielehre*, zu Urteilen über Komponisten und deren Werke, die, sorgfältig abwägend und niemals zudringlich oder gar besserwisserisch, auf Unzulänglichkeiten in der Realisierung des »Ausdrucksgesetzes« und ihre hörbaren Folgen hinweisen. So im Falle Franz Liszts, der

»die richtige Erkenntnis (hatte), daß der Musiker zwar eine musikalisch-ausdrückende, aber (um es beiläufig im Sinne Liszts zu sagen) poetisch-fühlende Persönlichkeit sei. Am Kunstwerk sei deshalb weniger die handwerkliche Geschicklichkeit, die Kunstfertigkeit und das Spiel mit dem Material merkwürdig, als was hinter dem steht: die Persönlichkeit, das wirkliche Künstler-Wesen, das aus unmittelbarer Anschauung schöpft. Aber bei der Übertragung dieses Gedankens in die Musiksprache geschahen, sozusagen, einige Übersetzungsfehler: er übersetzte die unmittelbar-anschauende durch die poetisch-fühlende Persönlichkeit, diese durch den Dichter und schließlich den Dichter durch die Dichtung. Er gab derart also Dichtung aus zweiter Hand, statt ausschließlich seine eigene Anschauungsform, den Dichter in sich selbst musikalisch unmittelbar ausdrücken zu lassen. Der Fehler ist nicht so groß, als er scheint. Denn glücklicherweise korrigiert ihn der wirkliche Künstler unbewußt, indem er schließlich doch nichts anderes nach außen bringt, als was in ihm war. So daß Liszt vielleicht nicht seine Dichter und Dichtungen, sondern wahrscheinlich doch sich selbst ausgedrückt hat. Nur verringert ein solches Verfahren sicher die Rohre, aus denen das eigene Wesen ausströmt, vermindert die Ergiebigkeit des Urquells und nötigt den Verstand zu Ergänzungen, die unmöglich dem Urstoff homogen sein können.«[7]

Ob Oktaven und Quinten oder Franz Liszt: in jedem Falle leitet den Blick eine »unmittelbare Anschauung« des musikalischen Materials, das Schönberg als »Denkstoff« enthüllt und behandelt. Unbeirrt und deshalb auch unbelastet durch Konzepte,

Programme, Postulate, kurz: durch Ideologie, rückt er gewissermaßen deren materielle Basis ins Licht – die Komposition als »Selbstausdruck«, um sogleich und vor allem zu erforschen, in welchem Maß dieser Ausdruck zu realisieren gelang. Denn nur in ihm verankerte, von ihm vermittelte Konzepte, Programme usw. gewinnen künstlerisches, kunstgemäßes Gewicht, erheben sich über die Stufe von bloßer Absicht und Behauptung. Schönberg hat sich, soweit jedenfalls bisher bekannt, niemals systematisch mit den wortreichen Schriften Wagners oder Liszts auseinandergesetzt, weder kritisch noch zustimmend; dafür um so mehr analytisch mit deren Musik. Daß ihn dann selbst ein unstillbares Verlangen nach theoretischen Exkursen erfaßte und bis zum Lebensende tausende von Seiten füllte, war ganz entschieden und in gewissem Sinne auch paradoxerweise darauf gerichtet, musikalisches Gestalten als autonomen Denkvorgang in und mit einem spezifischen künstlerischen Material transparent zu machen.

Auch dies war nichts Neues, begleitete die Kompositionsarbeit als eine Art »Metierästhetik«, über die nicht oder nur beiläufig gesprochen werden mußte, solange eine Komposition, gestützt auf einen noch allgemeingültigen musikalischen Handwerksbegriff, im »Selbstausdruck« gründete. Doch diese »Metierästhetik« versank, wie bereits erwähnt, mit bestimmten Tendenzen der Romantik im trüben Zwielicht von hermeneutischen und funktionalistischen Ansprüchen, die um so lauter vorgetragen wurden, je brüchiger sich deren Halt im »Selbstausdruck« oder eben in der »Metierästhetik« erwies. Wenn im Hinblick auf die Musik von Krise im Lauf des späteren 19. Jahrhunderts sinnvoll geredet werden darf, dann betrifft sie vor allem das Denken in und über Musik – und nicht so sehr diese selbst. Die verbreiteten Auffassungen von einer Krise »der Musik« übergehen die Tatsache, daß solche kritischen Züge – wie stets auch zu anderen Zeiten – immer nur einzelne Bereiche (Gattungen z. B.) betrafen. So geriet nach Beethoven wohl die Sinfonie in eine derartige Situation, praktisch bis zu ihrer »Wiederbegründung«[8] durch Brahms, Bruckner und Mahler. Doch zugleich erlebten Lied, Klaviermusik und nicht zuletzt die Oper (durch Wagners Musikdramatik seit den vierziger Jahren) einen Aufschwung, der die Abschwünge in der Sinfonie zumindest relativierte.

Die »Krise« wurde heraufbeschworen – und somit eher »suggeriert« – durch die heftigen Wellenschläge im Streit um Autonomie- und Heteronomieästhetik, um absolute und Programmusik, die den jungen Schönberg zwar noch erreichten, aber sich ihm schon als Verebben eines aufgebauschten Scheingefechts enthüllten:

»Was 1883 eine unüberbrückbare Kluft schien, war 1897 kein Problem mehr. Die größten Musiker jener Zeit, Mahler, Strauss, Reger und viele andere, waren unter dem Einfluß beider Meister (Wagner und Brahms; M. H.) groß geworden. Sie alle spiegelten die geistigen, emotionalen, stilistischen und technischen Errungenschaften der vorausgegangenen Periode wider. Was damals ein Streitobjekt gewesen war, war zum Unterschied zwischen zwei Persönlichkeiten, zwei Ausdrucksstilen geschrumpft, nicht gegensätzlich genug, die Einbeziehung von Eigenschaften beider in ein Werk zu verhindern.«[9]

Weder haben also, wie zu irgendeiner anderen Zeit, die in solchem Streit geprägten geschichtstheoretischen und ästhetischen Begriffe, Postulate, Verdikte usw. (also die eigentlichen »Krisenherde«) die Entstehung von authentischen Werken fördern oder beeinträchtigen können, noch haben Verlautbarungen über »Anliegen« oder

»Verwendungszweck«, und stammten sie von den Autoren selbst, den Kern dieser Werke im »Selbstausdruck« auf Dauer verbergen können. Und dies herauszuarbeiten – darauf richtete Schönberg einen beträchtlichen Teil seiner schöpferischen Energie; dies gibt seiner Annäherung an die Tradition jene erstaunliche Unvoreingenommenheit, die wie ein »Zum ersten Mal« anmutet. Nicht, weil ebenso gleichmäßige wie belanglose Interessenstreuung pedantisch darauf bedacht ist, Voreingenommenheit zu meiden, sondern weil mit Entschiedenheit – und dergestalt durchaus eher mit Voreingenommenheit – der eigentliche, jedoch nahezu verschüttete Beweggrund künstlerischer Darstellung wieder freigelegt werden soll:

»Die Annahme, ein Tonstück müsse Vorstellungen irgendwelcher Art erwecken, und wenn solche ausbleiben, sei das Tonstück nicht verstanden worden oder es tauge nichts, ist so weit verbreitet, wie nur das Falsche und Banale verbreitet sein kann. Von keiner Kunst verlangt man Ähnliches, sondern begnügt sich mit den Wirkungen des Materials, wobei allerdings in den anderen Künsten das Stoffliche, der dargestellte Gegenstand, dem beschränkten Auffassungsvermögen des geistigen Mittelstandes von selbst entgegenkommt. Da der Musik als solcher Stoffliches fehlt, suchen die einen hinter ihren Wirkungen reine formale Schönheit, die anderen poetische Vorgänge. (...) Wenn Karl Kraus die Sprache Mutter des Gedankens nennt, W. Kandinsky und Oskar Kokoschka Bilder malen, denen der stoffliche äußere Gegenstand kaum mehr ist als ein Anlaß, in Farben und Formen zu phantasieren und sich so auszudrücken, wie sich bisher nur der Musiker ausdrückte, so sind das Symptome für eine allmählich sich ausbreitende Erkenntnis von dem wahren Wesen der Kunst (...) Kein Mensch zweifelt daran, daß ein Dichter, der einen historischen Stoff bearbeitet, sich mit der größten Freiheit bewegen darf und daß, wenn ein Maler heute noch Historienbilder malen wollte, er nicht genötigt wäre, mit einem Geschichtsprofessor zu konkurrieren. Weil man sich an das zu halten hat, was das Kunstwerk geben will, und nicht an das, was sein äußerer Anlaß ist. Weil also auch bei allen Kompositionen nach Dichtungen die Genauigkeit der Wiedergabe der Vorgänge für den Kunstwert ebenso irrelevant ist wie für das Porträt die Ähnlichkeit mit dem Vorbild, wo doch nach hundert Jahren keiner diese Ähnlichkeit mehr kontrollieren kann, während noch immer die Kunstwirkung bestehen bleibt. Und nicht deshalb besteht, weil, wie vielleicht die Impressionisten meinen, ein wirklicher Mensch, nämlich der scheinbar dargestellte, sondern der Künstler uns anspricht, der sich hier ausgedrückt hat, der, dem in einer höheren Wirklichkeit das Porträt ähnlich zu sehen hat.«[10]

»Selbstausdruck« bedeutete für Schönberg: Ausdruck des Subjektiven als einzig Wesentlichem, da es das Verhalten zu allem Äußeren einschließt und in authentischer Form – dem Kunstwerk – vermittelt. In der Darstellung solcher Wesenhaftigkeit liegen entscheidende Gründe und Maßstäbe für die Beschaffenheit des Werkcharakters. Komponieren gleicht einem Diskurs über einen jeweils zugrundeliegenden »Gedanken«, der zur »Totalität eines Stückes« entfaltet wird. Alles, was das Werk konstituiert, muß also zumindest der Tendenz nach »wesentlich« sein, am Gedankendiskurs teilhaben – um sich und die »Totalität« als authentisch, als »wahr« zu erweisen. Diese Auffassung leitete Schönbergs eigenes wie sein Verständnis für überliefertes Komponieren. Und daß sie bereits frühzeitig, bereits um die Jahrhundertwende zu einem Credo wurde, das er bis ins Spätwerk hinein immer wieder ausbauend erneuerte, mag nicht zuletzt mit seiner Herkunft zu tun haben.

Schönbergs jüdisch-kleinbürgerliches Elternhaus bot kaum Anregungen für musische Beschäftigung, das Interesse des Vaters am Chorgesang blieb bescheiden, reichte nicht über das hinaus, »was jeder nicht gerade musikfeindliche Österreicher an Musikalität besitzt«.[11] So bricht die Begabung des Sohnes ungesteuert, eruptiv hervor, Aneignung von Kenntnissen und Fertigkeiten geschieht – über viele Jahre hin – autodidaktisch: Schönberg übt sich im Violin- und Cellospiel, notiert musikalische Phantasien, welche freilich

»nichts als Imitationen solcher Musik (sind), die mir zugänglich war. Die einzigen Quellen, aus denen ich schöpfen konnte, waren Violinduette und Arrangements von Opernpotpourris für zwei Violinen, wozu noch die Musik gerechnet werden darf, die ich durch Militärkapellen kennenlernte, die in öffentlichen Gärten Konzerte gaben (…) Erst als ich drei junge Leute, genau meines Alters, kennenlernte und sie zu Freunden gewonnen hatte, konnte meine musikalische und literarische Erziehung beginnen.«[12]

Die drei Freunde waren Oscar Adler, ein tüchtiger Musiker mit bemerkenswertem theoretischem Wissen, David Joseph Bach, ein, wie wir heute sagen würden: politisch engagierter Kulturtheoretiker mit engen Beziehungen zu sozialdemokratischen Arbeiterorganisationen, und Alexander von Zemlinsky, der professionelle Komponist und Dirigent, der auch Schönbergs einziger professioneller Lehrer wurde. Doch in jedem Falle blieb die »Erziehung« unsystematisch, sporadisch, begrenzt auf Anregungen und kritische Hinweise, die Schönbergs Bildungsgang behutsam lenkten, ohne dessen autodidaktischen Charakter jemals aufzuheben.

Autodidaktik: das Auslassen akademisch geregelter, schrittweise aufbauender Aneignung musikalischer Fähigkeiten unterscheidet Schönberg nicht nur von den anderen Akteuren neuer Musik, von Mahler, Strawinsky, Bartók, Hindemith bis hin zu den eigenen Schülern Webern und Berg – solche »Selbstfindung« im vollen Wortsinne scheint auch auf Begegnung und Auseinandersetzung mit Tradition erheblichen Einfluß genommen zu haben. Unberührt von akademischem Zwang, geleitet am freilich unsicheren, Zerreißproben ausgesetzten Band von Neigungs- und Entdeckungsfreuden, erschließt sich Tradition wie ein bisher unbetretenes Land, auf dem Mangel an vorgeformter Metierkenntnis zur Tugend unbelasteter bis draufgängerischer Selbstfindung wird. »Zerreißproben« gilt es allerdings unablässig zu bestehen, etwa im Zweifel an den autodidaktisch geschulten Kräften, die – und dies muß Schönberg frühzeitig erahnt haben – Belastungen durch Ausdrucksintentionen erwarteten, an denen sie zerbrechen könnten.

Um so stärker, scheint es, betont Schönberg – und zwar im Rahmen eines Traditionskontinuums, aus dem sein Werk erwachsen sei – dessen Ursprung im Unbewußten, im genialischen Schöpfungsakt eines Künstlers, dem die Tradition nicht minder unbewußte Muttersprache geworden ist. Dergestalt löst sich auch der Widerspruch auf zwischen den unablässigen Verweisen auf Traditionsfolge und -folgerichtigkeit, in der der Autor gleichsam nur der Agent einer historisch notwendigen Entwicklung ist, und dem Anspruch, im Werk einzig und allein die Vergegenständlichung unbewußter innerer Ausdrucksnotwendigkeit erkennen zu wollen. Beide Seiten gehören zusammen, da im »Selbstausdruck« – und nur in ihm als »nicht berechnendem« – die Tradition ihre ebenso sinnvolle wie sinnfällige Fortsetzung findet. Der oftmals begegnende Hinweis, daß in Schönbergs Kunstbegriff der »Geniekult« des 19. Jahrhunderts eine außerordentlich wichtige und im Lauf der Jahre bald anachronistische Rolle spielt, besagt insofern wenig, weil er das Ineinandergreifen von Tradition und Selbstausdruck vernachlässigt. Tradition als »Muttersprache« des Selbstausdrucks heißt, daß diese sich von jener nicht lossagen kann – da nur mit und in einem Traditionskontinuum die Vergegenständlichung von Kunst als Ausdruck einer »inneren Notwendigkeit« gelingt. Dieser Zusammenhang wird allerdings erst durch die reiferen Werke Schönbergs transparent; es macht ihn jedoch nicht brüchig, daß er aus der schöpferischen Not eines autodidaktischen Anfängers herrührt und auch fernerhin, die Unwägbarkeiten solcher Herkunft immer wieder bedenkend, zu Rechtfertigungsexkursen Anlaß gibt:

»Der bestimmende Faktor sind wohl die inneren Notwendigkeiten der eigenen Entwicklung. Man entwickelt sich nicht absichtlich und bewußt. Die musikalische Umwelt übt zweifellos gewisse Einflüsse aus (…) Es ist eine interessante Beobachtung, daß dasjenige, das den Anstoß zur Entwicklung gegeben hat, meist sein eigenes Gegenteil hervorruft, daß es, sobald man es verdaut hat, auch das erste ist, das uns wieder abstößt, so daß die Entwicklung immer eine Reaktion gegen das bedeutet, was sie hervorgerufen hat… Und ich glaube, wenn ich meine Entwicklung ins Auge fasse, daß ich eigentlich damit die Entwicklung der letzten zehn bis zwölf Jahre Musik beschreibe – es fällt da in mir vieles zusammen mit Reger, Strauss, Mahler, Debussy und anderen.«[13]

Diese Sätze äußerte Schönberg 1909 in einem Interview, in der dramatischen, von Aufführungsskandalen begleiteten Phase des endgültigen Übergangs zur Atonalität. Obwohl in ruhigem, gefaßtem Ton vorgetragen, bleibt in ihnen die Anspannung vernehmbar, mit der die kühnen, befremdend wirkenden Vorstöße in musikalisches Neuland aus »innerer Notwendigkeit« des künstlerischen Schaffensprozesses gerechtfertigt werden sollen. Bemerkenswert an den Sätzen ist, daß sie diese Notwendigkeit nicht nur als gewissermaßen inneres Regulativ der Phantasietätigkeit beschreiben, sondern auch als entscheidenden Impuls für das Verhalten gegenüber den vorgefundenen musikalischen Leistungen – zugespitzt gesagt: Man wählt nicht seine Vorbilder, sondern wird von ihnen gesucht und – gefunden. So jedenfalls glaubte Schönberg am besten seine ebenso intensive wie ausschließliche Orientierung an der deutschen Musik der letzten zwei Jahrhunderte begründen zu können, und zwar immer unter dem Gesichtspunkt der gedanklichen Integration kompositorischer Arbeit mit dem Ziel eines ungeschmälerten Selbstausdrucks:

»Meine Lehrmeister waren in erster Linie Bach und Mozart; in zweiter: Beethoven, Brahms und Wagner.

Von *Bach* habe ich gelernt:

1. Das kontrapunktische Denken, d. i. die Kunst, Tongestalten zu erfinden, die sich selbst begleiten können.
2. Die Kunst, alles aus Einem zu erzeugen und die Gestalten ineinander überzuführen.
3. Die Unabhängigkeit vom Taktteil.

Von *Mozart:*

1. Die Ungleichheit der Phrasenlänge.
2. Die Zusammenfassung heterogener Charaktere in eine thematische Einheit.
3. Die Abweichung von der Gradtaktigkeit im Thema und in seinen Bestandteilen.
4. Die Kunst der Nebengedankenformung.
5. Die Kunst der Ein und Überleitung.

Von *Beethoven:*

1. Die Kunst der Entwicklung der Themen und Sätze.
2. Die Kunst der Variation und Variierung.

3. Die Mannigfaltigkeit des Aufbaus großer Sätze.
4. Die Kunst, unbedenklich lang, aber herzlos kurz zu schreiben, wie es die Sachlage erfordert.
5. Rhythmik: die Verschiebung der Gestalten auf andere Taktteile.

Von *Wagner:*

1. Die Wendefähigkeit der Themen hinsichtlich des Ausdrucks und ihre richtige Anlegung zu diesem Zweck.
2. Die Verwandtschaft der Töne und Akkorde.
3. Die Möglichkeit, Themen und Motive manierenartig aufzufassen, wodurch sie dissonant gegen Harmonien gestellt werden können.

Von *Brahms:*

1. Vieles von dem, was mir durch Mozart unbewußt zugeflogen war, insbesondere Ungradtaktigkeit, Erweiterung und Verkürzung der Phrasen.
2. Plastik der Gestaltung: nicht sparen, nicht knausern, wenn die Deutlichkeit größeren Raum verlangt; jede Gestalt zu Ende auszuführen.
3. Systematik des Satzbildes.
4. Ökonomie und dennoch: Reichtum.

Ich habe auch von Schubert gelernt und auch von Mahler, Strauss und Reger. Ich habe mich gegen keinen verschlossen und konnte deshalb von mir sagen: Meine Originalität kommt daher, daß ich alles Gute, das ich gesehen, sofort nachgeahmt habe. Auch wenn ich es nicht bei anderen zuerst gesehen habe. Und ich darf sagen: ich habe es auch oft genug bei mir zuerst gesehen. Denn ich bin nicht stehengeblieben bei dem, was ich gesehen habe: ich habe es erworben, um es zu besitzen; ich habe es verarbeitet und erweitert, und es hat mich zu Neuem geführt.«[14]

Merkwürdig: weder die geradezu pedantische Nüchternheit dieser Auflistung noch die etwas verquere, ironisch gefärbte und auch nicht unkokette Dialektik ihrer Schlußfolgerung erscheinen aufdringlich oder gar abwegig. Dies rührt wohl daher, daß jedem der benannten Stichpunkte in der Tat ein prägnanter musikalischer Sachverhalt in Schönbergs Partituren entspricht; daß hier nichts herbeigeredet und beschworen, sondern lediglich konstatiert wird, was die Analyse der Kompositionen und ihrer Beziehung zu Tradition ergeben hat. Wie ein Leitmotiv durchzieht den Merkmalkatalog das Problem der Zusammenhangbildung zwischen den verschiedenen Ebenen und Elementen eines Werkes, der Einheit des »Gedankens« bei einem Höchstmaß an Mannigfaltigkeit der Ereignisse, die ihn ausfüllen. In der Forderung, »alles aus Einem zu erzeugen«, jedoch »nicht sparen, nicht knausern, wenn die Deutlichkeit größeren Raum verlangt«, wird das Problem auf den Punkt gebracht. Und Schönberg sucht es zunächst, bis zur *1. Kammersinfonie* op. 9 und dem *2. Streichquartett* op. 10, im Rahmen der Tonalität, der funktionalen Harmonik zu lösen. Diese Feststellung soll mitnichten den Eindruck erwecken, als ob Schönberg für die Lösung eine Art »Versuchskette« zur Verfügung gestanden hätte, mit der Tonalität als einem von mehreren »Versuchsfeldern«: noch 1905, dem Abschlußjahr des *1. Streichquartetts* op. 7, war die Tonalität – trotz weitgehender, geradezu dramatisch sich zuspitzender Differenzierung und Erweiterung – haltgebender Boden, auf dem nicht »experimentiert«, sondern geschaffen, »phantasiert« wurde. »Experimentieren« hieße, vorläufige, begrenzt kalkulierte und dementsprechend gültige Ergebnisse anzusteuern, wo hingegen es doch in der künstlerischen Arbeit stets um das Ganze, um den »Ernstfall« geht und gehen muß. Daß sich dann, wie zu zeigen sein wird, aus solchen »Ernstfällen« heraus die Auflösung der Tonalität ereignete, war kaum vorauszusehen, war Resultat kompositorischer Phantasietätigkeit, die nicht »berechnet«, sondern den unbegrenzten Selbstausdruck anstrebt.

Unter Tonalität verstand Schönberg nichts »Natürliches«, das, einmal gefunden, ewigwährende Gesetzeskraft erlangt hätte, um seinen Sinn, die Vermittlung von »Schönheit« im »natürlich« geformten Kunstwerk, erfüllen zu können. Tonalität ist eine historisch gewachsene und somit auch an historischen Wandel gebundene Möglichkeit zweckmäßiger Darstellung – sie ist kein »Endzweck«, sondern veränderbares Darstellungsmittel im Dienst des Selbstausdrucks. Dementsprechend erfüllt sie zwei Aufgaben, die mit den oben genannten beiden Kernpunkten übereinstimmen:

»Alle in einem Stück vorkommenden Tonfolgen, Zusammenklänge und Zusammenklangsfolgen gewinnen einheitliche Bedeutung durch ihr festes Verhältnis zum tonalen Mittelpunkt und durch ihre gegenseitige Verbundenheit. Das ist die zusammenfassende Funktion der Tonalität. Ebenso bedeutsam ist ihre andere, die gliedernde Funktion. Vermöge dieser grenzt sie Teile ab und trennt sie voneinander, Teile, die sie vorher durch eine andere Anwendung derselben Mittel zusammenfassen half.«[15]

Zusammenhang (etwa als Verwandtschaft zwischen Tonarten) und Gliederung (etwa durch Abhebung verschiedener Tonartebenen) leistet das, »was jede Gedankendarstellung erfordert: den zusammenhangsvollen Gegensatz«.[16] Und der bleibt nicht auf die Organisierung der im engeren Sinne harmonischen, der vertikalen Strukturen beschränkt, er greift aus, über die Formbildung, die Stimmengestaltung, so daß dieser »zusammenhangsvolle Gegensatz« schließlich sämtliche Gestaltungskomponenten erfaßt und steuert:

»Ich erblicke in diesen beiden Funktionen (...) die hauptsächlichsten Leistungen der Tonalität. Die Vorteile, die sich für den Autor und den Hörer daraus ergeben, sind folgende: Durch die Einheitlichkeit der Beziehungen muß der Zuhörer in einem gewissen Stadium des Begreifens unbedingt einmal ein so verfaßtes Tonstück als eine Einheit, als ein Zusammengehöriges, erfassen. Andererseits aber wird die Einprägsamkeit dadurch gefördert, daß die gliedernde Funktion das Ganze und seine Teile sowie deren Verhältnis zueinander charakteristisch gestaltet und damit das Erfassen der vorüberfließenden Ereignisse erleichtert.«[17]

In seinen frühen Werken lotete Schönberg die Möglichkeiten des »zusammenhangsvollen Gegensatzes«, die Vorstöße der bisherigen musikalischen Entwicklung aufnehmend, bis an die Grenzen ihrer tonalen Formulierbarkeit aus. Es war dies ein Weg, auf dem die Ablösung der Tonalität durch die A-tonalität immer näher rückte, da das tonale Darstellungspotential hinsichtlich einer stets stringenteren Bildung solcher Gegensätze erschöpft zu sein schien. Doch bis an die *1. Kammersinfonie* heran dürfte Schönberg diese »atonale« Konsequenz nicht bewußt geworden sein – sie enthüllte sich ihm eher aus den fixierten kompositorischen Tatsachen, die er nur einem gleichsam a-priorischen Gesetz unterstellt zu sehen wünschte: Einheit in der Mannigfaltigkeit.

»Als ich ihn (Zemlinsky; M. H.) kennenlernte, war ich ausschließlich Brahmsianer. Er aber liebte Brahms und Wagner gleichermaßen, wodurch ich bald darauf ebenfalls ein glühender Anhänger beider wurde. Kein Wunder, daß die Musik aus dieser Zeit deutlich die Einflüsse dieser beiden Meister zeigte, mit einem gelegentlichen Zusatz von Liszt, Bruckner und vielleicht auch Hugo Wolf. Deshalb zeigen auch Kompositionen aus dieser Zeit, wie zum Beispiel *Verklärte Nacht,* einerseits wagnerische Technik, z. B. Formulierungen, wie Modell und Sequenz über einer bewegten Harmonie, andererseits aber Gebilde, die nach dem Muster von Brahms' ›Technik der entwickelnden Variation‹ – wie ich es genannt habe – geformt waren.«[18]

Das Streichsextett *Verklärte Nacht* ist die erste, durch eine Opuszahl (4) als »gültig« anerkannte Instrumentalkomposition Schönbergs. Allerdings vereint sie die einst schroff auseinanderstrebenden Einflüsse keineswegs so ausgewogen und konfliktlos, wie dies im Zitat nahegelegt wird. Brahms' Vorbild prägt zunächst die kompositorischen Versuche vor Beginn der Werkzählung (Lieder, Kammermusik, sinfonische Fragmente, auch wenn letztere programmusikalischen Intentionen folgen) sowie die ersten, in Gruppen zusammengefaßten Lieder (opus 1–3). Dabei wächst freilich der Einfluß Wagners, wofür Schönberg auch einen biographischen Grund nennt: »Als ich fünfundzwanzig Jahre alt war, hatte ich jede Wagner-Oper zwanzig- bis dreißigmal gehört.«[19] Wagners Einfluß ergänzt den Brahmsschen, und zwar insofern, da Schönbergs frühe Stücke vor allem harmonische Wendungen und die in ihnen wurzelnde melodische Diktion von Brahms – also dessen »Ton« – aufnehmen, und nicht sogleich und zielstrebig, wie oben behauptet, die »Technik der entwickelnden Variation«. Um die ging es aber – sie mußte jedoch erst einmal gefunden und angeeignet werden: Schönberg schwebte offensichtlich ein aus der Analyse klassischer Musik gewonnenes »Modell« vor Augen, das geeignet wäre, Vielfalt und Zusammenhang kompositorischer Darstellung zu ermöglichen. Dieses »Modell« stammte unverkennbar aus der motivisch-thematischen Arbeit, aus der Durchführungstechnik von Bach über die Wiener Klassiker bis Brahms, aus Verfahren also, die Vielfalt und Zusammenhang vorrangig im Sonatensatz, im sonatisch-sinfonischen Zyklus regulierten. Aber diese »klassische« Verbindung schien sich nicht mehr, trotz oder gerade wegen ihrer großartigen Ergebnisse bis in die jüngste Vergangenheit, ohne Authentizitätsverlust fortsetzen zu lassen. Zumindest mag Schönberg bald, nach den ersten Streichquartett- und Sinfonieversuchen, zur Überzeugung gelangt sein, hierin keinen ausbaufähigen Boden für seine wenn auch noch vagen, so doch andrängenden Phantasien zu finden.

Deshalb wandte er sich verstärkt der Wagnerschen Leitmotivtechnik zu einschließlich deren programmusikalischen Auswirkungen, wodurch zugleich die Instrumentalmusik von Richard Strauss ins Blickfeld rückte. Das Streichsextett *Verklärte Nacht* ist gewissermaßen ein Dokument dieser Zuwendung. Es vermittelt Schönbergs Verständnis des Leitmotivs als eines Einheit und Mannigfaltigkeit stiftenden Motors – und es enthüllt ihn als letzte Annäherungsstufe an die »entwickelnde Variation«, für die dann allerdings wieder Brahms zum Kronzeugen bestimmt wird, und zwar mit dem *1. Streichquartett* op. 7. So gesehen, durchläuft das Sextett – wie auch sein orchestrales Gegenstück, die Sinfonische Dichtung *Pelleas und Melisande* op. 5 – einen erkundenden und somit entwicklungsgeschichtlich notwendigen »Umweg« auf das Ziel »entwickelnde Variation« hin, das eben nicht derart problemlos erreicht werden konnte, wie dies Schönbergs eigene Erinnerung vermuten läßt.

»Wagner hat uns drei Sachen – der Hauptsache nach, soweit er für die moderne Entwicklung in Betracht kommt – hinterlassen: Erstens die reiche Harmonik, zweitens die kurzen Motive, mit der Möglichkeit, den Satz so rasch und so oft zu wenden, als es das kleinste Stimmungsdetail erfordert, und drittens gleichzeitig die Kunst, großangelegte Sätze zu bauen, und die Perspektive, diese Kunst weiterzuentwickeln.«[20]

Das wichtigste Moment ist offensichtlich das der »kurzen Motive«, der Leitmotivtechnik, deren »Wendefähigkeit (...) hinsichtlich des Ausdrucks« auch als erster Punkt jener Auflistung genannt wird, in der Schönberg zusammenfaßt, was er von den Klassikern – in dem Fall von Wagner – gelernt habe. An anderer Stelle heißt es:

»Das Leitmotiv, gewöhnlich eine kleine Phrase, nahm nicht viel Raum ein, weil Entwicklung, Anfügung variierter Phrasen, kadentieller Abschlüsse und andere technische Erfordernisse zur Befestigung, die einen Raum von acht bis sechzehn Takten verlangen, überflüssig wurden. Eine Phrase von zwei Takten, gefolgt von einer Sequenz, erfordert im allgemeinen eine angefügte Liquidation von ein oder zwei Takten. So konnte ein kleiner unabhängiger Abschnitt geschaffen werden, der auch keine ausgearbeitete Fortführung verlangte und sozusagen nach allen vier Seiten hin offen war. Richtig angewandt, wird ein ästhetisches Verdienst erworben, indem nicht mehr Raum gebraucht wird, als die Gedanken fordern.«[21]

Schönbergs Absicht ist unverkennbar: es geht ihm um die Erkundung von musikalischen Formulierungen, denen ein Höchstmaß an Verdichtung eignet und die aber zugleich die Fähigkeit besitzen, einen vielgestaltigen Werkorganismus zu entfalten: »Ich glaube, daß Richard Wagner, als er (...) sein *Leitmotiv* einführte, gesagt haben mag: ›Es werde Einheit‹.«[22] Die Leitmotive bilden eigengewichtige, aus sich selbst heraus verständliche Teile oder »Zellen«, die Zusammenhang herstellen, ohne daß weitschweifige Ausführung, Bestätigung usw. gefordert wären. Zu dieser Fähigkeit der Motive trägt ganz entschieden ihr melodischer Charakter bei, die Möglichkeit, sie allein aufgrund ihrer melodischen Formulierung zu verstehen – worin sich perspektivisch die Ablösung der Melodik von der Harmonik abzeichnet: Die Verwandlungen der Motive bleiben auch dann faßlich, wenn der harmonische Verlauf andere bis gegensätzliche Wege einschlägt. Schönberg scheut sich nicht, diese Fähigkeit mit den klassischen »Manieren«, also dem Verzierungswesen in der Aufführungspraxis des 17. und 18. Jahrhunderts in Verbindung zu bringen: »Die neue Vieldeutigkeit der Töne über den neuen Akkorden gestattete ›manierenartige‹ Motivverwendung ohne Rücksicht auf dissonante Zusammentreffen: sie erklären sich, wie die in den ›Manieren‹, aus der Logik der ganzen Figur.«[23] Es irritierte ihn also keineswegs, daß hier zum Vorbild erhoben wird, wovon nicht nur er selbst, sondern bereits die gesamte motivisch-thematisch orientierte Musikentwicklung im 19. Jahrhundert sich zu lösen suchte: von der Verzierung als lediglich schmückendem Ornament. Aber es ging ja Schönberg eben nicht um den »Schmuck«, sondern um die verdeckte, gewissermaßen abstrakte Vorprägung einer kompositorischen Konstellation in einer ansonsten zu vernachlässigenden konkret historischen Kompositions- und Interpretationsgepflogenheit. Schönbergs Verhalten gibt nicht zuletzt einen Hinweis darauf, daß er Tradition immer auch als puren, von ursprünglichen Zwecken, Bindungen usw. ablösbaren Materialfundus betrachtet, den für neue Zielstellungen auszuforschen und zu verwenden als legitim erscheint.

Die Stärkung des melodischen Elements durch das Leitmotiv hat zweifellos dazu beigetragen, die im Lauf des 19. Jahrhunderts vorrangige Entwicklung und Differenzierung der harmonischen Mittel auszugleichen – mit dem Ergebnis der Auflösung der Funktionsharmonik und der Entfaltung eines melodisch-polyphonen Satzes als struktur- und formenbestimmender Gestaltungsweise. Daß das Leitmotiv nur einen, wenn auch bedeutsamen und folgenreichen Schritt auf dem Wege zu diesem Ergebnis bildete, erklärt sich aus seiner wohl unauflösbaren Bindung an die Sequenz, aus seiner aneinandergereihten, prinzipiell nicht veränderten Wiederholung auf lediglich verschiedenen harmonischen Stufen. Dadurch blieb dem Leitmotiv, obwohl mit ihm ein »unabhängiger Abschnitt geschaffen werden (konnte), der auch keine ausgearbeitete Fortführung verlangte und sozusagen nach allen vier Seiten hin offen war«, ein rein formales, gleichsam ornamentales Moment haften, das in Widerspruch zu der Forderung geriet, künstlerisches Material restlos einem jeweiligen subjetiven Ausdruckszwang anzuverwandeln. Schönberg war sich der »formalistischen« Gefahren der Sequenz vollauf bewußt, tolerierte sie – auch bei sich selbst – lediglich als eine Art Durchgangsphänomen auf dem Weg zur entwickelnden Variation:

»Es war die Brahms-Schule, die (…) heftig gegen die Sequenzen der *Neudeutschen Schule* kämpfte. Ihre Haltung beruhte auf dem entgegengesetzten Standpunkt, daß unveränderte Wiederholung billig ist. Und tatsächlich waren Sequenzen für viele Komponisten eine Technik, kurze Geschichten in die Länge zu ziehen – aus vier Takten acht zu machen und aus acht sechzehn und sogar zweiunddreißig. Vor allem die russischen Komponisten, Rimskij-Korsakow und Tschaikowskij, sind für diese falsche Anwendung einer sonst annehmbaren Technik zu tadeln. Und es hätte passieren können, daß dieser Mißbrauch jedes höhere technische Streben ausgerottet hätte.«[24]

Als »annehmbar« galt die Sequenz nur im gesonderten Wirkungsfeld des Leitmotivs, und dies wiederum hielt Schönberg – in den Grenzen freilich eines bestimmten historischen Entwicklungsabschnitts, dessen Ende er recht genau durch die eigenen tonalen Werke markiert glaubte – geradezu für »obligatorisch«. Denn »ein junger Komponist in dieser Periode (war) nicht nur darauf bedacht, die Stimmung und all ihre Veränderungen zu schildern, sondern auch darauf, jede Einzelheit der Handlung zu beschreiben.«[25]

Damit rückt ein weiterer Gesichtspunkt ins Blickfeld, der, an Leitmotivik fest gebunden, bereits latent angeklungen ist: die programmusikalische Komponente in der Instrumentalmusik, bei Schönberg exemplarisch in der *Verklärten Nacht* und im *Pelleas* vorgeführt. Äußerlich betrachtet hat es den Anschein, als ob beide Stücke lediglich an eine noch immer aktuelle, durch Strauss' Sinfonische Dichtungen mit virtuosen, kaum mehr zu übertreffenden Glanzlichtern versehene Kompositionstradition anschließen, wobei auch die Übertragung einer Programmkonzeption auf Kammermusik wie im Fall des Streichsextetts zwar ungewöhnlich, aber keineswegs unvorbereitet ist (Beethoven, op. 132; Schubert; Smetana u. a.). Und Schönbergs eigene Äußerungen unterstreichen nachdrücklich solchen Anschluß, geraten in den späten *Programm-Anmerkungen zu ›Verklärte Nacht‹* (1950) zur Nacherzählung mit gleichsam verteilten Rollen zwischen Text und Musik:[26]

»Bei einem Spaziergang in einem Park

Beispiel 1

in einer klaren, kalten Mondnacht

Beispiel 2

Beispiel 3

bekennt die Frau dem Mann in einem dramatischen Ausbruch eine Tragödie.«

Beispiel 4

Doch Programmusik, die faßliche, wiederholbare Vermittlung außermusikalischer Konnotationen, ist erneut nicht »Endzweck«, sondern verfolgt entschieden musikimmanente Ziele, die Schönbergs wortreiche Darlegungen seiner »illustrativen« Absichten denn auch kaum verhüllen wollen. Es geht ihm um den mit dem Leitmotiv verschmolzenen formbildenden Impuls einer Programmbindung, um das Ineinandergreifen von musikalischen und nichtmusikalischen Elementen mit dem gewissermaßen vorläufigen Ergebnis, daß das eine Element nicht ohne das andere verstanden werden kann. Dieses »formbildende Prinzip«, so Schönberg, sei »ein *uraltes* und leitet seinen Ursprung von jenen *alten* Meistern her, die in den – heute endlos scheinenden – Textwiederholungen solange über einen poetischen Gedanken musikalisch *phantasierten*, bis sie ihm alle möglichen Stimmungen und Bedeutungen abgewonnen – fast möchte ich sagen: bis sie ihn analysiert hatten«.[27]

Unauffällig gleitet hier der Akzent vom Text, von der Programmvorlage zur Musik, die sich durch »Analyse« in eine bestimmte Richtung verändert – und darauf, auf den letztlich wiederum rein musikalischen Vorgang, lenkt Schönberg alles Interesse. Denn das Programm, wie später der Text in der Vokalmusik, dient der Steigerung musikimmanenter Flexibilität, ist dergestalt ein bloßes Hilfsmittel, auf das verzichtet werden kann, sobald dessen formbildende Potenzen im musikalischen Material aufgenommen und aufgelöst sind. Schönberg zögert nicht, solche Bindung als »Ursache von Veränderungen in allen Erscheinungsformen der musikalischen Substanz« zu bezeichnen, aus denen letztlich die »erweiterte Tonalität« hervorgegangen sei.[28]

Das Leitmotiv, am Band programmatischer Sinnfälligkeit, besetzt gewissermaßen die Nervenpunkte der musikalischen Entfaltung, welche daraufhin von ausführlicheren, einst für die Faßlichkeit unabdingbaren »Erörterungen« ihrer Substanz – etwa durch ausgewogene, »schlüssige« Modulatorik – entlastet werden kann. Es sind dies alles Impulse, die einerseits Lockerung der innermusikalischen Gestaltung und in der Tendenz die Verselbständigung ihrer konstituierenden Elemente bewirken, andererseits – eben durch »Analyse«, durch Anverwandlung der programmatischen Markierungen – einen neuartigen Zusammenhalt zwischen diesen Elementen ermöglichen. Zusammenhalt, einen »zusammenhangsvollen Gegensatz« gewähren immer weniger die traditionellen, voran funktionsharmonischen Bindemittel – wie insgesamt die harmonischen, die über freilich nicht immer leicht zu präzisierende Phasen von »erweiterter Tonalität« (worunter in erster Linie ein wachsendes, tonale Verhältnisse verunklarendes Maß an Stufengang und Alteration gemeint ist) in die Atonalität münden. Der Verlust an formbildendem Vermögen, der in diesem negativen Begriff zum Vorschein kommt, verlangt, soll das A-priori kompositorischer Arbeit – »Faßlichkeit durch Zusammenhang« – nicht zerbrechen, nach einem haltbaren Ausgleich. Und der liegt für Schönberg vor allem im Melodischen, in dessen Fähigkeit, aus sich selbst heraus Zusammenhang zu stiften.

Diese Fähigkeit wird durch die leitmotivische Sinngebung der Melodik angebahnt: Melodik, geschmeidig gemacht durch außermusikalische Bindungen, erreicht über deren permanentes, anverwandelndes Wiederholen einen Sättigungsgrad an Sinngehalt, der ihn einer rein musikalischen Qualität annähert und somit die Melodik in die Lage versetzt, von der äußeren Herkunft des Sinngehalts wieder abzurücken. Melodik gewinnt eine Art Vokabular, das sich in der kompositorischen Struktur als spezifisch musikalischer Sinnzusammenhang entfaltet. In der *Verklärten Nacht* ist dieser Prozeß in vollem Gange, erreicht er ein Stadium, in dem außer- und innermusikalische Materialprägungen zwar noch parallel zueinander laufen, jedoch bereits erkennen lassen, welche Seite die Oberhand gewinnen wird. Das Prinzip, »kleine unabhängige Abschnitte« zu schaffen, die »keine ausgearbeitete Fortführung« verlangen und »nach allen vier Seiten hin offen« sind, wird praktisch nur noch von einem Thema vernachlässigt, bezeichnenderweise dem lyrisch-heroischen »des Mannes«, der die vermeintliche Tragödie »der Frau« – von einem »fremden Mann« schwanger zu sein – abwendet, indem er ihr seine Liebe erklärt: »Du wirst es mir, von mir gebären« (s. Bsp. 5, S. 59).

Das Thema verlangt zwar »keine ausgearbeitete Fortführung«, ist aber auch nicht »nach allen vier Seiten hin offen« – es ruht in sich wie eine Insel im Strom, wozu auch seine Stellung im Formverlauf beiträgt: Es bezeichnet den Wendepunkt des Geschehens, des Stroms, der zunächst – aus der Perspektive der Frau – auf eine Tragödie zusteuert, um nach der »Erklärung« des Mannes sich in eine Liebesidylle zu verwandeln. Demgemäß erscheint die musikalische Gestaltung diesseits und jenseits des Wendepunktes als »fließend«, greifen die Motive an ihren jeweils »offenen Seiten« ineinander und entfalten ein Stimmengeflecht, dessen Verständlichkeit im Punktuellen wie in umfassenderen Abschnitten, Rückbezügen usw. die Verfolgbarkeit der Motive, die »Logik der ganzen Figur«, gewährleistet (s. Bsp. 6, S. 59).

Das Beispiel enthält die unmittelbare Fortsetzung des Themas »des Mannes«, dessen sonore, gleichmäßig gegliederte und vor allem von einer untergeordnet-ge-

Beispiel 5

Beispiel 6

schlossenen harmonischen Hülle umfangene Melodik durch eine motivisch aufgespreizte, die Stimmen verselbständigende Struktur abgelöst wird: Das »Schicksals«-Motiv im 1. Cello übernimmt zwar, Zweifel an der Konfliktlösung vorbringend, die melodische Führung, drängt die übrigen Stimmen jedoch nicht in die Rolle abstützender Begleitung. Jede von ihnen verfügt über unterschiedlich geprägtes motivisches Material, das auf jeweilige Leitmotive verweist: die Figur der 1. Violine auf das (in Schönbergs Diktion der *Programm-Anmerkungen zu Verklärte Nacht)* Motiv »Wärme der Liebe«:

Beispiel 7

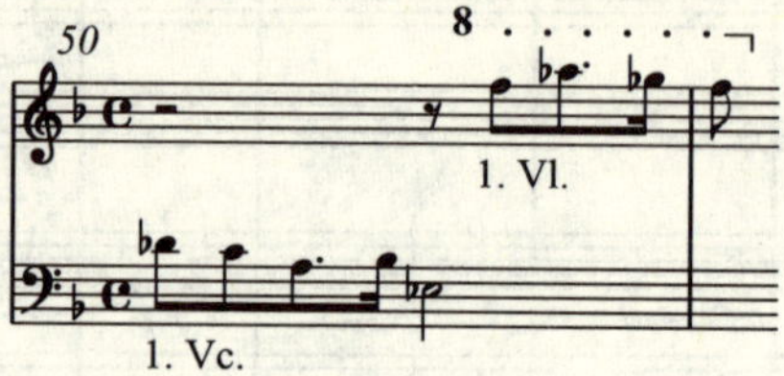

Die 2. Violine bringt in Umkehrung ein Fragment des »Mutterschafts«-Motivs, das aber auch an eines der einleitenden »Natur«-Motive erinnert:

Beispiel 8

Die 1. Viola fügt dem herausgehobenen »Schicksals«-Motiv im 1. Cello dessen nicht minder motivisch gedrängte, Selbständigkeit erlangende Fortspinnung bei:

Beispiel 9

Die 2. Viola folgt dem Umriß des Motivs des »Einklangs von Natur und Liebe«:

Beispiel 10

Und das 2. Cello schließlich untersetzt dies alles mit den Quartschritten des »Entschluß«-Motivs:

Beispiel 11

Es resultiert hier also kein harmoniegeprägter, auf eine vermittelte Abstufung von »sprechender« Melodik und »klingend-grundierender« Harmonik abzielender Satz, sondern eine Art Stimmenstrom, der sich aus prinzipiell gleichberechtigten und -gewichtigen melodischen, sprich: linearen Ereignissen zusammensetzt. Es waltet reale Sechs-Stimmigkeit, in der, zugespitzt formuliert, jede Stimme »nach allen vier Seiten hin offen« ist, zumindest jedoch daran teilhat, die Festigkeit des harmonischen Zusammenschlusses aufzubrechen.

Obwohl letztlich an kaum einer Stelle des Werkes die funktionsharmonische Regelung des Satzes ausgehoben wird, die aufeinanderfolgenden Formabschnitte bis in den verklärenden Schluß hinein an auskadenzierte tonale Ebenen gebunden bleiben, machen sich doch gegenläufige, freilich unter der Hülle solcher Regulierung verborgene Tendenzen nachdrücklich bemerkbar. Das herangezogene Beispiel stellt keinen Sonderfall dar – es steht für die absolut vorherrschende Strukturgestaltung, in der die permanent sich verwandelnden Motivassoziationen durchaus an »entwickelnde Variation« heranrücken. Aber sie noch nicht in einem ungeschmälerten Sinne verwirklichen können. Das liegt daran, daß sämtliche Motive selbst bei weitestgehender Veränderung den Rahmen ihres ursprünglichen, im »Leitmotiv« fest umrissenen »Bedeutungsfeldes« nicht durchstoßen; daß sie in jedem Augenblick, und sei der noch so entfernt von diesem Ursprung, sich als fixierte »Erkennungsmarken« zeigen, deren Wandlungsfähigkeit gewissermaßen im Atmosphärischen verharrt, auf die äußere Erscheinungsform beschränkt ist. Die Motive können, bei aller Flexibilität, keinen Gegensatz aus sich heraus und zu sich selbst entwickeln; sie können nur die einmal fixierte »Bedeutung« in Breite und Höhe vervielfältigen. Dergestalt, und darin liegt ihr produktives Moment, treiben sie den Satz zur vielstimmigen, aufgefaserten Struktur und deren Bewegung in eine epische Dimension. Der »Gedanke«, programmatisch an die Fäden des Leitmotivvorrats geknüpft, ist unablässig zugegen, wird hin- und hergewendet, »diskutiert«, um am Ende zu einer »Lösung« zu gelangen.

Doch diese »Diskussion« verläuft wesentlich in Bahnen der Sequenzierung, welche die Leitmotivcharaktere vorgeben: in Bsp. 6 enthält jede Stimme – auch dies ist keineswegs ein Sonderfall – eine sequenzierende Fortführung ihres Motivs. So entsteht zwar »Einheit«, die mit ebenso festem wie geschmeidigem Griff die gesamte Form erfaßt, jedoch nur eine begrenzte, gleichsam mechanisch erzeugte »Mannigfaltigkeit«. Beide resultieren aus den Leitmotiven und deren »Geschichten«, die einen musikalischen »Text« erstellen, der gewissermaßen eindimensional angelegt ist und, in Ab- und Übereinstimmung mit dem literarischen Text, die Festigkeit, den Zusammenhalt der Formbildung garantieren. Wenn auch damit die »annehmbaren« Seiten der Leitmotiv- und Sequenztechnik bis zu einem Höchstmaß ausgeschöpft werden, so lösen sich doch deren »formalistische« Defizite nicht auf. Schönberg hat dies klar und frühzeitig erkannt, so daß er der Gefahr entging, durch »Mißbrauch jedes höhere Streben (auszurotten)«. Und dies erforderte, den errungenen, melodisch-motivisch fundierten Möglichkeiten der Bildung von Einheitlichkeit des Satzes wie der Form solche an die Seite zu stellen, die in gleicher Weise – d. h. im selben Atemzug mit denselben Mitteln – eine »nicht-formalistische« Mannigfaltigkeit hervorbringen.

Dem dient – und Schönberg belegt es mit einer Vielzahl an Beispielen von Bach bis Brahms – das Prinzip der »entwickelnden Variation« oder der »Entwicklung durch Variation«. Nun bezeichnen ja weder »Entwicklung« noch gar »Variation« etwas grundsätzlich Neues: Entwicklung musikalischer Gestalten läßt sich nicht erst in den Fugendurchführungen von Bach nachweisen, und Variation gehört schon zur Musikpraxis frühester Menschheitskulturen. Neu ist lediglich die spezifische Verbindung von beiden, die zu Konsequenzen führt, welche einerseits den Zusammenschluß einer bestimmten, für Schönberg einzig relevanten und zukunftsträchtigen musikgeschichtlichen Entwicklung zu einer Kompositionstradition beinhalten, andererseits noch den nach außen hin schroffen Bruch innerhalb dieser Tradition als deren gewissermaßen dialektischen Bestandteil ausweisen und rechtfertigen. »Im kleinsten Raum« den »größte(n) und reichste(n) Inhalt« unterbringen, heißt, daß jedes Detail und somit auch das Total, zu dem eine jeweilige Masse von Details sich formiert, auf einen oder auch mehrere Kernpunkte bezogen sind. Sie halten, in ständiger Verwandlung und zugleich unveränderten Wesens, die Fäden eines Netzwerkes in den Händen, das als Rahmen wie Struktur die Komposition zum Organismus macht. Und die Maschen dieses Netzwerkes haben so eng und dicht zu sein, daß noch das kleinste Detail sich in ihm verfängt, dadurch »wesentlich« wird – Teil eines übergreifenden »Gedankens«, dessen vollständige, erschöpfende Darstellung letztlich mit dem Weg übereinstimmt, den eine Komposition zurücklegt:

»Es ist die wichtigste Fähigkeit eines Komponisten, einen Blick auf die entfernteste Zukunft seiner Themen und Motive zu werfen. Er muß imstande sein, die Folgen der in seinem Material existierenden Probleme im voraus zu kennen und alles dementsprechend zu organisieren. Ob er dies bewußt oder unbewußt tut, ist Nebensache. Es genügt, wenn das Resultat es beweist.«[29]

Indem Schönberg »Themen und Motive« als »Material« kennzeichnet, das immanente »Probleme« und entsprechende »Folgen« einschließt, löst er musikalische Darstellung aus der Abhängigkeit von nichtmusikalischen Faktoren wie Programm und Leitmotiv – sie haben ihre vorbereitende, heranführende Aufgabe erfüllt. Nun gilt es, »zusammenhangsvollen Gegensatz« in und mit dem »Material« zu erzielen, seine »entfernteste Zukunft« auch und gerade dann im Blick zu behalten, wenn – um im Bilde zu bleiben – das Auge nicht mehr durch äußere, zusätzliche Sehhilfen geschärft wird. Eine dergestalt »materialimmanente« Sicht leistet die entwickelnde Variation, eine Richtung, »die viel mehr meine eigene war als alles Vorhergehende«. Und das erste, vollgültige Ergebnis auf diesem Weg bildet das *1. Streichquartett,*

»in dem ich alle Errungenschaften meiner Zeit (einschließlich meiner eigenen) kombinierte wie: den Bau extrem großer Formen; sehr ausgedehnte Melodien, die auf einer reich bewegten Harmonik und neuen Klangfortschreitungen beruhten; und eine Kontrapunkttechnik, die die Probleme löste, welche sich durch übereinandergeschichtete eigenständige Stimmen ergaben, die sich frei in entfernteren Regionen einer Tonalität bewegten und häufig in vagierenden Harmonien zusammentrafen«.[30]

Wiederum kennzeichnet Schönberg mit jedem Punkt ein wesentliches Merkmal der Komposition, und die Charakteristik verliert auch nichts an Gültigkeit angesichts der Tatsache, daß dem Quartett – wie später noch einigen anderen Stücken – ein freilich unveröffentlichtes Programm beigegeben ist, ein »very definite – but private« Programm.[31] Schlagwortartig, und hierdurch schon gänzlich verschieden von der instrumentalen »Vertonung« eines Textes wie im *Pelleas* oder in der *Verklärten Nacht*, benennt Schönberg Themen (»1. a Auflehnung, Trotz«), aber auch Formabschnitte (»3. Kampf aller Motive mit dem Entschluß ein neues Leben zu beginnen I. Durchführung«)[32], deren verkürzte, wie »beiseite« gesprochene Programmatik zweifellos auf eine Art Selbststimulierung bei der Entstehung eines Werkes – also auf einen wahrlich »privaten« Umstand – hindeutet. Doch weitaus ernster ist die Feststellung zu nehmen, daß der »Geheimhaltung« und somit dem faktischen Verzicht auf das Programm »eine mittlerweile gewandelte Anschauung der musikhistorischen Situation und des musikalischen Umfeldes zugrunde(lag): Schönberg hielt – gegen Strauss und mit Mahler – die Programmusik für überholt«.[33] Und demzufolge – darin besteht die unbedingt hinzuzufügende Konsequenz – geht aus den verbalen Hinweisen kein Netz von Leitmotiven mehr hervor, das die Steuerung der musikalischen Bewegung übernimmt. Deren Motor bildet nunmehr die entwickelnde Variation, welche freilich die Leitmotivtechnik in einem dialektischen Sinne »aufgehoben« hat.

»Variation« ereignet sich nicht mehr, via Sequenzierung, als im Prinzip rein quantitative »Veränderung« von motivisch-thematisch fixiertem Ausgangsmaterial, sondern in permanent unterschiedlicher Auslegung einer Materialdisposition, die einer Komposition zugrunde liegt. Gegenstand von Variationsbildung sind in gewissem Sinne abstrakte Tonqualitäten wie Intervall, Rhythmus und sogar – solange funtionale Regulierungen noch gelten – harmonisch-akkordische Kombination, die sich im Inneren eines kompositorischen Ereignisses ablagern und deshalb auf dessen »Außenseite«, auf dessen Gestaltcharakter als »Thema«, »Motiv«, »Begleitfigur« usw. geringeren Einfluß nehmen. Das Variationsmoment besteht in einer gleichsam unterirdisch angelegten Verkettung von »Parametern« (Intervall, Rhythmus usw.), aus denen sich, zur »Oberfläche« durchbrechend, ein faktisch unbegrenzter Gestaltenreichtum entwickeln kann. Aus einer »Einzahl« an Materialdisposition wird, via Metamorphose, die aus dem »Einen« immer neue Erscheinungsformen entwickelt, eine »Vielzahl«. Einheit und Mannigfaltigkeit greifen stärker ineinander, als dies jemals im Rahmen von traditioneller Variation möglich gewesen wäre. Denn einerseits gewinnen die vereinheitlichenden Elemente an struktur- und formbildender Kraft durch ständige, im Hintergrund wirkende Aktivität, die noch das unauffälligste Detail erreicht; und andererseits erweckt die aus dem äußeren, »thematischen« Klangbild zurückgezogene, mittelbare Einflußnahme über die keimzellenartigen Parameter den Eindruck, daß kompositorische Vielfalt ungebunden, prosahaft entsteht. Entwickelnde Variation ist »Variation in Permanenz« mit dem Ziel, ein ganzes Werk zu durchdringen, auf daß alles in ihm wesentlich würde – Komposition tendiert insgesamt zur Variation.[34]

»Mozarts Kunst erfüllt in der Entwicklung der Musik die Aufgabe, einen neuen Gedanken in allen seinen tiefsten und reichsten Konsequenzen so darzustellen, daß alle, die sich aus ihm ergeben, an einer vielgestaltigen Oberfläche sichtbar werden: sozusagen auf eine Ebene projiziert. Seine Methode besteht darin, in den Teilen das Gemeinsame, das Zusammenhangbildende soweit zu verschleiern oder soweit zu enthüllen, daß die Unregelmäßigkeit ihrer Form zwar merkbar, aber nicht verwirrend wirkt.«[35]

Wieder einmal findet Schönberg in der Tradition nur das, was ihm selbst als das Erstrebenswerte gilt: Er könnte mit diesen Sätzen das eigene *1. Streichquartett* gemeint haben. Entwickelnde Variation, der Garant dessen, daß »Unregelmäßigkeit zwar merkbar, aber nicht verwirrend wirkt«, breitet sich strahlenförmig aus, den wahrhaft zyklopischen Formaufbau ebenso als Raum ausleuchtend wie jedes einzelne Ereignis, das ihn trägt und im selben Augenblick von ihm getragen wird:

Beispiel 12

Zunächst erscheinen drei linear geführte, klar voneinander abgehobene Stimmen, zu denen erst im 5. Takt eine vierte, die Mittelstimme komplettierende stößt. Nicht minder klar sind das thematische Profil der Oberstimme und die grundierende, fundamentartige Baßführung: Die Satztechnik verweist eindeutig auf Brahms, etwa auf dessen *a-Moll-Streichquartett* op. 51 Nr. 2:

Beispiel 13

Aber dies sind, wie auch bei Brahms, nur äußerliche Merkmale, unter deren Hülle entwickelnde Variation vom ersten Ton an sich regt. Die Oberstimme umkreist einige wenige intervallische Kernpunkte (a, b, c, d) in Grund-, Umkehrungs- und Krebsgestalt sowie einen rhythmischen in Form der Punktierung, die an (a) und (b) gebunden ist. Das so selbstbewußt auftretende »Thema« verdeckt also lediglich die Tatsache, daß es ein abgeleitetes, von den Fäden eincs im Inneren aufgespannten Netzwerkes gehaltenes und gesteuertes Ereignis bildet. Und diese Fäden umschlingen ebenso die anderen Stimmen: die mittlere(n) durch (b), dann vor allem durch die vorausnehmende Chromatik von (d); die Baßstimme zieht den auf- und abwärtsbewegten melodischen Duktus der Oberstimme auf einen Skalengang zusammen, der in (a) mündet.

Der Zusammenhalt wird zugleich mittels metrisch-rhythmischer Verhältnisse in den Stimmen gestärkt, aber nicht durch Übereinstimmung, sondern – im Gegenteil – durch Divergenzen, welche einerseits den Zusammenhalt gewissermaßen belasten, auf seine Tragfähigkeit prüfen, andererseits durch verschränkende Überlappung von einzelnen, in den Stimmen ausgeführten metrisch-rhythmischen Komplexen einen kontinuierlichen Stimmenstrom schaffen. Hier deutet sich ein für die atonale Strukturierung wesentliches Verfahren an: Die Aufhebung der Kadenzgliederung durch Auflösung der Funktionsharmonik hätte zum Zerfall der Struktur bzw. zur Beziehungslosigkeit in deren Ereignisfolge geführt. Um dies zu verhindern, werden Einschnitte, die einst von Kadenzierungen erfüllt worden sind, durch Überschneidung und Verklammerung der Ereignisse überbrückt. Neben dem Beziehungspotential entwickelnder Variation kommen hierbei vor allem Phasenverschiebungen metrisch-rhythmischer Perioden in einzelnen Stimmen zur Geltung. Im *1. Streichquartett* als einem noch tonalen Werk bleiben freilich solche Vorgänge weitgehend jenen Teilen vorbehalten, die *zwischen* den Kadenzwendungen und -gliederungen liegen, da diese ja eben noch existieren und »funktionieren«. Zugleich jedoch wird auch hier eine Abnahme funktionaler Bindung spürbar, die vor allem mit dem wachsenden Grad polyphoner Durchbildung des Satzes zu tun hat.

Die Entfaltung der »Parameter« als wichtigster Impuls von entwickelnder Variation geschieht also gleichzeitig in Breite (Horizontale) und Höhe/Tiefe (Vertikale), wodurch die musikalische Bewegung eine räumliche[36] Ausbreitung erfährt. »Raum« meint hier tatsächlich etwas Kosmisches, in dem es kein Oben und Unten mehr gibt, keine Schwerkraft, welche die Dinge bindet, ordnet und »hierarchisiert«, sondern allein ein gleichsam freischwebendes System von Beziehungen, in das die Dinge verflochten sind. Es liegt nun nahe, in der Funktionsharmonik einschließlich ihrer metrisch-rhythmischen Satzperiodik eine solche »Schwerkraft« zu erkennen – und in ihrer Auflösung in räumlicher Unendlichkeit den Weg, den sie einmal gehen wird.

Die Gleichzeitigkeit von horizontaler und vertikaler Entfaltung der Struktur führt im Extremfall zum Ineinanderklappen beider Richtungen, womit der unhierarchisch-»richtungslose« Raum endgültig Gestalt annimmt. Auch dahin gibt es bereits im *1. Streichquartett* bemerkenswerte Vorstöße:

Beispiel 14

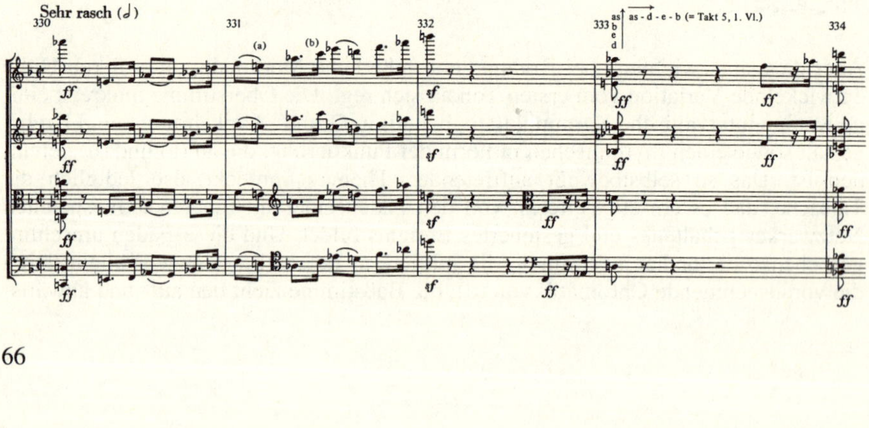

Die mitgeteilten Takte enthalten den Abschluß des ersten großen, satzartigen Formabschnitts, auf den eine Überleitung zum »2. Satz« (Scherzo) folgt. Der durch die Anführungszeichen angezeigte Vorbehalt gegenüber dem üblichen Satzbegriff besteht insofern zu recht, als der Abschnitt trotz »Seitenthemen« und »Durchführung« einen einheitlichen, in sich geschlossenen Komplex bildet. Ihm liegt zwar das sonatische Schema zugrunde, und es werden auch Themen – geradezu überdeutlich – exponiert, doch all dies prägt gewissermaßen nur noch die Außenseite der Musik, hinter der entwickelnde Variation immer machtvoller agiert. Daß im tonalen Streichquartett weiterhin Kompromisse zwischen solchem »Vorder-« und »Hintergrund« eingegangen werden müssen, geht z.B. aus Charakter und formbildender Funktion des Hauptthemas eindrucksvoll hervor. Einerseits ist es »sonatisches« Thema, von dem sich kontrastierende »Seitenthemen« ableiten. Nach einer kontrastaustragenden »Durchführung« erfolgt eine reprisenhafte Wiederherstellung des Hauptthemas, auf die die oben genannte »Überleitung« durchaus auch als abrundende »Coda« reagieren könnte.

Doch der »Hintergrund« des Themas und das, was aus ihm hervorgeht, sehen anders aus. Wie in Bsp. 12 angedeutet, erhält es seinen Sinn aus der Ausbreitung einer Materialdisposition, die sich als eine Art Vermaschung sämtlicher wesentlicher kompositorischer Ereignisse über den ganzen »Satz« ausbreitet. Solche »entwickelnde Variation in Permanenz« bedeutet schließlich nichts anderes als »Durchführung in Permanenz«, weshalb denn auch gesonderte, sonatisch plazierte Durchführungen einschließlich ihrer zuvor exponierten thematischen Gegenstände aufgehoben bzw. in eine vordergründige, dem Kompromiß zwischen Variation und Sonate geschuldete Rolle gedrängt werden. Die »thematische« Prägnanz des Hauptthemas – wie der übrigen – ist unter diesem Gesichtspunkt bloßes Relikt aus der Tradition, hat aber hier im Quartett auch noch die Aufgabe, die über die Materialdisposition gesteuerte Formbildung abzustützen: das gleichsam Handgreifliche im thematischen Profil soll die Durchschlagskraft der im Hintergrund wirkenden entwickelnden Variation erhöhen. Und deshalb erscheinen im Lauf des »Satzes« (und noch später, worauf zurückzukommen ist) verschiedene, zusammenfassende, wie Pfähle in den Bewegungsfluß gerammte Themenvarianten, welche den jeweils vorausgehenden Auffächerungen der Materialdisposition einen zusätzlichen Halt geben mögen. Die letzte dieser Varianten ist zugleich die kürzeste (Takt 301ff.), und ihr Sinn besteht unverkennbar darin, eine abschließende, auf den dynamischen Höhepunkt des »Satzes« führende Zusammenfassung zu erreichen. Bsp. 14 zeigt die letzten Takte dieser Kulmination: Mit der Versammlung der zuvor dramatisch aufgesplitterten Stimmen zum Unisono scheint eine nicht mehr zu steigernde Strukturverdichtung erreicht zu sein. Doch da gelingt Schönberg eine weitere, die Struktur wahrlich zum Bersten bringende Komprimierung: Die im Unisono horizontal ausgebreiteten Kernpunkte der Materialdisposition stürzen, von der Punktierung aus (a) und (b) abspringend, in zwei Akkordschläge, formieren sich in der Vertikale als endlich nicht mehr zu überbietende Verdichtung. Das Zusammenfallen der Grundrichtungen musikalischer Bewegung drängt über die »nach allen Seiten hin offene« Stimmengestaltung, die in der *Verklärten Nacht* zu beobachten war, insofern hinaus, als solches Zusammenfallen die frei verfügbare Austauschbarkeit der Richtungen einschließt. Was im Sextett an die polyphone Biegsamkeit von Einzelstimmen gebunden war, erstreckt sich nunmehr auch auf den »disponierten« Satz, auf die entwickelnd-variierte Struktur: Die aus der Austauschbarkeit der Richtungen hervorgehende Richtungslosigkeit des musikalischen Verlaufs fördert die Auflösung der Stimmen in Einzelereignisse mit der extremen Konsequenz, daß Melodik und Harmonik in Töne bzw. Tongruppierungen zerfallen, die nicht mehr von funktionsharmonischen Regulierungen erfaßt werden. Die zwangsläufige Folge von »Entwickelnder Variation« ist Atonalität. Die beiden in Rede stehenden Akkorde vermitteln dies in eindrucksvoller Weise: Sie konstituieren sich aus den – jeweils anders verwürfelten – Tönen der Materialdisposition, erscheinen also weniger in einem funktionalen Zusammenhang, sondern in einer gleichsam synthetischen Zusammenstellung, innerhalb derer die Töne zu isolierten Tonpunkten werden.

Daß die Gruppierung der Tonpunkte dann noch einen funktionalen Sinn erlangt, rührt aus der Fortsetzung her. Die folgende Überleitung hebt mit dem Quartschritt b – es an, der eindeutig eine Dominant-Tonika-Verbindung meint und nun nachträglich die von den Tönen d – as bzw. b – d eingefaßten »synthetischen« Akkorde als gewissermaßen leicht verfremdete Septakkorde (B^7) in den dominantischen Sog einbezieht. Auch diese Doppeldeutigkeit weist auf Kompromisse, die entwickelnde Variation eingehen muß, solange sie in tonalen Bahnen verläuft. Aber allein die Tatsache, daß tonaler Sinn sich erst nachträglich einstellt, verdeutlicht die Tendenz künftiger Entwicklung. Und deshalb sucht wohl Schönberg bereits in diesem frühen Stadium nach Mitteln, welche die auflösenden Kräfte aufzufangen und auszugleichen vermögen.

Entwickelnde Variation zielt auf Einheit in der Mannigfaltigkeit und umgekehrt. Bisher wurde vorrangig der Aspekt der Mannigfaltigkeit – in der Tendenz der Auflösung traditioneller Struktur- und Formbildung – beachtet. Der der Einheit aber ergibt sich aus dem Gesagten wie von selbst. Denn im gleichen Maße, wie entwickelnde Variation destruktiv auf vor allem funktionsharmonisch ausgerichtete Gestaltungsweisen wirkt, so konstruktiv erscheint sie als melodisch geprägtes Mittel der Zusammenhangbildung. Kehren wir zur Materialdisposition im Hauptthema des *1. Streichquartetts* zurück. Aus ihr gehen zwei Kontrastthemen hervor, die gleichsam unterschiedliche Sichtweisen auf das Hauptthema eröffnen:

Beispiel 15

Beispiel 16

Die Ableitung über (a – d) ist eindeutig, und sie reicht bis in die »Begleitstimmen« hinein. Trifft dann aber die Kennzeichnung der letzteren als »untergeordnete« noch zu? Wohl kaum. Denn die Viola greift (Takt 14) die anfangs im Violoncello erklingende, zum Skalengang planierte Bewegung des Hauptthemas auf, und das Violoncello bringt eine neue, eigenwertige Kombination von (c) in der Umkehrung, (a) in Vergrößerung und (d), ebenfalls in Vergrößerung. Diese Variante von (d) gewinnt nun durch Verschmelzung mit dem Tritonus aus (b) und gleichzeitig durch rhythmische Umakzentuierung mittels Triolierung besonderes Gewicht. Die Triolierung erstreckt sich nämlich nicht nur auf die übrigen Stimmen, sondern nimmt einen charakteristischen Teil des erst viel später eingeführten 1. Seitenthemas vorweg:

Beispiel 17

Nicht genug damit, greift eine melodische Formulierung dieses Thementeils auf eine Figur im Bereich des Hauptthemas zurück, die dort (vgl. auch Bsp. 12) recht unmotiviert erscheint, im nachhinein jedoch ihren zunächst verschlossenen formbildenden Impuls enthüllt:[37]

Beispiel 18

Bestätigt hier nicht Schönberg in ebenso schöner wie überzeugender Weise seine Feststellung, daß »die wichtigste Fähigkeit eines Komponisten« darin bestünde, »einen Blick auf die entfernteste Zukunft seiner Themen und Motive zu werfen«, daß er »imstande sein (muß), die Folgen der in seinem Material existierenden Probleme im voraus zu kennen und alles dementsprechend zu organisieren«? Entwickelnde Variation ist durch ihre Herkunft aus der motivisch-thematischen Arbeit ein primär melodisches Verfahren, das dazu führt, die Satzstruktur von funktionsharmonischer Zentrierung zu lösen. Ein entscheidender Schritt dahin besteht in der Auflösung dieser Struktur als Verbindung von thematischer Führungsstimme (»Melodie«) und begleitenden Nebenstimmen (»Harmonie«). Die Auflösung geschieht durch die Verlagerung des formbildenden Impulses von gestalthafter Thematik (einschließlich deren ebenso gestalthaften harmonischen Unterbaus) auf ein Netzwerk von Tonpunkten, das seinen Zusammenhalt in den konstellativen Kräften einer jeweiligen Materialdisposition findet – und nicht mehr in den melodischen Konsequenzen tonal-funktionaler Harmonik.

Aus dem Zerfall der Harmonik und harmoniefixierten Melodik folgt geradezu notwendigerweise eine umfassende Aufwertung der Polyphonie, der kontrapunktischen Anlage einer Satzstruktur. Sie war freilich – wie auch die bisherigen Beispiele belegen – von langer Hand vorbereitet, begleitete die latente »Krise« der Harmonik im 19. Jahrhundert als einen von deren künftigen Auswegen. Für Schönberg ergab sich Polyphonie wie selbstverständlich aus dem Weitertreiben entwickelnder Variation, als ein unhierarchisches System, Einheit in der Mannigfaltigkeit zu stiften. Und zugleich dürfte die Überlegung keine geringe Rolle gespielt haben, daß mit dieser aktuellen kompositionstechnischen Konsequenz ein weiterer haltgebender Bogen zur Tradition geschlagen werden kann, gewissermaßen zu einem Inbegriff, zu einer Invariante von Tradition, an der sich auch schon und immer wieder die Klassiker zu orientieren suchten. Die Tatsache, daß bei Mozart, Beethoven oder Schubert in entscheidenden stilistischen Wendepunkten wie im allgemeinen schöpferischen Reifeprozeß die Polyphonie eine besondere Bedeutung erlangte, nahm Schönberg unverkennbar als Bestätigung der eigenen Schaffensentwicklung.

Es scheint nicht überflüssig zu sein, darauf hinzuweisen, daß Schönberg die Polyphonie einschließlich ihrer spezifischen, nicht minder traditionsschweren Darstellungsmittel aufnimmt: Grundgestalt (G), Umkehrung (U), Krebs (K) und Krebsumkehrung (KU) des »Themas« als melodische, Vergrößerung (Augmentation) und Verkleinerung (Diminution) als rhythmische Komponenten. Sie sind sämtlich lineare Ereignisse, und die melodischen steuern den Richtungsverlauf ganz im Sinne einer »nach allen Seiten hin offenen« Ausfüllung eines kugel- bzw. kreisförmig gedachten Ton-»Raumes«, in dem die Abwesenheit eines hierarchisch gestuften »Oben« und »Unten« den Verzicht auf funktionalharmonische Bindung der Struktur vermittelt. Diesen Verzicht verwirklichte Schönberg im Übergang zur Atonalität, Bestrebungen zusammenfassend, die ihn vorbereitet haben. Wie etwa die im Brahms-Beispiel (Nr. 13) eminent verdichtete kontrapunktische Stimmenführung, die hier freilich noch nicht die harmonischen Bindungen zerschneidet, doch zumindest soweit dehnt und belastet, daß ihre Verunsicherung im weiteren Verlauf des Satzes vorhersehbar ist. Mit dem eigenen *1. Streichquartett* erreicht Schönbergs polyphones Denken eine Intensität, die vor allem aus der tonale Grenzen berührenden und sie auch flächenweise überschreitenden kontrapunktischen Satzstruktur hervorgeht. Bemerkenswert und kennzeichnend ist, daß bereits in die Themenfindung die Erprobung von Umformungsmöglichkeiten hineinspielt:

Beispiel 19

Das Beispiel gibt die »früheste Form«[38] des Hauptthemas aus dem Quartett wieder – eine strenge, freilich auch recht unbeholfen wirkende Kombination von »Grundgestalt« und »Krebs«. In der endgültigen Fassung dann ist diese Starre in eine Vielzahl von näherungsweise durchgeführten Umformungen aufgelöst (s. Bsp. 12), die erheblich zur Flexibilität des Satzes wie der ihn konstituierenden Einzelstimmen beitragen und in denen nicht zuletzt Aufsplitterungen wie die folgende latent angelegt sind:

Beispiel 20

Die Passage gibt den Beginn der Überleitung wieder, die unmittelbar auf den Höhepunkt des »1. Satzes« folgt, auf das Zusammenfallen von vertikaler und horizontaler Richtung in den »synthetischen« Akkorden Takt 334, und deren funktionale Umdeutung durch den Dominant-Tonika-Auftakt (Takt 335ff., s. Bsp. 14). Doch dieses gleichsam mit großer Geste eingeführte »Es-Dur« zerrinnt sofort in der sukzessiv-fugatoartigen Überlagerung der Stimmen, die sowohl innerhalb der ersten 4 Takte als auch mit den insgesamt sieben »Dominant-Tonika«-Einsätzen die zwölftönige Skala ausschreitet: b[1] – es[2]; g[3] – c[4]; h[5] – e[6]; gis[7] – cis[8]; c[9] – f[10]; a[11] – d; des[12] – ges. Es ist, als ob Schönberg demonstrativ die funktionsharmonisch geklärte Wendung zu einem Sprungbrett in die Atonalität, in die Ausfaltung eines zwölftönigen Feldes umbaut.

Entwickelnde Variation als permanente Verwandlung einer Materialdisposition zu immer neuen Gestalten, die aufgrund ihres linearen Impulses die kompositorische Struktur zum offenen, »poly-phonen« Raum machen, erfaßt zwangsläufig auch die zyklische Formbildung. Zugespitzt gesagt: der Tendenz zum Ineinanderfallen von

Vertikale und Horizontale entspricht das Aufgehen von »Sätzen« in einer Werktotale. Sie erscheinen deshalb stets in Anführungszeichen. Auch *Verklärte Nacht* und *Pelleas* weisen solche »Sätze« auf, und insbesondere hinsichtlich der orchestralen »Sinfonischen Dichtung« besteht einiger Anlaß, von einer mehrsätzigen Sinfonie zu sprechen, deren Teile, nach dem Vorbild Liszts oder Richard Strauss', zu einem epischen, panoramahaften »Großsatz« verschweißt sind. Die Satzkonturen sollen dabei einerseits als eine Art Kapitelgliederung der durch die Leitmotive »erzählten« Geschichte erhalten bleiben, andererseits jedoch, in der musikalischen Wiedergabe einer geschlossenen »Erzählung«, verwischt bis aufgehoben werden. Und dieses Wechselspiel beruht vor allem auf der Verwandlungsfähigkeit der Leitmotive: Treten eines oder auch mehrere in den Vordergrund, um einen bestimmten Abschnitt, eine bestimmte Situation der »Erzählung« zu vermitteln, so erhöht sich die Konturschärfe von satzartiger Gliederung. Indem aber auch die dergestalt exponierten Motive stets im Netzwerk des gesamten Motivvorrats verflochten sind, durch dessen zurück- und vorausgespannte Fäden sie in jedem Augenblick mit allen »Situationen« in Verbindung stehen, geht von ihnen zugleich eine die Konturen abschwächende Wirkung aus.

Fraglos ist Schönberg in *Verklärte Nacht* und *Pelleas* solcher um die Jahrhundertwende weiterhin aktuellen, wenn nicht gar modischen »gegliederten Einsätzigkeit« gefolgt. Und sie liegt auch dem *1. Streichquartett* wie der *1. Kammersinfonie* zugrunde, vielleicht sogar noch dem wiederum traditionell viersätzigen *2. Streichquartett.*[39] Aber mit der Auflösung der Leitmotivtechnik in entwickelnder Variation veränderten sich notwendigerweise auch die Bedingungen für die Formbildung: Im selben Maße, wie die gestaltzeugende Metamorphose der Materialdisposition in die Detailstruktur eindringt und diese zum »offenen« Raum ausbaut, übernimmt sie auch die Ausprägung und Steuerung übergreifender Formverhältnisse. Die »Sätze« – im *1. Streichquartett* sind es vier: sonatischer Hauptsatz, Scherzo, Adagio und Rondo – erinnern gewissermaßen an »Großvarianten« der Materialdisposition, lagern in die Breite, was zuvor, im Detail, nach allen Seiten hin verströmt ist (s. Bsp. 21, S. 74).

Das Hauptthema dieses »Scherzos« bildet eine melodisch und harmonisch angereicherte, aber auch abgerundete, schlagkräftig monumentalisierte Variante eines »Überleitungsthemas«[40] aus dem 1. »Satz« (s. Bsp. 22, S. 74).

Das Adagio hebt mit einem auf den Intervallvorrat von (b) bezogenen Gedanken an, der umgehend von weiteren Materialbindungen erfaßt wird: Neben (a) rührt sich vor allem das »1. Seitenthema« (s. Bsp. 17) sowie eines der »Kontrastthemen« zum Hauptthema (s. Bsp. 15 und Bsp. 23, S. 75).

Dieses Adagio-Thema wiederum geht, »mäßig-heiter« verwandelt, ins Rondo ein (s. Bsp. 24, S. 75).

Die Auswirkungen solcher internen Vernetzungen, solcher räumlichen Ausspiegelung von Detailstrukturen auf die großformale Anlage liegen offen zutage, eine auf Vollständigkeit dringende Analyse würde erheblich mehr Seiten füllen, als die Partitur umfaßt. Nicht minder wichtig, da zukunftsträchtig, ist die Rolle, die das Hauptthema als zentraler Träger der Materialdisposition für die Formbildung übernimmt. Es wurde bereits erwähnt, daß den Verlauf des »1. Satzes« mehrere (insgesamt vier) Varianten des Hauptthemas lenken: Auf die exponierende (s. Bsp. 12) folgen Takt

Beispiel 21

Beispiel 22

Beispiel 23

Beispiel 24

30ff. und Takt 65ff. zwei weitere, die »Exposition« ausbauende und abschließende Varianten sowie Takt 301 eine vorläufig letzte, welche den Einsatz einer »Reprise« markiert. Doch wurde ebenfalls schon beschrieben, wie die Allgegenwart von entwickelnder Variation eine permanente »Durchführungs-«Situation schafft, in der die sonatischen Gestaltungsweisen – voran die formbildenden – zerfallen. Um so größeres Gewicht, gerade für die Form, erlangt da das Hauptthema: Wenn seine Anfangsvarianten in der Tat und überdeutlich (durch zunehmende Intensität und Ausdehnung) eine »Exposition« abstecken, so bleibt diese doch nicht begrenzt auf eine Grundlage für den »1. Satz«. Vielmehr haben die Anfangsvarianten die Aufgabe, die ihnen eingesenkte Materialdisposition befestigend durchzuspielen, sie gewissermaßen zurechtzukneten, um sie für die gesamte Dauer des Werkes ohrenfällig zu machen. Denn über den »1. Satz« hinaus erheben sich an den Nahtstellen der Form weitere Varianten, und zwar jeweils in den Überleitungszonen zwischen den folgenden »Sätzen« (Takt 899ff. zwischen Scherzo und Adagio; Takt 1058ff. zwischen Adagio und Rondo; Takt 1264ff. in der Coda). Sie nehmen die Form gleichsam in die Hand, kerben Einschnitte, welche den Ausuferungen entwickelnder Variation in den jeweiligen dazwischenliegenden satzartigen Teilen Einhalt gebieten, also Form geben.

Im Hauptthema ist ein Doppelcharakter angelegt: einerseits läßt es aus sich heraus die werkfüllende Variantenvielfalt, andererseits erscheint es als resümierender, Richtung und somit Form vorzeichnender Bezugspunkt. Bestärkt wird dieser Doppelcharakter noch durch das abschließende Rondo, dem keine »eigene« Thematik mehr zur Verfügung steht. Statt dessen greift es zunächst (s. Bsp. 24) das Adagio-Thema auf, um dann, neben anderen, das Hauptthema – unauffällig zwar, jedoch stringent – einzuschleusen. Ihm ist denn auch in der »Coda« das letzte Wort überlassen. Der Doppelcharakter ergibt sich mithin aus der »Doppelrolle« des Themas als Ausgangs- und Endpunkt, als Zeugungskraft und Fazit dessen, was aus ihm an vielfältiger Vergegenständlichung hervorging. Ein solch beherrschendes, die Ereignisse eines ganzen Werkes »disponierendes« Thema weist unmißverständlich voraus auf Beschaffenheit und Funktionsweise der »Reihe« in einer zwölftönigen Komposition. Oder anders gesagt: bereits unter tonalen Bedingungen formieren sich Elemente und Verfahrensweisen der Reihentechnik, die später restlos in die Regulierung der Atonalität eingehen.

Solche Komplexität erreicht in der *1. Kammersinfonie* op. 9 einen Grad, der nicht mehr zu überschreiten scheint und in gewissem Sinne auch tatsächlich nicht mehr überschritten werden sollte. Der entscheidende Grund hierfür liegt darin, daß Komplexität sämtliche Gestaltungsebenen mit gleicher Intensität und in jedem Augenblick erfaßt: Detailstruktur wie Formbildung, Klangrealisierung wie Dynamik. Es ist, als ob Musik »an sich« vorgeführt würde, unvermittelt, d.h. bar aller vorbereitenden und ausführend-bestätigenden Verbindlichkeit. Was da erklingt, beansprucht mit schroffem, nicht selten exaltiert wirkendem Nachdruck, »wesentlich« zu sein, unverzichtbar für das Verständnis jeweils näher oder ferner gelagerter Ereignisse, schließlich für das Ganze.

Ehe dies jedoch etwas eingehender betrachtet werden kann, gilt es, einen zu recht gegebenen, den entwicklungsgeschichtlichen Stellenwert der *Kammersinfonie* betreffenden Hinweis zu berücksichtigen. In einer glänzenden Studie[41] lenkt Reinhold Brinkmann unsere Aufmerksamkeit darauf, daß die Sinfonie,

»wie wir sie kennen und um die es hier geht, in mancher – keineswegs peripherer – Hinsicht nicht das Werk von 1906 (ist) (…) Der Erstdruck der Partitur von 1912 weicht von dem heute im Handel befindlichen Partiturdruck in wesentlichen Punkten ab; wobei es sich neben dynamischen und agogischen Divergenzen vor allem um solche der instrumentalen Dichte handelt.«[42]

Erheblichen Anteil an den Änderungen hatten die von Schönberg geleiteten Proben und Aufführungen der *Kammersinfonie* 1918/19 im »Verein für musikalische Privataufführungen«, deren Revisionsergebnisse – zusammen mit den ab 1912 vorliegenden – in die noch heute verbindliche Neuausgabe von 1924 eingingen. Aus diesen »Umarbeitungen« zieht Brinkmann den Schluß, »daß Schönbergs Opus 9 zwar den ersten entscheidenden Schritt auf dem beschriebenen Weg zur ›Konzentration‹ darstellt, also Voraussetzung des historischen Umbruchs ist, daß zugleich jedoch in bestimmten Momenten die endgültige ›konzentrierte‹ Fassung den in anderen, späteren Werken erfolgten Neuansatz nachholt«.[43] In die *Kammersinfonie,* »wie wir sie kennen«, sind also nicht nur Erfahrungen mit der Atonalität – nachträglich – eingeflossen, sondern vielleicht auch schon – mit Blick auf das Veröffentlichungsjahr 1924 – solche der Zwölftonkomposition.

So ernst Brinkmanns Hinweis auch und gerade in einer entwicklungsgeschichtlichen Diskussion genommen werden muß, sollte man ihn doch nicht überbewerten – was übrigens in den analytischen Teilen der Studie auch nicht geschieht. Denn schließlich hat Schönberg mit keinem Eingriff in die ursprüngliche Partitur etwas hinzugefügt, sondern immer nur weggelassen, um die Transparenz, um das »Solistische« in der *Kammersinfonie* »für 15 Soloinstrumente« zu steigern – um also die Grundintention und die sie tragende Substanz deutlicher hervortreten zu lassen. Und die sind zweifelsfrei »das Werk von 1906«, das dann in der Ausgabe von 1924 lediglich schärfer konturiert vorgelegt wurde. Insofern gibt – zugespitzt formuliert – die spätere Ausgabe erst recht und eigentlich »das Werk von 1906« wieder. Schönberg selbst bezeichnete die *Kammersinfonie* als den

»Höhepunkt meiner ersten Stilperiode (…) Hier vollzieht sich eine vollkommene Amalgamierung der Melodie mit der Harmonie, indem eine wie die andere entferntere tonale Beziehung einheitlich verschmelzen, logische Konsequenzen aus den Problemen ziehen, in die sie sich eingelassen haben, wobei gleichzeitig ein großer Fortschritt in der Richtung auf die ›Emanzipation der Dissonanz‹ erfolgt.«[44]

In der Tat besteht das auffälligste Merkmal der *Kammersinfonie* darin, daß sie auf den Gipfel- oder treffender: auf den Siedepunkt treibt, was sich in den vorausgegangenen Kompositionen angebahnt hatte. Im *Streichquartett* blieb das zentrale Moment struktureller Konzentration noch an eine extensive Formbildung gebunden – im Laufe von ca. 45 Minuten konnten selbst komplizierteste, vielschichtige Ableitungsprozesse und weitgreifende, situationsbedingte Korrespondenzen relativ ausführlich und somit »hörerfreundlich« dargestellt werden. Wenn davon gesprochen wurde, daß Schönbergs Quartett das Brahmssche zum Vorbild nahm, so gilt dies nicht in gleichem Maße für die Formbildung, deren ungewöhnliche Ausmaße auf sinfonische Ambitionen hindeuten, also darauf, daß quartetthafte Detailverdichtung durch sinfonische Großflächigkeit ausgeglichen und »verständlich« gemacht wird.

In der *Kammersinfonie* drängt nun alles und jedes zu höchstmöglicher Konzentration: Motivik, Harmonik, Form, Klang, ja selbst die Gattungstraditionen, die in der Benennung des Werkes zusammentreffen. Es wird zum Kreuzpunkt kammermusikalischer und sinfonischer Entwicklungszüge mit dem Ziel, eine gattungsunabhängige musikalische Idealsprache zu erreichen, die allein dem ornamentlos-wesentlichen Selbstausdruck dient. Traditionell geprägte Gattungsgrenzen sind solchem Ausdruck nicht minder hinderlich als funktional geregelte Harmonik und deren entsprechende strukturelle »Verpflichtungen«. In diesem Sinne zieht die Kammermusik »ihre Motivation aus der Kritik an der großen Sinfonie«. Ob sie aber in gleichem Maße auch »ein Gegenentwurf gegen die Weltauffassung Bruckners und Mahlers, gegen das epische, expansive Wesen der spätromantischen Sinfonie«[45] ist, der seinen »Nervenpunkt« in der »Zurücknahme ins Subjekt« hat, scheint einigermaßen fraglich. Denn abgesehen von der hier implizierten Unterschätzung der »Subjektivität« Mahlers, aber auch Bruckners: wenn überhaupt auf diesem kompositorischen Niveau von Kritik bei Schönberg gesprochen werden kann, so gilt sie entwicklungsgeschichtlichen, nach seinem Verständnis objektiven Faktoren. Sie meint also gewissermaßen Musik »an sich«, den Sprachcharakter von Musik im Zusammenspiel von Syntax und Semantik, und zumindest nicht so dezidiert dessen gattungsspezifische Ausprägungen. Die Bezeichnung »Kammersinfonie« ist gleichsam ein Sigel für die entwicklungsgeschichtlich notwendigen Bestrebungen, eine Idealsprache des Selbstausdrucks zu erreichen, die nach Lage der für Schönberg relevanten Tradition vorrangig aus den Instrumentalformen hervorgeht – unter denen wiederum Streichquartett und Sinfonie die leitenden sind. Und deshalb ist die *Kammersinfonie* nicht nur eine reduzierte, »gepreßte«[46] Sinfonie, sondern ebenso auch eine erweiterte, »eskalierte« Kammermusik.

Daß dem Werk ein solch »grundsätzliches« Anliegen aufgebürdet wird, geht sogleich aus dessen berühmtem, eine Art Fanal der Neuen Musik bildendem Anfang hervor (s. Bsp. 25, S. 79).

Im Unterschied zum *Quartett* op. 7, in dem die Materialdisposition innerhalb eines veritablen »Hauptthemas« eingeführt wird und selbst noch bei extremer Abwandlung von üppigem thematischem Fleisch umgeben bleibt, steht sie dem op. 9 wie ein Motto oder auch wie eine fordernde Devise voran. Das abstrakte Moment der Disposition erscheint hierdurch verstärkt, es macht sie gewissermaßen zu einem Ferment, das in das folgende Geschehen eindringt, um aus ihm ein ganzes Werk hervorzutreiben. Dementsprechend scharf sind die materialen Konturen: Die Takte 1–4 entfalten sich zum »Raum«, indem zunächst (Takt 1–2) sukzessiv, aber auch bereits simultan – durch die kleinen Septen (= Quart + Quart) – Quarten geschichtet werden, die in der zweiten Hälfte von Takt 2 zum Quartenakkord zusammenrücken. Dieser Akkord ist zugleich der Drehpunkt der Disposition. Denn nun beginnen einige Töne leittonmäßig, d.h. chromatisch auszubrechen, um in der ersten Hälfte von Takt 3 einen (unvollständigen) Ganztonakkord zu errichten, der sich schließlich, nach weiterer Leittonbewegung, in einen Dur-Akkord auflöst.

Schönberg bezeichnet diese Taktgruppe als »Element a«[47], dem noch drei weitere folgen:

Beispiel 26

ehe das eigentliche »Hauptthema« einsetzt:

Beispiel 27

Die Materialdisposition umfaßt also die Quart (in Schichtung wie in Ausfaltung; s. Element b), die Ganztonreihe (ebenfalls in Schichtung und Ausfaltung; s. die Spitzentöne des Hauptthemas) sowie die chromatisch-leittönige Stimmenfortschrei-

Beispiel 25

Lento (𝅗𝅥 = 50)
Allegro molto (𝅗𝅥 = 104)
Kleine Flöte (auch 3. Flöte)
1.2. Flöte
1.2. Oboe
Englisch Horn (auch 3. Oboe)
Kleine Klarinette [in Es]
Klarinette [in A]
Baßklarinette [in B]
1.2. Fagott
Kontrafagott
1. Horn [in F]
2. Horn [in F]
3. Horn [in F]
4. Horn [in F]
1.2. Trompete [in C]
1.2.3. Posaune
I. Geige
II. Geige
Bratsche
Violoncello
Kontrabaß
pizz.

tung als zwischen Quart und Ganzton vermittelndes Element. Sie alle – darin liegt ihr entscheidendes gemeinsames Merkmal – geraten zur tonalen Harmonik in Widerspruch, da Quart, Ganzton und Halbton das System grundtonbezogener funktionaler Dreiklänge sprengen und an deren Stelle frei schweifende symmetrische Klänge setzen:

Beispiel 28

»Erfunden an einem stürmisch-aufwärtsstrebenden Hornthema (s. »Element b«, Bsp. 26), breiten sie (die Quartenakkorde; M. H.) sich architektonisch über das ganze Werk aus und geben allem, was vorkommt, ihr Gepräge. So kommt es, daß sie dann hier auch nicht bloß mehr als Melodie oder als rein impressionistische Akkordwirkung auftreten, sondern ihre Eigentümlichkeit durchdringt die gesamte harmonische Konstruktion, sie sind Akkorde wie alle anderen.«[48]

Und diese Akkorde bzw. die Quartfolge vermittelt »in ihrer melodischen und harmonischen Relation zur Ganztonskala« die »harmonische Idee des Stücks«.[49] Sie besteht letztlich darin, die Funktionsharmonik aufzuheben – aber eben noch und durchaus einigermaßen paradox im Rahmen einer immer wieder hergestellten Tonalität. Dies hat, über das *Streichquartett* und seine »epische« Entfaltung der Materialdisposition hinaustreibend, dramatische Folgen.

Im selben Maße, wie in der *Kammersinfonie* jedes klingende Ereignis auf das in ihm Wesentliche reduziert, komprimiert erscheint, ist es Teil eines übergreifenden, Einheit in der Mannigfaltigkeit schaffenden Zusammenhangs. Das war zwar prinzipiell auch schon im *Quartett* der Fall, aber nun sind gewissermaßen die verbindenden Wege zwischen den Ereignissen extrem verkürzt. Deren Entwicklung durch Variation betont entschieden stärker das Moment der »Variation« als das der »Entwicklung«, da letztere zur punktuellen, situativen Vergegenständlichung der Materialdisposition schrumpft. Die einzelnen Varianten werden nicht mehr ausführlich vorbereitet, präsentiert und weitergeleitet, sondern stoßen hart an- und aufeinander (s. Bsp. 29, S. 81).

Die recht wahllos herausgegriffenen, jedoch durchaus repräsentativen Takte zeigen eine Verschachtelung von vier motivischen Ebenen: »Element b und c« (s. Bsp. 26), ein Motiv aus der Überleitung des »1. Satzes«, das Schönberg als »Element f«[50] bezeichnet, und den Kopf des Hauptthemas (s. Bsp. 27). Weder eine Stimme noch auch nur ein Ton ist hier »frei«, auffüllender Hintergrund für ein Vordergrundereignis – alles beansprucht, als »wesentlich« gehört zu werden. Die tonalen Verhältnisse scheinen allerdings völlig verunklart – eine Mischung von angedeutetem e-Moll und As-Dur/c-Moll. Doch der Schein trügt insofern, als durch das Aufeinandertreffen verschiedener Tonartenbereiche zwar eine »Grundtonart« sich nicht mehr ausmachen läßt, die Deutlichkeit einer jeden Stimme hingegen erheblich gestärkt wird. Und darauf kommt es Schönberg an. Das »Wesentliche« muß »deutlich« sein – und

Beispiel 29

66
307
308
309
klFl
Ob
EH
klKl [D]
Kl [B]
BsKl [B]
Fg
Kfg
1.Hr
2.Hr
1.Gg
2.Gg
Br
Vcl
Kbs
hervortretend
ff
f
ff3
66

da nichts »Unwesentliches« mehr begegnen soll, erweckt die Musik den Eindruck, daß sich jedes ihrer Details wie deren werkbildende Summe unablässig im Vordergrund abspielt – »deutlich« wahrnehmbar.

Es ist leicht abzusehen, daß solche Deutlichkeit in Überzeichnung, in »Überdeutlichkeit« umschlagen kann, die chaotisch wirken muß. Dies ist auch in der *Kammersinfonie* latent der Fall und gründet allgemein in dem unnachgiebigen Konzentrationsprozeß, der sämtliche Ebenen und Elemente des Werkes erfaßt. Nächstliegende Konsequenz dessen bildet eine kaum mehr zu steigernde polyphone Satzstruktur, die, wie in Bsp. 29 erkennbar, die Verunsicherungen der tonalen Beziehungen auszugleichen hat. Da aber diese tonalen Beziehungen eben nicht einfach fallengelassen, sondern immer wieder »funktionstüchtig« gemacht werden – und zwar durchaus im ständigen Widerspruch zur nicht-funktionalen Materialdisposition –, ergeben sich Spannungen, die sofort in die musikalische Darstellung eindringen und ihr einen noch heute nachvollziehbaren, ebenso sperrigen wie gehetzten Charakter geben. Gerade aus der gewissermaßen letztmalig gewahrten tonalen Grundlage und zusammen mit deren an den Rand des Zerbrechens gebrachten Verunklarungen entsteht ein gesteigertes Bedürfnis nach nicht-harmonischen Integrationsmitteln, vorrangig nach Polyphonie: »Waren die Zusammenklänge der Stimmen nicht mehr tonal begreiflich, so mußten sie mindestens kontrapunktisch motiviert sein.«[51] Doch diese Motivation blieb unaufhörlich konfrontiert mit der Schwerkraft der wenn auch noch so erweiterten und brüchigen Tonalität. Und hierin wurzelt letztlich der irritierende Charakter der Musik, von dem freilich und zugleich auch ihre bis heute ungebrochene Faszination ausgeht.

Zur steng materialdisponierten Thematik und ihrer grundsätzlich polyphon gehaltenen Bewegungsweise gehört, wie kann es anders sein, eine entsprechende, die Linie betonende Instrumentation.

»Was an Mahlers Instrumentation in erster Linie auffallen muß, ist die fast beispiellose Sachlichkeit, die nur das hinschreibt, was unbedingt nötig ist. Sein Klang entsteht nie durch ornamentale Zutaten, durch Beiwerk, das nicht oder nur lose mit der Hauptsache verbunden ist, das nur als Schmuck aufgesetzt wird. Sondern: wo es rauscht, da rauschen die Themen; da haben die Themen solche Gestalt und so viele Noten, daß sofort klar wird, wie nicht das Rauschen der *Zweck* dieser Stelle, sondern ihre *Form* und ihr *Inhalt* ist. Wo es ächzt und stöhnt, da ächzen und stöhnen die Themen und die Harmonien; wo es aber kracht, da stoßen Baukolosse hart aneinander; die Architektur kracht; die architektonischen Spannungs- und Druckverhältnisse revoltieren.«[52]

Es ist kaum eine treffendere Kennzeichnung der instrumentatorischen Verhältnisse in der *Kammersinfonie* denkbar als diejenige, die Schönberg für Mahlers Werk gefunden hatte. Allein schon der vollständige Titel der *Kammersinfonie – »für 15 Solo-Instrumente«* – enthält einen Anspruch, dem dann auch wahrlich genüge getan wird. Aber wiederum erschöpft sich die strikte Reduzierung des Instrumentalapparates keineswegs in einer Absage an den romantischen, durch »rauschendes« Beiwerk aufgeschwemmten Monumentalklang, sondern fördert zugleich die oben genannte kammermusikalische »Eskalation« mit dem Ziel einer instrumentalmusikalischen »Idealsprache«. Die Instrumente erscheinen gleichsam als die Sachwalter der aus der Materialdisposition erwachsenen Gestaltenvielfalt, indem sie deren vorrangig polyphone Bewegungsweise wie mit einer »Klangleuchtschrift« hervortreten lassen.

Aber auch hier gerät solche Überdeutlichkeit in Gefahr, in Undeutlichkeit umzuschlagen: Da die Substanz ausschließlich Wesentliches enthält, drängt auch deren klangliche Umsetzung immer in den »Vordergrund« – es gibt keine Begleitstimmen mehr. Auch hierfür ist Bsp. 29 aussagekräftig.

Bleibt die Formbildung, die in bemerkenswertem Unterschied zum *1. Streichquartett* einfacher und übersichtlicher angelegt ist: Ein einziger »Großsatz« zieht Sonatenhauptsatz und zyklische Satzfolge ineinander. Der von der Materialdisposition ausgehende Konzentrationsdruck wirkt sich zwar auch auf die Formdimension aus, verknappt sie, preßt sie nicht minder zusammen als die Detailstrukturen (das Werk dauert nur noch ca. 20 Minuten), trägt jedoch damit entschieden zur Verdeutlichung des kompositorischen Verlaufs bei. Schönberg hat offensichtlich eine relativ gradlinige Formbildung angestrebt, um wenigstens auf einer Werkebene ein Gegengewicht zu den Irritationen zu schaffen, welche auf allen anderen Ebenen aus der Komplexität der Ereignisse hervorgehen können.

Die ersten beiden Sätze (sonatischer Hauptsatz und Scherzo mit Trio) folgen nahtlos aufeinander, geben sich aber durch entsprechende, durchaus traditionelle Charakteristik klar zu erkennen. Daran ändert auch nichts Entscheidendes der Umstand, daß das Scherzo zwischen »Exposition« und »Durchführung« des Hauptsatzes auftaucht – die Verlagerung ist lediglich ein Ausdruck der Verschränkung von Sonatensatz und Zyklus. Und auf das Verhältnis zwischen »Exposition« und »Durchführung« wie auch zwischen den Sätzen insgesamt braucht hier nicht eingegangen zu werden: Es erscheint im Wesen nicht anders als bereits im *1. Streichquartett* – »Variation in Permanenz« und somit »Durchführung in Permanenz«.

Aufschlußreicher, und nicht allein für die Formbildung, ist die Überleitung vom Komplex des 1. und 2. Satzes zum 3., einem langsamen, der dann ein abschließendes »Rondo« nach sich zieht (s. Bsp. 30, S. 84).

Diese Überleitung folgt unmittelbar auf den dynamischen Höhepunkt des Werkes, in den die »Durchführung« des Hauptsatzes mündete. Doch der lautstarke Höhepunkt scheint nur ein äußerer zu sein, der dem eigentlichen, in eine Überleitung gehüllten ankündigend vorausgeht. Und dieser erweist sich als der Wendepunkt allen Geschehens, stellt – einem Memento gleich – die nackte Materialdisposition aus, zunächst die Quarten, dann die leittönigen Sekundschritte – die Ganztonskala bleibt ausgespart, da ihr Träger, das Hauptthema, in der vorausgegangenen »Durchführung« die Ganztonschritte zugunsten von Halbtonschritten vernachlässigte und damit sich der Tendenz der »Durchführung« unterordnete, die Quart zum beherrschenden Strukturmittel des dynamischen Höhepunkts zu machen.

Die Überleitung greift dies als Ergebnis auf und demonstriert die zusammenfassende, integrierende Kraft der Quart, indem sie sie in Breite und Höhe, im »Raum«, ausspiegelt – ähnlich, wenn auch entschieden lapidarer, unmittelbarer und deshalb auch »abstrakter« als im Parallelfall des 1. Satzes des *Streichquartetts.* Zunächst entfalten sich »Breite« und »Höhe« (Takt 368ff.) nacheinander, dann (Takt 372ff.) schieben sie sich ineinander, die abgestuft-geordneten Richtungen auflösend – und mit ihnen den Gegensatz von Homophonie und Polyphonie. Die Konstruktion der Quarten in den richtungslosen Raum liegt offen da – als atonale.

Beispiel 30

rit.
viel langsamer
(langsame Viertel)
366
367
368
369
370
Fl
Ob
EH
klKl[D]
Kl[B]
BsKl[B]
Fg
Kfg
1.Hr
2.Hr
nimmt Kl.[in A]
nimmt Bs-Kl.[in A]
ff
sf
fp
pp
rit.
viel langsamer
(langsame Viertel)
366
367
368
369
370
1.Gg
2.Gg
Br
Vcl
Kbs
m.D.
77

sehr langsam
371
372
Fl
Ob
EH
klKl[D]
Kl[A]
BsKl[A]
Fg
Kfg
2.Hr
1.Gg
2.Gg
Br
Vcl
fp
pp
weich
m.D.
Stschl.
78

»DER MUSIKALISCHE GEDANKE«

»Ich fühle Luft von anderem Planeten«
Textbindung und Polyphonie

»Es leuchtet ein, daß an Verzicht auf die Tonalität nur gedacht werden kann, wenn es andere ausreichende Mittel der Zusammenfassung und Gliederung gibt. Wenn ich mit anderen Worten imstande bin, ein Stück zu schreiben, welches sich nicht des Kunstmittels der Tonalität bedient und trotzdem alle Ereignisse einheitlich aufeinander bezieht, so daß ihre Folge und ihr Zusammenhang logisch erfaßbar (sind), und welches so gegliedert ist, wie es unser Auffassungsvermögen erfordert: so nämlich, daß die Glieder in ihrer gegenseitigen Bedeutung und Funktion klar und charakteristisch zu Tage treten.
(...) Jeder Musikkundige weiß, daß es in jedem Tonstück gewisse kleinste Teile gibt, welche immer wiederkehren: die sogenannten Motive. Kann man vielleicht auch in den modernsten Kompositionen die Funktion dieser Motive nicht immer oder wenigstens nicht leicht verfolgen, so steht es dagegen außer Zweifel, daß man es in den klassischen Werken fast immer kann. Der Sinn dieser Verarbeitung der Motive, welche desto weitgehender, je kunstvoller das Werk ist, kann nur der einer Vereinheitlichung sein: Es ist immer dasselbe Material, das verarbeitet wird: jede irgendwann und irgendwie auftretende Gestalt läßt sich auf diese Motive zurückführen, der gleiche Gedanke liegt allem zu Grunde; und es steht somit in klassischen Werken, neben der Einheit der tonalen Beziehungen als mindestens ebenso wirksam und von den Meistern mit ebensolcher Sorgsamkeit bearbeitet: *die Einheit der Gestalten, die Einheit des Gedankens.«*[1]

Zwischen Tradition und »Moderne« besteht, wie Schönberg nicht müde wird zu betonen, ein organischer Zusammenhang, der ihn auch veranlaßt, sich von den Begriffen »atonal«, »Atonalität« zu distanzieren bzw. durch den Begriff »Pantonalität« zu ersetzen:

»Ein Musikstück wird stets mindestens insoweit tonal sein müssen, als von Ton zu Ton eine Beziehung bestehen muß, vermöge welcher die Töne, neben- oder übereinandergesetzt, eine als solche auffaßbare Folge ergeben. Die Tonalität mag dann vielleicht weder fühlbar noch nachweisbar sein, diese Beziehungen mögen dunkel und schwerverständlich sein, unverständlich sogar. Aber atonal wird man irgend ein Verhältnis von Tönen sowenig nennen können, als man ein Verhältnis von Farben als aspektral oder akomplementär bezeichnen dürfte.«[2]

»Atonal« suggeriert einen Bruch in der musikgeschichtlichen Entwicklung, den es, so diese Geschichte als eine von »Gedankendarstellung« begriffen wird, nicht gibt, nicht geben kann. Die Herleitung des Späteren aus einem Vorausgegangenen erschöpft sich keineswegs in Wunsch, Drang oder Zwang nach Rechtfertigung, sondern ist Ausdruck der inneren Logik dieser Entwicklung:

»Weder muß oder darf man tonal, noch muß oder darf man atonal schreiben. Man schreibe oder schreibe nicht, aber man frage jedenfalls nicht, sondern tue, was man kann. Wer Reines kann, wird es tonal oder atonal können.«[3]

Die hier zitierten Sätze stammen sämtlich aus den zwanziger Jahren. Sie reflektieren Vergangenes aus der schwer bedrängten Position eines, dem nicht nur und noch immer der Vorwurf des »Traditionsverrats« anhängt, sondern nunmehr auch der des Veralteten, Anachronistischen angesichts von aufbrechenden, für Schönberg freilich suspekten Tendenzen »Neuer Sachlichkeit« oder des »Neoklassizismus«. Davon wird später die Rede sein. Hier ist nur bemerkenswert, daß das Moment der Kontinuität zwischen Tonalität und Atonalität bereits in der Erstfassung der *Harmonielehre*, also inmitten des Übergangs zur Atonalität um 1910, eine wichtige Rolle spielt:

»Meine Auseinandersetzungen sollten den Glauben an die Notwendigkeit der Tonalität widerlegen, aber nicht den Glauben an die Wirkung eines Kunstwerkes, dessen Autor an die Tonalität glaubt.«[4]

Eine Art Dokument dieser dialektischen Kontinuität bildet das *2. Streichquartett* op. 10, entstanden vom September 1907 bis Juli/August 1908. In ihm treffen tonale und atonale, vorsichtiger gesagt: funktionsharmonisch nur noch schwer zu fassende Gestaltungen unmittelbar aufeinander:

»Jeder der vier Sätze endet mit einer Tonika, die für die Tonalität steht. Im Innern finden sich viele Teilschlüsse auf mehr oder weniger entfernten Verwandten der Tonart. Der Verzicht dieser Schlüsse auf die traditionellen Kadenzharmonien rechtfertigt nicht die strenge Verurteilung, die das Quartett hinnehmen mußte. Zweifellos sind die Hindernisse für das Verständnis darin zu finden, daß in den Themen außertonale Fortschreitungen enthalten sind, die einer Erklärung durch entfernt verwandte Harmoniefortschreitungen bedürfen, welche ihrerseits dem Verständnis entgegenstehen.«[5]

Zweifellos ist diesen Sätzen Schönbergs eine gewisse Gewundenheit anzumerken, die sich vielleicht von dem tonal-atonalen Zwittercharakter der Komposition herleitet. Doch darin führt sie eigentlich nur weiter, was in den vorausgegangenen Stücken, insbesondere in der *1. Kammersinfonie,* angebahnt wurde – allerdings mit einem gewichtigen Unterschied. Die *Kammersinfonie* hatte den Blick auf die atonale Perspektive mit drastischen und deshalb auch schockierenden Gesten eröffnet – die oftmals wiederholte Bezeichnung der Quartenfolge wie der aus ihr hervorgehenden tonalitätssprengenden Strukturierung als ein »Fanal der neuen Musik« besteht zurecht, charakterisiert zugleich die aufgewühlte, hektische, überhitzte Atmosphäre nahezu des ganzen Werkes. Es ist, als ob Schönberg selbst von den andrängenden, sich ihm aufdrängenden Klangvisionen überwältigt worden sei und nur unter äußerster Anstrengung die Bändigung dieser Visionen in einer entsprechend »gepreßten Sinfonie«[6] gelang.

Nichts von alledem im nur ein Jahr später begonnenen *Streichquartett:* Sein Grundton ist ruhig, gelöst, beherrscht noch in dynamischem Aufschwung oder beschleunigter Gangart, findet sogar und nicht nur im Scherzo mit dem Zitat des »lieben Augustin«, daß alles nun hin sei, zur (Selbst-)Ironie. Warum dann aber die Umständlichkeit, ja Unsicherheit der Beschreibung? Könnte sie damit zusammenhängen, daß Schönberg erneut, nun jedoch aus entgegengesetzten Gründen überrascht, gar überwältigt war; daß ihn die zumindest nach außen erscheinende Leichtigkeit ei nes ungebremsten Auspendelns zwischen tonalen und atonalen Formulierungen, seine offene Verträglichkeit mit lyrisch-verinnerlichtem Ausdruck nicht weniger in Erstaunen versetzten als zuvor die schroffe Geste? Für die dadurch bedingte verbale

Zurückhaltung spräche auch, daß das *Quartett* in mancher Hinsicht hinter den in der *Kammersinfonie* erreichten Positionen bleibt, so, als ob dem wagemutigen Schritt in Neu- und Niemandsland erst einmal ein festeres Fundament errichtet werden müßte.

Z.B. durch die Rückkehr zur allbekannten viersätzigen Gliederung, mit der »ich Abschied von der einsätzigen Form (nahm). Es war eines der ersten Anzeichen dafür, daß das Zeitalter der groß angelegten Formen (...) vorüberging und daß ein neues Zeitalter nach eher kürzeren Formen hinsichtlich Umfang, Inhalt und auch Ausdruck trachtete.«[7] Wiederum handelt es sich hier um eine Sichtweise aus späteren Jahren, mit der Schönberg nahelegen will, daß der Rückgriff auf die traditionelle Satzfolge zugleich einen Vorgriff auf die aphoristisch verknappte Satzanlage von Werken enthalte, die in der Tat nach dem *Quartett* begonnen werden sollten (*Orchesterstücke* op. 16, 1909; *3 Orchesterstücke*, 1910; *Klavierstücke* op. 19, 1911). Schönbergs Absicht ist wohl verständlich im Hinblick auf einen »Prioritätsstreit« um die Urheberschaft aphoristischer Formbildung und mit ihr der Atonalität, ein Streit, in den er sich vor allem durch seinen Schüler Anton Webern verwickelt glaubte (wie später durch Josef Matthias Hauer u. a. in der Urheberschaft der Zwölftonmethode). Aber die Absicht wird vom kompositorisch Gegebenen – unabhängig von allen, in der Sache müßigen und übrigens stets einseitig von Schönberg erhobenen Prioritätsansprüchen – nicht gerechtfertigt. Die äußere Anlage des op. 10 erinnert vielmehr an ein Streichquartett von Mendelssohn oder Brahms.

Neuartig und zukunftsträchtig hingegen sind seine innere Konsistenz, die Verdichtung der Struktur mittels motivischer, rhythmisch-metrischer und harmonischer Elemente und deren Tendenz, die Tonbeziehungen aus traditionellen Gestalten, Folgen, Gruppierungen (»Motiv«, »Thema«, »Akkord«) zu lösen und in Beziehungen zwischen Einzeltönen, in Intervallverhältnisse zu verwandeln. Außerdem stellt die Überformung der wesentlichsten kompositorischen Ereignisse durch eine Textbindung ein Novum dar, wofür die beiden letzten Sätze mit der Vertonung zweier Gedichte Stefan Georges die Modellfälle liefern. Das Aufsuchen solcher Textbindung geschieht unverkennbar in der Absicht, für die schwindende, dann endgültig aufgegebene formbildende Kraft der Tonalität weiteren gleichwertigen Ersatz zu schaffen. Deshalb häufen sich an der »Grenzscheide zur Wiener Atonalität«[8] Vokalwerke, bei Schönberg sind es neben den beiden Quartettsätzen die *Lieder* op. 14 und der Liedzyklus nach Georges *Buch der hängenden Gärten* op. 15, die teilweise sogar parallel entstanden. Aber auch die Schüler folgen hierin ihrem Meister, Anton Webern mit dem Chorstück *Entflieht auf leichten Kähnen* op. 2, den *Liedern* op. 3 und 4 sowie Alban Berg ebenfalls mit einem Liedopus 2 und den *Orchesterliedern* op. 4. Nicht weniger kennzeichnend ist, daß sich unter Schönbergs insgesamt 22 numerierten Werken bis zur ersten Zwölftonkomposition, zu denen noch die ohne Opuszahl bleibenden *Gurrelieder* und das fragmentarische Oratorium *Die Jakobsleiter* gehören, nur sieben Instrumentalwerke befinden, von denen wiederum noch zwei (op. 4 und 5) offene Programmusik sind.

Verständlicherweise hat Schönberg diese Eskalation der Textbindung bald mit einiger Skepsis beobachtet, konnte doch der Eindruck entstehen, daß der Ersatz als eine Art »Notbehelf« nur um den Preis einer Einbuße an musikalischer, an musikimmanenter Substanz gewonnen wurde, somit Einschränkung des »wahrhaftigen« Selbstausdrucks bedeutete. Er suchte den Verdacht in mehrfacher Hinsicht zu zerstreuen, etwa durch einigermaßen listigen Verweis auf die Tonalität, die schließlich auch nur einen »Behelf« darstellt, »Zusammenhang«, »Übersichtlichkeit durch Gliederung« zu gewährleisten:

»Der Entfall dieses Behelfs in meiner neuen Komponierrichtung erzwang zunächst nicht nur den Verzicht auf den Aufbau größerer Formen, sondern verhinderte auch die Anlegung größerer Melodien: wie aller auf öfterer Motivwiederholung beruhenden musikalischen Formelemente. Hier war Ersatz durch musikalische Mittel anfänglich scheinbar nicht zu erlangen.«

Gefunden wurde er, indem

»ein Musikstück seine Erscheinungsform nicht erzeugt aus der Logik seines *eigenen* Materials, sondern, geführt von dem Gefühl für innere oder äußere Vorgänge, indem es diese zum *Ausdruck bringt,* sich auf deren Logik stützt, auf ihr baut. Kein neuer Vorgang in der Musikgeschichte: bei jeder Erneuerung oder Erweiterung des musikalischen Materials stehen ihr Gefühle, Eindrücke und dergleichen bei, meistens als Poesie, sei es nun in der Epoche der ersten Oper, des Liedes oder der Programmusik.«[9]

Schönberg geht so weit, daß er die struktur- und formbildende Funktion von traditioneller Harmonik als »vergleichbar der Zeichensetzung im Satz, der Unterteilung in Abschnitte und der Zusammenfassung in Kapiteln« betrachtet. Und die waren – zum gegebenen Zeitpunkt –

»kaum mit Akkorden zu gewährleisten, deren konstruktive Werte bisher noch nicht erforscht worden waren (…) Wenig später entdeckte ich, wie sich größere Formen konstruieren lassen, indem man einem Text oder Gedicht folgte. Die Unterschiede in der Länge und Form der Teile und der Wechsel im Charakter und in der Stimmung wurden in der Form und dem Umfang der Komposition, in ihrer Dynamik und ihrem Tempo, in der Figurierung und Akzentuierung, Instrumentierung und Orchestrierung widergespiegelt. Auf diese Weise wurden die Teile genauso deutlich differenziert wie früher durch die tonalen und strukturellen Funktionen der Harmonie.«[10]

Schönberg betont unverkennbar die syntaktischen Komponenten einer Textvorlage, aus denen sich ein struktureller Aufriß für die ihr folgende Komposition herleitet und dergestalt die Autonomie musikalischer Darstellung weitgehend gewahrt bleibt. Keineswegs vergessen oder gar verdrängt werden dabei die – freilich untergeordneten – semantischen Komponenten, welche der Musik zwangsläufig illustrative Züge aufprägen. Doch bereits bei Wagner verhält es sich damit »in Wirklichkeit« so:

»Der durch die Musik empfangene Eindruck ›vom Wesen der Welt‹ wird in ihm produktiv und regt eine Nachdichtung im Material einer anderen Kunst an. Aber die Vorgänge und Gefühle, die in dieser Dichtung vorkommen, waren nicht in der Musik enthalten, sondern sind bloß das Baumaterial, dessen sich der Dichter nur darum bedient, weil der noch ans Stoffliche gebundenen Dichtkunst eine so unmittelbare, durch nichts getrübte, reine Aussprache versagt ist.«[11]

Um solches »Baumaterial«, für Dichtung wie für Musik, geht es zu diesem Zeitpunkt; und Schönberg muß außerdem überzeugt gewesen sein, einen Dichter gefunden zu haben, dem es gelang, vom »Stofflichen« sich zu lösen und in Bereiche einer »unmittelbaren, durch nichts getrübten, reinen Aussprache« vorzudringen: Stefan George. Er textierte gewissermaßen den Übergang zur Atonalität, da sämtliche Vokalkompositionen Schönbergs aus den »Entscheidungsjahren« 1907/08 (ausgenommen das zweite Lied von op. 14) und auch Weberns (op. 2–4) Dichtungen Georges verwenden. Die Textwahl irritiert auf den ersten Blick. Denn obwohl Schönbergs wie Weberns streng subjektorientierter, subjektzentrierter Kunstbegriff leicht (und mißverständlich) mit dem Gebaren eines romantischen, »geistaristokratischen« Geniekults zusammengebracht werden kann, hat deren Auffassung kaum etwas mit Georges »aus dem Stilwillen geborene(n) Aristokratismus« zu tun, »dem es ersichtlich an Tradition, Sicherheit und Geschmack gebricht«.[12] Und alles trennt sie von dessen »bündischen Liturgien«, die »trotz oder wegen des Pathos der Distanz zu den Sonnwendfeiern und Lagerfeuern jugendbewegter Horden und ihrer furchtbaren Nachfolger«[13] paßten.

Der Anziehungspunkt liegt vielleicht in der Abwendung von Floskel und Ornament, welche die Sprache mancher Gedichte auszeichnet, in einer »Kraft zur Verdichtung und Konzentration«, die »das glückliche Korrelat zum Kunstfeindlichen an Georges Kunstwillen«[14] ist.

Solche Verdichtung und Konzentration als gleichsam abstrakte Formqualität, abgehoben von zuweilen befremdender Leere, nur beschworener Verinnerlichung und Ekstase sprachlicher Bilder, haben wohl Schönberg beeindruckt und ihn die Hilfe erkennen lassen, die ein »hoher Stil«[15] für die Nöte eigener kompositorischer Absichten bereithält. Dieser Stil gleicht einem Schutzschild, unter dem musikalische Imagination sich zu entfalten vermag: Sie nimmt die Formidee eines Gedichtes auf, indem sie an die Stelle von Syntax und Wortwahl musiksprachliche Bezüge setzt.[16] Das illustrative Moment geht dabei nicht verloren, rückt jedoch – ungeachtet zahlreicher »plastischer« Nachbildungen – in den Hintergrund, bleibt in die konstruktiven Beziehungen eingeschlossen: »Indem Musik sich so an den Text verliert, während sie ihn zugleich umprägt, gewinnt sie ihre neue, unverwechselbare Gestalt.«[17]

Unter diesen Voraussetzungen wird Schönbergs oftmals – und nicht selten in kritischer Absicht – zitierte Auffassung des Wort-Ton-Verhältnisses zumindest verständlicher, derzufolge das Wort, der Text für die Musik lediglich Wegweiser der Formbildung enthalten. Diese Wegweiser, aus einem »Anfangsklang der ersten Textworte« erschlossen, dringen – Fermenten gleich – in die kompositorische Substanz und wahren ihr weitgehende Unabhängigkeit vom verbal-metaphorischen Ausdruck:

»Ich war vor ein paar Jahren tief beschämt, als ich entdeckte, daß ich bei einigen mir wohlbekannten Schubert-Liedern gar keine Ahnung davon hatte, was in dem zugrundeliegenden Gedicht eigentlich vorgehe. Als ich aber dann die Gedichte gelesen hatte, stellte sich für mich heraus, daß ich dadurch für das Verständnis dieser Lieder gar nichts gewonnen hatte, da ich nicht im geringsten durch sie genötigt war, meine Auffassung des musikalischen Vortrags zu ändern. Im Gegenteil: es zeigte sich mir, daß ich, ohne das Gedicht zu kennen, den Inhalt, den wirklichen Inhalt, sogar vielleicht tiefer erfaßt hatte, als wenn ich an der Oberfläche der eigentlichen Wortgedanken haften geblieben wäre. Noch entscheidender als dieses Erlebnis war mir die Tatsache, daß ich viele meiner Lieder, berauscht von dem Anfangsklang der ersten Textworte, ohne mich auch nur im geringsten um den weiteren Verlauf der poetischen Vorlage zu kümmern, ja ohne diese im Taumel des Komponierens auch nur im geringsten zu erfassen, zu Ende geschrieben und erst nach Tagen darauf kam, nachzusehen, was denn eigentlich der poetische Inhalt meines Liedes sei. Wobei sich dann zu meinem größten Erstaunen herausstellte, daß ich niemals dem Dichter voller gerecht geworden bin, als wenn ich, geführt von der ersten unmittelbaren Berührung mit dem Anfangsklang, alles erriet, was diesem Anfangsklang eben offenbar mit Notwendigkeit folgen mußte.

Mir war daraus klar, daß es sich mit dem Kunstwerk so verhalte wie mit jedem vollkommenen Organismus. Es ist so homogen in seiner Zusammensetzung, daß es in jeder Kleinigkeit sein wahrstes, innerstes Wesen enthüllt (…) Wenn man einen Vers von einem Gedicht, einen Takt von einem Tonstück hört, ist man imstande, das Ganze zu erfassen (…) So hatte ich die Schubert-Lieder samt der Dichtung bloß aus der Musik, Stefan Georges Gedichte bloß aus dem Klang heraus vollständig vernommen.«[18]

Inmitten dieser vielschichtigen, sicher auch widersprüchlichen Aussage tritt ein Motiv hervor, das recht deutlich und mit unmittelbarer Betroffenheit (der Text entstand Ende 1911) auf den kompositionsspezifischen Sinn einer Wortbindung verweist. Schönberg sucht, zweifellos in übertriebenem Eifer, den Eindruck zu verwischen, daß durch Ankoppelung an eine verbale Vorlage der musikalischen Gestaltung Nachteile für ihre Autonomie, für ihren Charakter als »Selbstausdruck« erwachsen. Und wiederum nimmt er, um seine Auffassung zu stützen, die Projektion der eigenen Lage in die Vergangenheit zu Hilfe. Doch dieser Eifer ist im Grunde überflüssig, denn überzeugender, da eindeutiger, sprechen für Schönbergs These dessen Kompositionen selbst (wie übrigens auch diejenigen Schuberts und jedes anderen authentischen Liedkomponisten). Der abschließende Satz des *2. Streichquartetts* op. 10 sei als Modellfall herangezogen. Das in ihm vertonte Gedicht Stefan Georges lautet:

»Entrückung«

(»Devise«:)	Ich fühle luft von anderem planeten.	a
	Mir blassen durch das dunkel die gesichter	b
	Die freundlich eben noch sich zu mir drehten.	a’
	Und bäum und wege die ich liebte fahlen	c
(»Vergangenheit«:)	Daß ich sie kaum mehr kenne und du lichter	b’
	Geliebter schatten – rufer meiner qualen –	c’
	Bist nun erloschen ganz in tiefern gluten	d
	Um nach dem taumel streitenden getobes	e
	Mit einem frommen schauer anzumuten.	d’
	Ich löse mich in tönen, kreisend, webend,	f
	Ungründigen danks und unbenamten lobes	e’
	Dem großen atem wunschlos mich ergebend.	f’
	Mich überfährt ein ungestümes wehen	g
	Im rausch der weihe wo inbrünstige schreie	h
	In staub geworfner beterinnen flehen:	g’
(»Aufbruch«:)	Dann seh ich wie sich duftige nebel lüpfen	i
	In einer sonnerfüllten klaren freie	h’
	Die nur umfängt auf fernsten bergesschlüpfen.	i’
	Der boden schüttert weiß und weich wie molke	k
	Ich steige über schluchten ungeheuer.	l
	Ich fühle wie ich über letzter wolke	k’
	In einem meer kristallnen glanzes schwimme –	m
(»Ankunft«:)	Ich bin ein funke nur vom heiligen feuer	l’
	Ich bin ein dröhnen nur der heiligen stimme.	m’

Es fällt sofort auf, daß Schönberg nicht der strengen, wenn auch das klassische Urbild abwandelnden Terzinenstruktur folgt, sondern einem Sinnzusammenhang, in dem sich syntaktische und semantische Komponenten überlagern. Die Versordnung, abgewiesen als gleichsam mechanisch in die Musik einzubauende Schiene, auf der sich deren Form ebenso mechanisch entrollen könnte, wird in Prosa aufgelöst, in »situative Gebärden«[19], aus denen »musikalische Reflexe«, also Gebärden auf anderer Ebene, hervorgehen. Dergestalt nimmt der kompositorische Verlauf formbildende Abstützungen auf, ohne seine mediale Autonomie zurückzunehmen oder gar zu verlieren. Die Beziehungen zwischen den »Gebärden« ergeben sich aus syntaktisch-semantischen Einheiten, die von Dichtung und Musik zwar »einsinnig«, aber der spezifischen Beschaffenheit und Darstellungsweise des jeweiligen Materials unterworfen realisiert werden. Was Syntax und Metapher für das Gedicht, leisten Motivik, Thematik, Rhythmik, Dynamik, Klangcharakter, Satzstruktur und auch noch Harmonik für die musikalische Artikulation.

Die Satzgliederung umfaßt vier Teile, die mit syntaktisch-semantischen »Groß«-Einheiten des Textes übereinstimmen (s. die obige Wiedergabe) und »programmatisch« voneinander abgehoben werden können:

»Devise« – Takt 21–29, mit einem 1. Hauptthemenkomplex in vornehmlich akkordischem Satz;

»Vergangenheit« – Takt 30–51, in der Art eines rezitativischen Berichts;

»Aufbruch« – Takt 51–99, unterteilt in vier »Stadien«:
- Takt 51–66, mit einem 2. Hauptthema, wiederum in akkordi schem Satz;
- Takt 67–82, das neue Hauptthema wird kontrapunktisch »aufgebrochen«;
- Takt 83–89 / Takt 90–99 } »Durchführung« des 1. Hauptthemas;

»Ankunft« – Takt 100–156, Zusammenführung von 1. und 2. Hauptthema.

Diesen Teilen geht eine Einleitung voraus (Takt 1–20), die jedoch nachträglich entstand, deshalb auch erst später behandelt werden soll.

Der 1. Hauptthemenkomplex, der die »Devise« vorträgt, setzt sich aus zwei stark kontrastierenden, der Gesangsstimme und der 1. Violine zugeordneten thematischen Charakteren zusammen (s. Bsp. 31, S. 93).

Merkwürdigerweise vermeidet Schönberg selbst eine genauere Kennzeichnung dieses Doppelthemas (er hält nur fest, daß die »Gesangsstimme beginnt«), und erst das 2. Hauptthema wäre die »Hauptmelodie«[20] – womit eine ebenfalls recht vage Benennung gewählt wird. Vielleicht wollte Schönberg die komplexen Ereignisse durch verkürzende Begriffszuweisung nicht vereinfachen und somit verfälschen. Wie dem auch sei: Die Komplexität ist unüberhörbar – und sie gilt vorrangig einer Strukturbildung, die auf funktionsharmonischem Boden keinen Halt mehr findet. Die Teilthemen des 1. Hauptthemas haben sehr unterschiedliches Profil. Das der Gesangsstimme ist diatonisch, entfaltet sich im Rahmen einer Oktave in zwei aufwärtsstrebenden, große Intervallsprünge einschließenden Bewegungszügen; das der

Beispiel 31

Violine mit den »darunterhängenden« Begleitstimmen der 2. Violine und Viola ist von abwärtsgerichteter Chromatik geprägt, deshalb auch »umwegiger«, zielloser als die klare, fast liedartige Gesangslinie. Es hat den Anschein, als ob die »Devise«, das, »was zu tun sei«, »was bevorstünde«, vom Gesang gleichsam neutral, aus der Vergangenheit heraus (und deshalb mit deren Mitteln!) angekündigt – und im selben Augenblick von den Instrumenten als Strukturkonsequenz aufgegriffen würde. Darin liegt offensichtlich die Beziehung einer »Gebärde«, welche den Kontrast zwischen den Themen entschärft. Eine zusätzliche Vermittlung geht dabei vom Cello aus, das als einziges Instrument der Gesangsstimme folgt, ehe es die neuartige Strukturgestaltung – mit sogleich gewichtigem Anteil – aufnimmt.

Der instrumentale »Unterbau« des Textes (Takt 21–29) gliedert sich in Vorder- und Nachsatz: Takt 21–25 und 27–29, deren Zusammenhalt, deren »logischer«, »faßlicher« Fortgang durch eine Reihe von Ableitungsbeziehungen gewährleistet werden. So erscheinen die Figuren der 1. Violine Takt 21–23 und 24 in rhythmisch geänderter Form und umgekehrter Reihenfolge am Beginn des Nachsatzes (Takt

27), um sofort im folgenden Takt – um eine Quinte abwärts transponiert – wiederholt zu werden. Die Sekunddrehung im Cello (Takt 25/26) bildet die Trennlinie zwischen Vorder- und Nachsatz, indem sie, einen dehnenden »Zwischentakt« einschiebend, die darüberliegenden Instrumente zum Halt auf ihrem erreichten Akkord (ais – fis – dis) zwingt. Doch die Trennlinie ist durchlässig, enthüllt sich sogleich als Überleitung, da die Sekunddrehung in die 1. Violine rückt und dort zur Initialfigur für die variierte Violinpassage aus Takt 21–23 umgedeutet wird. Bei der Quinttransposition dieser Passage (Takt 28) zeigt sich erneut die Doppelfunktion der Sekundwendung: Sie hält wiederum die Bewegung an, überbrückt jedoch den entstehenden Einschnitt und bereitet außerdem die nachfolgende Transposition vor, indem sie selbst um einen Halbton tiefer gleitet. Schließlich erscheint Takt 29, aus der Sekundfigur herauswachsend, eine rhythmische Variante des Gesangsthemas, begleitet von ebenfalls veränderten Elementen aus der Violinpassage Takt 22 und 23.

Solche internen Vernetzungen sorgen offenkundig für Zusammenhalt in einer Situation, da die traditionellen harmonischen Bindemittel verloren gehen. Und Schönberg hat neue, Ersatz schaffende Bindemittel – wie auch aus dem das vorliegende Kapitel einleitenden Zitat ersichtlich ist – vor allem im Bereich der Motivik gefunden, wodurch zugleich eine Betonung des Melodischen, allgemein: der Tonhöhengestaltung naheliegt. Schönberg widersprach dem keineswegs. Seine zahlreichen, über Jahrzehnte hin sich erstreckenden Äußerungen zu Leitmotivik, entwickelnder Variation, Polyphonie und selbst zur Harmonik heben das Tonhöhenproblem heraus, so daß andere kompositionstechnische Dimensionen nicht annähernd so ausführliche Behandlung erfahren. Die Gründe hierfür lassen sich unschwer erkennen: Schönberg war überzeugt, daß nach einer Epoche, in der vorrangig die harmonischen Mittel zur Entfaltung gelangten und nunmehr eine Stufe der Durchbildung und Verfeinerung erreicht hatten, auf der nur noch gewissermaßen deren Selbstauflösung erfolgen könne, eine neue Epoche der Polyphonie anbrechen muß. Er sah sich in einer Situation, die er derjenigen von Johann Sebastian Bach als nicht unähnlich empfand – mit den »Neoklassizisten« als »seinen« Telemanns, Carl Philipp Emanuel Bachs usw. J. S. Bach erweiterte, mit der frisch eröffneten Perspektive des temperierten Tonsystems, die kontrapunktischen Regeln derart,

»daß sie alle zwölf Töne der chromatischen Skala umfaßten. Bach arbeitete mit den zwölf Tönen manchmal auf solche Weise, daß man geneigt sein könnte, ihn als den ersten Zwölftonkomponisten zu bezeichnen. Hat man bemerkt, daß die kontrapunktische Flexibilität der Themen Bachs aller Wahrscheinlichkeit nach auf seinem instinktiven Denken in mehrfachem Kontrapunkt beruht, das Spielraum für zusätzliche Stimmen läßt (...) Bachs überleitende und untergeordnete Abschnitte (sind) immer voller Charakter, Erfindungskraft, Phantasie und Ausdruck. (Seine Gegner) waren natürlich nicht fähig zu sehen, daß er auch der Erste war, der gerade jene für den Fortschritt ihrer Neuen Musik so notwendige Technik einführte: die Technik der ›entwickelnden Variation‹, die den Stil der großen Wiener Klassiker ermöglichte.«[21]

Bachs Gegner aber haben vor allem nicht erkannt, daß die Erschließung des musikalischen Raumes in die Horizontale, also die Erschließung der Polyphonie, mit ihm nicht zu Ende ging, sondern erst ihren Anfang nahm. Wenn die nun anbrechende Epoche, die klassisch-romantische, den Eindruck erweckt, daß sie, unter Vernachlässigung bis Ausgrenzung der Polyphonie, Harmonik und Oberstimmenmelodik den Vorzug gibt, so täuscht dieser Eindruck bzw. teilen ihn nur die unmaßgeblichen

Talente. Denn Haydn wie Brahms, Beethoven nicht anders als Wagner sind, der Bachschen Perspektive folgend, unablässig in diesen musikalischen Raum hinein aufgebrochen, haben ihn, mit der (nach Bach!) historisch »fälligen« Betonung der Harmonik, immer weiter auszuspiegeln gesucht. Zugleich aber regte sich – nicht minder stringent und keinesfalls nur in ihren abgeklärten Spätwerken – die Annäherung an die Polyphonie als an die, neben der Harmonik, andere tragende Säule des musikalischen »Gedanken«-Kunstwerks.

Nach der letzten Jahrhundertwende spitzte sich die Situation einigermaßen dramatisch zu – wofür nicht zuletzt auch die internationale Resonanz der Entwicklung sorgte: Debussy, Ives, Mahler, Skrjabin, Strawinsky, Bartók wie Schönberg trieben – jeder auf seine Weise – die Entfaltung der harmonischen Mittel so weit voran, daß deren funktionale Regelung zerbrach. Hinter solcherart hochdifferenzierter, hochspezialisierter Harmonik war Polyphonie als ein weiterhin in tonal-harmonischen Kategorien befangenes kontrapunktisches Denken merklich zurückgeblieben. Für Schönberg ergab sich daraus die Aufgabe, nunmehr auf die Polyphonie verstärktes, wenn nicht gar das ganze Gewicht zu legen, um deren formbildende Potenzen zu erschließen. Zugleich konnte solche Umorientierung an die latente polyphone Tradition der Klassiker nach Bach – von Haydn bis Brahms – anknüpfen, bei denen Polyphonie auch immer schon als ausgleichend-auffangende Kraft für die zentrifugalen Tendenzen der Harmonik angelegt war. Zugespitzt formuliert: Polyphonie schlüpft in die Rolle einer Harmonik der Atonalität, die ihr Regelsystem dann mit der Zwölftonmethode erhält. In diesem neuen, aber unabweislich aus der Tradition erwachsenen Ordnungsmodell sah Schönberg nicht nur eine mehr oder weniger verbindliche Lösungsvariante für die anstehenden kompositorischen Probleme, sondern einen Parallelfall zur Entdeckung des temperierten Tonsystems und der mit ihm einst sich eröffnenden harmonisch-polyphonen Entfaltungsmöglichkeiten. Und darin glaubte Schönberg auch die historische Dimension seiner Leistung erkennen zu dürfen – die wiederum den Beginn künftiger Entwicklung(en) bezeichnet.[22]

Schönbergs Betonung der Motivik und somit des melodisch-polyphonen Elements darf nicht so verstanden werden, daß dabei andere Elemente geringere Beachtung finden oder gar verloren gehen. Das betrifft vor allem die Rhythmik, die etwa aus dem Blickwinkel serialistischer Erweiterung der Zwölftontechnik als Schwachpunkt von Schönbergs Theorie wie der ihr folgenden Komposition gilt. Abgesehen davon, daß vorurteilsfreie Analyse zu einem anderen Ergebnis geführt hätte, gab und gibt es noch heute einige weitere Umstände, die solch schiefen Eindruck durchaus fördern. Wie z.B. die erst allmählich sich klärende Quellenlage der theoretischen Schriften: Nur einen geringen Teil seiner auf Rhythmik/Metrik bezogenen Überlegungen hat Schönberg – noch dazu fast immer in übergreifenderem thematischem Zusammenhang [23] – veröffentlicht, und größere, der *Harmonielehre* vergleichbare Arbeiten wie die *Kompositionslehre*, in der die Rhythmik eine systematische Erörterung gefunden hätte, blieben Fragment und somit im Nachlaß verschlossen. So geriet Schönberg bald in Verdacht, Motivik/Thematik, Polyphonie wie von ihr restlos abhängige Harmonik um den Preis der Vernachlässigung der Rhythmik/Metrik zu favorisieren, ein Verdacht, den die Antipodenschaft nicht nur zu Strawinsky, sondern insgesamt zu den neoklassizistisch-neusachlichen Kompositionstendenzen seit den zwanziger Jahren zu erhärten schien.

Dieser Eindruck täuscht auch insofern, als Schönbergs Begriff von Motivik die Rhythmik einschließt, daß sie eine Dimension der Motivik darstellt, die in diesem Rahmen eigene formbildende Kräfte entfaltet. Damit ist zugleich gesagt, daß Rhythmik stets gewissermaßen funktional bleibt, ein Element entwickelnder Variation, das die Verselbständigung zum bloßen Bewegungsimpuls nur als Ausnahmefall kennt. Der dergestalt funktionale Aspekt der Rhythmik tritt insbesondere im Übergang zur Atonalität hervor, weil mit der Auflösung tonaler Harmonik, der Modulations- und Kadenzregelungen auch die Auflösung der Taktrhythmik verbunden ist[24], genauer: vollendet wird. Denn wiederum bringt Schönberg nur zum Abschluß, was sich im Rahmen der Tonalität – etwa durch Spannungen und Aufbrüche irrationaler Rhythmik bei Schumann oder Brahms – angebahnt hatte. Etwas vereinfacht könnte festgehalten werden, daß sich die melodischen Elemente der Motivik zur zerfallenden Tonalität verhalten wie die rhythmischen zur zerfallenden Taktrhythmik, zum Metrum. Und so galt es aus beiden, den melodischen wie rhythmischen Elementen, Konsequenzen zu ziehen, die Ersatz schaffen für die verlorene harmonisch-metrische Tonalität.

In Bsp. 31 ist ersichtlich, welchen großen Anteil rhythmische Verhältnisse an der variativen, »logischen« Fortführung musikalischer Ereignisse haben. Der melodisch-intervallische »Inhalt« der hervorgehobenen Passage bleibt unverändert, verändert wird die rhythmische Struktur – und zwar derart weitgehend, daß ohne die Tonhöhenübereinstimmung kein Zusammenhang mehr bestünde. Aber das ist eine ganz und gar abstrakte Feststellung. Denn melodische und rhythmische Motivik lassen sich nicht trennen: die Tonhöhenidentität eröffnet schließlich erst die Möglichkeit extremer Abweichung im Bereich des Rhythmus (und umgekehrt!), so daß Zusammenhang aus der Vermittlung zwischen Identität und Nichtidentität entsteht. Eine der Wurzeln solcher rhythmischen Variation reicht weit in die Klassik zurück, ankert in den Durchbrüchen geradtaktiger Periodik, aus denen Mozart nicht anders als Beethoven oder Schubert Gewinn an darstellerischer Beweglichkeit, an Gedankenvielfalt und -tiefe zogen.

Beispiel 32

Dieses Beispiel, den Beginn des Menuetts aus Mozarts *Streichquartett B-Dur* KV 458, führt Schönberg selbst an: »Das ganze Thema umfaßt acht Takte; daher ist die Unregelmäßigkeit sozusagen subkutan (das heißt, sie zeigt sich nicht an der Oberfläche).« Es sei »völlig asymmetrisch und verzichtet dadurch auf eine der wirksamsten Hilfen zum Verständnis. Aber es ist noch nicht das, was ›musikalische Prosa‹ genannt zu werden verdient.«[25]

Hier fällt ein Wort, das die Ablösungsbestrebungen musikalischer Darstellung von allen Spielarten der Konvention, der Kanonisierung kompositionstechnischer Verfahrensweisen und Ausdruckstypisierungen auf einen Nenner bringt. »Musikalische Prosa« bedeutet allseitige »Emanzipation« musikalischen Materials und der ihm angemessenen kompositorischen Gestaltung im Hinblick auf konsequenten Selbstausdruck:

»Große Kunst muß zu Präzision und Kürze fortschreiten. Sie setzt den beweglichen Geist eines gebildeten Hörers voraus, der in einem einzigen Denkakt bei jedem Begriff alle Assoziationen, die zu dem Komplex gehören, einschließt. Dies gibt einem Musiker die Möglichkeit, für die geistige Oberschicht zu schreiben, indem er nicht nur tut, was Grammatik und Idiom erfordern, sondern indem er in anderer Hinsicht jedem Satz die ganze Bedeutungsschwere einer Maxime, eines Sprichworts, eines Aphorismus gibt. Das sollte musikalische Prosa sein – eine direkte und unumwundene Darstellung von Gedanken ohne jegliches Flickwerk, ohne bloßes Beiwerk und leere Wiederholungen.«[26]

Solche »Prosa« kündigt sich bei Mozart mit den erwähnten »Unregelmäßigkeiten« an, steigert sich dann in dessen reifen Opern durch den Zwang, »auf engstem Raum« die »materielle oder psychologische Anpassung der Musik an jeglichen Wechsel der Stimmung oder der Handlung« zu gewährleisten, um nicht in »Zusammenhanglosigkeit – oder, schlimmer, Langeweile« zu verfallen.[27] Schönberg demonstriert dies an Beispielen aus dem *Figaro*, um schließlich eine weitere Passage aus einem Streichquartett (d-Moll, KV 421, 1. Satz) anzuführen, die »sicher als musikalische Prosa klassifiziert zu werden (verdient)«[28] (s. Bsp. 33, S. 98).

»Selbst wenn man die vier ersten kleinen Phrasen, die das Hauptthema beschließen, beiseite läßt und auch die Imitation (als 14. und 17. bezeichnet), mit denen die Modulation endet, bleiben in nur acht Takten neun kleine Phrasen verschiedener Größe und verschiedenen Charakters übrig. Die kleinsten (die 5., 6. und 7.) sind nur drei Achtelnoten lang – trotzdem sind sie so ausdrucksvoll, daß man beinah versucht ist, Worte zu unterlegen. Man bedauert, nicht die Macht eines Dichters zu besitzen, um in Worte zu fassen, was diese Phrasen sagen. Jedoch würden Poesie und Lyrik sie nicht ihrer prosahaften Qualität berauben, die sich in der unübertroffenen Freiheit ihres Rhythmus und in der völligen Unabhängigkeit von formaler Symmetrie offenbart.«[29]

Dies geschieht auch bei Brahms, dem sich Schönberg im Anschluß daran zuwendet, zunächst mit Beispielen aus dessen Kammermusik, dann einer Reihe von Liedern, deren

»asymmetrische Strukturen (…) vermutlich zum Teil auf die rhythmischen Besonderheiten des Gedichts zurück(gehen), auf dem sie basieren (…) Das Lied *Feldeinsamkeit* basiert auf fünffüßigen Versen; daher könnte man erwarten, daß die entsprechenden ersten zwei Phrasen fünf Takte oder Halbtakte lang wären. Aber die erste Phrase ist zu zwei Takten verdichtet, zu denen die zweite Phrase drei Takte hinzufügt und so das Metrum der Verszeilen wiedergibt. (Folgt Beispiel:)«[30]

Beispiel 33

Beispiel 34

In der Differenz zwischen Rhythmus (Phrasierung) und Metrum stoßen musikalische und poetische Strukturierung zwar aneinander, doch ebenso und noch mehr ergänzen sie sich, wird die im Verhältnis zum Text »meßbare« Abweichung der Musik zu deren formbildendem Impuls, »zu einem Teilprinzip der Organisation«.[31] Und dieser Impuls gründet deshalb nicht im semantischen »Überbau« des Textes, sondern eben in dessen konstruktiver Anlage.

Die Bedeutung des *2. Streichquartetts* op. 10 liegt nicht zuletzt darin, daß es die verschiedenen Tendenzen asymmetrischer Gestaltung – aus dem Bereich »musikalischer« Periodik bis zu dem der »poetischen« Metrik – bündelt, um aus ihnen neue formbildende Kräfte abzuleiten. Bsp. 31 zeigte solche Kräfte in den »musikalischen« Asymmetrien zwischen unveränderter Tonhöhen/Intervallfolge und unveränderter Rhythmisierung, mit der Sekunddrehung als zusätzlichem haltgebendem Scharnier. Im folgenden Beispiel wird Asymmetrie in bezug auf »poetische« Metrik erkennbar: »Angestrebt scheint eine möglichst große Vielfalt bei der Rhythmisierung einer gleichbleibenden Versstruktur«:[32]

Beispiel 35

Es ist dies der Beginn des »rezitativischen Berichts«, der an die »Devise« anschließt. Um Zusammenhang zwischen den weitaus lockerer, eben »rezitativisch« gefügten Ereignissen herzustellen, versieht Schönberg die gleichbleibende Tonfolge mit unterschiedlicher Rhythmisierung, bringt er sie in ein asymmetrisches Verhältnis, in dem wiederum der Beziehungsimpuls von Identität-Nichtidentität wirksam wird. Zugleich entsteht zwischen »poetischem« Metrum und »musikalischer« Rhythmik eine zusätzliche beziehungsvolle Spannung, da beide rhythmische Varianten das Metrum sowohl aufnehmen als auch bis an die Grenze seines Intaktbleibens abwandeln. Vielleicht erhält man hier einmal einen recht plastischen Eindruck von dem, was Schönberg als »Anfangsklang« eines Textes bezeichnet, der das aus ihm musikalisch Folgende mit zwanghafter Notwendigkeit hervortreibt, kaum oder tatsächlich nicht auf den »Inhalt« achtend, den doch geläufigerweise die poetische Struktur verdichtend vorführen soll. Auf jeden Fall aber bestätigt wohl das Beispiel den bereits zitierten Satz: »Indem Musik sich so an den Text verliert, während sie ihn zugleich umprägt, gewinnt sie ihre neue, unverwechselbare Gestalt.«[33]

Daß der Zusammenhang in Bsp. 35, durch Umrhythmisierung einer gleichbleibenden Tonfolge, über eine relativ große Entfernung hinweg sich als haltbar erweist, hat sicher mit dem Text zu tun, der den gesamten Ablauf an die Hand nimmt. Fehlt er, so besteht die Notwendigkeit, derartige rhythmische Variationsbeziehungen auf engerem Raum anzulegen. Dafür liefert etwa das 2. Thema des 1. Satzes einen eindrucksvollen Beleg:

Beispiel 36

Der fünftaktige Vordersatz dieses Themas setzt sich aus zwei melodischen Phrasen von 2 und 3 Takten zusammen, die durch die rhythmische »Zerreißung« einer Vierton-Figur und deren wörtlicher, lediglich um eine Quinte tiefer versetzter Wiederholung entstehen. Rhythmus/Phrasierung geraten in Widerspruch zur Tonfolge – und binden sie im selben Augenblick. Die rhythmische Beziehung ersetzt hier die nur noch schwach wirksame der Tonalität (»fis-Moll« in chromatischer Auflösung), gleicht aber auch die melodisch-motivische Unprägnanz der Vierton-Figur aus. Und gerade im letzteren liegt Zündstoff für die Zukunft. Denn die tendenziell unbegrenzte rhythmische Variabilität einer Tonfolge hebt deren melodisch-motivische Charakteristika auf, spaltet sie in eine Folge von Tonpunkten, zwischen denen sich »jene fortlaufenden Reihen von melodisch gleichwertigen Intervallen herstellen, die nicht mehr auf eine einzige motivische Deutung festgelegt sind«.[34] Hier kündigt sich, entsprechende Tendenzen im *1. Streichquartett* wie in der *1. Kammersinfonie* aufnehmend und über die atonale Strukturgestaltung hinaus, bereits die reihentechnische an.

Ein instruktives Beispiel für solche Auflösung einer Motivstruktur zu einem »Vorrat« an Intervallen, der mittels rhythmischer Variation zu immer neuen »Intervallreihen« gewissermaßen verwürfelt wird, enthält der 3. Satz, freilich wiederum »abgesichert« durch eine Textbindung sowie durch markante Variationsgliederung der Satzteile. Gemeint ist ein Motiv, das Schönberg als viertes im Variationsthemenkomplex kennzeichnet:[35]

Beispiel 37

Aus diesem Teilthema entfaltet sich ein Kaleidoskop rhythmisch-intervallischer Gestalten, in denen das (ohnehin nur schwach vorgegebene) melodisch-motivische Profil zugunsten ebenso flexibler wie Zusammenhang stiftender Ton-»Reihen« in den Hintergrund tritt:

Beispiel 38

In gleicher Weise werden auch die übrigen drei Teilthemen behandelt, so daß in der Tat der Satz insgesamt als eine Folge ineinandergreifender Tongruppen, Tonkonstellationen abrollt. Deren Zusammenhang stützen zwar noch immer fixierte Intervallanordnungen motivischen Charakters (ersichtlich vor allem am »thematisch« durchgebildeten 1. Teilthema) – doch dieser Zusammenhang verblaßt angesichts der strukturprägenden Kraft rhythmischer Flexibilität. Die angeführten Beispiele stellen zweifellos Extremfälle dar – zumindest in der kompositionstechnischen Tendenz, die sich in ihnen abzeichnet. Schönbergs Feststellung, daß »in den Themen außertonale Fortschreitungen enthalten sind, die einer Erklärung durch entfernt verwandte Harmoniefortschreitungen bedürfen«[36], schließt ja den Hinweis ein, daß es immer noch funktionsharmonische, also tonale Mittel sind, die zu solcher »Erklärung« taugen. Und sie taugen gleichermaßen für die satztechnisch traditionelleren wie für die entwickelteren Teile des Quartetts. Zu den ersteren gehört auch – und seltsamerweise – die Einleitung zum Schlußsatz, »die die Abreise von der Erde zu einem anderen Planeten ausmalt (…) Die Loslösung von der Erdanziehung – das Emporschweben durch Wolken in immer dünnere Luft, das Vergessen aller Mühsal des Erdenlebens – all dies wird in dieser Einleitung zu schildern versucht.«[37]

Sie ist, wie gesagt, von Schönberg nachkomponiert worden und kreist um drei Motive, die im Laufe des Satzes auftauchen und im wachsenden Maße den Formverlauf beeinflussen:

Beispiel 39

In der Einleitung erscheinen die Motive in folgender Gestalt, wobei Schönberg die »Figur« des ersten Motivs (a) als »ein Zitat des Anfangs«[38] bezeichnet, d.h. des instrumental-vokalen Hauptthemenpaares Takt 21ff.:

Beispiel 40

Die Motive (a) bis (c) sind also gleichsam »Leitmotive« des »Ablösens« (von der Tonalität), der »Entrückung«, bildhaft-vordergründig in der aufsteigenden, zerstäubenden Aneinanderreihung von (a), verborgener in der Terzenfolge von (b) und wieder unvermittelter im Moll-Durterzwechsel sowie in dessen schrittweiser Erweiterung bis zur kleinen None (bei Auslassung der »tonal« wirkenden Oktave!) von (c). Die Verhakung des Motivs (a) mit dem 1. Hauptthemenkomplex läßt erkennen, daß gleiche Elemente in Horizontale und Vertikale ausgebreitet werden (s. Bsp. 40: Auftakt zu Takt 1 → Takt 24, 2. Violine, Viola, Cello), daß motivische Vernetzung die Ausfüllung eines musikalischen »Raumes« ansteuert, in dem gewissermaßen die Gravitationsgesetze der Tonalität keine Geltung mehr haben.

Obwohl nun die motivischen Beziehungen einen solchen Dichtegrad erlangt haben, daß sie in der Lage sein sollten, die schwindende formbildende Kraft der Tonalität auszugleichen, stützt sie Schönberg nochmals ab – und zwar durch ein Gestaltungsmittel, das eben aus dieser Tonalität stammt, aber nurmehr wie deren Echo herüberklingt. Gemeint ist das »tonalitätsträchtige« Intervall der Quint, das nicht allein in der Einleitung zum Schlußsatz, sondern innerhalb des gesamten Quartetts eine auffällige Rolle spielt. In der Einleitung setzen die Stimmen mit Motiv (a) im Quintabstand ein, woraus sich – gewiß etwas überraschend – ergibt, daß die hochprogrammatische »Ablösungs«-»Entrückungs«-Figurenkette als eine Folge von Subdominant-Dominant-Tonika-Wendungen gehört werden kann. Nachdem sie zu Beginn des 2. Taktes den höchsten Punkt (c'''') erreicht, die Abkopplung vom Baßfundament vollzogen hat, scheint sie – die errungene Freiheit auslebend – nur noch in sich kreisen zu wollen. Dies aber ruft sogleich neuerliches Regelmaß auf den Plan, das den kühnen Aufschwung bremst: Durch Sequenzierung wird die Acht-Töne-Figur (ab Takt 2, 4. Viertel bis Takt 3, 1. Sechzehntel: dis – g – h – d – cis – [cis] – f – a – c – [h]) gleichsam tonal, als zerlegte Dreiklangsschichtung (G bzw. F mit Alterierungen), geprägt, ein Vorgang, der dann (Takt 3) die Untersetzung der Figur durch eine absteigende Folge von Quinten weiterführt:

Beispiel 41

Doch diese Quintuntersetzung hat ein Doppelgesicht. Einerseits bezieht sie sich, in rückläufiger Folge, auf die Quintschichtung in der anfänglichen »Entrückungs«-Figur: gis – dis – b – f / f – b – es(dis) – as(gis) – (cis), fördert sie also einen tonalen Eindruck. Andererseits aber greifen hier zwei Quintreihen im Ganztonabstand ineinander, die eine fragmentarische Ganztonleiter eröffnen, welche in der Tat dann (ab Takt 4) durch die in Ganztonschritten absinkende Oberstimmenfigur vervollständigt wird:

Beispiel 42

Ähnliches wiederholt sich Takt 6, in unverschleierterer Form, indem die »Entrückungs«-Figur in der 1. Violine durch die Quintkombination ersetzt wird, beide Stimmenlagen mit der Quint-Ganzton-Legierung zueinanderstreben, um schließlich zu verschmelzen:

Beispiel 43

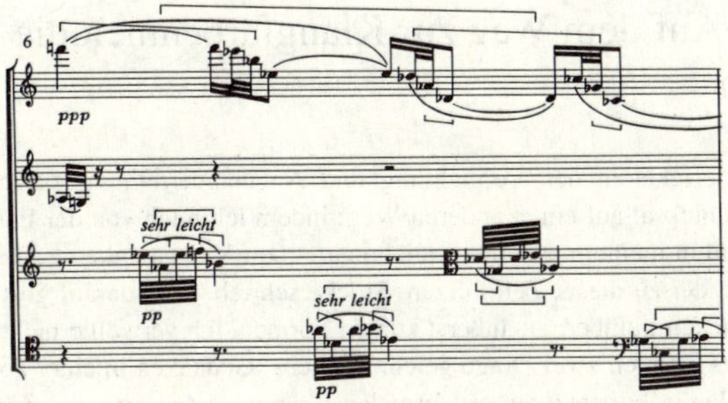

Das atonale Element der Quint, des Quinten-»Zirkels« steht also in einem gleichermaßen beziehungs- und widerspruchsvollen Verhältnis zur »anti-tonalen« Ganztonleiter – und dieser beziehungsvolle Widerspruch kennzeichnet das gesamte Werk. Es kehrt zwar, nicht anders als das *1. Streichquartett* und die *1. Kammersinfonie*, noch immer in den tonalen Hafen zurück, gelangt aber bei seinen Ausfahrten zu partiellen Gestaltungen, mit denen das Ideal eines floskel-, ornamentlosen Ausdrucks immer näher rückt. Auf dieses Ziel hin wirken im *2. Streichquartett* – und hierin dürfte ein wesentliches Moment liegen, das die vorausgegangenen Stücke übertrifft – nicht nur »Emanzipationstendenzen« im Bereich der Motivik als Zusammenspiel von melodisch-polyphonen und rhythmisch-metrischen Vorgängen, welche harmonische »Quadratur« auflösen und in einen Vorrat von Ton- und Intervallkonstellationen prosahaften Charakters verwandeln – solche Verwandlung betreiben nunmehr selbst harmonisch-tonale Elemente, wie am Beispiel der Quintfolge ersichtlich wurde. Denn was als Bindung, als Gegengewicht zur sich »ablösenden« Figur angelegt ist, treibt zugleich – mit der resultierenden Ganztonleiter als zusätzlichem Impuls – die Vereinzelung der Töne in Intervallverhältnissen und damit die Ausstufung der Töne zu Tonpunkten weiter voran. Deutlicher als je zuvor, aber immer noch im Rahmen der Tonalität, werden die Bahnen erkennbar, auf denen »Entwickelnde Variation« und »Emanzipation der Dissonanz« nur wenig später ihre extremen Konsequenzen im Rahmen der Atonalität entfalten – in einer Gestaltung, bei der ein Höchstmaß an variativer Vereinheitlichung des Materials mit dessen Ablösung von traditionell geprägten, also vorstrukturierten kompositionstechnischen Eingriffen, Verfahrensweisen usw. zusammengeht. Oder anders gesagt: das *2. Streichquartett* gibt endgültig den Blick auf eine Perspektive des Komponierens frei, in der jedes Detail als Teil des Ganzen bestimmt ist, das eine Komposition ausschreitet; darin besteht deren innere Logik. Zugleich aber, indem die Details aus traditionellen, kanonisierten Gestaltungsweisen – aus ihren äußeren Bindungen also – herausgenommen werden, setzt sich dieses Ganze aus »emanzipierten« Details zusammen, die noch letzte Spuren ornamental-floskelhaften Beiwerks abgeworfen haben.

»Von den Fesseln der Tonalität befreit« Auf dem Weg zur Klangfarbenmelodie

»Ehe ich die Schwierigkeiten der Verdichtung und Aneinanderreihung zu meistern vermochte, zwang mich mein Schicksal auf einen anderen Weg: indem ich mich von der Form des ›einsätzigen Stücks‹ abwandte und in meinem zweiten Streichquartett zur Viersätzigkeit zurückkehrte, wurde ich der erste Komponist, der zu dieser Zeit kürzere Stücke schrieb. Bald darauf glitt ich zum Gegenteil von langatmigen Stücken hinüber: zu äußerst kurzen Formen. Ich verweilte nicht sehr lange bei diesem Stil; jedoch hatte er mich zwei Dinge gelehrt: erstens, Gedanken in einer aphoristischen Weise zu formulieren, die keine Fortsetzung aus formalen Gründen erforderte, zweitens, Gedanken ohne den Gebrauch formaler Bindeglieder zu verbinden, einfach durch Aneinanderreihung.«[1]

Was Schönberg hier mit dem Verzicht auf »Fortsetzung aus formalen Gründen«, auf »den Gebrauch formaler Bindeglieder«, was er mit »Aneinanderreihung« meint, heißt nichts anderes, als daß nunmehr die letzten Schranken auf dem Weg in die Atonalität fallen. Doch diese Schranken erweisen sich noch einmal als schwierig zu nehmende Hürden. Denn es geht darum, die restlichen Schlacken im Ablösungsprozeß von vorgeprägter, kanonisierter Form- und Strukturgestaltung herauszufiltern – und zwar das Thematische selbst, die festgefügten, durchgebildeten thematischen Setzungen als Ausgangs- und Zentralpunkt wie immer gearteter Entfaltung eines musikalischen Werkes. Nicht nur die traditionelle, sondern auch noch Schönbergs ungemein konzentrierte, geradezu kondensierte Thematik bis einschließlich des 2. *Quartetts* enthielt ein gewisses Maß an figurativen Tönen, die etwa der Überleitung dienten oder sich schlicht aus der Vervollständigung einer tonalen harmonischen Bewegung ergaben. Und selbst ein »atonales« Thema war keineswegs zwangsläufig solcher figurativer Töne enthoben, da es ihnen aufgrund seines vorgeprägten Charakters als herausgestelltes, in sich abgeschlossenes Gebilde nach wie vor Raum geben konnte. Zumal bei Schönberg:

»Während z.B. in der Musik von Strawinsky und von Bartók in den Jahren vor dem 1. Weltkrieg eine melodische Vereinfachung einsetzt, ist das in Schönbergs Musik nicht der Fall; seine Melodik bleibt schwungvoll und intervallreich. Die Töne des chromatischen Totals stehen uneingeschränkt zur Verfügung. Es wäre naheliegend zu vermuten, daß eben diese Eigenschaft zur Förderung eines atonalen Melos besonders zuträglich sei.«

Doch genau das Gegenteil tritt ein:

»Wie ›atonal‹ sich eine Melodie noch gebärden mochte, sie war doch von dem bereits aus atonaler Musik Bekannten kaum grundsätzlich verschieden, trug also tonale Assoziationen mit sich. Die Loslösung von tonalen Beziehungen durch fixierte Elemente und durch motivische und strukturelle Integration und sogar die Ersetzung der tonalen Harmonik durch eine eigene atonale Klangwelt waren bereits gelungen zu einer Zeit, als ein atonales Melos sich noch nicht als möglich erwiesen hatte. Den Schein des Figurierten abzustreifen war schwer. Der Ausweg war eine Aufhebung der melodischen Einprägsamkeit durch Entthematisierung der Musik.«[2]

Athematik erscheint, insbesondere angesichts der vom Melodischen geleiteten musikalischen Erfindungsweise Schönbergs, als Voraussetzung für eine unfigurierte Satzstruktur, die wiederum die Grundlage für eine unhierarchische Ordnung des Zwölfton-Totals bildet. Denn Thematik, ob aus tonalen oder »emanzipierten« Elementen bestehend, stellt als ein »übergeordneter Formbegriff«[3] eine »Figur« dar, die sich vom kompositorischen Kontext abhebt – um ihn zu lenken, »Oben« und »Unten«, Vor- und Nachgeordnetes zu stiften; um somit also gerade das zu bewirken, was im Widerspruch zum Ideal eines richtungslos-ausgestuften musikalischen »Raumes« steht, in dem jeder »Punkt« gleich wesentlich und deshalb nicht-figurativ ist.

Schönberg hat den Widerspruch und mit ihm das Problem einer athematischen Schreibweise innerhalb einer Gruppe von Stücken zu lösen gesucht, die dicht hintereinander, zum Teil sogar parallel entstanden. Es sind dies die *Klavierstücke* op. 11, insbesondere deren drittes, das am 7. August 1909 abgeschlossen war; die *Orchesterstücke* op. 16, an denen Schönberg von Mai bis 11. August desselben Jahres arbeitete; das Monodram *Erwartung* op. 17, das, wenige Tage nach den Orchesterstücken begonnen, nach nicht einmal drei Wochen am 12. September vorlag. Im Februar 1910 komponierte Schönberg zwei *Stücke für Kammerorchester* (ein drittes blieb Fragment), die er jedoch nicht veröffentlichte und die erst 1957 im Nachlaß entdeckt wurden; Anfang September setzte er die Arbeit an dem »Drama mit Musik« op. 18 *Die glückliche Hand* fort, die bereits im Oktober 1908 begonnen worden war, jedoch erst im November 1913 beendet werden konnte. Die Wiederaufnahme der *Glücklichen Hand* verlief dann parallel zu weiteren Kompositionen, den *Sechs Klavierstücken* op. 19 (Februar und Juni 1911), dem Lied *Herzgewächse* op. 20 für hohen Sopran, Harfe, Celesta und Harmonium (Dezember 1911) sowie dem Melodramenzyklus *Pierrot lunaire* op. 21 (März–Mai 1912).

In den *Klavier-* und *Orchesterstücken* op. 11 bzw. 16 steuert Schönberg das Ziel einer athematischen Struktur an, um es dann in der *Erwartung* und in der *Glücklichen Hand* zu erreichen. Schönberg selbst sah dies so, zumindest, was die Wegbereitung in den Orchesterstücken betrifft:

»Ich verspreche mir (...) kolossal viel davon, insbesondere Klang und Stimmung. Nur um das handelt es sich – absolut nicht symphonisch, direkt das Gegenteil davon, keine Architektur, kein Aufbau. Bloß ein bunter ununterbrochener Wechsel von Farben, Rhythmen und Stimmungen.«[4]

Zweifellos meint Schönberg hier vor allem das 3. und 5. Stück, denen er – wie auch den übrigen, jedoch nachträglich und recht widerstrebend dem Wunsch seines Verlegers folgend – Titel gab, *Farben* bzw. *Das obligate Rezitativ.*[5] *Farben* ist eine kühne, der nahezu ein halbes Jahrhundert später erst sich entwickelnden elektronischen Musik vorgreifende Realisierung von »Klangfarbenmelodie«, wie sie Schönberg im Schlußkapitel seiner *Harmonielehre* – beschreiben wird (!), ein eindrucksvoller Beleg für den Vorrang der kompositorischen Praxis gegenüber der Theoriebildung. Und *Das obligate Rezitativ* ist nicht mehr und nicht weniger als ein vollendetes Stück »musikalischer Prosa«, in dem das Motivische endgültig auf eine »Grundgestalt« reduziert erscheint und »in einem ähnlichen Sinn wie das Material in der ›Komposition mit zwölf Tönen‹«[6] behandelt wird:

»Berauscht von der Begeisterung, die Musik von den Fesseln der Tonalität befreit zu haben, hatte ich gedacht, noch mehr Freiheit des Ausdrucks zu finden. Tatsächlich glaubten wir, ich selbst und meine Schüler Anton Webern und Alban Berg und sogar Alois Hába, daß die Musik jetzt auf motivische Merkmale verzichten und trotzdem zusammenhängend und faßlich bleiben könne.«[7]

Nun, Schönberg hat sich niemals so »berauschen« können, daß ihm das »Motivische« abhandengekommen wäre – zu stark und beherrschend blieb sein Sinn auf das Melodische oder eben auf das Polyphone gerichtet, das immer wieder einen motivischen Anker auswirft. Aber die verfestigte Thematik als Moment einer gewissermaßen »quadratischen« Form- und Strukturbildung gerät mehr als nur ins Wanken – und zwar nicht allein in den genannten, zweifellos exponierten Stücken. Obwohl die übrigen, zumal Nr. 1 *Vorgefühle* und Nr. 2 *Vergangenes*, unterhalb dessen zu bleiben scheinen, was in jenen an athematischer Gestaltung verwirklicht wird, streben sie doch das Ziel ebenfalls an – und vielleicht sogar in einer Weise, die zumindest für Schönberg die produktivere und somit zukunftsvollere ist. Denn die übliche Feststellung, daß in Nr. 1 und 2 um der Formbildung willen weiterhin motivisch-thematische Entwicklungsprozeduren ablaufen[8], könnte – aus anderem Gesichtswinkel – etwas anders gesehen werden: als Vorführung, als Sichtbarmachen einer Abstoßbewegung vom Thematischen durch Entflechtung, Enthüllung, durch Reduktion einer thematischen Gestalt über deren motivische Auflösung zu einer »Grundgestalt«.

Der Vorgang enthält selbstverständlich nichts grundsätzlich Neues, seine immer breiter sich entfaltenden Ansätze waren bis in das *Streichsextett* op. 4 zurückzuverfolgen und sind nicht erst im Finale des *2. Streichquartetts* in reale Atonalität eingemündet. Neu jedoch darf der Abstraktionsgrad genannt werden, den der motivische Stoff in den Orchesterstücken erreicht und der alles Thematische zur bloßen Hülle macht – so deutlich es auch noch vernehmbar bleibt. Dies vermittelt nun insbesondere das zweite Stück, eine Art langsamer Satz gänzlich lyrischen Charakters, dessen wie abgeblendet wirkender Klang nur an einer einzigen Stelle (Takt 65ff.) etwas aufwallt. Der Titel *Vergangenes* erscheint denn auch wie eine authentische Bestätigung des retardierenden Momentes, den der Satz auf den ersten Blick hin bezeichnet und der durch die flankierenden Sätze – den ersten der eruptiv-schrillen *Vorgefühle* und das gleichsam futuristische *Farben*-Stück – hervorgehoben wird. Doch dieses »Vergangene« treibt ein Spiel mit verdeckten Karten und doppeltem Boden, seine »Normalität« wirkt niemals ganz geheuer – weder in den beiden klar voneinander abgesetzten und sogar ausschwingenden Themen:

Beispiel 44

noch in der leicht wahrnehmbaren, dem dreiteiligen Lied angenäherten Formbildung. Denn was da einen geschlossenen melodischen Ablauf suggeriert, enthüllt sich schnell als ein Mosaik aus zusammengepreßten motivischen Bausteinen, die in Breite und Höhe geschichtet werden. Und diese Bausteine haben einen einzigen Kern, eine Folge von drei Tönen in variabler Konstellation von Sekund und Terz, die bereits im 1. Stück eingeführt worden ist:

Beispiel 45

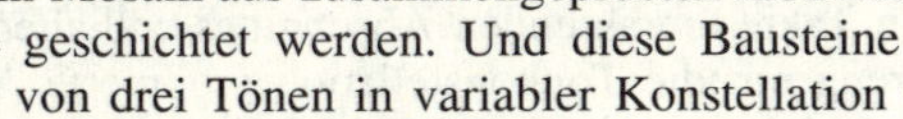

Der kantable Schwung, den diese Tonkonstellation oder – in Erinnerung an die Quartenfolge der *Kammersinfonie* op. 9 – Materialdisposition mit der Übertragung auf den langsamen Satz erhält, ist nurmehr eine Außenschicht, unter der das bestimmendere Ereignis – die Vernetzung der Struktur durch eben diese Tonkonstellation bzw. –disposition – geschieht. Sie erstreckt sich in die Horizontale und benutzt das, was vordergründig als thematische Fortspinnung abläuft, zum Durchspielen, zum geschmeidig machenden Durchkneten der Kerntöne und erreicht hiermit eine fortlaufende Aneinanderreihung von deren wechselnder Intervallfolge. Gleiches erfaßt die Vertikale, den Zusammenklang, der am Beginn ein nur vom »thematisch« gebundenen »gis« des Solo-Cello geschärftes d-Moll markiert, um bereits mit dem nächsten Akkord die Sekund-Terz-Kombination aufzunehmen:

Beispiel 46

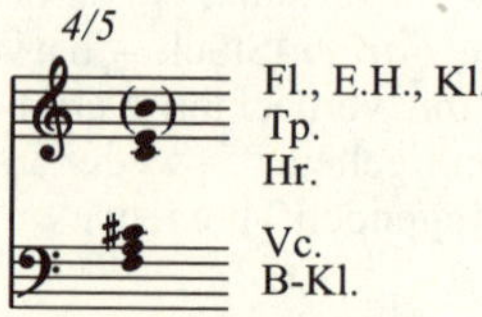

Wenn Schönberg davon sprach, daß in den *Orchesterstücken* – dem ersten und einzigen Orchesterwerk übrigens aus der Phase der Atonalität – »Klang und Stimmung« vorwalteten, »ein ununterbrochener Wechsel von Farben, Rhythmen und Stimmungen«, so hatte er wohl vor allem das *Farben*-Stück und das *obligate Rezitativ* im Blick – wie nach ihm auch die Interpreten. Doch die Bemerkung trifft nicht minder, freilich in einem etwas verdeckteren Sinne, auf *Vergangenes* zu, auch und gerade hinsichtlich von »Klang und Stimmung«. Denn aus dem Durchspielen der dreitönigen Konstellation entfaltet sich eine strikt lineare Stimmführung, deren polyphone Durchbildung von wechselnd-ineinandergreifenden Klangcharakteren begleitet und gestärkt wird, welche den musikalischen Ereignissen gewissermaßen eine Tiefenperspektive geben. Sofort nach dem synkopisch einsetzenden Solo-Cello, das die Tonkonstellation devisenartig voranstellt, hakt ein erstes Instrumentenpaar ein (Oboe, Trompete), das einen fauxbourdonartigen Kontrapunkt zur Devise beisteuert, an den Takt 2 ein weiteres Instrumentenpaar (Baß-Klarinette, Horn) mit der scheinhaften thematischen Fortspinnung der Konstellation anschließt. Die wiederum greift ein Trio von Flöte, Englischhorn und Klarinette auf (Takt 4), das Takt 6 zunächst nur seine »Besetzung« wechselt (Englischhorn, Klarinette, Fagott), um sich noch im selben Takt zum Quartett zu erweitern (+ Horn). Die restlichen drei des insgesamt nur neun Takte umfassenden Abschnittes enthalten eine akkordisch geprägte, allerdings streng um die Tonkonstellation gruppierte Abschlußwendung (s. Bsp. 47, S. 112).

Die behutsam einander ablösenden Klangumschichtungen nehmen also merklichen Einfluß auf die lineare Stimmenentfaltung, sie erzeugen ein gegliedertes Kontinuum, dessen Charakter dem des dezidierten *Farben*-Stücks mehr als ähnelt. Die wechselnden Farben unterstützen die polyphonen Konturen der Satzstruktur und verbinden sich im selben Augenblick mit den Verwürfelungen der Kerntöne, und zwar eindeutig in der Absicht, deren gestalthafte, impulsgebende Merkmale zu stärken. Damit aber tragen sie – einer Art materialimmanenter Klangregie folgend – dazu bei, die in der Tonkonstellation eingelagerten strukturellen Sprengkräfte zu entfesseln. Diese Kräfte brechen vor allem aus dem Doppelcharakter der Tonkonstellation hervor, die gleichermaßen strukturellen Zusammenhang stiftet und die Entflechtung, die »Emanzipation« der von ihr jeweils erfaßten Töne zu Tonpunkten vorantreibt. Und dies alles unter der Hülle von abgerundet, in sich geschlossen scheinender Thematik, die auf diese Weise nicht einfach fallengelassen, sondern »aufgehoben« wird – ein für Schönberg typischer Vorgang, zu dem ihn offensichtlich sein vom Melodisch-Polyphonen geleitetes musikalisches Denken anhielt.

Die Fortsetzung des 1. Hauptabschnitts Takt 10ff. zeigt ein völlig verändertes Klangbild: statt geschmeidiger Wechsel von Instrumentengruppen nun ein auf den orgelpunktartig fixierten Ton fis gestützter Klangrahmen, innerhalb dessen verschiedene Varianten der Sekund-Terz-Konstellation durch Abrücken bzw. Annäherung an die wie aufgespannt wirkende Ton-»Linie« fis seltsam schillernde Farbschattierungen erzeugen (s. Bsp. 48, S. 113).

Hatte zu Beginn ein lineares Durchkneten die Vereinzelung der Tonfolgen zu Tonpunkten betrieben, so geschieht dies hier nun mittels minimaler Auf- und Absplitterungen der Stimmenzüge, die sich um die durchgehende Ton-»Linie« ranken. Nach einer variiert-refrainhaften Wiederkehr des »1. Themas« (Takt 17-22) setzt der 2. Hauptabschnitt oder auch Mittelteil ein, mit dem bereits angeführten zweiten »Thema«. Und dies scheint, an den verfestigenden Refrain anknüpfend, die tonpunktartigen Aufsplitterungen wieder zurückzunehmen, in melodisch verdichtete Substanz einbinden zu wollen. »Vergangenes« erwacht zu neuerlichem Leben: in der elastisch-prägnanten Themengestalt selbst, deren chromatische Kleingliedrigkeit auch die Nebenstimmen und die Harmoniefolge erfaßt – und hierin die versunken geglaubte Atmosphäre des *Tristan* beschwört:

Beispiel 49

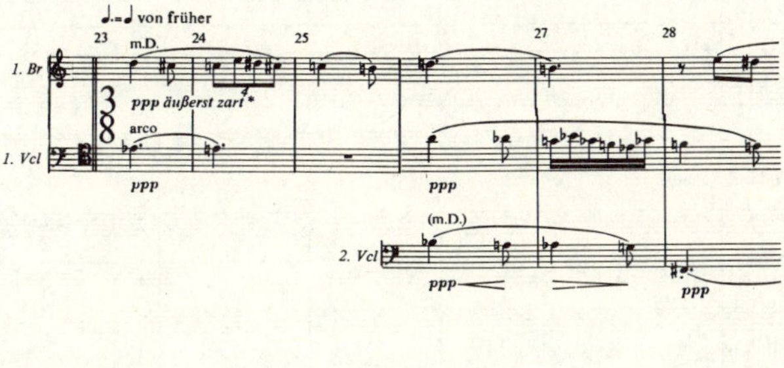

»Vergangenes« tönt nicht minder aus der sequenzierenden Weiterführung (Takt 25f.: Fagott; Takt 26f.: Flöte, 1. Cello), die praktisch bis zum Schlußakkord nicht mehr abreißen wird, sowie aus der »regelgerechten« Fortspinnung des Themas (Takt 32ff.: 3. Klarinette). Der Abschnitt droht, auch wenn Takt 45/46 eine polyphone Stauung der Stimmen eintritt (mit augmentierendem Rückgriff auf das Klarinetten-

Beispiel 47

Andante (♩=60)
129
130
131
132
133
134
I. 2. kleine Flöte (2. auch 3. Flöte)
I. 2. Flöte
I. 2. Oboe
Englisch Horn
Kleine Klarinette [in Es]
I. 2. Klarinette [in A]
Baßklarinette [in B]
I. 2. Fagott
Kontrafagott
I. 2. Horn [in F]
3. 4. Horn [in F]
I. 2. Trompete [in B]
I. 2. 3. Posaune
Baßtuba
Xylophon
Becken
Triangel
Celesta
Harfe
I. Geige
II. Geige
Bratsche
Violoncello
Kontrabaß
m. D.

Beispiel 48

Poco meno mosso (♩=56)
135
136
137
138
139
140
2.klFl
1.Fl
2.Fl
EH
klKl [Es]
1.2.Kl [A]
1.Fg
2.Fg
2.Hr
1.Trp
2.Trp
3.Pos
Cel
pp
p
1.
2.
m.D.
p espr.
ppp

Motiv von Takt 10, s. Bsp. 48), sich in den Sequenzen aufzulösen. Doch da setzt, wie mit leichtem Ruck, eine Ostinato-Passage ein, welche nicht nur die vorangegangenen, in sich kreisenden Motivwiederholungen, sondern den gesamten Satz in ein verändertes Licht stellt:

Beispiel 50

Indem das Ostinato die verschiedenen Konstellationen des Drei-Ton-Motivs einschließlich der Sequenzierungen zu sich hinleitet, legt es deren bis dahin verborgenen eigenen ostinatohaften Impuls frei. Mehr noch: das Ostinato erscheint als Motor und Zielpunkt des ganzen Stückes, da es im noch Folgenden alles Motivisch-Thematische aufsaugt und gewissermaßen entthematisiert. Das beginnt sofort nach Ablauf der ersten Ostinato-Passage Takt 57ff.:

Beispiel 51

Die kanonische Verflechtung des 2. Themas wird mit den Ostinatostimmen verwoben und erfährt dabei eine Abschleifung seiner rhythmischen Konturen, die anschließende Diminuierungen und Augmentierungen noch weitertreiben. Dergestalt versinkt das Thematische allmählich im kreisenden Tonfluß, ein pfeifender Flageolett-Klang (Takt 73: 1. Violine, dann alle Streicher) kündet das Versiegen der Bewegung an. Doch da wird noch einmal, wie eine Reprise zur Besinnung auf intakte thematische Substanz, das Anfangsthema aufgerufen, fest verankert in der Quinte d-a von Horn, Harfe und Cello und gestützt durch das Echo des in den vorangegangenen Takten fragmentarisch aufgebauten, nachmaligen Schlußakkords. Aber die Besinnung währt nur kurz – schon zwei Takte weiter (79) übernimmt das Ostinato wieder die Führung, und die mit ihm verbleibenden thematischen Regungen wirken nunmehr wie vergessene Requisiten auf einer sich leerenden Bühne. Doch damit ist das Stück noch immer nicht an seinen Endpunkt gelangt: Aus der Ostinatobewegung löst sich eine Folge ineinanderverkeilter Rudimente des 2. Themas, die nun endgültig ihren konstellativen Kern enthüllen, eine Schichtung von Tonpunkten bilden, über die sich wie ein versöhnender Schleier der – konstellative – Schlußakkord senkt (s. Bsp. 52, S. 116).

Der Stillstand, zu dem die Musik in dieser Schichtung mit Schlußwendung kommt, ist letztlich nur die Konsequenz aus einer permanenten Annäherung an Ostinatobewegungen, welche das Stück insgesamt erfaßt. Und nicht nur dieses Stück, sondern auch und nicht minder Nr. 1, 3 und 4: offen, aggressiv in den *Vorgefühlen* mit dem »vielleicht wildesten Ostinato (…), das je geschrieben worden«[9]; verhaltener, an die Klangregie, an die meist halbtaktig pulsierenden Klangeinsätze gebunden in den *Farben*; erneut eruptiv, das eröffnende Ostinato der *Glücklichen Hand* aufnehmend in *Perepetie*. Bezeichnenderweise spielt es dann im *obligaten Rezitativ* eine weitaus geringere Rolle – es scheint überwunden, in »musikalische Prosa« aufgelöst. Aber um eben dies zu erreichen, wurde das Ostinato in den vorausgegangenen Stücken so massiv – vom dramatischen Ausbruch bis zum atmosphärischen Verströmen des Stimmenflusses – eingesetzt. Denn es tendiert dazu, seine konstituierenden Elemente durch gewissermaßen nicht-sequenzierende Wiederholung zu isolieren, in Ton- und Klangpartikel aufzuspalten, aus denen sich die Absonderung von Tonpunkten und die Vereinzelung von Intervallbeziehungen wie von selbst ergeben. Schönbergs Ostinato zielt nicht auf entfesselte Bewegung, die ihren Motor im Schlagimpuls hat und alle anderen Elemente aufsaugt, mit sich reißt – darin unterscheidet es sich grundsätzlich von dem Strawinskys, dessen *Petruschka* nahezu gleichzeitig mit den *Orchesterstücken* entstand. Schönbergs Ostinato – im Hektisch-Lauten wie Versponnen-Leisen – suggeriert geradewegs das Gegenteil, nämlich Stillstand durch den Eindruck des In-sich-Kreisens der Ereignisse. Solche Verlangsamung bis zur scheinbaren Bewegungslosigkeit, prägnant hervortretend in Bsp. 50, präsentiert die Tonkonstellationen gleichsam in Zeitlupentempo, seziert deren motivisch-thematischen Bindungen, die daraufhin zerfallen. Außerdem geht solche Verlangsamung nicht selten mit einem Anwachsen des Tonvorrats einher, wie Fortsetzung und Abschluß der in Bsp. 50 zitierten Passage belegen (s. Bsp. 53, S. 117).

Während Flöte und Celesta an den ursprünglich zugewiesenen Elementen festhalten, bleiben die übrigen Holzbläser sowie Xylophon auf Terz- bzw. Quartfolgen »stehen« – und 1. Violine/Viola untersetzen dies mit einer resümierend-verflüchti-

Beispiel 52

*das tiefe es!

Beispiel 53

7
rit.
54
55
56
1.2.Fl
klKl[D]
1.Kl[A]
2.Kl[A]
BsKl[B]
1.Fg
2.Fg
3.Fg
Xyl
Beck
Trgl
Cel
1.Gg
1.Br
stacc.
ppp
pp
m.D.
7

genden, an die »Entrückungs«-Figur des *2. Streichquartetts* erinnernden Wendung, die auf engstem Raum das Zwölfton-Total durchschreitet. In dieser Anhäufung versammeln sich die Konstellationen, um die hier anschließende Auflösung des Thematischen in Gang zu bringen (s. Bsp. 51).

Die *Orchesterstücke* op. 16 zeigen, von Satz zu Satz steigernd und stets aus verändertem Blickwinkel, Schönbergs Hinwendung zur »musikalischen Prosa«, zur athematischen Satzstruktur, verwirklichen sie im *obligaten Rezitativ*. In diesem Stück wird eine

»›sprechende‹ Hauptstimme durchweg, zuweilen beinahe punktuell, durch die verschiedenen Orchesterinstrumente geführt. Sie ist aus unzähligen atomisierten Motiven zusammengesetzt, deren Ordnung schwer zu bestimmen ist. Die Tendenz, auf engstem Raum so viele Töne der chromatischen Totale zu bringen wie möglich, ist zwar vorherrschend, von einer Kanonisierung im Sinne der Zwölftontechnik kann jedoch noch nicht die Rede sein. (...) Die Motive sind alle derart miteinander verwandt, daß ein mosaikartiger melodischer ›Faden‹ entsteht, in dem jeder Ton gleich wichtig ist. Das garantiert den melodisch, harmonisch und formal ungebundenen Verlauf (...)«[10]

Solche allseitige Ungebundenheit, die nichts anderes als eine lapidare Umschreibung von restlos verwirklichter Atonalität darstellt, kennzeichnet das nun folgende Werk in seiner Gesamtheit wie in seinen konstituierenden Elementen: das Monodram *Erwartung* op. 17. Es entstand, wie gesagt, unmittelbar nach den *Orchesterstücken* in nur etwas mehr als zwei Wochen – Schönberg muß wahrlich »berauscht von der Begeisterung« gewesen sein, »die Musik von den Fesseln der Tonalität befreit zu haben«.[11] Merkwürdig aber ist, daß der ansonsten so mitteilungsbedürftige Komponist über das Stück kaum Auskunft gibt, daß die wenigen, noch dazu meist belanglosen Bemerkungen in deutlichem Gegensatz zur Flut von Äußerungen stehen, zu der ihn *Verklärte Nacht*, *1.* und *2. Streichquartett,* die *1. Kammersinfonie* oder *Pierrot lunaire* anregten. Sollte dies vielleicht etwas mit dem exzeptionellen Charakter des Werkes zu tun haben, mit dem ahnungsvollen Bewußtsein, eine Grenze zu überschreiten, hinter der nicht nur schlechthin unbekannte Abenteuer warteten, sondern sich auch Flugbahnen eröffnen könnten, die zur eigenen Schaffensdisposition quer laufen?

Einer der wenigen substantiellen Aussagen über die *Erwartung* zufolge bestünde deren »Absicht« darin, »das, was sich in einer Sekunde seelischer höchster Erregung abspielt sozusagen mit der Zeitlupe auf eine halbe Stunde ausgedehnt, darzustellen«.[12] In der Tat ähnelt das Werk einer Zeitlupenaufnahme, allerdings mit dem paradox-gegenteiligen Effekt, daß die Dehnung in der Zeit in eine kaum mehr zu überbietende Steigerung der musikalischen Ereignisdichte – des inneren Tempos der Komposition also – umklappt. Aber so nur noch, wie unter dem sezierenden, Schicht um Schicht transparent machenden Mikroskop, erschließt sich die hier nunmehr vollendete Komplexität atonaler Gestaltung der sinnlichen Wahrnehmung. Da praktisch jeder Ton wesentlich geworden ist, muß er – und zwar in den Koordinaten seiner jeweiligen formbildenden Faktoren – gehört werden, um das Ganze erfassen zu können. Die Musik setzt den Idealfall analytisch-synthetischen, »nachkomponierenden« Hörens als Bedingung ihrer Verstehbarkeit voraus.

»War das Schrifttum über die Orchesterstücke op. 16 erstaunlich arm an exakten Analysen, so trifft das für die *Erwartung* in noch höherem Grad zu, obwohl die Literatur über dieses Werk umfangreicher ist. Das rührt einerseits daher, daß das Werk zu dramatischen und ästhetischen Überlegungen reichlich Anlaß gibt, andererseits von der nicht zu leugnenden Tatsache, daß die Musik schwer analysierbar ist.«[13]

Diese Sätze schrieb Jan Maegaard vor rund zwei Jahrzehnten – und sie dürften noch heute zutreffen.[14] Allerdings haben ihn die analytischen Schwierigkeiten keineswegs dazu verleitet, die Musik gegen Vorwürfe, sie sei »formlos« oder gar »chaotisch«, zu verteidigen und somit indirekt solche Vorwürfe zu bestätigen.[15] Im Gegenteil: ausgehend von Paul Bekkers bereits 1924 erschienenem Aufsatz über die *Erwartung*[16] nahm Maegaard sich nicht mehr und nicht weniger vor, als »den Satz einmal musikalisch zu beschreiben«.[17] Da die Ergebnisse dieser Analyse nicht nur das hier interessierende Problem des Übergangs zur Atonalität im Kern erschöpfend darlegen, sondern auch den meisten nachfolgenden Analysen die Wege wiesen, seien sie mit gebotener Verkürzung referiert.

»Die überall anzutreffende Beobachtung, daß die Musik dem Text minutiös folgt, scheint im großen und ganzen unanfechtbar zu sein. Wie sich indessen der Text in der Musik widerspiegelt, läßt sich kaum von den sehr differenzierten Ausdruckscharakteren des Librettos aus verläßlich nachweisen. Von einer rein musikalischen Betrachtung her ist es doch möglich, einige, z. T. vage, Struktur- und Motivelemente aufzuspüren.«

Genannt werden Deklamationsmotive, Melodieumrisse, fixierte Intervalle der Initialfiguren, Dreitongruppen, Wiederholungselemente und das Zitat.[18] Im Gegensatz zu späteren Untersuchungen einschließlich jener, die sich auf analytische Anmerkungen von Alban Berg beziehen[19], findet Maegaard keine zureichende Rechtfertigung für die formbildende Kraft dieser Elemente, wenn sie lediglich etwa als »musikdramatisch gebundene Bildfiguren« verstanden werden.[20] Anhand einiger bei Maegaard zitierter »Deklamationsmotive« sei dies ein wenig ausführlicher erläutert:

Beispiel 54

»Die Deklamationsmotive sind als gestische Tonbewegungen in der besonderen Form rhetorischer Tonbewegungen erklärbar. Waren die Figuren der tonalen Musik als ›musikalische Redewendungen rhetorischer Art und vokalen Ursprungs‹ beschreibbar[21], so bezieht sich doch diese Beschreibung nur auf die kleinsten Flexionen des Sprachtons bzw. der Melodiebildung und betrifft damit nur das einzelne Wort bzw. das melodische Detail. Bei den Deklamationsmotiven aber handelt es sich um die melodische Nachbildung einer ganzen, semantisch zusammenhängenden Äußerung, d. h. um eine melodische Phrase. Jene sind typifizierbar und daher auch als Stilelemente in den instrumentalen Bereich übertragbar: diese sind – als rhetorische Tonbewegungen – an die affekthafte Deklamation individueller Sprachäußerungen gebunden und daher nicht in annähernd gleichem Maß typifizierbar, aber doch sehr wohl ins Instrumentale übertragbar, nicht so sehr als Stilelemente, sondern eher als eigenständige melodische Phrasen.«[22]

Solche musikalisch bestimmten »Deklamationsmotive« helfen, zusammen mit den übrigen genannten Elementen,

»die Musik als einheitlichen Wurf und die einzelnen Momente verständlich im musikalischen Kontext hervortreten zu lassen. Sie fungieren meist nicht als ›traditionelle Mittel der Gliederung‹, denn die Musik tritt nicht als eine autonome Form hervor, sondern füllt vielmehr eine gegebene dramatisch-literarische Form musikalisch aus. Dafür stellen sie vielfach ›Sprachelemente‹ in der nicht-thematischen musikalischen Prosa dar.«[23]

Und dies erfaßt und durchdringt sogleich auch die Gestaltung der Harmonik, indem sie »aus denselben Teilkomponenten« besteht wie die Melodik.

»Vorher war die Melodik zu sehr von Figuren beherrscht, um in einer ähnlichen Weise wie die Harmonik analysiert werden zu können. Es war nicht möglich, die Figuren wegzulassen, um die Melodik rein und unfiguriert zu betrachten; die Figuren waren deshalb nicht eindeutig, weil die dafür erforderlichen Entsprechungen im Harmonischen fehlten (...)«

Nun erst, mit der unfigurierten Melodik der *Erwartung,*

»verwirklicht sich zum erstenmal bei Schönberg die totale Integration von Vertikalem und Horizontalem, indem die vorher als harmonische Akkordtypen feststellbaren Tongruppierungen jetzt in gleich verbindlichem Maße als melodische Gestalttypen in Erscheinung treten. Die melodische Formung schöpft hier zum erstenmal ausschließlich aus denselben Ton- und Intervallkombinationen, die die Hauptmerkmale der in den vorherigen Werken herausgebildeten atonalen Harmonik ausmachen. Hier ist also zum erstenmal Harmonik und Melodik gleichermaßen atonal. Und erst damit ist die theoretische Voraussetzung einer wirklichen Zwölftonordnung der Töne gegeben.«[24]

Auf ein unabdingbares Moment dieser Voraussetzung hatte bereits Paul Bekker verwiesen, als er in der »harmonische(n) Bewegungssphäre (...) eine Vielheit der Bilder und Erscheinungen (entdeckte), die vordem nicht vorstellbar erschien. Diese Wirkung beruht, prinzipiell gesehen, auf der *selbständigen* Erfassung der harmonischen *Stufen* als eigener *Tonalitätscharaktere* (...) Schönberg gibt das Prinzip der Vervielfältigung durch Chromatisierung auf«, das »die Entwicklung der Harmonik von Wagner über Strauss bis Schreker« geleitet hat. »Er schafft eine neue Art harmonischer Vervielfältigung durch Vervielfältigung selbständiger Stufencharaktere.«[25]

Wie wichtig und folgenreich dieser Schritt war, zeigt sich nicht zuletzt darin, daß ihn Schönberg selbst, und zwar bereits im tonalen Gedankenkreis der *Harmonielehre,* diagnostizierte: »Ich finde, der harmonische Reichtum entsteht nicht dadurch, daß man durch recht viele Tonarten geht, sondern daß man möglichst *Stufenreiches* schreibt. In diesem Sinn ist ein Choral von Bach harmonisch reicher als die meisten modernen Kompositionen.«[26] Vielleicht hatte auch Theodor W. Adorno diese Sätze im Blick, als er, mit unverkennbarem, jedoch nicht ausgewiesenem Bezug auf Bekker, die Verselbständigung der Akkorde nicht durch »pures Leittonprinzip« erreicht fand, sondern »durch die Übertragung des (...) Stufenbewußtseins auf die Chromatik«, durch ein »ausgestuftes Chroma«.[27]

Alle diese Aussagen faßte Maegaard dahingehend zusammen, daß in ihnen sich unmißverständlich die Perspektive der Zwölftonordnung als Konsequenz des atonalen Satzes abzeichnete:

»Bis um 1906 komponierte Schönberg ausschließlich dur-moll-tonale Musik (...) Anfang der zwanziger Jahre legte er die Prinzipien des dodekaphonen Satzes fest (...) Der Hauptunterschied in der theoretischen Grundlage dieser beiden Satzarten ist durch das Begriffspaar Siebenordnung/Zwölfordnung faßbar, und daran knüpft sich das weitere Begriffspaar Leittonspannung/Nachbartonverhältnis. Die Tonalität basiert auf sieben Skalentönen; diese entweder sind selbst Leittöne, oder sie können durch Erhöhung bzw. Erniedrigung zu Leittönen gemacht werden. Die Dodekaphonie basiert auf den zwölf Tönen des chromatischen Totals; diese stehen in keinem apriorischen Spannungsverhältnis, sondern ihre Identität ist allein an ihre Stellung innerhalb des Totals gebunden, so daß Erhöhung und Erniedrigung eines Tons hier theoretisch keinen Sinn hat. Ferner: Die auf siebenstufigen Skalen basierende Tonalität ist an sich Ausdruck einer apriorischen Gesetzmäßigkeit; das zwölftönige chromatische Total wird durch die Zwölftonreihe im dodekaphonen Satz einer Ad-hoc-Gesetzmäßigkeit unterworfen, indem es die einheitsstiftende Funktion der Reihe ist, die apriorisch gleichwertigen Töne in eine für das einzelne Werk verbindliche Beziehung zueinander zu stellen.«[28]

Im Herbst 1909, mit der Partiturreinschrift der *Erwartung,* waren also die Voraussetzungen für eine auf der ausgestuften Zwölfordnung der Töne beruhenden kompositorischen Darstellungsweise gegeben. Es drängt sich da nun die Annahme auf, daß diese offensichtlich zielbewußt angesteuerte Situation die Schleusen der Produktivität noch weiter hätte öffnen müssen, als das im »Schaffensrausch« der vergangenen Monate bereits der Fall war. Doch es kam anders – und die Annahme eines unproblematisch-nahtlosen Übergangs von der Zwölfton-»Ordnung« zur Zwölfton-»Methode« ist nur ein rückschauendes Spiel mit latenten Möglichkeiten.

Schönbergs Entwicklung in den Jahren 1909 bis 1911/12 oder noch weiter hinaus, bis zum Ende des 1. Weltkrieges, wird nicht selten und zumeist pauschal als »krisenhaft« beschrieben: Atonalität bewirkte einen »Bruch« mit der Tradition, der einerseits den nahezu geschlossenen Widerstand von Publikum und Kritik heraufbeschwor, andererseits dem Komponisten verunsichernde Entscheidungen abverlangte, wie mit den errungenen »Freiheiten« künftig und auf längere Sicht umzugehen sei. In der Tat lassen sich Anzeichen einer gewissermaßen öffentlichen Vereinsamung[29] Schönbergs und seines eng begrenzten Schüler- und Mitstreiterkreises schwerlich übersehen. Die ohnehin nur karg bemessenen Aufführungsgelegenheiten führen fast regelmäßig zu Skandalen, die Schönberg um so bitterer empfindet, als nunmehr die atonalen an den früheren tonalen Werken gemessen werden und der Bannfluch über jene sich mit einem mehr oder weniger aufrichtigen Bedauern vermischt angesichts der so hoffnungsvoll stimmenden Ansätze, die diese bereitgehalten hätten. Symptomatisch hierfür ist die außerordentlich erfolgreiche Uraufführung der *Gurre-Lieder* im Februar 1913, der nur einen guten Monat später ein Konzert mit Orchesterstücken von Webern (op. 6), Orchesterliedern von Zemlinsky und Berg (op. 4) sowie Schönbergs *Kammersinfonie* op. 9 folgte, das nach andauernd lautstarken bis handgreiflichen Protesten abgebrochen werden mußte. Wenn auch den endgültigen Eklat erst Bergs Lieder auslösten, so kam es doch bereits nach Schönbergs immerhin noch tonalem Stück »zur ersten Prügelei des Abends«.[30]

Was konnte da nur die atonalen Werke erwarten? Nachdem im Dezember 1908 die Uraufführung des *2. Streichquartetts* in einem Skandal geendet hatte, gelangte im darauffolgenden Jahr – zu einer Zeit also, in der Schönberg mit op. 11, 16 und 17 schöpferische Höhenflüge erlebte und die Wiener Universal-Edition mit ihm (wie zugleich mit Gustav Mahler!) einen Urheberrechtsvertrag abschloß – nicht ein einziges neues Stück an die Öffentlichkeit. Belastend kam hinzu, daß Schönberg selbst seinen Ruf als Kompositionslehrer und damit eine der wenigen, ohnehin nur bescheidenen Einkunftsquellen gefährdet sah: Scharfe kritische Reaktion auf ein Schülerkonzert im November 1908 (mit Arbeiten u. a. von Berg, Webern, Erwin Stein) warf ihm vor, einen »Schönberg-Jargon« zu verbreiten. Man suche »die Verwirrung, den Schlechtklang um jeden Preis, Dissonanzen nicht der Notwendigkeit halber, sondern aus Vergnügen. An ihrem Kontrapunkt kann man sie erkennen.«[31]

Das muß tief und nachhaltig getroffen haben – solche wie zahlreiche ähnliche Erfahrungen führten dann auch, im Herbst 1911, zur fluchtartigen Übersiedlung von Wien nach Berlin, wo Schönberg – freilich niemals ohne Skepsis – günstigere Bedingungen für die Verwirklichung seiner Ideen vorzufinden hoffte. Seltsamerweise, wenn auch wohl ganz zufällig, ereignete sich genau am Abend des Schülerkonzerts ein tragischer Vorfall, den Schönberg als bedrückenden Schlußpunkt eines monatelang währenden familiären Konflikts empfunden haben dürfte. Der Maler Richard Gerstl, zunächst als Freund und anregender Künstler aufgenommen, dann mit Schönbergs Frau in leidenschaftlicher (und erwiderter) Liebe verbunden, beging an jenem Abend Selbstmord. Die Affäre, die im Sommer 1908 mit der zeitweiligen Flucht des Liebespaares sich zugespitzt hatte, hallt vielleicht im Zitat des Liedes vom »lieben Augustin«, daß alles nun hin sei, wider, im 2. Satz des *Streichquartetts* op. 10 also, der auf diese Weise einen bemerkenswerten Beleg für die Verflechtung von persönlich-biographischer und kompositorisch-ästhetischer Krisensituation lieferte: Ehe und Tonalität sind »hin«.

Doch eine solche grob pauschalisierende Sicht verdeckt mehr, als sie enthüllt. Die familiären Irritationen, so nachhaltig sie wirken mochten, blieben episodisch, und andererseits änderte sich die finanzielle Lage auch künftig nicht entscheidend, nicht einmal durch die Übernahme der Berliner Akademieprofessur ab 1926 und die mit ihr verbundene Aufbesserung des sozialen Status: Niemals hat Schönberg vom Ertrag seiner Kompositionen leben können. Und schließlich – dies hängt mit der »Ertraglosigkeit« zusammen – ist Schönbergs Komponieren nicht allein um 1910, sondern so gut wie allezeit in Bahnen verlaufen, die von denen vordergründiger Aktualität und mithin Opportunität abwichen oder gar sie gänzlich durchkreuzten. Die »Krise« stellte demnach für Schönbergs Schaffen den »Normalfall« dar, allerdings wohl nur unter der fragwürdigen Voraussetzung, daß es einem konservativen bis regressiven Traditionsverständnis als zerstörerische Abweichung erschien.

Die Auflösung der Tonalität einschließlich ihrer extremen Konsequenzen, zu denen op. 11 Nr. 3, op. 16 Nr. 5 und *Erwartung* op. 17 vorstießen, sind keine Manifestationen von Verunsicherung, sondern im Gegenteil, eines »Schaffensrausches«, den, wie gezeigt, bestürzend neue Möglichkeiten musikalischen Selbstausdrucks ausgelöst haben. Zusätzlich wurde diese Euphorie zweifellos von den Bedrängnissen in den Lebensverhältnissen angetrieben, als willkommene Gelegenheit, verstörende Qualen schöpferisch zu sublimieren – nicht allein in der Komposition, sondern parallel auch in der Musiktheorie als Traditionsanalyse und in Malereiversuchen, denen sich Schönberg derart intensiv zuwendet, wie niemals zuvor und auch nicht mehr zu einem späteren Zeitpunkt.

Wenn in diesem Zusammenhang sinnvollerweise von Krise gesprochen werden kann, dann nur im Ergebnis, in den Konsequenzen, welche die Schaffenseuphorie bis zum Abschluß der *Erwartung* im Oktober 1909 ausgelöst hatte. Die problematische Situation bestand für Schönberg darin, daß er forschen Ganges in musikalisches Neuland aufgebrochen war, von dem aus die vertrauten Ausgangspunkte dem Blick zu entschwinden drohten. Schönberg muß bewußt geworden sein, daß er eine Wegstrecke zurückgelegt und eine Wendemarke erreicht hatte, nach der ein Weiterschreiten wie bisher nicht mehr möglich war. Denn es blieb nichts mehr übrig, das »aufgelöst«, von kanonisiertem Traditionszusammenhang abgetrennt werden könnte, sobald die ausgestufte Zwölfordnung der Töne vollzogen war. Der nun erforderliche Schritt hatte – das schien einzig sicher – auf eine gesetzmäßige Regulierung jüngst erschlossener Kompositionserfahrungen abzuzielen, die aus diesen selbst erwächst und ihnen deshalb, wie einst die tonale Harmonik der klassischen Musik, angemessen ist. Wie diese Regulierung beschaffen sein würde, blieb lange Zeit – ein rundes Jahrzehnt – unklar, und darin regten sich Anzeichen einer Krise. Es entstand gewissermaßen ein künstlerisches Vakuum, ein »Nicht mehr«, was die traditionelle Sprache und deren Strukturierung betraf, und ein »Noch nicht« hinsichtlich der kompositionstechnischen Beherrschung der neuen Funde und der in ihnen nur erst erahnbaren Auswirkungen.

Das »Vakuum« macht sich am deutlichsten in einem schroffen Rückgang der kompositorischen Arbeit bemerkbar – würde man nur auf Neugeschaffenes schauen, so wäre geradezu ein Versiegen festzustellen. Schönberg selbst konstatiert im Juli 1910, daß er »seit einem Jahr nichts komponiert«[32] habe. In der Tat gelangt bis Februar 1911, bis zu den *Klavierstücken* op. 19, kein einziges Werk zum Abschluß: Die Arbeit an der *Glücklichen Hand* wird mehrmals aufgenommen, zieht sich dann jedoch bis Ende 1913 hin, und die *Drei Stücke für Kammerorchester* (Februar 1910) bleiben in der »Werkstatt« verschlossen, aus der sie Jahrzehnte später in den Nachlaß übergehen.

Insbesondere die *Kammerorchesterstücke*, aber auch die *Klavierstücke* machen das Krisenhafte der Schaffenssituation erfahrbar: Zu keinem anderen Zeitpunkt, weder früher noch jemals später, drängt sich ein »experimenteller« Charakter derart in den Vordergrund, daß er in einen Ausdruck von Ratlosigkeit, wie nun weiterzukomponieren sei, umschlägt. Die atonalen Konsequenzen der *Erwartung* auf Instrumentalmusik übertragend, unternimmt Schönberg den für ihn – wie sich sofort zeigen sollte – waghalsigen Versuch, »Zusammenhang« und »Faßlichkeit« kompositorischer Darstellung ohne formbildende Bindungen an Text, Motivik/Thematik, Harmonik usw. zu erhalten. Reduktion, Komprimierung des Materials und seiner Formung beherrschen das Ganze wie die Details, führen die mit der *1. Kammersinfonie* anhebende Zusammenpressung des Klanglichen in eine nicht mehr verkürzungsfähige, nur noch Sekunden währende »Momentform«[33], die praktisch nur noch als dynamische Kurve beschreibbar ist. Sie setzt sich aus Kontrasten von Dichte- und Laut-3stärkegraden zusammen, von weiten und engen Intervallen oder der Temponahme.

Aus strukturbildenden Motiven sind dynamisch geprägte »Assoziationsmotive« geworden, die gleichermaßen den kompositorischen Augenblick regieren, wie sie von ihm regiert werden – und dies ergibt die extreme Kürze der Ereignisse innerhalb einer »formlosen Form«, die im ersten der *Kammerorchesterstücke* 12, im zweiten nur noch 7 Takte einnimmt und im dritten nach 8 Takten abbricht. Struktur erzeugen, so im ersten Stück, verflochtene Stimmenschichten, in denen einzelne Töne unauffällig als Anschlußpunkte für den Fortgang in jeweils anderen Stimmen fungieren und, durch deren radikale Linearität, Zusammenklang zu ihrem bloßen Ergebnis machen:

Beispiel 55

Schemenhaft, wie ein undeutlich gewordener Abdruck in fossilem Gestein, bewahren diese beiden Takte (»Rasche ♩«) die Erinnerung an eine »Exposition«, in der freilich kaum etwas Greifbares, Aufnehmbares vorgebracht wird. Das Motivische zieht sich gewissermaßen in abstrakt-intervallische Konstellationen zurück, unter denen Dreiton-Kombinationen von Sekund und Terz als auffälligste erscheinen. Sie sind es auch, die im folgenden Abschnitt (Takt 2-8; »Mäßige ♩«) eine nicht minder schemenhafte »Durchführung« suggerieren, mit der Terz als »Motiv«, von dem Stimmenkreuzungen und virtuelle »Engführungen«[34] ausgehen (s. Bsp. 56, S. 125).

Steigerung des Tempos und der strukturellen Dichte ab Takt 6 (»Rascher«, »beschleunigend«) bereiten dann den dynamischen Höhepunkt in Takt 8 vor, wobei – ähnlich der in Bsp. 30 wiedergegebenen Passage aus der *1. Kammersinfonie* – die linearen Bewegungen in einen vertikalen Stau umschlagen. Sein Spitzenton (1. Violine) ist zugleich der Einsatzpunkt für eine rezitativisch wirkende Kantilene, die die Stauung sofort wieder auflöst und hierbei einen Anflug von »Reprise« erhält (Bsp. 57).

Beispiel 56

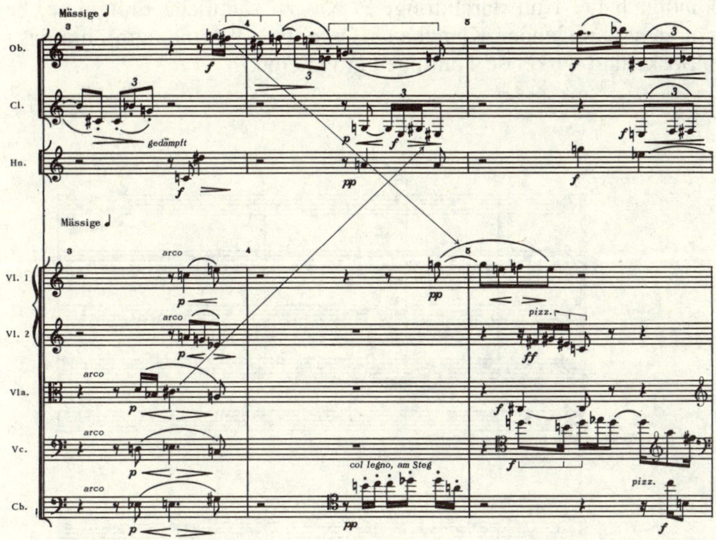

Beispiel 57

Solche Verdichtung von Form und Struktur erreicht schließlich im fragmentarischen 3. Stück einen Grad, der die Musik erstarren läßt. Sein technisches Prinzip ist das Ostinato, wie es sich in vorangegangenen Kompositionen – insbesondere im op. 16 – angekündigt hatte. Nun durchdringt es nahezu sämtliche Ereignisse, beginnend mit einem nicht abreißenden Klangband (Orgel bzw. Harmonium), um das sich vereinzelte, floskelhaft wirkende Tonfolgen gruppieren:

Beispiel 58

Doch diese Tonfolgen weichen schnell, ab Takt 5 ruckartig, in minimalen Intensitätsschüben anwachsenden Ostinatobildungen, die über die abbrechende Notierung nach Takt 8 hinaus vermuten lassen, daß sie sämtliche Stimmen erfassen:

Beispiel 59

Indem Klangfarbe, Rhythmik und Intervallik als die bestimmenden »Parameter« vom Ostinato aufgesaugt werden, geht auch der letzte Rest von variativer Bewegungsmöglichkeit der Musik verloren. An diesem Punkt scheint Schönberg – wie am Ende einer Versuchsreihe – zu der Erkenntnis gekommen zu sein, daß rigoroser Verzicht auf vermittelnde kompositorische Substanz mit dem Idealziel eines floskel- und ornamentfreien Ausdrucks paradoxerweise genau auf das hinausläuft, wogegen alle Anstrengungen unternommen worden sind: auf die unverhüllte Floskel des Ostinato, des »Immergleichen«. Deshalb wohl dürfte er das Stück abgebrochen haben – es zeigte ihm nur eine Sackgasse, in der die für ihn unverzichtbaren kompositorischen Darstellungsmittel, voran entwickelnde Motivik/Thematik und Polyphonie, gelähmt und letztlich ausgeschieden werden. Schönberg mußte auf eine andere Lösung sinnen, und zwar auf eine, in der der durchaus fruchtbare, aber eben doch auch wiederum nur abstrakt-logische Weg zur Athematik als gewissermaßen geradliniger Weg zu »unnormiertem« Selbstausdruck mit der Gestaltungsfülle entwickelnder Variation verbunden werden kann. Doch diese Lösung wollte zunächst, und dann auf Jahre hinaus, nicht gelingen. Es tat sich jenes bereits genannte Vakuum zwischen »Nicht mehr« und »Noch nicht« auf, dessen krisenhafter Druck auf Schönberg dadurch gesteigert wurde, daß es für einen seiner begabtesten Schüler, für Anton Webern, anstachelnde produktive Impulse bereithielt. Sah sich Schönberg von der Öffentlichkeit als radikalen Umstürzler gebrandmarkt, als »Traditionsverächter« und eine neue Art von »Zukunftsmusiker« (der allerdings kaum eine wirkliche Zukunft zu erwarten haben dürfte), so verstörte ihn zugleich wachsender Verdacht, daß seine Schüler – voran Webern – ihm die »Priorität« bei der Erschließung neuer kompositorischer Darstellungsweisen streitig machten: Schönberg wurde von der in mancher Hinsicht irrational gelenkten Furcht befallen, als »veraltet« zu gelten – noch ehe er den entscheidenden Schritt in die »Zukunft« getan hatte. Bereits 1912, in einer Tagebuchnotiz (der noch zahlreiche weitere, bis an das Todesjahr 1951 heranreichende Äußerungen folgen sollten), bricht seine Beunruhigung ungehemmt, aber auch mit Zwischentönen hervor, die Schönbergs frühzeitige, freilich zunächst nurmehr von vagen Ahnungen genährte Wahrnehmung des fundamentalen Unterschieds zwischen seiner und Weberns Schaffensdisposition erkennen lassen:

»Hatte vormittag plötzlich große Lust zu komponieren. Seit sehr langer Zeit! Ich hatte schon an die Möglichkeit gedacht, daß ich überhaupt nie wieder komponiere. Es schien viele Gründe dafür zu geben. Die Hartnäckigkeit, mit der mir meine Schüler auf den Fersen sind, indem sie zu überbieten trachten, was ich biete, bringt mich in Gefahr, ihr Nachahmer zu werden und hindert mich, dort ruhig auszubauen, wo ich stehe. Sie bringen gleich alles zur 10. Potenz erhoben. Und es stimmt! Es ist wirklich gut. Aber ich weiß nicht, ob es nötig ist. Ich bin deshalb jetzt gezwungen, noch sorgfältiger zu unterscheiden, ob ich schreiben muß, als früher.«[35]

»Es stimmt«, »es ist wirklich gut« – nämlich das, was vor allem Webern mit seinen, parallel zu Schönbergs *George-Liedern* op. 15 geschriebenen Liedern op. 3 und 4 oder mit den *Streichquartett-* und *Orchesterstücken* op. 5 bzw. 6 vorlegte, die fast zur selben Zeit wie des Lehrers *Orchesterstücke* op. 16 und *Erwartung* fertig wurden. Und die *Kammerorchesterstücke* vom Februar 1910, dann die *Klavierstücke* op. 19 aus dem folgenden Jahr erwecken tatsächlich den Eindruck, daß Schönberg hier nicht zuletzt auf verblüffende, irritierende Erfahrungen mit der radikal aphoristischen Schreibweise seines Schülers reagierte. Schönberg muß sich wahrlich veranlaßt gesehen haben, »noch sorgfältiger zu unterscheiden«, ob – und das heißt ja dann auch: wie künftighin zu schreiben sei. Die *Kammerorchesterstücke* und die in ihnen latent mitschwingende »Webern-Erfahrung« schienen keinen gangbaren Weg zu eröffnen – für ihn selbst. Was für Webern stimmig und gut sein mochte und was der Lehrer umgehend anerkannte und sogar öffentlich förderte (der »Prioritätsstreit« blieb stets eine sorgsam abgedichtete »innere« Angelegenheit des Schönberg-Kreises), gab dem Älteren kein brauchbares Mittel an die Hand, seine krisenhafte Situation zu überwinden. Da jedoch auch kein anderes zu diesem Zeitpunkt in Sichtweite kam, wich Schönberg dem Lösungsproblem aus – und zwar im wahrsten Sinne des

Wortes: Er umging es, suchte es einzukreisen, um gewissermaßen eine Lücke aufzuspüren, durch die er zu dessen Kern vordringen könnte.

Die »Ausweichmanöver«, die in Wahrheit allesamt und streng auf das Lösungsproblem bezogen sind, setzen nahezu gleichzeitig ein, wirken wie synchronisiert. Da ist – wovon schon ausführlicher die Rede war – die systematische Analyse traditioneller Musik, aus der Licht auf die irrgartenhaft verworrene gegenwärtige Lage fallen sollte. Fixiert wurde diese Analyse in der *Harmonielehre*, die Schönberg im wesentlichen im Frühjahr/Sommer 1910 (also unmittelbar nach den *Kammerorchesterstücken*!) niederschrieb und im Sommer 1911 abschloß und nochmals überarbeitete:

»Gerade weil ich den Vorgängern getreu war, konnte ich zeigen, daß die moderne Harmonik nicht von einem gefährlichen Narren, der kein Verantwortungsbewußtsein hat, verwendet wird, sondern daß sie die ganz logische Entwicklung der Harmonik und Technik der Meister ist.«[36]

Auf eine weitere »Einkreisung« zielte Schönberg mit seinen malerischen Ambitionen ab, die nun ihren Höhepunkt erreichen. Zwar hatte er schon in den Jahren zuvor immer wieder gezeichnet, porträtiert, sich in gegenständlichen Darstellungen versucht, die später freilich nur noch als »Fingerübungen«[37] betrachtet wurden. Seit 1908 jedoch, auffälliger – und wohl auch merkwürdigerweise nach dem Tod Richard Gerstls, wandelt sich Schönbergs Malstil, technisch und inhaltlich, erfaßt ihn ein Zug zum Abstrakten, der gleichermaßen von aktuellen bildkünstlerischen Tendenzen wie von der eigenen musikalischen Konfliktsituation ausgelöst worden sein dürfte. Schönberg selbst freilich wollte von »malerischen Einflüssen«[38], etwa Gerstls oder Oskar Kokoschkas, nichts wissen und betonte strikt den musikalisch-kompositorischen Kontext, innerhalb dessen nur seine malerischen Äußerungen zu verstehen seien: »Es war in der Tat dasselbe für mich wie Musik machen. Es war ein Weg mich auszudrücken, Gefühle und Ideen darzustellen (...) auf dieselbe Art wie in der Musik.«[39] Er habe »Blicke gemalt, was ich schon anderswo gemalt habe«. Und dies sei etwas »aus meiner Natur heraus und (...) der Natur eines wirklichen Malers vollkommen entgegengesetzt«.[40]

Hier wird ein leises und durchaus seltsames Echo des »Prioritätsstreites« vernehmbar, eingehüllt, verschleiert in der recht eigentlich belanglosen Frage nach der Originalität von Schönbergs Bildern. Er wehrte sich um so heftiger gegen derlei Etikettierung als Dilettant und selbst gegen die weitaus wohlwollendere als beachtlicher »Unprofessioneller«, den ein Übermaß an Produktivität auf seinem eigentlichen Gebiet in ein »fremdes« verschlägt, da er die malerischen Ambitionen im Grunde nur im Zusammenhang mit dem anstehenden musikalischen Klärungsprozeß betreibt und akzeptiert. Dagegen spricht keineswegs, daß sich Schönberg mehrmals – beflügelt durch Ausstellung und Abdruck verschiedener Bilder – als »Professioneller« anbietet und dabei einzusehen fordert,

»daß es doch viel interessanter ist, von einem Musiker meines Rufes gemalt zu werden oder ein Bild zu besitzen, als von irgend einem Kunsthandwerker, dessen Namen in 20 Jahren kein Mensch mehr kennt, während meiner schon heute der Musikgeschichte angehört (...) ich hoffe, Sie machen über eine so ernste Sache keine schlechten Witze, sondern nehmen sie so ernst, wie sie ist (...) Allerdings aber: darauf lasse ich mich nicht ein, daß der Ankauf eines Bildes davon abhängt, ob es dem Besteller gefällt. Der Besteller weiß, wer malt; er muß auch wissen, daß er nichts davon versteht, daß aber das Bild Kunstwert oder doch mindestens historischen Wert hat.«[41]

Dieser Brief, vom 7. März 1910, ist an keinen geringeren als an seinen Verleger Emil Hertzka gerichtet, und es wäre wohl verfehlt, auch nur eine Spur von Ironie vermuten zu wollen: Schönberg meinte es ernst, wenn auch – wie so oft und mit anderem Beweggrund – auf eine sonderbar verquere, befremdend verstiegene Weise. Doch er trug eben sein Anliegen nicht schlechthin als Musiker vor – sondern als ein Schaffender, der sich dazu ausersehen fühlte,einen wagemutigen Schritt in eine Zukunft zu machen, der nicht nur für die Musik, sondern für die Kunst überhaupt kaum vorausschaubare Folgen haben würde. Und solchem Schaffenden müsse unerschütterliches Vertrauen entgegengebracht werden, ein Vertrauen, das mit kleinlichen Nachweisen von stilistischen Vorbildern oder dilettantischen Merkmalen nicht zusammenstimme. Schönbergs Bilder »waren ›avantgardistisch‹, ohne die Avantgarde angestrebt zu haben«.[42] Kritik an ihnen war deshalb gleichbedeutend mit einem Infragestellen von Schönbergs grundsätzlichem Selbstverständigungsprozeß, das nicht zuletzt als Zweifel an seinen »Prioritätsansprüchen« gewertet und mit zuweilen exaltiert wirkender Entschiedenheit zurückgewiesen wurde. Deren Reversbild erscheint in der an Peinlichkeit grenzenden Selbstüberschätzung im Hertzka-Brief, wo zwar das aufwertende Moment des bedeutenden Musikers, der »auch« malt, herangezogen, nicht aber der einzig rechtfertigende Grund – der der existenziellen Selbstverständigung – verständlich gemacht wird.

Für die Begegnung mit Wassily Kandinsky konnte es keinen günstigeren Zeitpunkt geben als jene krisenhaften Monate und Jahre seit Herbst 1909. Schönberg fand nicht nur ermutigenden Zuspruch aus mitleidender Kollegialität – er fand, was er einzig brauchte und annahm: Verständnis in der Sache; die Fähigkeit, zu erkennen, worin die zu lösende Aufgabe besteht, welches Maß an Konsequenzen sie enthält. Bemerkenswert ist, daß beide – Kandinsky und Schönberg – ihre ähnliche, hinsichtlich des Entscheidungscharakters geradezu übereinstimmende Situation nicht lediglich dazu nutzten, Rechtfertigungen auszutauschen. Insbesondere Kandinsky, mit dem Schlüsselerlebnis des Münchner Konzerts vom Januar 1911 in bleibender Erinnerung, nahm sofort Schönbergs malerische Arbeiten in ihrer spezifischen Art von Eigenständigkeit und Funktionalität, von subjektivem Ausdruckszwang und gleichsam distanziertem Experimentierfeld wahr:

»Schönberg malt, nicht um ein ›schönes‹, ›liebenswürdiges‹ usw. Bild zu malen (...) Auf das objektive Resultat verzichtend, sucht er *nur* seine subjektive ›Empfindung‹ zu fixieren und braucht dabei *nur* die Mittel, die ihm im Augenblick unvermeidlich erscheinen (...) Nicht jeder Fachmaler kann sich dieser Schaffensart rühmen! Oder anders gesagt: unendlich wenige Fachmaler besitzen diese glückliche Kraft, zeitweise diesen Heroismus, diese Entsagungsenergie, welche allerhand malerische Diamanten und Perlen, ohne sie zu beachten, ruhig liegen lassen oder sie sogar wegwerfen, wenn sie sich ihnen von selbst in die Hand drücken. Schönberg geht geradeaus, seinem Ziel entgegen, oder durch sein Ziel geleitet nur dem hier notwendigen Resultat entgegen.«[43]

Wie differenziert Kandinsky auf Schönbergs Malereien reagierte, zeigt auch ein Brief an den Musiker, der, geschrieben im November 1911, dem oben zitierten Aufsatz vorausging:

»In Ihren Bildern (...) sehe ich *sehr* viel. Und zwei Wurzeln: 1) ›reine‹ Realistik, d. h. Sachen wie sie sind und wie sie *dabei innerlich* klingen. Das ist das, was ich in meinem Buch prophezeit habe als ›Phantastik in der härtesten Materie‹. Das ist zu *meiner* Kunst antipodisch und ... wächst innerlich aus der selben Wurzel: Stuhl lebt, Linie lebt – das ist doch schließlich, im letzten Grunde gleichbedeutend. *Diese* ›Phantastik‹ liebe ich sehr überhaupt und in Ihren Bildern ganz besonders. *Selbstportrait,* Garten (...) 2) die zweite Wurzel – Dematerialisieren, romantisch-mystischen Klang (also auch das, was ich mache) mag ich weniger schon in *dieser* Art der Anwendung des Prinzips. Und ... doch sind auch diese Sachen gut u. interessieren mich sehr.«[44]

Ganz klar stellt Kandinsky schließlich fest, daß Schönberg die Bilder aus der »zweiten Wurzel« malt, »um seine Gemütsbewegungen, die keine musikalische Form finden, zum Ausdruck zu bringen«.[45]

Wie weit Kandinskys Einfluß über solchen, gewiß nicht zu unterschätzenden Zuspruch hinausreicht, zeigt Schönbergs Arbeit an dem Drama mit Musik *Die glückliche Hand,* das, eine Art Schmerzenskind, keine Gestalt annehmen will: »Drei Jahre ist das bald alt und immer noch nicht komponiert. Das ist eine große Seltenheit bei mir. Vielleicht muß ich es, obwohl ich mit dem, was bis jetzt fertig ist, sehr zufrieden bin, wieder stehen lassen.«[46] Diese Bemerkung steht in einem Brief Schönbergs an Kandinsky vom August 1912, wurde also zu einem Zeitpunkt niedergeschrieben, als die kompositorische Schaffenskrise abzuklingen schien. Erneute Hinwendung zu textbezogenen Werken wie mit dem Lied *Herzgewächse* op. 20, dann vor allem mit den melodramatischen Miniaturen des *Pierrot lunaire* sowie mit den *Orchesterliedern* op. 22 milderten zumindest die Irritationen, welche die vorausgegangenen instrumentalmusikalischen Experimente ausgelöst hatten.

Der kompositorische Aufschwung steht dabei unverkennbar im Zusammenhang mit der Aufwertung von Schönbergs Position im öffentlichen Kulturbetrieb, freilich und noch lange vornehmlich außerhalb Wiens wie des ganzen Habsburgerreiches. Nicht, daß der Komponist sich nun »durchzusetzen« beginnt, daß die Widerstände gegen den »Traditionsverächter« und »Neutöner« nachlassen, im Gegenteil: Die offenen, immer stärker auch antisemitisch getönten Angriffe nehmen weiterhin zu. Aber Schönberg lernt selbstbewußter zu reagieren, vermag in den Angriffen gewissermaßen eine negative Aufwertung zu entdecken und sie – nicht nur auf lange Sicht – als seinem Werk angemessene Resonanz zu akzeptieren. Einen aufschlußreichen Beleg für dieses gewachsene Selbstvertrauen liefert ein Brief, den er im Juni 1912, also unmittelbar nach Abschluß des *Pierrot,* aus dem Fluchtort Berlin an den Präsidenten der k. k. Akademie für Musik und darstellende Kunst in Wien schreibt. Schönberg lehnt darin entschieden, wenn auch diplomatischen Tons, das sicher verlockende Angebot ab, eine (vor Jahresfrist noch verweigerte) Professur an der Akademie anzunehmen:

»Ich kann augenblicklich noch nicht in Wien leben. Ich habe noch nicht verschmerzt, was man mir dort angetan hat, ich bin noch nicht ausgesöhnt. Und ich weiß, ich hielte es nicht zwei Jahre aus. Ich weiß, ich hätte in kürzester Zeit dieselben Kämpfe vor mir, denen ich entgehen wollte. Nicht weil ich den Kampf fürchte. Sondern, weil ich seinen Ausgang *hoffe,* den Ausgang, den jede Bewegung in Wien hat, die Verflachung.«[47]

Andererseits brachte das Jahr 1912 aber auch wirkliche – und willkommengeheißene – Anerkennung: Es erschien, herausgegeben von Alban Berg und Anton Webern, ein Sammelband mit dem Titel *Arnold Schönberg in höchster Verehrung*, der ebenso sachkundige wie einfühlsame Texte seiner Schüler und Freunde enthielt, von Kandinsky, Egon Wellesz, Albert Paris von Gütersloh, Berg und Webern. Im Tagebuch notierte Schönberg denn auch:

»Meine bisherigen Leistungen kann ich immer nur noch als eine Hoffnung auf die Zukunft ansehen, als ein Versprechen, das ich vielleicht halten werde (…) Aber andererseits war ich doch von der großen Liebe, die aus all dem spricht, so überwältigt, daß ich wirklich, so weit so etwas glücklich machen kann, glücklich gewesen bin (…) Ich finde alles (…) so gut und mit so schönen Worten geschrieben, daß ich wirklich auf einen Kreis solcher Menschen mir etwas einbilden dürfte.«[48]

Eine Einladung des Wiener »Akademischen Verbandes für Literatur und Musik«, einen Gedenkvortrag über Gustav Mahler zu halten, führte zur Ausarbeitung eines Textes, in dem sich Schönberg weitgehend mit dem unter tragischen Umständen aus dem Leben gerissenen Vorbild identifiziert, wie über ein »stellvertretendes Ich« spricht, dem Aufgaben übertragen worden sind, von deren Bewältigung der weitere, großer Tradition verpflichtete und sie zu erfüllen suchende Fortgang der Musikkultur abhängen würde:

»Seine *Neunte* ist höchst merkwürdig. In ihr spricht der Autor kaum mehr als Subjekt. Fast sieht es aus, als ob es für dieses Werk noch einen verborgenen Autor gebe, der Mahler bloß als Sprachrohr benützt hat. Dieses Werk ist nicht mehr im Ich-Ton gehalten. Es bringt sozusagen objektive, fast leidenschaftslose Konstatierungen, von einer Schönheit, die nur dem bemerkbar wird, der auf animalische Wärme verzichten kann und sich in geistiger Kühle wohlfühlt (…) Das Genie ist unsere Zukunft. So werden wir einst sein, wenn wir uns durchgerungen haben. Das Genie leuchtet voran, und wir bemühen uns nachzukommen. Dort, wo es sich befindet, ist's schon hell; aber wir können diese Helligkeit nicht vertragen. Wir sind geblendet und sehen nur eine Wirklichkeit, die noch keine ist, die nur Gegenwart ist. Aber eine höhere Wirklichkeit ist beständig, und die Gegenwart vergeht. Unvergänglich ist die Zukunft, und deshalb besteht die höhere Wirklichkeit, die Wirklichkeit unserer unsterblichen Seele, lediglich in der Zukunft.«[49]

Und schließlich läßt sich nicht übersehen, daß Schönberg wachsende internationale Resonanz findet, daß er immer häufiger aufgefordert wird, seine Werke – und nicht nur, wenn auch freilich nach wie vor überwiegend, die tonalen – zu dirigieren. Im Juni 1913 berichtet Alban Berg über Schönberg:

»Vom Ausland kommt ihm täglich Anerkennung und Verehrung ins Haus. Heute singt die Freund in Paris die Waldtaube (Orchester unter Casella). In London wurde sein Chor aufgeführt. Nächste Saison dirigiert er die Gurrelieder sicher in Berlin, möglicherweise in Amsterdam. (Mengelberg war gerade in Berlin und sprach zu Schönberg davon.) Walter (in München) und Göhler (in Hamburg) führen die Gurrelieder selbst auf. In London und Amsterdam führt Schönberg seine Orchesterstücke auf! Was wird in Wien sein?? Nichts!«[50]

Doch all diese Anerkennungen können schwerlich darüber hinwegtäuschen, daß sie eher ablenkende Betriebsamkeit sind und somit in den Kontext der »Ausweichmanöver« gehören, als daß sie die ersehnte Lösung der kompositorischen Kernfrage auch nur einen Schritt näher brächten. Symptomatisch dafür ist die Arbeit an der *Glücklichen Hand,* die wie ein – freilich immer wieder zu zerreißen drohender – roter Faden die Resonanzaufschwünge jener Jahre durchzieht. Sie bringt Schönberg stets noch auf den Boden der Tatsachen – seiner Tatsachen – zurück. Dadurch aber nimmt das Werk geradezu dokumentarischen Charakter an: Es belegt die letzte Phase einer sämtliche künstlerische Kräfte mobilisierenden Suche nach kompositionstechnischer Regulierung der Atonalität – ohne sie bereits zu erreichen.

Das klingt zweifellos merkwürdig, wenn nicht gar widersinnig. Denn die *Glückliche Hand* zählt, neben der *Erwartung* und dem *Pierrot lunaire*, nicht nur zu den avanciertesten, extrem durchgebildeten Werken der »freien« Atonalität, sondern übertrifft jene noch im gleichermaßen komplexen wie differenzierten Behandeln des musikalischen Materials. *Die glückliche Hand* berührt wahrhaft die Schwelle zu einem kompositorischen Denken, aus dem dann ein Regulierungsprinzip für die Atonalität erwachsen wird: die Bestimmung der kompositorischen Elemente und ihrer Entfaltung zum Werk als »Raum«, in dem die Hierarchie der Elemente – bis hinunter auf das Verhältnis der einzelnen Töne zueinander – sich auflöst und an deren Stelle die richtungslose Vielfalt des Wechselspiels gleichgestellter musikalischer »Parameter« tritt. Im *1. Streichquartett* und in der *1. Kammersinfonie* hatten sich bereits Ansätze zu solcher »Raumgestalt« der Darstellung angekündigt; nun erfaßt sie ein ganzes Werk, wenn auch noch gewissermaßen ohne Vorsatz, ohne bewußte theoretische Steuerung, sondern »lediglich« aus jenen Konsequenzen abgeleitet, zu denen die vorangegangenen Kompositionen – als Vergegenständlichung von Schönbergs latenter musikalischer Denkweise – vorgestoßen waren.

Das gleichsam Unbewußte des Vorgangs schlägt sich in der langwierigen Entstehung der *Glücklichen Hand* nieder; es stellt immer wieder Hemmnisse in den Weg, an denen der kompositorische Fluß zu stocken, ja zu versiegen droht, und schlüpft nach außen in mannigfaltige Widrigkeiten – nicht zuletzt in die der Lebensumstände –, welche den Abschluß der Arbeit über einen langen Zeitraum hinauszögern.

Kernpunkt des »Schwellencharakters« der *Glücklichen Hand* ist das Moment der Synästhesie, ein durchaus mystisch-romantisch gestimmtes Zusammenwirken verschiedener Künste aufgrund deren angenäherter bis identischer und somit auch austauschbarer Darstellungsweisen: Ein musikalischer Klang weckt bestimmte Farbeindrücke und umgekehrt; eine tänzerische Bewegung löst poetische, musikalische oder bildhafte Assoziationen aus – man »sieht« Klänge, »hört« Farben usw. Solche »Gesamtkunstwerke« als Versuch, die Vielfalt der Sinneseindrücke in Übersetzung komplex-komplizierter Welterfahrung zu synthetisieren, lagen nach der Jahrhundertwende »in der Luft«, wuchsen sich bei verschiedenen Künstlern, und meist unabhängig voneinander, zu übergroß dimensionierten und ambitionierten Unternehmungen aus. So etwa Alexander Skrjabins *Act prealable* (»Vorbereitende Handlung«), eine Art kosmischer Kunstzeremonie, die nicht mehr und nicht weniger beabsichtigte, als »letzte Dinge« in menschliche Empfindungs- oder Ahnungsbereiche zu rücken.

Schönberg, wenn auch seinerseits für solche kunstreligiösen Intentionen empfänglich, verfolgte dennoch andere Ziele. Synästhesie wird ihm, man möchte sagen: sofort und zwangsläufig, zu einem Medium, in dem die bisher nur erst vage faßbaren Vorstellungen von einer »schwerelosen Raumgestalt« des Kunstwerks sich verblüffend folgerichtig ausbreiten ließen:

»Mir war lange schon eine Form vorgeschwebt, von welcher ich glaubte, sie sei eigentlich die einzige, in der ein Musiker sich auf dem Theater ausdrücken könne. Ich nannte sie – in der Umgangssprache mit mir: *mit den Mitteln der Bühne musizieren.* (...) In Wirklichkeit sind die Töne nichts anderes – klar und nüchtern angesehen – als eine besondere Art von Luftschwingungen, und als solche machen sie wohl irgendeinen Eindruck auf das betroffene Sinnesorgan, aufs Ohr. Durch eine besondere Art aber, sie miteinander zu verbinden, rufen sie gewisse künstlerische, und wenn man so

sagen darf, seelische Eindrücke hervor. Da nun aber diese Fähigkeit keinesfalls im einzelnen Ton schon liegt, so müßte es mit manchen anderen Materialien unter gewissen Voraussetzungen auch möglich sein, solche Wirkungen hervorzurufen; wenn man sie, ohne dabei ihren Material-Sinn zu verneinen, *unabhängig* von diesem Sinn zu Formen und Figuren zu verbinden verstand, nachdem man sie, ähnlich wie die Töne, in Zeit, Höhe, Breite, Stärke und vielen anderen Dimensionen gemessen hatte; wenn man sie, tieferen Gesetzen entsprechend, miteinander in Beziehung zu setzen wüßte, als es die Gesetze des Materials sind. Nach den Gesetzen einer Welt, die von ihrem Schöpfer nach Maß und Zahl erbaut wurde.
Ich kann nicht behaupten, daß ich es für möglich gehalten habe, diese Absicht auf sozusagen ›trockenem‹ Wege durchzuführen. Denn in Wirklichkeit sind ja die Mittel der Bühne eben doch nicht die Töne, und es wäre reine Willkür, wollte man etwa z. B. eine Skala des Mienenspiels oder einen Rhythmus des Lichtes konstruieren. Ein solcher Versuch konnte natürlich nur von einem gewagt werden, der Vertrauen zu seinem Formgefühl haben durfte und sich sagen konnte, daß, wie immer die darzustellenden Gedanken beschaffen sein mögen, er sicher sei, sie denken zu können; wie immer die auszudrückenden Gefühle andere auch revolutionieren würden, er sicher sei, ihnen *gebieten* zu können. Hatte man aber dieses Vertrauen, dann durfte man sich, ohne Theorie, ruhig seiner Phantasie überlassen.«[51]

Die zitierte Passage entstammt einer Einführung, die Schönberg für eine Inszenierung der *Glücklichen Hand* 1928 in Breslau verfaßte. Es war gewiß kein Zufall, daß dieses Konzept in einem Bühnenwerk, in einem »Drama mit Musik« ausgeführt wurde. Denn der Bezug auf Wagners »Gesamtkunstwerk«, das ein prinzipiell gleichberechtigtes Zusammenwirken von Wort, Musik, Bild und Bewegung anstrebte, mußte sich den »Synästhesisten« geradezu aufdrängen. Der Text zur *Glücklichen Hand* war im Juni 1910 beendet, zu einer Zeit also, in der Schönberg auch intensiv die Ausarbeitung der *Harmonielehre* in Anspruch nahm. Sie schließt mit dem berühmt gewordenen Abschnitt über die »Ästhetische Bewertung sechs- und mehrtöniger Klänge«, der in einem ebenso merkwürdigen wie kühnen Ausblick auf die Klangfarbenmelodik, auf die absehbare Erschließung der verschiedenen Dimensionen von Klang*höhe* und *-farbe* gipfelt.

Synästhetische Überlegungen bilden demnach die Klammer für Konsequenzen, die sich sowohl aus dem kompositorischen wie theoretischen »Hauptwerk« jener Phase ergeben. Und sie werden bald in unerwarteter Weise bestärkt durch die Bekanntschaft mit Kandinsky, der die Verwirklichung seines Konstruktions- und Abstraktionskonzepts in Abkehr von naturalistisch-nachahmenden Darstellungskonventionen durch weitgehend nicht-gegenständliche, nicht-diskursive »bühnenkompositorische« Entwürfe voranzutreiben suchte – und dabei überraschend nah an Schönbergs Position heranrückte. Beide, Schönberg und Kandinsky, wandten sich ab 1908 solchen »Bühnenkompositionen« zu, der Maler mit den Stücken *Riesen* (aus dem später *Der gelbe Klang* hervorging), *Der grüne Klang* und *Schwarz und Weiß*, der Musiker näherte sich ihnen in der *Erwartung*, um mit der *Glücklichen Hand* ein direktes Gegenstück zu Kandinskys *Komposition* zu schaffen (die Synchronität der Ereignisse wird dadurch kaum beeinträchtigt, daß Schönberg erst im Sommer 1910 ernsthaft die Arbeit an seinem zweiten Bühnenwerk aufnahm und die knappe Skizzierung von dessen Anfang, datiert mit »11./10. 1908«, einigermaßen ominös scheint).[52]

Als Beleg für die Übereinstimmungen zwischen den »Kompositionen«, die bis ins Detail hineinreichten, sei zunächst aus dem 3. Bild des *Gelben Klangs* zitiert:

»Zwei große rotbraune Felsen, der eine spitz, der andere rundlich und größer als der erste. Hintergrund: Schwarz. Zwischen den Felsen stehen die Riesen (des Bildes 1) und flüstern einander klanglos etwas zu. Bald flüstern sie paarweise, bald nähern sich alle Köpfe einander. Der Körper bleibt unbeweglich. In schneller Abwechslung fallen von allen Seiten grellfarbige Strahlen (blau, rot, violett, grün wechseln mehrere Male). Dann treffen sich alle diese Strahlen in der Mitte, wodurch sie gemischt werden. Es bleibt alles unbeweglich. Die Riesen sind beinahe gar nicht sichtbar. Plötzlich verschwinden alle Farben. Es wird einen Augenblick schwarz. Dann fließt auf die Bühne ein mattes gelbes Licht, welches allmählich immer intensiver wird, bis die ganze Bühne grell zitronengelb wird. Mit der Steigerung des Lichtes geht die Musik in die Tiefe und wird immer dunkler (diese Bewegung erinnert an das Hineindrücken einer Schnecke in ihre Muschel). Zur Zeit dieser zwei Bewegungen soll auf der Bühne nichts wie Licht gesehen werden: keine Gegenstände. Das grellste Licht ist erreicht, die Musik ist ganz verschmolzen.«[53]

Und im 3. Bild der *Glücklichen Hand* lautet ein Abschnitt aus einer der umfangreichen, die Handlung beschreibenden Regieanweisungen:

»Sowie es finster wird, erhebt sich Wind. Erst schwach säuselnd, dann immer drohender anschwellend. Gleichzeitig, mit diesem Crescendo des Windes geht ein Crescendo der Beleuchtung. Es beginnt mit schwach rötlichem Licht (von oben aus), das über Braun in ein schmutziges Grün übergeht. Daraus entwickelt sich ein dunkles Blaugrau, dem Violett folgt. Dieses spaltet ein intensives Dunkelrot ab, das immer heller und schreiender wird, indem sich, nachdem es Blutrot erreicht hat, immer mehr Orange und dann Hellgelb hineinmischt, bis das gelbe schreiende Licht allein bleibt und von allen Seiten auf die zweite Grotte geworfen wird. Diese war bei Beginn des Lichtspiels schon geöffnet und macht dieses Crescendo mit, indem sie (schwächer als die übrige Bühne) von innen heraus nach der gleichen Skala beleuchtet wird. Nun strahlt sie ebenfalls in gelbem Licht.«[54]

Schönberg dürfte Kandinskys Text, nachdem er ihn im Almanach des *Blauen Reiter* gelesen hatte, nicht nur wie eine mehr oder weniger zufällige Bestätigung, sondern wie eine erlösende Rechtfertigung des eigenen, noch immer dunkel-ungewissen Drängens erschienen sein. Um so heftiger, vorbehaltloser schildert er denn auch dem Maler seinen Eindruck, so etwa in dem bereits erwähnten Brief vom August 1912, der Kandinsky wissen ließ, welche Schwierigkeiten die Arbeit an der *Glücklichen Hand* bereitete, daß mit ihr nicht »recht vorwärts zu kommen« ist. Einige Sätze weiter heißt es:

»Der ›Gelbe Klang‹ gefällt mir außerordentlich. Es ist ganz dasselbe, was ich in meiner ›Glücklichen Hand‹ angestrebt habe. Nur gehen Sie noch weiter als ich im Verzichtleisten auf jeden bewußten Gedanken, auf jede lebensartige Handlung. Das ist natürlich ein großer Vorzug. Wir müssen uns bewußt werden, daß es Rätsel um uns gibt. Wir müssen den Mut bekommen, diesen Rätseln in die Augen zu blicken, ohne feige nach ›der Lösung‹ zu fragen. Es ist wichtig, daß unsere Schöpferkraft solche Rätsel den Rätseln nachbildet, von denen wir umgeben sind. Damit unsere Seele den Versuch mache – nicht sie zu lösen – sondern sie zu dechiffrieren. Was wir dabei gewinnen, soll nicht die Lösung, sondern eine neue Chiffrier- oder Dechiffrier-Methode sein. Die, an sich wertlos, Material bietet, neue Rätsel zu schaffen.«[55]

Schönbergs Suada hält noch eine Weile an, kann aber kaum verdecken, daß die Beschwörung der »Rätsel« auf etwas sehr Konkretes, Reales zielt, das durch »eine neue Chiffrier- und Dechiffriermethode« ins Blickfeld treten möge. Gemeint ist doch immer und in jedem Bezug eine kompositionstechnische Variante solcher »Methode«, mit deren Hilfe die Lösung der anstehenden kompositorischen Aufgabe gelingen soll. Im Gegensatz zu Skrjabin, bald aber auch zu Kandinsky, der an den theosophischen Implikationen seiner »Gesamtkunstwerk«-Idee festhalten wird, wendet sich Schönberg von allgemeinen »weltanschaulichen« Vorstellungen und Wirkungsstrategien ab, sobald das eigentliche Ziel, das kompositionstechnische, erreicht ist. Unberührt davon bleibt hingegen ein religiös orientiertes Welt- und Humanitätsverständnis, das sich zweifellos im Umfeld mystisch-theosophischer Ambitionen, Erkundungen und Rechtfertigungen jener Jahre herausbildet, doch davon wieder abrückt, als diese Ambitionen die mit ihnen verbundenen Hoffnungen erfüllt hatten. Freilich erfüllten sie sich noch nicht in der *Glücklichen Hand*, da dem Werk ein Zwiespalt anhaftet, von dem es sich nicht restlos freizumachen vermag: Es schlägt den richtigen Weg ein, den der Synästhesie, doch diese synästhetische Konstruktion reicht dann nicht aus, um in eine tragfähige, d.h. das Gesamtproblem »Atonalität« erfassende und organisierende »Methode« verwandelt werden zu können.

Aber die Schwelle eben war erreicht, und wohl kaum an einer anderen Stelle hat sie Schönberg – zum gegebenen Zeitpunkt – klarer auch formuliert, als am Schluß der *Harmonielehre:*

»Ich kann den Unterschied zwischen Klangfarbe und Klanghöhe, wie er gewöhnlich ausgedrückt wird, nicht so unbedingt zugeben. Ich finde, der Ton macht sich bemerkbar durch die Klangfarbe, deren eine Dimension die Klanghöhe ist. Die Klangfarbe ist also das große Gebiet, ein Bezirk davon die Klanghöhe. Die Klanghöhe ist nichts anderes als Klangfarbe, gemessen in einer Richtung. Ist es nun möglich, aus Klangfarben, die sich der Höhe nach unterscheiden, Gebilde entstehen zu lassen, die wir Melodien nennen, Folgen, deren Zusammenhang eine gedankenähnliche Wirkung hervorruft, dann muß es auch möglich sein, aus den Klangfarben der anderen Dimensionen, aus dem, was wir schlechtweg Klangfarbe nennen, solche Folgen herzustellen, deren Beziehung untereinander mit einer Art Logik wirkt, ganz äquivalent jener Logik, die uns bei der Melodie der Klanghöhen genügt.«

Und wenige Sätze später folgt jener schwärmerisch anmutende Ausblick, der bereits zitiert worden ist:

»Klangfarbenmelodien! Welche feinen Sinne, die hier unterscheiden, welcher hochentwickelte Geist, der an so subtilen Dingen Vergnügen finden mag! Wer wagt hier Theorie zu fordern!«[56]

Schönberg selbst wird dieses Wagnis eingehen, und er wird zu einem Ergebnis kommen, das den Namen »Theorie« wahrhaft verdient. Aber dazu bedurfte es einer Öffnung, einer Erweiterung des synästhetischen Konzepts, die im Rahmen von Werken wie der *Glücklichen Hand* nicht zu erreichen waren. Schönberg gelang dies erst, als er den engeren musikalisch-künstlerischen Gesichtskreis verließ und sich – wenn auch nur »auf Zeit« – in übergreifende philosophische Konstruktionen eindachte, zu denen freilich jener die unumgängliche Brücke schlug: zur Theorie des musikalischen »Raumes«, in dem dann schließlich die Idee einer Zwölftonordnung als grundlegende »Methode« für die Atonalität – in gewissem Sinne – wie von selbst Gestalt annahm.

»Für sich bestehend, und dennoch war alles eins«
Gedanke und Raum

Im Dezember 1911 schrieb Schönberg an Alban Berg:

»Dieser Zwang, alle die Sachen, über die ich schon so lange nachgedacht habe, nun in einer geschlossenen Form darzustellen, ist für mich ganz günstig. Sonst hätte ich es immer weiter noch bloß gedacht, ohne es jemals zu schreiben. Aber ich denke, wenn ich den Cyklus hinter mir habe, werde ich ein Buch anfangen. Allerdings würde ich jetzt lieber komponieren. Aber die Beschäftigung mit soviel Theoretischem macht, daß ich mich dort nicht öffnen kann. Ich werde bald damit für längere Zeit aussetzen müssen. Sonst könnte es mit dem Komponieren vorbei sein. Vielleicht habe ich aus dem gleichen Grund jetzt gar keine Lust zum Malen.«[1]

Anlaß dieser Mitteilung, in der sonderbar versachlicht, nahezu distanziert die Kompositionskrise seit Herbst 1909 anklingt, ist jener »Cyklus« von Vorträgen »über Ästhetik und Kompositionslehre«[2], den Schönberg ab November 1911 am Sternschen Konservatorium in Berlin hielt. Ein Text der Vorträge wurde bisher nicht gefunden – möglicherweise sprach Schönberg frei, mehr oder weniger ausführlich formulierten Notizen folgend, aus denen dann das oben erwähnte »Buch« hervorgehen sollte. Einer solchen Notiz könnte auch die stichpunktartig angelegte Einleitung zum Exposé für ein Kontrapunktlehrbuch ähneln, das im Juni 1911, noch während der abschließenden Arbeiten an der *Harmonielehre,* entworfen wurde. Außerdem beabsichtigte Schönberg, wie er die Universal-Edition in einem Brief vom 23. Juli wissen ließ, eine Instrumentationslehre zu schreiben, in der, abweichend von der traditionellen Instrumentationskunde, die »Setzkunst für Orchester« darzustellen wäre; dann eine »Vorstudie zur Formenlehre«, welche »die formalen Ursachen für die Wirkung in modernen Kompositionen« untersuchen und sich »wahrscheinlich nur mit Mahler-Werken befassen« würde – und diese Studie bildete dann die Grundlage für eine allgemeine »Formenlehre«. »Das ganze zusammen ergibt dann eine Ästhetik der Tonkunst(,) unter welchem Titel ich ein das (sic!) zusammenfassendes Werk schreiben will. Zu allen diesen Werken habe ich bereits Ideen und auch Notizen. Im Lauf von fünf Jahren kann alles fertig sein!«[3]

Wie intensiv Schönberg diese Theorieprojekte beschäftigten, zeigt auch, daß er bereits im Januar 1911 der Universal-Edition einen »Entwurf zu einer Musikzeitung« übermittelt hatte, in der folgende Arbeiten erscheinen sollten:

»1. Eine Instrumentationslehre (auf meinen Prinzipien aufgebaut) die in cirka 20 Fortsetzungen erscheinen könnte.

2. Grundlagen für eine moderne Kompositionslehre (wenn die vorige Serie fertig ist, ebenfalls in Fortsetzungen)

3. Über den Wert der Ordnung

Vorstudie für

4. Über die Form

5. Musik und Komik

1) Komische Oper

2) Operette

6. Gelegentlich: Polemisches, Aphorismen, Dichtungen.

(…) Sie soll das künstlerische Gewissen unserer Zeit sein.«[4]

Wenn auch aus mangelndem Interesse des Verlegers die anspruchsvollen theoretischen Pläne nicht bzw. erst Jahrzehnte später in veränderter und deutlich reduzierter Form[5] verwirklicht wurden, zeugen sie doch in gegebener Situation auf das lebhafteste von einer krisenhaften Zuspitzung der praktisch-kompositorischen Arbeit, über deren Ursachen Schönberg »schon so lange nachgedacht« hatte. Obwohl er, wie die verschiedenen »Ausweichmanöver« belegen, noch keine brauchbare, umfassende Lösung ausmachen konnte, mußte sich ihm die Überzeugung aufdrängen, daß diese Lösung nicht nur die eigenen Schaffensbedingungen und -perspektiven erfassen, sondern gewissermaßen epochale Dimensionen und Folgerungen einschließen würde. Der Blick auf diesen Wendepunkt, der Schönberg unausgesprochen, aber deshalb nicht minder bestürzend und herausfordernd, vergleichbar sein mochte mit den musikgeschichtlichen Einschnitten »1600« und »Bach«, war aufs äußerste geschärft, und es schien nur noch eine Frage von absehbarer Zeit, den Punkt zu erreichen und die von ihm ausgehenden Wege ins Unbekannte zu beschreiten.

Das zu erwartende Ausmaß der Wende klingt in einigen Äußerungen an, die, für sich genommen, einigermaßen befremdlich, wenn nicht gar verstiegen anmuten, ihren Sinn, ihre Berechtigung jedoch im Umfeld der anstehenden Entscheidungen enthüllen. In der oben erwähnten Einleitung zum geplanten Kontrapunktlehrbuch ist zunächst und geradezu lakonisch direkt die Rede vom »Zweck der Kunst« oder richtiger: von der »absoluten Zwecklosigkeit der Kunst in Hinsicht auf das, was sonst unter Zweck verstanden wird. Einziger Zweck der Kunst (der aber unbewußt wirkt) der Ausdruck der Persönlichkeit, dann weiter Ausdruck der Menschheit.«[6] In einem der abschließenden Kapitel der *Harmonielehre*, also etwa zur gleichen Zeit, behauptet Schönberg: »Ein neuer Klang ist ein unwillkürlich gefundenes Symbol, das den neuen Menschen ankündigt, der sich da ausspricht.« Dem »neuen Klang«, den »Akkorden«, wird »zugemutet, daß sie eine Welt darstellen, einer neuen Gefühlswelt Ausdruck geben; daß sie neu sagen, was neu ist: einen neuen Menschen!«[7]

Am deutlichsten und auch ausführlichsten benennt Schönberg sein weitgespanntes künstlerisches Konzept in einem Brief an Busoni vom 20. Juli 1909[8], aus einem emphatischen Schaffen also heraus, auf das die »epochale« Krise unmittelbar folgen sollte. »Mit dem ganzen Vollgefühl unserer menschlichen Bedingungen und Beziehungen« produzierend, »erfüllen (wir) gleichzeitig jene Pflichten, die unsere Mitwelt uns auferlegt (…) und je intensiver die Beziehungen des Schaffenden zu einem Zustande der Allgemeinheit ist – zu einem gegenwärtigen, oder zu einem zukünftigen – desto größer wird der Kreis derjenigen sein, denen sie (die Kunst, M. H.) gilt«.

Schönberg sah im Lösungsweg des atonalen Problems weit mehr als nur eine interne musikalische bzw. musikgeschichtliche Angelegenheit. Indem er von der Überzeugung beherrscht war, daß in seinen Werken seit der Jahrhundertwende die Fäden historisch wie ästhetisch maßgeblicher kompositorischer Entwicklung zusammenlaufen; daß diese Fähigkeit zur Synthese keineswegs nur selbstgestellten, »bewußten« Absichten mit gewissermaßen flexiblen Spielräumen entsprang; daß er in der eigenen Arbeit mit der in ihr waltenden Tendenz zu Polyphonie, zur »Komposition mit selbständigen Stimmen«, aus der sich, wie immer deutlicher erkennbar wurde, eine Gleichsetzung von vertikalen und horizontalen Ereignissen ergab, die entscheidende Schaltstelle für künftige authentische musikalische Leistungen eingenommen hat – indem Schönberg dieser Überzeugung folgte, bestimmte er seine Aufgabe gleichermaßen durch den Zwang zur Freisetzung eines inneren, »unbewußt« wirkenden Darstellungsvermögens wie zur Wahrnehmung eines ethisch motivierten, die Menschheit, den »neuen Menschen« betreffenden Auftrags. Das Innere, das subjektiv Schöpferische, und das Äußere, der menschheitlich geweitete Wirkungsraum, gehören unauflösbar zusammen. Komponieren wird zu einer Art Verpflichtung für den, dem das Vermögen zu solcher weitgespannten Gestaltung »gegeben« ist – er kann es nicht nach Belieben annehmen oder abweisen, sondern muß das tun, was »mir meine Aufgabe vorschreibt«.[9]

Es lag nun wohl nahe, angesichts eines so gewachsenen Anspruchs an Kompositonsarbeit ebenso prägnant-zentrale wie umfassende Begriffe ausfindig zu machen, welche die subjektiven Voraussetzungen und Bedingungen dieser Arbeit, jedoch auch deren übergreifende Eigenheiten und Konsequenzen, deren Wirkungspotential umschließen. Die Weite des Gesichtsfeldes ließ den Blick notwendigerweise auf philosophische Konzeptionen fallen, die geeignet sein könnten, diesem Gesichtsfeld einen haltbaren und angemessenen Rahmen zu geben. Außerdem ergänzte und verquickte Schönberg die philosophische Orientierung sofort mit einer freilich ebenfalls philosophisch geleiteten religiösen, die später immer stärkere Bedeutung erlangen sollte. Aber vorgreifend sei gesagt: Sowohl Philosophie als auch Religion sowie deren Durchdringung bleiben stets – und trotz wortreich und leidenschaftlich vorgetragener Gegenbekundungen Schönbergs – Mittel zum Zweck, zur Lösung einer aktuellen, dann lebenslang bewegenden musikalisch-künstlerischen Aufgabe. Und darin darf keine Verkleinerung eines groß entworfenen und bestimmten Anspruchs gesehen werden, sondern die Aufwertung eines Kunstbegriffs, der nunmehr all das fassen sollte, was in der Krise der »realistischen« Weltbilder, des »Ich« und seiner Erkenntnisfähigkeit verloren zu gehen drohte. Kunst verwandelt sich in eine Alternative zu den brüchig gewordenen Wahrnehmungs- und Darstellungstraditionen klassisch-romantischer »Schönlebendigkeit« und gewinnt dabei einen Rang, ein Geltungsmaß, die ihr zuvor nicht eigen sein konnten und brauchten.

Solche Aufwertung hatte zweifellos mit allgemeinen historisch-politischen Entwicklungstendenzen und ästhetisch-philosophischen Strömungen zu tun, von denen bereits die Rede war und die, verkürzt, als Umdeutung von Kunst zu Religionsersatz durch den unaufhaltsam scheinenden Druck desillusionierter Weltsicht charakterisiert werden können. Bei Hofmannsthal oder George, aber auch bei Mahler kommen diese Tendenzen machtvoll zur Geltung. Doch weder erschöpfen sich die Künstler darin – nicht einmal George –, noch dürfen selbst ideologische Absonderlichkeiten wie die modisch grassierende Theosophie, welche mit mancher Konzeption – auch und gerade mit derjenigen Schönbergs – verbunden sind, als Hinweis auf oder gar als Beweis für hilflose Ersatzfunktionen von Kunst in einer historischen Situation entziffert werden, die vermeintlich »realistische« Darstellungsweisen ausschließe.

Schönberg gewann die Überzeugung, daß im künstlerischen Material – und nur in ihm, nicht in gewissermaßen von außen kommenden Absichtsträgern wie Programmen, vertonten Texten usw. – Probleme aufgegriffen und vermittelt werden, welche die »Probleme der Menschheit« einschließen. Daraus erwächst denn auch die weitere Überzeugung, daß kein Gedankenflug, ob philosophischen oder religiösen Inhalts, zu hoch und zu weit führe, um einer künstlerischen Darstellungskonzeption, der Formierung ihres Materialfundus wie ihres Sprachcharakters, zum Durchbruch zu verhelfen. Schönberg ließ sich darauf ein, daß seine Musik den Anspruch einer »tönenden Philosophie«, auch und vielleicht noch entschiedener den einer »tönenden Religion« erhebt – nicht aber deswegen, weil er modischen Hypertrophierungen erlag oder sie sich gar aus opportunistischen Motiven heraus zu eigen machte, sondern weil er im Umfeld solcher »Großkonzeptionen« einer brauchbaren Lösung seines Kompositionsproblems auf die Spur kommen wollte – und ja dann auch tatsächlich kam.

Das allein zählt, die Auskristallisierung philosophisch-religiöser Ambitionen einschließlich deren, zumal auf der Textebene wuchernden irrationalistischen Wildwuchses in konkreten Werken, beginnend mit dem »Vorschein« in der *Glücklichen Hand* über die Oratorien- und Sinfoniepläne ab 1911 und das Fragment der *Jakobsleiter* bis hin zur Entfaltung der Zwölfton-Methode und der Verschmelzung dieser Kompositionsmethode mit erneut verbalisiertem ideologischem Anspruch auf der Höhe der reifen dodekaphonen Arbeiten und dem Gipfelpunkt des Operntorsos *Moses und Aron.* Schönberg erreichte seine Lösung nicht trotz oder erst nach Überwindung der sogenannten »Weltanschauungsmusik«[10] – womit die genannten Opern-, Oratorien- und Sinfoniepläne aus den Jahren 1911–1915 sowie das zwischen 1917 und 1922 entstandene *Jakobsleiter*-Fragment vor allem gemeint sind –, sondern, im Gegenteil, nur durch erkundende Auseinandersetzung mit diesen Projekten, wobei die jeweilig schwankenden Grade ihrer Ausarbeitung wenig besagen. Entscheidend ist doch wohl die Tatsache, daß das angesteuerte Ergebnis offensichtlich nur in diesem Umfeld, in diesem Durchgang erlangt werden konnte, daß sich Schönberg eine Art Laboratorium schuf, in dem er Schritt für Schritt – wie wir freilich erst im nachhinein zu erkennen vermögen – seinem Ziel näherkam, um es mit den ersten »gültigen« Zwölfton-Werken nach 1920 zu erreichen.

Schönbergs theoretische Vorstellungen beginnen etwa ab 1910 um ein Begriffspaar zu kreisen, das geeignet schien, die spezifischen Merkmale seiner schöpferischen Disposition und die in wachsendem Maße angestrebte konzeptionelle Plausibilität und Eindringlichkeit von deren kompositorischen Ergebnissen zusammenzubinden. Es ist das Begriffspaar des »musikalischen Gedankens« und des »musikalischen Raumes«. Welcher der beiden Begriffe sich nun zuerst abzeichnete, dürfte schwerlich auszumachen sein. Zweifellos ist die Wendung »musikalischer Gedanke« zunächst so allgemein und auch unverbindlich metaphorisch, daß sie zum gewissermaßen leicht gehobenen Fachvokabular gehört. Geprägt und mit dem Sinn erfüllt, der dann auch für Schönberg maßgeblich war, wurde sie im musikästhetischen Paradigmenwechsel gegen Ende des 18. Jahrhunderts, in der Herausbildung einer »Idee der absoluten Musik«, die von der Auffassung geleitet wurde, »daß die ›reine‹, textlose und nichtprogrammatische Instrumentalmusik die eigentliche Musik (…) sei«.[11]

Abwertung und Zerfall bislang anerkannter und als unverzichtbar geltender sinnstiftender Elemente (Text, text- bzw. bildbezogener Affekt usw.) verbanden sich sogleich mit dem Versuch, musikspezifische, d. h. eben die »eigentlichen« Sinnträger zu enthüllen und »beredt« zu machen. Und da der Paradigmenwechsel vornehmlich, wenn nicht gar ausschließlich eine Musik, ein musikalisches »Denken« betraf, die ihr Darstellungsideal auf die Entwicklung motivisch-thematischer Charaktere gründeten, lag es nahe, »Motivik« und »Thematik« als »Gedanken« zu bestimmen und deren Entfaltung zum Werk als diskursive »Gedanken-Darstellung« zu verstehen. Damit aber schien auch das entscheidende Rechtfertigungsmoment »absoluter Musik«, das der »Logik« ihrer Zusammensetzung wie ihres Verlaufs, gesichert zu sein, ein Moment, das Schönberg ebenfalls und nachdrücklich aufgriff, um es mit dem der »Faßlichkeit« zu koppeln – nur »logische« Darstellung sei »faßlich«, und umgekehrt: nur das »Faßliche« dürfe »Logik« beanspruchen.

In der Einleitung zur *Allgemeinen Geschichte der Musik* von Johann Nikolaus Forkel (1788) läßt sich die Herausbildung einer »Idee der absoluten Musik« verfolgen – mit den Schwierigkeiten, die vor allem aus den Resten mechanischer Parallelsetzung von Sprache und Musik entstehen:

»Harmonie und Melodie sind in einer guten musikalischen Zusammensetzung so unzertrennlich als Wahrheit der Gedanken und Richtigkeit des Ausdrucks in der Sprache. Sprache ist das Kleid der Gedanken, so wie Melodie das Kleid der Harmonie. Man kann in dieser Rücksicht die Harmonie eine Logik der Musik nennen, weil sie gegen Melodie ungefähr in eben dem Verhältnis steht, als in der Sprache die Logik gegen den Ausdruck (...) In diesem Verstande würde sich also Harmonie zur Melodie verhalten wie richtig und wahr musikalisch denken zum richtigen Ausdrucke musikalischer Gedanken.«[12]

Bereits durch Robert Schumann erhält der »Gedanke«-Begriff jenen schwankenden Doppelcharakter, der dann Schönberg immer wieder in Definitionsnöte stürzen sollte: Ist der Begriff sinnvoll nur auf Thematisches zu beziehen, oder vermag er auch eine »gedankliche Totale«, den Sinnzusammenhang eines Werkes zu erfassen? So heißt es etwa in Schumanns Besprechung der *Symphonie phantastique* von Berlioz, daß dem »jungen Musiker« »das geliebte Bild nie anders als in Begleitung eines musikalischen Gedankens (erscheine), in dem er einen gewissen leidenschaftlichen, vornehm-schüchternen Charakter, den Charakter des Mädchens selbst findet«.[13] Andererseits meint Schumann zweifellos ein umfassenderes Verständnis des Begriffs, wenn er – in einer weiteren Rezension – davor warnt, »dem Zuhörer nach dem Ende (eines Werkes; M. H.) hin, wo der Gedanke ruhig *aus*strömen soll, noch irgend Neues fühlen oder überlegen zu geben«.[14] Und in einer Glosse über die »Charakteristik der Tonarten« stellt Schumann fest: »Der Prozeß, welcher den Tondichter diese oder jene Grundtonart zur Aussprache seiner Empfindungen wählen läßt, ist unerklärbar, wie das Schaffen des Genius selbst, der mit dem Gedanken zugleich die Form, das Gefäß giebt, das jenen sicher einschließt.«[15]

Letztere Aussage könnte Schönberg geradezu zitiert haben, zumindest paraphrasierte er sie des öfteren, z.B. noch in *Moses und Aron*: »Erwartet die Form nicht vor dem Gedanken! Aber gleichzeitig wird sie dasein!«[16]

Eduard Hanslicks Musikverständnis, geleitet von der Maxime »Das Komponieren ist ein Arbeiten des Geistes in geistfähigem Material«[17], dürfte Schönberg weder als »Formalismus« noch als »Propaganda« aufgenommen haben. Obwohl er niemals auf die zentrale Schrift *Vom Musikalisch-Schönen* (1854; 15. Auflage 1922) Bezug nahm, schätzte er doch die künstlerisch-intellektuellen Fähigkeiten des einflußreichen Wiener Kritikers und Brahms-Apostels[18], ungeachtet der tiefgreifenden Widersprüche, in die sich Hanslick bei dem Versuch verstrickt, »mit

Worten über das zu reden, wovon er glaubt, daß es sich den Worten entzieht«.[19] Äußerungen wie die, daß mit dem Tonmaterial »musikalische Ideen«[20] ausgedrückt werden; daß »ein bestimmter musikalischer Gedanke ohne weiteres durch sich geistvoll, der andere gemein (ist)«[21]; daß »der musikalische Gedanke ohne (die Mathematik) ans Licht«[22] komme; oder die fundamentalen Sätze: »Die Musik ist ein Spiel, aber keine Spielerei. Gedanken und Gefühle rinnen wie Blut in den Adern des ebenmäßig schönen Tonkörpers; sie sind nicht *er,* sind auch nicht *sichtbar*, aber sie beleben ihn. Der Komponist *dichtet* und *denkt*«[23] – solche Äußerungen kennzeichnen und umreißen eine Verständigungsebene, auf der weitgehend unabhängig von zeit- oder stilistisch bedingten Divergenzen das jeweils Faktisch-Musikalische zur Sprache kommt.

Schließlich sei noch erwähnt, daß unmittelbar bevor Schönberg sein »Gedanke«-Konzept zu entwickeln begann, dessen geschätzter Kollege und zeitweiliger Förderer Ferruccio Busoni den Begriff in einer Weise verwendete, welche die Überlegungen des Jüngeren durchaus in Gang gesetzt haben könnte: Es gibt

»zwei Arten der Instrumentation (...): die vom musikalischen Gedanken geforderte und vorgeschriebene, *absolute* Orchestration und die ›Instrumentierung‹ eines ursprünglich nur abstrakt musikalischen oder für ein anderes Instrument gedachten Satzes. Die erste ist allein die echte, die zweite gehört in das ›Arrangement‹.«[24]

Schönbergs »Gedanke«-Begriff nahm in einer Art bewußtwerdender Annäherung Gestalt an, und zwar im Kontext der Ausarbeitung der *Harmonielehre.*[25] Wenn auch Überlegungen und Erfahrungen aus der gesamten bisherigen, um 1903 einsetzenden Lehrtätigkeit eingeflossen sein dürften, begann die Niederschrift des Buches erst in den Anfangsmonaten des Jahres 1910.[26] Im Juli lagen 130 Seiten vor, und Schönberg hoffte, bis Ende Oktober die »gering 450 Seiten« umfassende Arbeit abzuschließen.[27] Doch es traten Unterbrechungen ein, offensichtlich und einigermaßen merkwürdig auch durch Unentschlossenheit seitens des Verlages, wie ein Brief Schönbergs vom 28. September 1910 an die Universal-Edition belegt: »Wann entscheiden Sie sich über die Harmonielehre?«[28] Am 21. März 1911 kündigte Schönberg dann dem Verlag an, daß er »wahrscheinlich (...) zwischen 8. und 10. April *ganz* fertig«[29] sein würde, forderte jedoch am 13. April »dringendst« noch einmal alles zurück,

»was ich aus meiner Harmonielehre bereits zum Druck abgeliefert habe. Ich bin in einem Kapitel auf eine *sehr große* Schwierigkeit gestoßen und muß – ehe ich dieses Kapitel vollenden kann – alles durchlesen, was an circa 8–12 Stellen (...) des Vorhergehenden gestanden ist.« Er hielte »an einer Stelle, wo ich diese Frage (...) unbedingt gelöst haben muß (...) Ich kann nicht eher die Fortsetzung schicken, ehe ich diese Frage ins Reine gebracht habe, weil es sich um ein Prinzip handelt, das sich durchs ganze Werk zieht und das an mehr als 20 Stellen citiert ist.«[30]

Die Entstehung des Buches, das erst Anfang August 1911 abgeschlossen wurde, interessiert insofern, als die Verzögerungen und vielleicht auch der Hinweis auf eine »sehr große Schwierigkeit«, die erst noch zu lösen sei, mit der Herauskristallisierung des »Gedanke«-Begriffs (und mit ihm auch des »Raumes«) zu tun haben könnten. Es fällt auf, daß in den ersten rund 140 Seiten der Druckfassung von 1911 nur zwei Mal die Vokabel »Gedanke« in unmittelbarem Bezug auf musikalische Phänomene erscheint[31], und zwar im »Vorkapitel« über die »Methode der Harmonielehre«, von dem stark anzunehmen ist, daß es erst im Nachhinein abgefaßt wurde[32], sowie im Kapitel über die Durtonart und die leitereigenen Akkorde, wo von der »Geschlossenheit eines gut geformten Gedankens«[33] die Rede ist. Diese Wendung steht hier jedoch recht isoliert und könnte vielleicht sogar durch eine Textüberarbeitung eingefügt worden sein. Die späteren, über zwei Drittel des Gesamtumfangs einnehmenden Kapitel hingegen beginnen gleichsam um den »Gedanken« (und den »Raum«) zu kreisen, nähern sich ihm unter verschiedenen Gesichtspunkten, von denen nur einige benannt seien.

Auf die Frage: »Warum schließt man, warum geht man weiter?« antwortet Schönberg: »Bis das Formgefühl befriedigt, bis dem Ausdrucksbedürfnis genug geschehen, bis der Gedanke, um den es sich gehandelt hat, klar dargestellt ist.«[34] Die Tonalität hält er nicht »für einen Zwang, den das Wesen der Musik ausübt, sondern nur für einen Kunstgriff, der es uns ermöglicht, unseren Gedanken den Anschein von Geschlossenheit zu verleihen«.[35] Die Form des Chorals nimmt Schönberg zum Anlaß, das Verhältnis von »Gliederung«, also Formbildung, und »Gedanke« ausführlicher und in einer Weise zu behandeln, die späteren systematischen Darstellungsversuchen mehr als nahekommt, sie bis zu Formulierungsübereinstimmungen vorausnimmt:

»Eine solche Gliederung hat jeder Gedanke, sobald er ausgedrückt wird, nötig, weil wir einen Gedanken zwar auf einmal, als Ganzes denken, aber nicht auf einmal sagen können, sondern nur nach und nach. Durch Aneinanderreihung der verschiedenen Bestandteile, in die wir ihn auflösen müssen, und die, zusammengefügt, eine mehr oder weniger genaue Wiedergabe seines Inhalts darstellen. In der Musik nimmt man an, daß die Bestandteile eines solchen Gedankens sich durch melodische (oder harmonische) Folge ausdrücken. Das ist ja richtig, soweit es das Sichtbare oder Hörbare, das an der Musik mit den Sinnen Wahrnehmbare betrifft. Stimmt aber für das, was den wirklichen Inhalt eines musikalischen Gedankens ausmacht, nur vergleichsweise. Immerhin darf man aber annehmen, daß das Notenbild ein glückliches Symbol für den musikalischen Gedanken abgibt, und daß somit (...) die in den Noten sich bekundende Form und Gliederung dem inneren Wesen des Gedankens und seiner Bewegung (...) entspricht (...) Die Gliederung drückt sich im Choral aus durch die Haltungen an den mit den Vers-Enden zusammenfallenden Enden der musikalischen Phrasen. Dadurch wird der Gedanke in seine verschiedenen Bestandteile zerlegt (...) Was jene, in einem Gedanken liegende Bewegung hervorbringt, durch die ein Gedanke erst ein Lebendiges ist, sind insbesondere die Gegensätze, die von den einfachen, aus der Tonart sich ergebenden Abschweifungen herrühren.«[36]

Außerhalb der *Harmonielehre* und innerhalb des Zeitraumes, in dem sie geschrieben wurde, schien Schönberg den »Gedanke«-Begriff nur ein einziges Mal – und zwar unverkennbar in einem annähernden Sinne – verwendet zu haben: im Aufsatz *Probleme des Kunstunterrichts*, der am 24. Dezember 1910 abgeschlossen war. Resümierend ist dort von der »Technik« die Rede, die einem Schüler gezeigt werden könne:

»Aber nur so, wie die Grammatik einer Sprache. Man mag in ihr Sinn zu finden, Geist, den Geist einer Nation. Aber die Gedanken, die Gefühle bringt man selbst mit. Man kann sich von der Sprache tragen lassen, aber sie trägt nur den, der imstande wäre, sie selbst zu erfinden, wenn es sie nicht gäbe. ›Die Sprache Mutter des Gedankens‹, sagt Karl Kraus. Das ist so unrichtig wie, daß die Henne früher da war als das Ei. Und ebenso richtig. Denn so ist es im wirklichen Kunstwerk: Alles sieht aus, als ob es das Erste gewesen wäre, weil alles gleichzeitig geboren wurde. Das Gefühl ist schon die Form, der Gedanke schon das Wort.«[37]

Ein Ereignis in der Folgezeit hat wohl entscheidend dazu beigetragen, daß solche Annäherungen endlich auch ihr Ziel erreichten – wobei unter »Ziel« ein Vorgang verstanden werden muß, in dem eigene Erwägungen und Entdeckungen mit aufgegriffenen Überlegungen verschmelzen. Am 9. März 1911 läßt Anton Webern Schönberg wissen, daß er gerade ein Buch lese, »das nicht von Menschengeist geschrieben ist: ›Seraphita‹ von Balzac«.[38] Wenige Tage später heißt es in einem weiteren Brief Weberns: »Jeder Satz darin ist ein Wunder (...) Balzac ist jedenfalls einer der allergrößten und herrlichsten Menschen.«[39] Nachdem Webern Anfang Mai 1911 Schönberg Angaben über die 1910 im Insel-Verlag erschienene Ausgabe der *Philosophischen Erzählungen* von Balzac übermittelt hatte, konnte er bereits im Juli auf einen bisher leider nicht wiedergefundenen Brief des Lehrers antworten:

»Daß Sie ›Seraphita‹ und ›Louis Lambert‹ lesen freut mich riesig. Das verstehe ich nicht, wieso das letztere den Glauben Swedenborgs widerlegt. Nämlich: ich habe das gar nicht bemerkt. Ich bin überzeugt, daß Sie recht haben und bin schon sehr neugierig, was Sie mir sagen werden.«[40]

Obwohl dunkel bleiben muß, worin Schönbergs Einwand gegenüber der Beziehung zwischen beiden Erzählungen besteht, erhellen doch die zitierten Sätze unabweislich, wie sehr ihn das Gelesene sofort beeindruckte und festhielt, und zwar gerade zu dem Zeitpunkt, als die Arbeit an der *Harmonielehre* zum Abschluß kam. Schönberg fand in den Balzac-Texten, vor allem in der *Seraphita* mit ihrer Anverwandlung der mystischen Himmelskonstruktion Emanuel Swedenborgs, eine unerwartete Bestätigung und zugleich ausgreifende Konkretisierung dessen, dem er im Theoriebuch auf die Spur gekommen war. Nun waren Schönberg und noch früher wohl seinen Schülern Berg und Webern weder Balzac noch ein anderer Schriftsteller, den bereits Mitte der neunziger Jahre das »Seraphita-Swedenborg«-Erlebnis getroffen hatte: August Strindberg, längst keine Unbekannten mehr. Strindberg, dessen Werke ab 1902 in deutscher Übersetzung erschienen, reizte mit emphatischer Kritik »moderner« Wissenschaftsgläubikeit und ihn umhertreibender Suche nach der »verschwundenen«, nur durch mystische Daseinssteigerung wiederzuerlangenden Gottesgegenwart ein vorherrschendes Lebensgefühl, das auch Schönberg und die Seinen durchdrang. Balzac und Strindberg wurden als Zeugen für eine Weltverfassung gelesen, welche in blindem Materialismus zu ersticken drohte und die nur von »höheren Mächten«, vom erneuerten Bekenntnis zu göttlichem Grund und Ziel menschlichen Wesens »erlöst« werden könnte.

Die elementare Wirkung, die von den *Philosophischen Erzählungen* des Franzosen, weitaus stärker noch und insgesamt von den Schriften des Schweden ausging, war ein zeitgemäßes und durchaus auch modisches Phänomen. In dieser Hinsicht wurden Schönberg, Berg und Webern lediglich in eine Strömung hineingerissen, die bereits seit den neunziger Jahren erhebliche Teile insbesondere der künstlerischen Intelligenz erfaßt hatte. Dafür gibt es zureichend Belege, den frühesten dürfte jener anekdotische Bericht über das Abschiedstreffen der Schönbergianer mit ihrem verehrten Mentor Gustav Mahler im Spätherbst 1907 liefern. Auf die Frage Mahlers, wie es denn bei seinen jungen Freunden um die Kenntnis und das Verständnis Dostojewskis bestellt sei, soll Webern geantwortet haben: »Herr Direktor, wir haben aber jetzt den Strindberg.«[41] Schönbergs erste nachweisliche Erwähnung Strindbergs geschah auf einem Brief Hermann Bahrs vom 10. April 1909 – Schönberg notierte seine und des Dichters Vor- und Zunamen nebeneinander in Versalien und war zweifellos angerührt von der Übereinstimmung in der Anzahl der Buchstaben (die Auflösung des »ö« zu »oe« hat ein späteres Gegenstück in der Kürzung des biblischen Namens »Aaron« zu »Aron«, um im Titel der Oper statt 13 nur 12 Buchstaben zu verwenden). Wenig später, im Juli 1909, legte Alban Berg in Briefen an seine künftige Frau leidenschaftliche Bekenntnisse sowohl zu Balzac wie zu Strindberg ab. Balzacs Romane seien »mit dem ›Geist der Liebe‹ geschaffen« und er »liebe, verehre, bewundere diesen Autor – wie vielleicht nur einen, der mit all dieser Weisheit, Erfahrung und Wissenschaft noch die hervorragendste Künstlerschaft vereinigt: Strindberg«.[42] Aus einem kurz darauf folgenden Brief geht außerdem hervor, daß Berg »ziemlich viel von Strindberg *vorher* gelesen hatte«.[43]

In der Schönberg-Literatur wurde stets und zweifellos zurecht der philosophisch-religiöse Gehalt, das »Weltanschauungs«-Moment in der Hinwendung zu Balzac und Strindberg betont, wofür vor allem verschiedene Kompositionspläne Schönbergs, aber auch Bergs und Weberns als eindeutige Beweise vorliegen. Am Neujahrstag 1911 fragt Webern bei Schönberg an, ob dieser »schon die neuen Strindbergbände gelesen (habe). ›Beichte eines Toren‹, ›Legenden, Inferno‹. Das sind furchtbare Sachen. So etwas an rücksichtslosem Bekennen war wohl noch nie da.«[44] Auf diese Anregung hin hatte Schönberg wohl noch im Frühjahr ein Bühnenwerk entworfen, dem der 3. Teil der *Legenden, Jakob ringt*, zugrunde liegen sollte und um dessen librettistische Einrichtung der Komponist den Dichter selbst zu bitten gedachte.[45]

Ein weiterer Hinweis Weberns, der bereits erwähnte auf Balzacs *Philosophische Erzählungen*, lenkte Schönbergs entwurffreudigen Sinn in eine andere, thematisch jedoch gleichbleibende Richtung. Zunächst, noch im Winter 1911/12, beabsichtigte er, *Jakob ringt* und *Seraphita* zu verbinden. In der Tat spricht einiges für eine solche Kombination: *Jakob ringt* ist zugleich Fazit und Ausblick einer Lebensrechenschaft, ist, wie Strindberg in einer »Nachschrift« vermerkt, »ein Versuch, in sinnbildlicher Schilderung den religiösen Kampf des Verfassers zu zeichnen«. Dieses Unterfangen scheitert, da »das Forschen in den Geheimnissen der Vorsehung wie alles Himmelsstürmende mit Verwirrung getroffen wird« und jeder Versuch, »auf dem Wege des Räsonnements sich der Religion zu nähern, zu Absurditäten führt«.[46] In dieser ausweglos scheinenden Lage stieß Strindberg auf Balzacs *Seraphita,* begann er, Schriften von Swedenborg zu lesen – und ihm erschloß sich jene mystisch-geheimnisvolle Sphäre der »Engelgeister«, die, halb Mensch, halb Engel, über eine Stufenleiter vom Ich über die Welt zum Himmel aufsteigen. Eben diese *Himmelfahrt*, die den 7. Teil von Balzacs *Seraphita* bildet, sollte auch das Hauptstück in Schönbergs Kompositionsplan sein.

»Seraphita« bzw. »Seraphitus« ist einer jener »Engelgeister«, ein Zwitterwesen aus »männlicher Intelligenz und weiblicher Schönheit«[47], das sich menschlich-materiellem Schuldzusammenhang durch den Glauben entringt, das »im Glauben lebt«, um dahin zu gelangen, »Jakobs mystische Leiter« zu schauen. Diese Leiter führt in einen Himmel, in dem es – nach Swedenborgs okkulter Vorstellung, die ausführlich referiert wird – keine Zeit »nach menschlichen Begriffen« gibt.

»Jede Welt hatte ein Zentrum, zu dem alle Punkte ihres Kreises hinstrebten. Diese Welten waren selber Punkte, die zum Zentrum ihrer Gattung hinstrebten. Jede Gattung hatte ihr Zentrum nach den großen himmlischen Regionen hin, die sie mit dem unversiegbaren und flammenden *Motor allen Daseins* verbanden. So war alles – von der größten bis zur kleinsten der Welten und von der kleinsten der Welten bis zum kleinsten Teilchen der Teile, aus denen sie sich zusammensetzte – für sich bestehend, und dennoch war alles eins (...) Nun begriffen Wilfried und Minna, da sie sahen, daß dort alles homogen war, etliche der sonderbaren Aussprüche dessen, der auf Erden jedem von ihnen in der Form erschienen war, in der sie ihn erfassen konnten, dem einen als Seraphitus, dem andern als Seraphita. Das Licht erzeugte die Melodie, die Melodie erzeugte das Licht, die Farben waren Licht und Melodie, die Bewegung war eine mit Rede begabte Zahl; kurz, alles war gleichzeitig klangvoll, durchscheinend und bewegt, so daß da alle Dinge einander durchdrangen, die Weite ohne Hemmnis war und von den Engeln bis in die Tiefe des Unendlichen durcheilt werden konnte.«[48]

Obwohl Schönberg die Idee einer solchen »Himmelswelt« faszinierte, schlugen zunächst alle Versuche fehl, ihr ein praktikables Werkkonzept abzugewinnen. Nachdem die Verbindung von *Jakob ringt* und *Seraphita* wohl bald wieder aufgegeben worden war, entstand im Sommer 1912 der Plan, *Seraphita* allein für ein jedoch drei Abende füllendes »Bühnenwerk« zu bearbeiten.[49] In den Briefen an Berg vom August berichtete Webern, was er von diesem Plan, zweifellos durch Schönberg selbst, erfahren hatte:

»Er komponiert an der ›Glücklichen Hand‹ und macht Pläne für die ›Seraphita‹. Diese will er möglichst wörtlich (bezüglich der darin vorkommenden Gespräche und Monologe) bringen. Auf drei Abende verteilt. Zur ›Himmelfahrt‹ ganz große Chormassen und allergrößtes Orchester. Das ganze als Drama.«[50]

Wenn auch der Bezug auf Wagners *Ring*-Tetralogie überdeutlich hervortritt (in der ursprünglichen Verbindung von *Jakob ringt* und *Seraphita* sollte das erstere Stück »eine Art Vorgeschichte«[51] sein), so neigt doch Schönbergs Opernkonzeption in allen Phasen zum Oratorischen, zu einer dem Pittoresk-Schauspielerischen sich entziehenden Darstellung, welche der »Handlung« nur im Rahmen symbolischer Anschaulichkeit bedarf. Und diese Konzeption berührt dann nachhaltig auch die *Jakobsleiter*, die das oratorische Moment ganz in den Vordergrund rückt – gewissermaßen als »Oratorium-Oper« –, und erfüllt sich schließlich in *Moses und Aron*, in der das Formpendel wiederum zur Oper ausschlägt – zum »Opern-Oratorium«.

Der *Seraphita*-Plan beschäftigte Schönberg mindestens bis gegen Ende 1913. In einem Brief an Zemlinsky vom 21. November 1913 bekundete er sein ungemindertes Interesse und daß Marie Pappenheim, die Textautorin der *Erwartung*, bereits das Libretto begonnen hatte.[52] Später ist davon allerdings nicht mehr die Rede, bzw. es muß wohl angenommen werden, daß die Oper letztlich in das Oratorium-Projekt *Die Jakobsleiter* mündete – wie auch die Entwürfe zu zwei weiteren Werken, die Schönbergs Phantasie ebenfalls und mindestens seit Herbst 1912 bewegten: einem Oratorium und einer Sinfonie.

Als Richard Dehmel im Dezember 1912 nach einer Aufführung des Streichsextetts *Verklärte Nacht* dem Komponisten einen Dankesgruß übermittelte, reagierte dieser postwendend. Schönberg forderte den Dichter auf, ihm einen bestimmten Text zu liefern, zumal er versichern konnte, daß »Ihre Gedichte auf meine musikalische Entwicklung entscheidenden Einfluß ausgeübt (haben). Durch sie war ich zum erstenmal genötigt, einen neuen Ton in der Lyrik zu suchen.«[53] Dieser freundlichen Werbung folgten eine Schilderung des derzeitigen Anliegens und schließlich die Aufforderung zur Mitarbeit:

»Ich will seit langem ein Oratorium schreiben, das als Inhalt haben sollte: wie sich der Mensch von heute, der durch den Materialismus, Sozialismus, Anarchie, durchgegangen ist, der Atheist war, aber sich doch ein Restchen alten Glaubens bewahrt hat (in Form von Aberglauben), wie dieser moderne Mensch mit Gott streitet (siehe auch: ›Jakob ringt‹ von Strindberg) und schließlich dazu gelangt, Gott zu finden und religiös zu werden. Beten zu lernen! *Nicht* eine Handlung, Schicksalsschläge oder gar eine Liebesgeschichte sollen diese Wandlung bewirken (...) Und vor allem: die Sprachweise, die Denkweise, die Ausdrucksweise des Menschen von heute sollten es sein; die Probleme die uns bedrängen sollte es behandeln. Denn die in der Bibel mit Gott streiten, drücken sich auch als Menschen ihrer Zeit aus, sprechen von ihren Angelegenheiten, halten ihr sociales und geistiges Niveau ein. Deshalb sind sie künstlerisch stark aber doch unkomponierbar für einen Musiker von heute, der seine Aufgabe fühlt. Erst hatte ich die Absicht, das selbst zu dichten. Jetzt traue ich mirs nicht mehr zu. Dann dachte ich daran mir Strindbergs ›Jakob ringt‹ zu bearbeiten. Schließlich endete ich dabei mit positiver Religiosität gleich zu beginnen und beabsichtigte, von Balzacs Seraphita das Schlußkapitel ›die Himmelfahrt‹ zu bearbeiten. Dabei ließ mich mein erster Gedanke nie los: ›Das Gebet des Menschen von heute‹ und ich dachte mir oft: Wenn doch Dehmel...!«[54]

Ob Schönberg an Dehmel wirklich »oft dachte«, bleibe dahingestellt – der Dichter jedenfalls übersandte, trotz verständnisvoller Zustimmung, lediglich einen bereits fertigen Text, *Schöpfungsfeier*, ein »Oratorium natale«, der denn auch den Erwartungen des Musikers nicht so recht entsprach:

»Das werde ich unbedingt, wenn auch in anderer Weise, als Sie annehmen, komponieren. Und zwar denke ich es mir als Mittelsatz, vielleicht als Schlußsatz einer Symphonie. Ich habe bereits Ideen dafür (...)«[55]

Dies scheint die erste Erwähnung jener formal wie besetzungsmäßig großangelegten »Symphonie« zu sein, aus der – nach verschiedenen Konzeptionsänderungen - unmittelbar das umfangreiche Oratoriumfragment *Die Jakobsleiter* hervorging. Obwohl Schönberg also gegen Ende 1912 »bereits Ideen dafür« hat, stammt das im Nachlaß befindliche Skizzenkonvolut in Gänze aus den Jahren 1914 und 1915. Gründe für die »Verzögerung« könnten darin liegen, daß 1913 noch immer die »Bühnenwerk«-Version der *Seraphita* aktuell blieb und daß im November desselben Jahres endlich *Die glückliche Hand* zum Abschluß kam – mit der Aussicht auf eine baldmögliche Uraufführung. Und erst die Abwendung von der *Seraphita* und das Scheitern der Uraufführung des »Dramas mit Musik« lenkten das Interesse wieder auf die Sinfonie, von der Schönberg selbst stets sagte, daß sie Ende 1914/Anfang 1915 begonnen worden sei.[56]

Für diese Sinfonie entwarf Schönberg eine Gliederung in zwei Hauptteile, die jeweils drei bzw. zwei »Sätze« umfaßten:[57]

»I. Teil

1. Satz:	Lebenswende (Rückschau, Blick in die Zukunft: düster, trotzig, verhalten). Alle Motive, die später Bedeutung haben, kommen vor.			
2. Satz:	(Scherzo) Die Lebenslust I Teil Scherzo mit 2 Trios, II Teil Reprise des ganzen mit Gesang.			
	a) Dehmel Schöne wilde Welt Seite	10:	Freudenruf	
	b) " " " " "	70:	Götterhochzeit	
	c) " " " " "	117:	Aeonische Stunde	
3. Satz:	(›Allegretto‹) Der bürgerliche Gott. Dehmel Cantate (schöne wilde Welt Oratorium natale ›Schöpfungsfeier‹ Seite 61)			
	Orchester: alle Flöten, Clarinetten, Bratschen u. Harfen			

II. Teil

4.	Totentanz der Prinzipien (Grundsätze)			
	1. Begräbnis, 2. Begräbnisrede (quasi) kurze Skizze dazwischenliegender Ereignisse mit *Fernorchester* aus Freudenruf. 3. Totentanz			
	Tagore Nr. 88			
	Schluß: Gebet			
V.	Der Glaube des ›Desillusionierten‹. Es gelingt die Vereinigung nüchtern-skeptischen Realitätsbewußtseins mit dem Glauben			
	Jesaia	58	Seite 711	
		66	718	
	Im Einfachsten steckt das Mystische Jeremia	7	726	
		17	737 «	

Dieses bereits überarbeitete und veränderte[58] Konzept vereint nicht nur früher ausgewählte Texte (Dehmel!) mit dem eigenen, gerade fertig gewordenen *Totentanz der Prinzipien* (Abschlußvermerk: »15/I 1915«), sondern läßt auch deutlich – im Aufbau, in der Vermischung von vokalen und instrumentalen Abschnitten mit übergroßer Chor- bzw. Orchesterbesetzung – das Vorbild Gustav Mahlers, etwa dessen *2.* und *8. Sinfonie*, erkennen. Wichtiger aber für unseren Zusammenhang ist eine Kompositionsskizze zum »Scherzo«, die bereits im Mai 1914 notiert wurde und ein Thema enthält, das die zwölf Töne der chromatischen Skala verwendet.

Drei Tage nach Abschluß des Textes für den 4. Satz (*Totentanz der Prinzipien*), am 18. Januar 1915, beginnt Schönberg mit der Niederschrift der Dichtung *Die Jakobsleiter*, die nunmehr, also nach einer neuerlichen Veränderung der Konzeption, die Sinfonie als »4. Satz« beschließen und den *Totentanz* folglich in einen »3. Satz« verwandeln soll. Doch auch dabei bleibt es nicht. Anders als frühere Dichtungen (*Die glückliche Hand*), in denen Schönberg sein Anliegen emphatisch auf wenigen Seiten zum Ausdruck brachte, weitet sich ihm die *Jakobsleiter* unter der Hand zu einem opulenten, verzweigten Panorama. Verständlich wird dies vor allem deshalb, weil Schönberg offenbar eingesehen hatte, daß Bearbeitungen und assoziative Zusammenstellungen fremder Texte seine eigenen Ideen – zumal mit Blick auf deren kompositorische Anverwandlung – nicht zureichend zu treffen vermögen. Er greift nun die vorgefundenen Motive auf, kreisend um die *Himmelfahrt* aus *Seraphita*, aus der nicht nur Teile paraphrasiert, sondern stellenweise sogar zitiert werden.

Die wachsende Wortfülle der *Jakobsleiter*-Dichtung gab denn auch wohl den Anstoß zu einer neuerlichen, grundlegenden Konzeptionsänderung, nach der nurmehr dieser Text das gesamte Werk umfassen sollte. Wann dies geschah, ist nicht sicher auszumachen. Die im Mai 1915 wieder einsetzenden Kompositionsskizzen geben keine Auskunft, da sie rein instrumental bleiben. Noch ein Brief vom 29. Juli 1915 an Alexander von Zemlinsky zeigt Schönbergs anhaltende Unschlüssigkeit:

»Wie diese Symphonie schließlich aussehen wird, weiß ich noch nicht. Zu den beiden letzten Sätzen habe ich mir selbst etwas zusammengedichtet (...) und denke nun daran für den 1. und 2. Satz selbst etwas zu schreiben da mir das wohl besser liegen würde, als Dehmels Gedichte, die ursprünglich dafür bestimmt waren. Allerdings habe ich für diese erste Idee schon eine Menge Musik skizziert, so daß ich mich nicht recht entschließen kann.«[59]

Bald darauf, von November 1915 bis Juni 1916, wird Schönbergs gesamte Arbeit durch Einberufung zum Militärdienst unterbrochen. Erst im Mai/Juni 1917[60] liegt eine endgültige Fassung des *Jakobsleiter*-Textes vor, die, nachdem inzwischen die Entscheidung zugunsten eines Oratoriums gefallen war, auch unmittelbar zur Komposition führt. Es entstehen rund 600 Takte, ehe eine zweite und letzte Einberufung, vom September bis Dezember 1917, den erneuten Abbruch erzwingt. Nach der Entlassung und bis Juli 1922 nimmt Schönberg die Skizzierung zwar noch mehrmals auf, gelangt aber über knapp 100 Takte des 2. Teils nicht hinaus: *Die Jakobsleiter* geht als Fragment in den Nachlaß ein.[61]

Die Schwierigkeiten, die Entstehungsgeschichte der in unterschiedlichen Graden fragmentarisch bleibenden Kompositionen zwischen 1911 und 1917 zu rekonstruieren oder diese stets exakt auch nur auseinanderzuhalten, rühren letztlich aus dem ebenso merkwürdigen wie einzigartigen Umstand her, daß Schönberg – zugespitzt gesagt – mit und in ihnen immer nur an *einem* Werk arbeitete. Indem er die Absicht verfolgte, seine seit Herbst 1909 vor Auge und Ohr stehende kompositionstechnische Aufgabe zu lösen, verwandelt sich ihm künstlerische Produktion in jenes »Experimentierfeld«, von dem die Rede war, auf dem die jeweiligen Entwürfe wie Teilversuche erscheinen und mithin das Fragmentarische zum gewissermaßen einkalkulierten Risiko gehört. Zumindest die »Bühnenwerk«-Variante der *Seraphita* erweckt den Eindruck, als ob Schönberg niemals ernstlich damit gerechnet habe, sie auszuführen oder gar abzuschließen. Der Weg, die Wegstrecke waren hier eben (fast) nichts, und alles – das Ziel.

Der spätestens 1917 gefaßte Entschluß, die *Jakobsleiter* aus einem mehrteiligen Kompositionsprojekt herauszulösen und als eigenständiges Oratorium auszuarbeiten, war nicht zuletzt mit einer erneuten, konzentrierten Hinwendung zur Balzac-Swedenborgschen *Seraphita*, zur Gedankenwelt und Raumvorstellung einer mystischen Himmelskonstruktion verbunden. Strindberg hingegen gerät dabei, ungeachtet der anhaltenden Faszination seiner Person wie seines Werkes, merklich aus dem Blickfeld, und zwar eben hinsichtlich der Überlegungen zur Stoffwahl für künftige Kompositionen. Schönberg findet bei dem Schweden vor allem ein ihm vertrautes, eng verwandtes Lebensgefühl, eine Rigorosität in der Suche nach Wahrheit, die ebenso rigorose Ausdrucksformen erfordert und die Darstellungs-»Temperatur« gewissermaßen permanent auf dem Siedepunkt hält. Beginnend mit dem Gabriel der *Jakobsleiter*, wenn nicht schon mit dem »Mann« aus der *Glücklichen Hand*, trägt Strindbergs »Ton« den nicht selten neurotisch-impulsiven Argumentationseifer Schönbergscher Hauptfiguren bis hin zu Moses oder dem namenlosen Ankläger in der *Ode an Napoleon.* Es sind unerbittliche Selbstbekenntnisse ihres Schöpfers, die diesen Hauptfiguren in den Mund gelegt werden – und die kaum verdeckt von Strindbergs Selbsterkennungswut zeugen:

»Jung, war ich aufrichtig fromm, und ihr habt einen Freidenker aus mir gemacht. Aus dem Freidenker habt ihr einen Atheisten gemacht, aus dem Atheisten einen Religiösen. Für die Menschheit begeistert, habe ich den Sozialismus verkündet: fünf Jahre später habt ihr mir gezeigt, wie sinnlos der Sozialismus ist. Alles, was mich begeistert hat, habt ihr für nichtig erklärt. Und wenn ich mich der Religion weihe, so bin ich sicher, in zehn Jahren werdet ihr sie widerlegen (...) Da bäumt sich der Mut der Empörung auf, da schleudert man seine Zweifel herausfordernd gegen den Himmel.«[62]

Solche Worte mußten Schönberg zutiefst treffen, und dann auch die Entdeckung, daß Strindberg ähnlich wie er selbst vom Balzac-Swedenborg-Erlebnis gepackt worden ist. Doch gerade diese Parallelität lenkte die Anziehung über den »Gefühlsgenossen« hinweg unmittelbar auf den gemeinsamen Bezugspunkt – auf *Seraphita.* Und es ist nicht die zeit- und richtungslose Himmelskonstruktion schlechthin, die das Interesse fesselte, sondern auch und vielleicht noch stärker die Tatsache, daß Balzac die Begriffe »Gedanke« und »Raum« in einer Weise entfaltet, die Schönberg wie eine Offenbarung erschienen sein mochte.

Schönberg hatte *Seraphita* während der Abschlußarbeiten zur *Harmonielehre* kennengelernt. In dieser Schrift erscheint von einem bestimmten, bereits genannten Punkt an der Begriff »Gedanke« zur umschreibenden Erfassung kompositorischer Sachverhalte – wie dann auch der des »Raumes«. Es beginnt dieser Terminus – zunächst freilich nur latent, in sich annähernden Formulierungen – eine Rolle zu spielen, sobald eine grundsätzliche Diskussion um das Problem Tonalität-Atonalität einsetzt. Davon, daß »die Beziehung auf den Grundton« eine »schwebende« sein könne, ist die Rede, und:

»Der Vergleich mit der Unendlichkeit könnte kaum nähergerückt werden, als durch eine derartige, sozusagen unendliche Harmonie (...) Kunst, soll sie irgend etwas mit dem Ewigen gemein haben, hat das Vakuum nicht zu scheuen.«[63]

Im Zusammenhang mit der Modulation heißt es, daß

»die Tonalität eine Funktion des Grundtons ist (...) Folgt man, sein Gebiet durchstreifend, den Spuren seiner Wirkung, so gelangt man leicht an jene Grenzen, wo die Anziehungskraft des Mittelpunkts schwächer ist (...) Solcher Gebiete, die sich das eine Mal neutral, das andere Mal revolutionär verhalten, möchte ich zwei unterscheiden wollen: Oberdominantregion und Unterdominantregion. Sie eng zu begrenzen, ist nicht möglich, denn ihre immerhin starke Beziehung zum Grundton und die Wirkung ihrer eigenen Triebe, die auch Beziehungen untereinander schafft, ergibt Verhältnisse, deren graphische Darstellung in zwei Dimensionen nicht möglich wäre.«[64]

Entschieden weiter noch geht darin der verminderte Dominant-Septakkord, der »überall heimatsberechtigt und doch nirgends seßhaft ist, ein Kosmopolit oder ein Landstreicher! Ich nenne derartige Akkorde *vagierende Akkorde.* (Sie waren es), die zur Aufhebung der Tonalität führen mußten.«[65] Nachdem Schönberg später, gegen Ende des Buches, das Problem der »schwebenden und aufgehobenen Tonalität«[66] nochmals aufgegriffen hat, erörtert er »die chromatische Skala als Grundlage der Tonalität«[67], d. h. die »schon erwähnte Idee: der Betrachtung nicht die sieben Töne der Dur-, sondern die zwölf der chromatischen Skala zugrunde zu legen. Das wird eine zukünftige Theorie sicher tun, und damit käme sie zur einzig richtigen Lösung dieser sonst schwierigen Frage.«[68] Die Frage, um die es hier vordergründig geht, betrifft einen scheinbar mangelhaften Nachweis von »verwandtschaftlicher Beziehung (...) zwischen der Tonart und gewissen Molltonarten«.[69] Schönberg aber nimmt sie zum Ausgangspunkt für einen perspektivischen Blick auf eben solche »zukünftige Theorie«, beginnend mit der Behandlung der Ganzton-Skala[70], der Quartenakkorde[71], um in einem abschließenden Exkurs (»Ästhetische Bewertung sechs- und mehrtöniger Klänge«[72]) das vorläufige Fazit der gesamten Darstellung zu erreichen: Den »einfachen Akkorden«, den »einfachen Drei- und Vierklängen« – verkürzt gesagt: der Tonalität – fehle

»die Perspektive und die Tiefe des Klangs (...) Am Klang werden drei Eigenschaften erkannt: seine Höhe, Farbe und Stärke. Gemessen wurde er bisher nur in einer der drei Dimensionen, in denen er sich ausdehnt. In der, die wir Tonhöhe nennen. Messungsversuche in den anderen Dimensionen wurden bisher kaum unternommen. Die Bewertung der Klangfarben, der zweiten Dimension des Tons, befindet sich also in einem noch viel unbebautern, ungeordnetern Zustand als die ästhetische Wertung dieser letztgenannten Harmonien. Trotzdem wagt man unentwegt, die Klänge bloß nach dem Gefühl aneinanderzureihen und gegenüberzustellen, und noch nie ist es jemandem eingefallen, hier von einer Theorie zu fordern, daß sie die Gesetze, nach denen man das tun darf, feststelle. Man vermag es eben vorläufig nicht.«[73]

Und hier schließt sich dann jener letzte, bereits zitierte Ausblick an auf die Beziehung zwischen Klangfarbe und Klanghöhe, die nichts anderes sei

»als Klangfarbe, gemessen in einer Richtung. Ist es nun möglich, aus Klangfarben, die sich der Höhe nach unterscheiden, Gebilde entstehen zu lassen, die wir Melodien, Folgen, deren Zusammenhang eine gedankenähnliche Wirkung hervorrufen, dann muß es auch möglich sein, aus den Klangfarben der anderen Dimensionen, aus dem, was wir schlechtweg Klangfarbe nennen, solche Folgen herzustellen, deren Beziehung untereinander mit einer Art Logik wirkt, ganz äquivalent jener Logik, die uns bei der Melodie der Klanghöhen genügt. Das scheint eine Zukunftsphantasie und ist es wahrscheinlich auch.«[74]

Von der »schwebenden Beziehung auf den Grundton« führt Schönbergs Gedankengang über eine »unendliche Harmonie«, die Bestimmung der Kadenzstufen als »Regionen«, die »vagierenden Akkorde« zur chromatischen Totale der Zwölftonskala, welche durch die »drei Dimensionen« des Klanges – »Höhe, Farbe und Stärke« – gewissermaßen eine Raumgestalt einnimmt. Und obwohl Schönberg kein Hehl daraus macht, daß es sich hier noch um eine »Zukunftsphantasie« handelt – trägt ihn doch zugleich auch schon die leise Gewißheit, daß sich das Komponieren auf solche »Zukunft« zubewegt. Denn:

»Ich und diejenigen, die Ähnliches schreiben[75], (unterscheiden genau,) wann ein fünf- oder sechsstimmiger, wann ein noch mehrstimmiger Akkord kommen soll. Es wäre nicht möglich, ohne die Wirkung zu schädigen, bei einem achtstimmigen Akkord einen Ton wegzulassen, bei einem fünfstimmigen einen hinzuzusetzen. Auch die Lage ist bindend, der Klang ist, sowie ein Ton geändert wird, anders (....) Hier scheinen Gesetze zu walten. Welche, das weiß ich nicht. Vielleicht werde ich es in ein paar Jahren wissen.«[76]

Die »Zukunftsphantasie« fand nun durch Balzacs *Seraphita* ebenso unerwarteten wie nachhaltigen Auftrieb. Dabei gilt es zu bedenken, daß Schönberg zumindest Teile jener Abschnitte, aus denen zuletzt zitiert wurde, nach der gewissermaßen »offiziellen« Fertigstellung der *Harmonielehre* und »angeregt durch einige Einwände und Vorwürfe«[77] geschrieben hatte. D.h., diese Teile entstanden etwa im Juli 1911 – nach der Lektüre der *Seraphita.* Die »weltanschaulichen« Aspekte der Erzählung, gipfelnd in der Vision der *Himmelfahrt*, sind von Umschreibungen und Ausdeutungen sowohl des »Gedanke-« wie des »Raum«-Begriffs durchzogen. Sie, die vergleichsweise abstrakten »Durchführungen« der Begriffe, scheinen auf Schönberg nicht minder stark gewirkt zu haben als der Text, als der durchgestaltete dichterisch-philosophische Exkurs – vielleicht sogar noch stärker. Denn diese »Durchführungen« gewinnen durch ekstatisch-beschwörende Diktion und gleichsam in sich kreisende, doch von Gedankenbahn zu Gedankenbahn ausgreifendere Entfaltung eine Suggestivkraft, die den Musiker nicht nur in gegebener kritischer Situation faszinieren mußte:

»Wir können die unendliche Bahn des göttlichen Gedankens, von dem wir ein so winzig kleines Teil sind, nicht ermessen, aber wir können Unendlichkeit ahnen, können niederknien, anbeten, harren! In allen seinen Wissenschaften täuscht sich der Mensch, der nicht sieht, daß auf seiner Kugel alles nur relativ ist und sich einer allgemeinen Umwälzung fügt, einer beständigen Zeugung, die notwendigerweise einen Fortschritt und ein Ende mit sich bringt. Auch der Mensch ist keine vollendete Schöpfung; denn sonst wäre Gott nicht (...) Wir sind eines der Meisterwerke Gottes. Gab er uns nicht die Fähigkeit, der Natur nachzusinnen, sie durch den Gedanken in unser Inneres zu ziehen und als Sprungbrett zu benutzen, von dem aus wir uns zu ihm aufschwingen können?«[78]

Dies verkündet Seraphitus/Seraphita, der »mit dem Gedanken (sieht)«[79], dessen Stimme »wie in Musik gesetztes Denken«[80] und dessen »Wissen der Gedanke ist«[81]. Er habe »die Gabe der reinen Anschauung«[82], und er erläutert dies durch ein Gleichnis, das später auch Schönberg nahezu übereinstimmend verwenden wird:

»Der Bildhauer bearbeitet den Marmor, gibt ihm eine Form, in die er eine Welt von Gedanken hineinlegt. (Menschen,) die auf einer etwas höheren Entwicklungsstufe stehen, bemerken einen Teil des Gedankeninhalts, den der Künstler in sein Werk hineingelegt hat, und bewundern die Form. Wer aber ganz in die Geheimnisse der Kunst eingedrungen ist, ist eines mit der Gedankenwelt des Bildhauers.«[83]

Der »Gedanke« verbindet sich mit der Synästhesie, »wo die Farben wundervolle Musik ertönen lassen, wo die Reden strahlen wie Fackeln und das Wort sich selbst zu Schrift windet«[84], mit einem Phänomen also, dem in übertragenem Sinne ein räumliches Moment eigen ist. Dieses Moment gelangt dann in der *Himmelfahrt* zur vollen Entfaltung, in der Konstruktion eines »Weltzentrums«, zu dem »alle Punkte hinstrebten«, von dem es jedoch wiederum unendlich viele gab, »die zum Zentrum ihrer Gattung hinstrebten« – und die letztlich an den »unversiegbaren und flammenden Motor allen Daseins« gekoppelt waren.

»Was war die Absicht dieses in seinem Sein und seinen Eigenschaften unveränderlichen Wesens, das diese Welten verrückte, ohne sie zu verlieren, das sie aus sich hinaussetzte, ohne sie von sich zu lösen, das alle diese in ihrer Wesenheit feststehenden und in ihrer Gestaltung beweglichen Schöpfungen aus sich hergab?«[85]

Die Frage könnte Schönberg unmittelbar an sich gerichtet empfunden haben: Was treibt kompositorische Darstellung an, erschließt ihr die unendlichen Verzweigungen künstlerischer Phantasietätigkeit – und hält sie in allen diesen Verzweigungen zusammen? Schönberg findet eine Antwort in der Entfaltung eben der Begriffe »Gedanke« und »Raum«, die sich ihm allerdings – trotz Zusammenfassung und Verflechtung in der *Seraphita* – aus verschiedenen Quellen herleiteten.

»Laß uns wieder ein Ganzes werden« Von der *Jakobsleiter* zum »Schlüsselbuch«

Der »Gedanke«-Begriff nahm vor allem, wie gezeigt wurde, in literarisch-ästhetischem Bereich Gestalt an, von der Herausbildung einer »Idee der absoluten Musik« bis hin zu Diskussionen um »Wesen« und »Erscheinung« eines Kunstwerks, in die Schönberg selbst dann mit rigorosen Urteilen eingriff. Anders der »Raum«: Es scheint, daß dieser sich ihm nur allmählich enthüllte, und zwar durch die heranreifende Erkenntnis der eigenen Schaffensdisposition wie der sie prägenden musikhistorischen Entwicklungen.

Das Aufbrechen entwickelnder Variation in die Breite (Horizontale) und in Höhe/Tiefe (Vertikale) mit dem Zielpunkt eines Ineinanderfallens der »Richtungen« und des Ausfüllens einer so entstandenen »idealen« Raumgestalt im *1. Streichquartett* (s. S. 66ff.), der *1. Kammersinfonie* (s. S. 83), dem *2. Streichquartett* (s. S. 94f. und 102 ff.) oder in den *Orchesterstücken* op. 16 (s. S. 109ff.) zeigt, auf dem Hintergrund einer konsequent polyphonen Satzstruktur, ein »musikalisches Denken«, dem »Musik« die gleichsam räumliche Verstrebung sämtlicher kompositorischer Elemente zu einem Werk-Ganzen bedeutet. Nur auf diese Weise sind für Schönberg »Logik« und »Faßlichkeit« der Darstellung zu sichern, also jene Eigenschaften, die überhaupt erst einen »Gedanken« konstituieren und letztlich auch über seinen »Wert« entscheiden. Die Aufgabe bestand nun darin, den vom Ausdruckszwang und somit gewissermaßen unbewußt geschaffenen status quo auch theoretisch zu untersetzen, eine kompositionstechnische Systematik aufzuspüren, die es weiterhin gestattete, »in der Fülle und Geschlossenheit der Klassiker zu musizieren«.[1] Dieser Aufgabe stellte sich Schönberg erneut parallel in Praxis und Theorie, wie in einer Art fortgesetztem, wenn nicht gar unendlichem Versuch.

Zwischen dem 11. und 23. April 1917 entstand ein Konvolut von Entwürfen, die unter den Stichworten »Zusammenhang, Kontrapunkt, Instrumentation, Formenlehre« zusammengefaßt wurden.[2] Sie knüpfen unverkennbar an jene theoretischen Projekte an, denen sich Schönberg bereits 1911, in Fortsetzung der *Harmonielehre*, zugewandt hatte und in einzelnen Büchern behandeln wollte. Um zunächst nur einen Eindruck von der Fülle der thematischen Schwerpunkte zu geben, seien hier einige datierte Entwürfe aneinandergereiht, deren Umfang von wenigen Zeilen bis zu mehreren Seiten reicht:

»15. 4. 1917. Über Instrumente
16. 4. 1917. Welches sind die Erfordernisse eines guten Klanges
17. 4. 1917. Aufgabe der Formenlehre
18. 4. 1917. Inwiefern sind a) Takt – a) zusammenzuhalten
b) Rhythmus – b) auseinanderzuhalten
18. 4. 1917. Welche Bedingungen stellen die Instrumente an den Satz
19. 4. 1917. Im Kontrapunktbuch…
19. 4. 1917. Besprechung der Eigentümlichkeiten der Instrumente
20. 4. 1917. Aufgabenbuch zur Instrumentationslehre
20. 4. 1917. Zur Formenlehre
20. 4. 1917. (Entwurf zu einem Vorwort für die) 4 Bücher
21. 4. 1917. Die Frage der transponierenden Instrumente
21. 4. 1917. Entwurf zu einer Disposition der Instrumentationslehre
21. 4. 1917. Entwurf zur Disposition einer Lehre vom Zusammenhang.«

Vor dem 17. April hatte Schönberg ein ausführliches Konzept für »Die Lehre vom Zusammenhang« begonnen, in dem u.a. folgende Fragen gestellt werden:

»Was ist eine selbständige Stimme? Was ist melodische Stimmführung? Welches sind die Bedingungen a) des Faßlichen
b) des Musikalisch-Faßlichen? Was ist ein Motiv?
Was ist Rhythmus«?

Und weiterhin geht es um »formbildende Prinzipien«, und zwar »der Wiederholung, Veränderung/Abweichung, Entwicklung, des Gegensatzes«, und schließlich um »Gliederung«, um »Formprinzipien«.[3]

Nur einen Monat später, am 26. Mai 1917, lag eine Reinschrift des Textes zum Oratorium *Die Jakobsleiter* vor – und Schönberg begann sofort mit der Komposition. Der Motivationsdruck, beide Projektbereiche – den theoretischen mit dem »Hauptbuch« über »Zusammenhang«, aus dem dann eine um den »musikalischen Gedanken« kreisende Kompositionslehre hervorgehen sollte, und den kompositorischen, der »Gedanke« und »Raum« musikalisch entfaltet, nicht zuletzt als Wegweiser für die Theoriebildung – zugleich zu bewältigen, muß wahrhaft ungeheuer gewesen sein. Wiederum wäre hier nun eine synchrone Darstellung der Ereignisse angebracht, um die Übereinstimmung von Motivation und Zielsetzung in beiden Bereichen transparent zu machen.

Für die *Jakobsleiter* hatte sich Schönberg »den Plan, der für Einheit sorgen sollte – was immer mein Hauptanliegen war –, so ausgedacht, daß alle Hauptthemen des ganzen Oratoriums aus einer Reihe von sechs Tönen gebildet wurden«. Als er Jahrzehnte später, 1944 im amerikanischen Exil, das Werk beenden wollte, entdeckte er zu seiner

»größten Freude, daß der Anfang eine richtige Zwölftonkomposition war. Zu einem Ostinato (den ich ein bißchen veränderte) kamen die sechs übrigen Töne nach und nach hinzu, einer in jedem Takt. Als ich die Hauptthemen aus diesen sechs Tönen bildete, hielt ich mich nicht an die Reihenfolge ihres ersten Auftretens. Ich war zu dieser Zeit noch weit entfert von dem methodischen Gebrauch einer Reihe.«[4]

Um eine »richtige Zwölftonkomposition« handelt es sich hier in der Tat und insofern, als Schönberg nicht nur das Tonwiederholungsverbot vor Ablauf des chromatischen Totals einhält, sondern auch die Struktur gleichzeitig in die Horizontale und Vertikale entrollt:

Beispiel 60

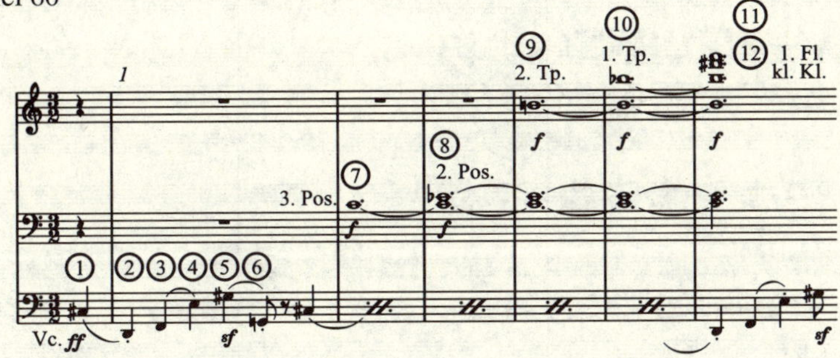

Solche »Zwölfton-Felder« begegnen noch öfter, etwa Takt 9 mit der »Reihe von sechs Tönen« in Trompeten und Posaunen[5], zu der Piccolo-Flöten und Klarinette die restlichen Töne erklingen lassen (s. Bsp. 61, S. 156).

Diese Zwölfton-Latenz ist wahrlich »noch weit entfernt von dem methodischen Gebrauch einer Reihe«, entstammt sie doch einem bereits in früheren Werken zu beobachtenden, gewissermaßen unwillkürlichen Bedürfnis, Tonwiederholungen zu meiden bzw. solange hinauszuzögern, daß der Eindruck von Wiederholung verschwindet. Wenn hierin auch ein wichtiger Ansatz für den späteren »methodischen Gebrauch« liegt, kann von Reihentechnik nur im Hinblick auf das erste Sechston-Segment gesprochen werden. Dies aber bringt den »methodischen« Gesichtspunkt kraftvoll ins Spiel.

Das Segment erscheint sowohl als »Reihe« wie als variabler »Tonvorrat«, und beide bestehen aus fixierten Tönen mit der skalenmäßigen Folge: cis – d – e – f – fis – g. Winfried Zillig, der nach dem Tode Schönbergs aus Particell und Skizzen eine Spielpartitur des Werkes herstellte, bemerkt in seinem Arbeitsbericht, daß »ganze Seiten des Skizzenbuches ausgefüllt (sind) mit Versuchen, aus den sechs Noten des Hauptgedankens immer neue thematische Gestalten zu gewinnen, wobei die sechs Noten wie in einem Puzzlespiel beliebig durcheinandergewürfelt werden«.[6] Die insgesamt zehn Beispiele, die Zillig hierfür aus der Partitur aufzeigt, lassen sich leicht erweitern, so etwa durch die Viola-Figur Takt 6ff., welche das Anfangs-Ostinato auffängt und weiterleitet:

Beispiel 62

Beispiel 61

8
9
10
2.kl.Fl. nimmt 3.Fl.
1.2. klFl
1.Fl
2.Fl
1.Ob
2.3.Ob
EH
klKl
1.Kl
2.3.Kl
BsKl
1.Fg
2.3.Fg
Kfg
1.2.Hr
3.4.Hr
1.2.Trp
3. Trp
1.2.3.Pos
Ta
Beck
grRührtr
Trgl
mit Triangelstab
pp cresc.
a2
mD
2.3.
1.
ff
I.Gg
II. Gg
Br
Vcl
Kbs

Takt 29f. bringen die Violinen als »Hauptstimme«:

Beispiel 63

Takt 93 mit Auftakt die Fagotte:

Beispiel 64

Takt 634f. die Violinen, wiederum als »Hauptstimme«:

Beispiel 65

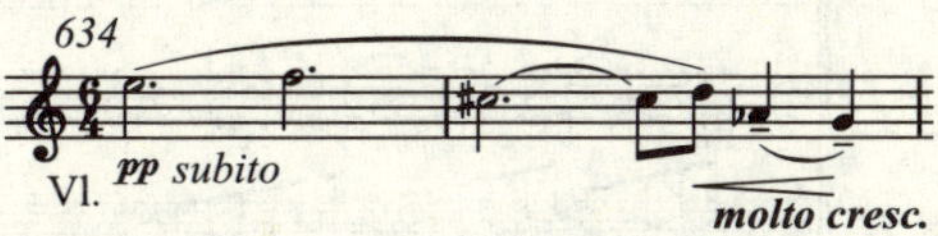

Takt 672f. erscheint eine Kombination von Varianten in der Gruppierung: Oboen + 2. Violinen; Baß-Klarinette, 1. Posaune + Violoncelli; Klavier + Harfe; Englisch Horn, Trompeten + Violen (s. Bsp. 66, S. 158).

Da Schönberg das Segment als eine Gruppe von fixierten Tönen behandelt, besteht prinzipiell keine Möglichkeit, sie zu transponieren und somit in gleichsam abstrakte Intervallverhältnisse zu verwandeln – was die entscheidende Voraussetzung für eine »reihenmäßige«, also »methodische« Verwendung der Tongruppe wäre. Allerdings wird dieses prinzipielle Hindernis gelegentlich durchbrochen – wie aus dem zuletzt zitierten Beispiel hervorgeht. Der Variante in Klavier und Harfe schließen sich jeweils um eine große Terz abwärts versetzte (»transponierte«) Abläufe der Intervallfolge an, wodurch eine Aufhebung der Tonfixierung zumindest angedeutet wird:

Beispiel 67

Beispiel 66

672
I.2.3 Fl
a3
ff
I.2.3 Ob
f
EH
p
BsKl
I.2 Fg
mf
I.
(m.D.)
I.2.3. Trp
I.Pos
2.3. Pos
Klav
Hrf
673
I. Gg
II. Gg
Br
Vcl
get.
pizz.
Kbs

Eine solche Andeutung mit Fernwirkung könnten auch die parallel geführten Vorschlagsfiguren Takt 308ff. beinhalten, die auf die symmetrisch-skalenmäßige Anordnung der Tongruppe zurückgreifen:

Beispiel 68

Daß Schönberg zu einer reihenmäßig-intervallischen Behandlung der Tongruppe nicht nur intuitiv, seiner »unbewußt« agierenden Darstellungsweise folgend, gelangte, bezeugt ein Beispiel, das Zillig aus den Skizzen mitteilt und unverkennbar experimenteller Herkunft ist:

Beispiel 69

Zillig vermutet sogar, daß »hier scheinbar erstmalig als Idee auftauchte, (was) in den langen Jahren des Ringens bis 1923 zum Zwölftonsystem führte«[7] – die Verwandlung einer Tongruppe in eine Intervallreihe.

Die bisherigen Beispiele beschränkten sich auf melodische Varianten, auf die Entfaltung der Töne in der Horizontalen. Nicht minder charakteristisch sind die harmonischen, vertikal angelegten Varianten bzw. jene, die beide »Richtungen« vereinen. Von den harmonischen sei nur eine herausgegriffen, der Akkordkomplex der Hörner Takt 10:

Beispiel 70

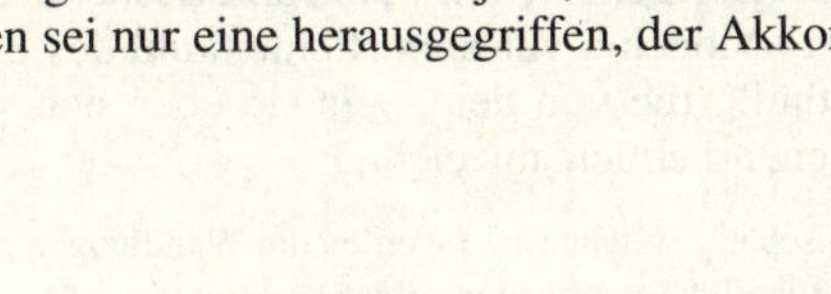

Entschieden zukunftsträchtiger erweisen sich die Verschränkungen, das Ineinanderfallen der »Richtungen« als eine Art Abbild des »richtungslosen Raumes«, der nun – abweichend von den intuitiven Ergebnissen in den ersten Streichquartetten oder der *1. Kammersinfonie* – zielbewußt erschlossen wird. Die ersten Anläufe hierzu bleiben, wie das Anfangsbeispiel (Bsp. 60) zeigt, noch recht unauffällig. Auch das folgende scheint nicht wesentlich darüber hinauszugehen:

Beispiel 71

Doch beginnt hier wohl etwas, das im weiteren Verlauf immer stärkere Anziehungskraft ausübt: die Ausrichtung kompositorischer Struktur auf sprachliche Intentionen und Bilder, die auf den »Raum«-Begriff verweisen und, vom »weltanschaulichen« Kontext sich ablösend, Wegmarkierungen für die musikalische Gestalt errichten.

Die in Bsp. 71 gegebene Aneinanderreihung von vertikal akzentuierter, dann horizontaler Anordnung, die schließlich in einem »richtungslosen« Hin und Her der Baßfigur (Baß-Klarinette/Kontra-Fagott) zerrinnt, reagiert offensichtlich auf Gabriels mahnend-klagende Worte: »Dies Entweder und dies Oder, eins und zwei, wie Kurzsichtigkeit und Anmaßung, eins durchs andere bedingt, eben darum keins: der Hebel deiner Empörung!«[8]

»Kurzsichtigkeit und Anmaßung« und »der Hebel deiner Empörung«, die moralischen, also die »weltanschaulichen« Angelpunkte dieser Textstelle, verblassen gegenüber deren bildhafter Vergegenwärtigung, deren sprachlich-materieller Präsentation: »Entweder/Oder«, »eins und zwei«, »eins durchs andere bedingt, eben darum keines«. Diese gleichermaßen abstrakten wie spielerisch-polarisierenden Begriffspaare – und nicht die überwölbenden »ideologischen« – sind es, die der musikalischen Gestaltung die Bahn schlagen.

In diesem Sinne erlangt die Gestalt des »Sterbenden« eine besondere Bedeutung. Er steht, wie zuvor ein »Berufener«, ein »Aufrührerischer«, ein »Ringender«, ein »Auserwählter« und ein »Mönch«, vor dem Richterstuhl des Erzengels Gabriel, der ihnen die Wahrheit enthüllt, die von dem, was sie über sich selbst wissen und für sich in Anspruch nehmen, erheblich abweicht.

»In einem großen symphonischen Zwischenspiel werden die Wandlungen der Seelen gezeigt, die, je nach Verdienst, in immer neuen Inkarnationen trotz der Leitung durch Dämonen, Genien und Engel nicht aus dem Kreis der fortwährenden Wandlungen zu finden vermögen, bis sie Gabriel am Ende des zweiten Teils lehrt, die Vereinigung mit Gott im Gebet zu suchen.«[9]

Der »Sterbende«, der als letzter in einer an den mittelalterlichen Totentanz gemahnenden Reihe von »Gerichteten« und dann »Erlösten« auftritt, endet in einer Vision, die den weiteren Verlauf des Werkes nachhaltig berührt: »Der seligste Traum erfüllt sich: fliegen! Weiter! Weiter! Zum Ziel – Oh –«. An das über fast zwei Oktaven im Glissando heruntergezogene »Oh« schließt ein schwebender Instrumentalklang an, der aus hauchzarten Glissandi, Ostinati, Flageoletts sowie gestrichenen und gezupften Streicherfiguren besteht (s. Bsp. 72, S. 162).

Die Sturktur trägt die Sechstongruppe, die zugleich horizontal und vertikal entworfen wird, in eine Zweidimensionalität also, der der Klang gewissermaßen eine dritte, die »räumliche« Dimension hinzufügt. Außerdem erscheinen, zwar verdeckt in Glocken, Klavier, Harfen, den »übrigen« Violinen und den Kontrabässen, die restlichen Töne des chromatischen Totals, so daß sich wiederum ein »zwölftonhaltiges« Feld ergibt. Die Antwort Gabriels an den »Sterbenden« (»Nahst du wieder dem Licht?«) verbindet sich erstmals mit der textlosen »Melodie der Seele«, die von einer Variante der Sechstongruppe eröffnet wird:

Beispiel 73

Mit dieser Melodie hatte Schönberg bereits in den Entwürfen zur Sinfonie von 1914/15 experimentiert. Im 3. Teil des Scherzos, nach Dehmels Dichtung *Aeonische Stunde* benannt, steht die Tongruppe ebenfalls, nur mit einem Ton abweichend, am Beginn einer schweifenden Kantilene, hier allerdings vorgetragen von den Violinen:

Beispiel 74

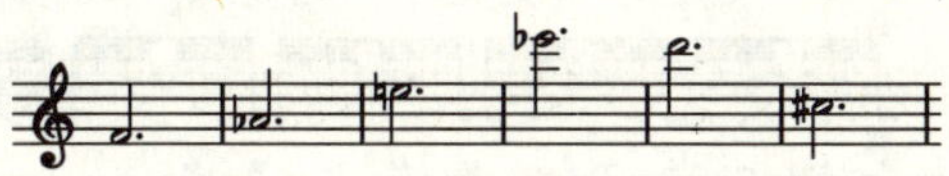

»Damit ist die Sechstonreihe selbst nicht bis ins Jahr 1914 zurückgeführt, aber der enge gedankliche Zusammenhang zwischen der Symphonie und dem Oratorium wird dargetan: ein Stück melodischen Materials des früheren Werkes war unbewußt so geformt, daß es durch eine schlichte Änderung den theoretischen Bedingungen des späteren Werkes angepaßt werden konnte.«[10]

Diese Bedingungen beschränken sich freilich nicht allein auf Theoretisches – sie strahlen durch die »Melodie« hindurch aus auf den gesamten Schlußteil des Fragments, steigern ihn zu einer Raum-Vision, deren kompositionstechnische Kühnheiten einerseits die Konsequenz »methodisch«-geregelter Strukturbildung geradezu aufdrängen, andererseits aber auch sogleich in darstellerische Flugbahnen münden, für die dieses methodische Rüstzeug noch nicht vorhanden war: Das Abbrechen der Komposition zum gegebenen Zeitpunkt folgte mithin aus der Sache selbst, aus den noch ungeklärten kompositorischen Bedingungen, welche auch das Fragment in unbegleiteten, »fragenden« Vokalisen verhallen lassen.

Beispiel 72

563
Langsame
I.2.klFl
I.2.Fl
I.Kl
ppp
I.Trp
ppp
Glcksp
ppp
chromatisches gliss.
Xyl
pppp
Glck
pppp
Cel
pppp
una corda
Klav
pppp
gliss.
Hrf
pppp
gliss.
DER STERBENDE
563
Langsame
I.Gg
pp
arco
2.Gg
pp
arco
3.Gg
pp
pizz.
I.Gg die übrigen
pppp
pizz.
II.Gg
pppp
arco
I.Br
pp
I.Vcl
pp
2.Vcl
pp
arco
I.Kbs
ppp
arco
2.Kbs
ppp
arco
3.Kbs
ppp
arco
4.Kbs
ppp

Mit dem instrumentalen Zwischenspiel Takt 602ff. beginnt unmittelbar die räumliche Ausweitung des Klanges durch »Fernmusiken«, die, wie Schönberg vorschreibt, sowohl aus der »Höhe« wie aus der »Ferne« ertönen. Zunächst schwebt eine einstimmige Melodie der Violinen herab, aufgebaut auf der Sechstongruppe:

Beispiel 75

* Die Fernmusiken sind durch H_1 H_2 (aus der Höhe) F_1 F_2 (Ferne) bezeichnet (Vgl. Vorwort).

Ihr folgen weitere »Fernmusiken« in variablen Besetzungen, wobei sich allmählich die aus der »Höhe« vernehmbaren Klänge mit denen aus der »Ferne« vermischen (s. Bsp. 76, S. 164).

Die Schlußtakte des Fragments lauten:

Beispiel 77

Hier endet Schönbergs Particell-Skizze

Über die Realisierung dieses Raumklangs hat Schönberg immer wieder nachgedacht. Eine Skizze aus dem Jahre 1921 enthält die Bemerkung: »Eingreifen des Chores und der Solisten; zuerst hauptsächlich auf dem Podium; dann immermehr auch mit Fernchören bei den Fernorchestern, so daß am Schluß in den ganzen Saal von allen Seiten Musik strömt.«[11] In einer Notiz von 1926 erwägt Schönberg, dieses »Strömen« durch ein in den Saal geleitetes Röhrensystem zu erreichen.[12] Und 1944 dann beabsichtigte er, elektroakustische Mittel einzubeziehen:

»Alle Fern oder Höhen Orchester oder Chöre (fern, hoch, tief) können in akustisch abgesonderten Räumen ›*gespielt*‹ und mittels Mikrophone (gemeint sind wohl Lautsprecher; M. H.) an entlegenen Stellen gehört werden. Die dort dirigierenden Kapellmeister hören das Hauptorchester durch Mikrophone. Der General Dirigent *begleitet*, was er am Podium hört (ohne Mikrophone). Gleichzeitig spielende Fernmusiken werden von den Dirigenten durch Mikrophone gehört.«[13]

Aber nicht allein der Klang, auch Rhythmus und Metrum ordnen sich in die Raumvorstellung ein. So heißt es in einer weiteren Skizzennotiz, ebenfalls wohl aus dem Jahre 1921:

»Zwischenspiel: Nur ›*punktierte*‹ Taktstriche. Zweck: (nicht, daß die dazwischenstehenden Stellen besonders frei und wechselnd im Tempo gespielt werden sollen; nicht freier als sonst; außer was bezeichnet ist.) sondern um die ›guten‹, *starkbetonten Takt*teile innerhalb einer Phrase von Fall zu Fall

Beispiel 76

687
688
689
690
H1
1.S
pp
1.2.3.Trp
H2
Cel
Hrf
F1
1.S
F2
HOHE FRAUENSTIMMEN
3
1.Gg
2.Gg
3.Gg
p

ausgiebig abzuschwächen, so daß der Charakter des ›Schwebenden‹ hervorgerufen wird (...) Bis zu einem gewissen Grad wird aber *auch rhythmische Freiheit* (insbesondere im Zusammenwirken der *Fernorchester*) anzustreben sein (...) Es soll und darf ›wogen‹.«[14]

Trotz solcher wagemutig experimentellen, wahrlich »utopisch« anmutenden oder, um ein zeitgemäßes Adjektiv zu gebrauchen: »futuristischen« Züge gilt die *Jakobsleiter* nicht zuletzt auch als ein Dokument des Innehaltens, der Zusammenfassung bisher erreichter kompositionstechnischer Merkmale und Verfahrensweisen. Mit diesem »retardierenden Moment« wird gewöhnlich die Feststellung verbunden, daß dem Werk sogar rückwärtsgewandte, gewissermaßen archaische Tendenzen eignen, daß es »Vereinfachung« betreibe gegenüber den hochdifferenzierten Stücken aus der atonalen Kernphase zwischen 1908 und 1914.[15] Zillig geht darin noch weiter, indem er als wichtigsten musiksprachlichen Bezugspunkt des Oratoriums die *1. Kammersinfonie* benennt und dafür den »religiösen Vorwurf«, die »lapidare Großflächigkeit und gedankliche Monumentalität« verantwortlich macht.[16]

Allerdings hält Zillig fest, daß »die Suche nach einem neuen System« Schönberg veranlaßt habe, »die Komplizierung aus dem melodisch-harmonischen Gebiet in das Konstruktive zu verlagern«.[17] Da jedoch diese Suche lediglich »Vorahnungen dieses neuen Systems« einbrachte, mußte die »endgültige Entdeckung des Zwölftonsystems zugleich das Ende der Arbeit an der Jakobsleiter sein«.[18]

Dem ist grundsätzlich kaum zu widersprechen, doch scheint es ratsam, die Akzente in der Argumentation etwas anders zu setzen, insbesondere mit Blick auf das, was »das Konstruktive« bedeutet und umfaßt. Gewiß: trotz des stellenweise bereits systemorientierten »Komponierens mit Tönen« auf der Grundlage der Sechstongruppe erreichen vor allem Stimmengestaltung, Harmonik und Rhythmik keinesfalls jene ornamentlose Komplexität, die Schönberg etwa in der *Erwartung* oder der *Glücklichen Hand* verwirklicht hatte. Verglichen mit den schier unausschöpflichen Verästelungen von deren »unfiguriertem« Satz, der an einen altmeisterlich ausgeführten Kupferstich erinnert, lassen die Strukturen des Oratoriums, bis hin zum optischen Eindruck des Partiturbildes, eher an einen, die »Grundlinien« hervorhebenden, »modernen« Holzschnitt denken.

Doch so sehr der systemorientierte Umgang mit der Sechstongruppe das Interesse auf sich lenkt: entscheidende Bedeutung erlangt er wohl erst im Zusammenspiel mit der experimentellen Erschließung von Raumperspektiven, im Auseinanderrücken der Klangquellen, die – anders als traditionelle, aus der Theaterpraxis stammende »Fernmusik« – eine zwingende Konsequenz reihenmäßiger Anordnung von Tongruppen in der Horizontalen wie der Vertikalen darstellt. An diesem Punkt muß Schönberg endgültig bewußt geworden sein, daß nicht nur seine im engeren Sinne atonalen Kompositionen seit 1909, sondern sein musikalisches Denken insgesamt zu solcher Konsequenz drängten bzw. unbewußt von ihr schon immer beherrscht waren. »Ordnung« als logische Beziehung zwischen Tönen, »Raum« als unausschöpfliches Richtungsspektrum, in dem sich diese »Ordnung« entfalten kann, bedingen einander, um einen »Gedanken von allen Seiten (zu) zeigen«.[19] Darin liegt für Schönberg das letzte Ziel jedweder Kompositionsarbeit, weil dieses »Von-allen-Seiten-Zeigen« den »Gedanken« wahrhaft auslotet und »faßlich« macht. Erst in der Raumperspektive vermag der »Gedanke« seinen gewissermaßen werkauslösenden, werkzeugenden Doppelcharakter zu enthüllen: den des impulsgebenden, zum »Thema« geronnenen Tonvorrats und den der Gesamtheit der kompositorischen Ereignisse, der »Darstellung«. Und nirgendwo ist Schönberg bisher einer systematischen Lösung dieses Problems näher gekommen als in der *Jakobsleiter*. Das begründet ihre entwicklungsgeschichtliche Bedeutung, letztlich aber auch ihre fragmentarische Gestalt. Denn das Oratorium ist nur eine – freilich die gewichtigste – unter zahlreichen anderen unabgeschlossen bleibenden Werkkonzeptionen, die den ersten »eigentlichen«, »gültigen« Zwölftonkompositionen – dem »Walzer« (Nr. 5) der Klavierstücke op. 23, dem »Sonett« aus der *Serenade* op. 24 sowie der Klaviersuite op. 25 – vorausgingen. Zwischen 1917 und 1922, also parallel zur Arbeit an der *Jakobsleiter*, gibt es Entwürfe u.a. zu einem *Streichseptett* (1918) und einem *Violinkonzert* (1922), die von den 1920 bzw. 1921 begonnenen Sätzen der 1923 sämtlich abgeschlossenen Klavieropera 23 und 25 sowie der *Serenade* op. 24 eingefaßt werden.

Die Ursachen für eine erneute Anhäufung von Fragmenten, die an die Risikobereitschaft der Werkprojekte seit 1911 anknüpft und sie über die erzwungenen Arbeitsunterbrechungen während des Weltkrieges hinaus fortsetzt, liegen offensichtlich in dem noch immer unüberwindbaren Hindernis, einen Strukturtypus aufzuspüren, der in allen Belangen den Möglichkeiten und Anforderungen einer nunmehr bewußt auszulotenden Raumkonzeption entspricht und deren Perspektiven konsequent auszuschreiten vermag. Freilich waren grundlegende Voraussetzungen für diesen Strukturtypus längst vorhanden, wie etwa die polyphone Stimmengestaltung, die sich aus Schönbergs polyphonem Denken wie aus einem »A-priori« ergab. Abgeleitet von ihr, schöpfen melodische und harmonische Ereignisse in wachsendem Maße aus demselben Tonvorrat, so daß Horizontale und Vertikale schließlich ineinanderfallen bzw. materialgleiche Projezierungen in den Darstellungsraum hinein beinhalten. Die frühzeitig zu beobachtende Tendenz, Tonwiederholungen auszuweichen, um jedem neu erklingenden Ton ein Höchstmaß an Unverbrauchtheit, an »Frische« zu erhalten, führt zu einer Chromatik, in der gewissermaßen unwillkürlich das Tonstufentotal als »Reihe« abrollt und ein »vorzeitig« gebrachter Ton deshalb einer »Störung« gleichkommt. Und schließlich betreibt die Rhythmik – durch Ostinatobildung und/oder Umrhythmisierung fixierter Tonfolgen – die Verselbständigung von Intervallverhältnissen innerhalb einer Tongruppe, löst sie die Töne vom melodischen Stellenwert, der ihnen im Rahmen von Motiv und Thema übertragen worden war.

Der entscheidende Punkt aber, das »letzte« Hindernis, an dem auch die *Jakobsleiter* noch scheiterte, bestand in der Forderung, praktisch-kompositionstechnisch auf die Erkenntnis zu reagieren, daß dem richtungslosen, unhierarchisch gegliederten »Raum« eine Ordnung des Tonmaterials folgen müsse, die gleichermaßen richtungslos und unhierarchisch angelegt ist. Schönberg erreichte dies – und damit die Lösung seines kompositionstechnischen Problems, das ihn seit dem Krisenausbruch von 1909 in Bann hielt – auf dem Weg der Verwandlung einer fixierten Tonreihe in eine Reihe von Intervallbeziehungen oder -konstellationen, die auf andere Tonstufen versetzt und mit traditionellen kontrapunktischen Umformungen (»Umkehrung«, »Krebs«, »Krebsumkehrung«) als grundlegende Elemente der jeweiligen Materialdisposition verbunden werden kann. Solche intervallbestimmte »Reihe«, von der die prinzipiell einzuhaltende Aufeinanderfolge der Töne lediglich ein abgeleitetes Erscheinungsbild ausstellt, ist in der Tat in der Lage, die Fäden und Fixpunkte unendlich variabler Raumkonstruktion auf sich zu beziehen, den Raum auszuspiegeln und somit jedes Klangereignis, das er enthält, als Teil der in der »Reihe« konzentrierten Tonsubstanz kenntlich zu machen.

In Erkundung und Erprobung des Raumaspektes drang Schönberg mit der *Jakobsleiter* zweifellos am weitesten vor – und davon geht auch ihre bis heute ungemindert starke Wirkung aus, neben der selbst neueste, womöglich elektronische Darstellungsmittel verwendende »Raumkompositionen« nicht selten harmlos oder gar infantil erscheinen. Die Intervallverwandlung von Tonreihen, etwa der Sechstongruppe, gelang hingegen noch nicht bzw. nur im Rahmen der beschriebenen unvollständigen Ansätze. Sie erfolgte offensichtlich auch wiederum nicht durch eine einmalige, gleichsam definitive »Entdeckung« oder »Erfindung«, sondern kristallisierte sich schrittweise heraus – nun allerdings in merklich gedrängteren Zeitabständen: Die Frucht, die Schönberg über Jahre wachsen fühlte, war überreif geworden. Dabei nimmt der experimentelle Charakter der vollendeten wie der fragmentarisch[20] bleibenden Kompositionen in dieser Phase bis 1922/23 geradezu dramatische Züge an. Schönberg benutzt Reihen mit weniger (op. 23 Nr. 3) oder mehr Tönen (op. 23 Nr. 1), als das chromatische Total umfaßt, verbindet verschiedene Reihen bzw. Reihensegmente (op. 23 Nr. 1), greift auf das »Komponieren mit Tönen«, also auf Tongruppen zurück, deren Reihenfolge nicht festliegt (op. 24 Nr. 2), und schreibt sogar Stücke, die ohne Reihenansatz in einem gewissermaßen allgemein atonalen Umfeld motivisch-thematische Gebilde entfalten (op. 24 Nr. 6). Kurzum: es erscheint berechtigt, die in den Jahren bis 1923 sowohl nebeneinanderlaufenden als auch sich verflechtenden Kompositionsweisen als Ausdruck der Gleichzeitigkeit einer »prima« und einer »seconda pratica« zu bezeichnen.[21]

Der Grund, das Hindernis, das dem schrankenlosen Durchbruch der reihentechnischen »seconda pratica« noch immer und als wahrhaft letztes im Wege stand, hat mit dem Problem einer ornamentlosen, unfigurierten Satzstruktur zu tun, von dem bereits im Zusammenhang mit den um 1910 entstandenen Werken die Rede war. Schönberg muß sich inmitten der Experimentalphase, und geleitet von Entdeckungen und Erfahrungen räumlicher Dimensionalität des Werkes als »Gedankenorganismus«, die Erkenntnis enthüllt haben, daß die Dodekaphonie eben jene kompositorische Substanz bereithält, die Melodie und Harmonie, Horizontale und Vertikale gleichermaßen und restlos ausfüllt, sie in einer ornamentfreien, unfigurierten »Grundgestalt« verankert. Die wohl wichtigste Folge davon besteht in der nunmehr wiederum uneingeschränkten Möglichkeit, motivisch-thematisch zu komponieren, Elemente einzubeziehen, die durch ihre herkömmliche, gestalthafte – also »ornamental-figürliche« – Prägung oder auch Vorausbestimmung weitgehend unbrauchbar geworden sind. Doch die »Ornamente« – und darin liegt ein Hauptmoment der fortgesetzten Schwierigkeiten – werden nicht gleichsam ersatzlos ausgeschieden. Dies müßte, als bloße Beschränkung der Darstellungsmittel, umgehend mit Schönbergs eruptivem Ausdrucksbedürfnis zusammenstoßen. Vielmehr bewirkt die Verankerung eines jeden kompositorischen Details wie des Gesamtzusammenhangs in reihentechnisch erfundener und behandelter »Grundgestalt«, daß die »Ornamente« zwar Schein bleiben, »aber in umgekehrter Weise: es ist Schein, daß sie Ornamente sind«.[22]

Und ein weiteres gilt es sogleich zu bedenken, auf das Maegaard ebenfalls mit

Nachdruck aufmerksam macht, formiert sich daraus doch eine entscheidende Schaltstelle für die Wirkungsgeschichte der Zwölftonmethode. Das Reihenprinzip, das mit der »Grundgestalt« und deren »Umformungen« ein »Basismaterial« bereithält, von dem aus ein Werk als in sich logisch gefügter, das kleinste Bauelement erfassender »Organismus« errichtet werden kann, ist eine Art Vergegenständlichung der Idee des musikalischen Raumes. Indem nun aber dieser Raum als »unendlich« gilt, sein Richtungsspektrum unausschöpflich und somit nicht festlegbar erscheint, droht jeder Versuch, ihn zu systematisieren, einem Regelkanon zu unterwerfen, ins »Endliche« zu fallen. Das, was Abbild kosmischer Vielfalt und Beziehungsfülle sein möge, gerät in Gefahr, durch systembedingte Vereinfachung zu erstarren.

»Es ist überhaupt rätselhaft, wie jemand auf den Gedanken gekommen sein kann, die möglichen Vorgänge in einem richtungslosen Raum graphisch zu fixieren. Nur konkrete, gerichtete musikalische Vorgänge sind mit den bisher gebräuchlichen Mitteln graphisch fixierbar; und alle Möglichkeiten konkret zu fixieren, wäre, wenn nicht unmöglich, so doch sinnlos. Nicht die Reihe an sich bestimmt die Auswahl unter den für alle praktischen Zwecke unendlich vielen Möglichkeiten, sondern die Applikation eines konkret-musikalischen Gedankens auf die Reihe. Der konkret-musikalische Gedanke ist nach wie vor entscheidend; was die Reihe und die über ihr stehende Idee der Einheit des musikalischen Raums beisteuern, ist somit ein axiomatisches logisches System, das die Entwicklung des Gedankens ermöglicht.«[23]

Hier wird unumwunden der eigentliche und für Schönberg stets auch der alleinige Sinn der Reihentechnik benannt. Sie umfaßt jene Aspekte eines musikalischen Gebildes, die mit dem, »wie es gemacht ist«, zu tun haben. Aber – so lautet ja die Fortsetzung der oftmals verwendeten und abgewandelten Maxime – es komme darauf an, »was es ist«.[24] Die »Technik« bleibt eine leere Hülle, ein lediglich »Gemachtes«, solange nicht »Sein« in sie fährt, oder zutreffender: Das »Sein« produziert als Sinngehalt ein Ausdrucksbedürfnis, das ihm – und nur ihm! – angemessene »Erscheinungsformen« schafft. Und dieses »Sein« bezeichnet für Schönberg der »Gedanke«, der jedoch mit seiner »Erscheinung« zugleich erfunden wird – und deshalb vom thematischen, reihentechnisch gestalteten »Einfall« bis zur »Totalität« eines Werkes sich erstreckt:

»Der musikalische Gedanke ist das, was dargestellt werden soll, die Darstellung des Gedankens ist jedoch der Gedanke selbst. Der Gedanke existiert also nur in der Darstellung.«[25]

Die angesprochene Schaltstelle für die Wirkungsgeschichte besteht nun in nichts anderem, als daß die von Schönberg allezeit strikt geforderte Unterscheidung, aber auch der ebenso eindeutig definierte Zusammenhang zwischen »Sein« und »Gemacht-Sein« vernachlässigt werden, das »Gemacht-Sein« sich dadurch zwangsläufig verselbständigt und auf eine technizistische Handhabung von Regeln und allgemeinen Verfahrensweisen beschränkt bleibt. Als ob er eine solche Sinnentleerung – vielleicht sogar auch bei sich selbst – geahnt und befürchtet hätte, aktiviert Schönberg mit der praktischen Erkundung und Ausarbeitung der Zwölftonmethode seine theoretischen Überlegungen, die über das Konzept des »Gedankens« und dessen »Darstellung« unmittelbar auf die Methode gerichtet werden.

War es Zufall, daß Schönberg 1920 und 1921, genau in der Phase, in der die ersten zwölftönigen Stücke entstanden, eine Überarbeitung der *Harmonielehre* vornahm, die im März 1922 dann auch zum Erscheinen der 3. Auflage des Buches führte?[26] Das Vorwort zu dieser Neuausgabe ist auf den 24. Juni 1921 datiert, stammt also aus eben dem Sommer, in dem Schönberg das *Präludium* und den Anfang des *Intermezzo* der *Klaviersuite* op. 25 schrieb und seinem Schüler Josef Rufer mitteilte, »heute« etwas gefunden zu haben, »das der deutschen Musik die Vorherrschaft für die nächsten hundert Jahre sichere«.[27] Was immer auch dieser ominöse Satz heißen mag, der Anlaß zu fatalen Auslegungen gab: er dürfte sich dem Komponisten in entdeckerischer, von jahre-, fast jahrzehntelanger Suche entbindender Hochstimmung aufgedrängt haben. Der Satz gleicht einem aus augenblicklichem Überschwang geborenen Siegesruf, dessen problematische Seite einem bei allem Selbstbewußtsein und Anerkennungsbedürfnis überaus klaren und nüchternen Denker wie Schönberg schwerlich verborgen bleiben konnte. Die schöpferische Arbeit, die dem Satz folgte, wies daher nicht nur in eine abweichende Richtung, sondern widerlegte ihn auch.

Obwohl er, wie es im Vorwort zur Neuausgabe der *Harmonielehre* heißt, »sehr viel verändert habe (…), durfte das Buch zu meiner Freude auch dort unverändert bleiben, wo ich um einen oder mehrere Schritte der Wahrheit nähergekommen bin, als zur Zeit der Abfassung der I. Ausgabe. Denn es sind Schritte in derselben Richtung.«[28]

Diese Permanenz des Suchens sollen einige Beispiele veranschaulichen. Das Teilkapitel »Die chromatische Skala als Grundlage der Tonalität« schrieb Schönberg »nach der Fertigstellung dieses Buches, angeregt durch einige Einwände und Vorwürfe, die Dr. Robert Neumann (…) erhoben hat«.[29] Der Text entstand also etwa im Sommer 1911, und einer der beiden Einwände, denen entgegnet wird, zielt darauf, »daß ich keine verwandtschaftliche Beziehung hergestellt habe zwischen der Tonart und gewissen Mollakkorden, sondern sie nur allgemein in einer schematischen Darstellung (…) einführe«.[30] Während Schönberg den ersten, hier ausgesparten Einwand »ungerecht findet«, bringt ihn der zweite »auf eine Idee«, deren Schlußpointe darin besteht, »der Betrachtung nicht die sieben Töne der Dur-, sondern die zwölf der chromatischen Skala zugrunde zu legen«.[31] 1911 jedoch erschöpft sich die weitere Erörterung dieser »Idee« freilich noch in dem gleichermaßen selbstgewissen wie wortkargen Hinweis: »Das wird eine zukünftige Theorie sicher tun, und damit käme sie zur einzig richtigen Lösung dieser sonst schwierigen Frage.«[32] Zehn Jahre später streicht Schönberg diesen Satz, um an seiner Stelle zu einem recht umfangreichen Exkurs auszuholen:

»Eine solche Theorie könnte folgendermaßen beginnen:

I. Material aller durch Verbindung von Tönen erzeugter Gestalten ist eine Reihe von 12 Tönen (…)

II. aus diesen 12 Tönen lassen sich (…) verschiedene Tonleitern bilden:

1. zwölfmal sieben Kirchentonarten;

2. zwölf Dur- und Molltonarten;

3. (…) die beiden eventuell auf zwölf Grundtöne beziehbaren Ganztonskalen (…);

4. zwölf chromatische Tonarten;

5 eine chromatische Tonart.

(…)

V. Die Reduktion der 84 Kirchentonarten auf 24 Dur- und Molltonarten und die Entwicklung der Verwandtschaft dieser 24 Tonarten untereinander vollzieht sich:

1. Horizontal

a) Die Verwandtschaft, beruhend auf gleich und ähnlich zusammengesetzten Akkorden, teilt die Kirchentonarten in durartige und mollartige.

b) Die gegenseitige Nachahmung der Kadenzen läßt sowohl Dur alles aus den durartigen und Moll alles aus den mollartigen Kirchentonarten in sich aufnehmen, als auch später Dur und Moll einander soweit nähern, daß sie sich bis auf Anfang und Schluß ähneln.

(...)

2. Vertikal.

Die Vertikale entlastet die Horizontale durch Benützung vier- und fünfstimmiger Klänge. Ein Septakkord, da er vier Töne der Tonleiter bringt, trägt zur tonalen Charakteristik ein Drittel, ein Nonen-Akkord zwei Drittel mehr bei als ein Dreiklang.

VI. Der Übergang von 12 Dur- und 12 Molltonarten zu 12 chromatischen Tonarten.

Dieser Übergang vollzieht sich mit der Musik Wagners (...)

VII. Die polytonale chromatische Tonleiter.

Bis einschließlich Punkt V entspricht diese Darstellung dem Gang meines Buches. Ich gehe aus manchen, an verschiedenen Stellen gesagten Gründen nicht weiter. Hier möchte ich noch einen beifügen. Ich glaube, daß eine weitere Entwicklung der Harmonielehre gegenwärtig nicht zu erwarten ist. Die moderne Musik, die sechs- und mehrstimmige Akkorde verwendet, scheint sich in dem Stadium zu befinden, welches der ersten Epoche der polyphonen Musik entspricht. Demnach dürfte man eher durch einen ähnlichen Vorgang, wie es die Generalbaßbezifferung war, zu einem Urteil über die Zusammensetzung der Akkorde kommen, als zur Klarheit über ihre Funktion durch die Methoden der Rückführung auf Stufen. Denn anscheinend, und wahrscheinlich wird das immer deutlicher werden, wenden wir uns einer neuen Epoche des polyphonen Stils zu, und wie in den früheren Epochen werden die Zusammenklänge Ergebnis der Stimmführung sein: Rechtfertigung durchs Melodische allein!«[33]

So sehr und eindeutig in diesem Exkurs die kompositionstechnischen Erfahrungen vom Beginn der zwanziger Jahre durchschlagen, ist er dennoch nicht nur von langer Hand vorbereitet, sondern auch mit kräftigen Wurzeln bereits in der Erstfassung des Buches verankert. Schönberg war 1911 weiter, als er durch den Verweis auf »zukünftige Theorie« sich und seinen Lesern eingesteht. Beginnend mit der *Harmonielehre*, ausgehend von den in ihr Gestalt annehmenden Begriffen »Gedanke« und »Raum«, kreisen auch die nachfolgenden theoretischen Fragmente um die Frage, wie nach der Auflösung der Tonalität »Zusammenhang« gestiftet werden könne, von dem schließlich die »Faßlichkeit« eines Musikstückes abhänge. Diese Grundidee beherrscht nicht nur sämtliche theoretischen Arbeiten und Versuche – sie stellt auch eine direkte Verbindungslinie zu den kompositorischen Fragmenten her. Wie Schönberg mit ihnen, von den Plänen seit 1910 bis zur *Jakobsleiter*, recht eigentlich immer nur an einem Werk schuf, das die Idee in entwicklungsfähige Wirklichkeit verwandeln sollte, so findet sich dieselbe Idee nicht minder konzentriert in den Theorieprojekten wieder, macht sie gewissermaßen zu Bruchstücken einer Konfession, deren Ziel die umfassende, kunst- und künstlergemäße Kompositionslehre bildet.

Die vier Begriffe: »Gedanke«, »Raum«, »Zusammenhang« und »Faßlichkeit«, aus denen sich die Grundidee eines organischen, gleichsam integralen Werkes zusammensetzt, errichten eine Art Koordinatensystem, das den »Spielraum« eines solchen Werkes absteckt. Ihn zu verlassen oder auch erst gar nicht zu erreichen, zerstörte dessen Sinn bzw. verwehrte, daß Sinnhaftes überhaupt zustande käme. Und in dieses Koordinatensystem sind denn ebenso und in durchaus entsprechender Weise die Teilbereiche der Theorie eingebaut, die über Harmonie-, Kontrapunkt-, Formen- und Instrumentationslehre in die zusammenfassende Kompositionslehre münden.

Daß eine Harmonielehre, welche die regelhafte Verbindung von Klängen zum Gegenstand hat, unablässig von »Zusammenhang« handelt, ist eine blanke Selbstverständlichkeit. Wenn sie aber das, was traditionellerweise »Harmonik« heißt, umstülpt, zunächst latent aus melodisch-polyphonen Phänomenen heraus zu erklären sucht, um schließlich dahin zu gelangen, daß sich im Harmonischen nichts anderes enthüllt als eine »Zusammenklappung« von Melodischem in extrem verdichtetem Raum[34], so hat dies akut mit neuen Erfahrungen und Erkenntnissen, freilich und unweigerlich aber auch mit jener »zukünftigen Theorie« zu tun, der sich Schönberg der eigenen Absicht nach noch zu enthalten gedachte. Aber die kompositorische Realität und die Ausblicke, die sie bereits zu gewähren schien, waren offensichtlich stärker.

In einem der Anfangskapitel heißt es: »Ist die Skala die Nachahmung des Tons in der Horizontalen, im Nacheinander, so sind die Akkorde Nachahmung in der Vertikalen, im Miteinander.«[35] Und wenig später: »Wenn alle Akkorde, die in einem geschlossenen Tonstück auftreten, in solchen Folgen erscheinen, daß ihre Rückbeziehung auf einen gemeinsamen Grundton möglich ist, so könnte man von einer Ausdehnung der Idee des Klanges (die man sich vertikal vorstellt) auf das horizontale Geschehen sprechen.«[36]

In den Schlußabschnitten des Buches konzentrieren sich die Erörterungen von »Zusammenhang« mit Blick auf dessen »Raum«-Perspektive, worin unzweifelhaft eine Verbindung zum wachsenden Interesse am »Gedanke«-Begriff erkennbar wird. Im Kapitel über die »Quarten-Akkorde« gelangt Schönberg zu der Annahme, daß

> »der quartenweise Aufbau der Akkorde zu einem Akkord führen (kann), der sämtliche zwölf Töne der chromatischen Skala enthält, und damit immerhin eine Möglichkeit der systematischen Betrachtung jener harmonischen Phänomene erzielen kann, die in Werken von einigen von uns schon vorkommen: sieben-, acht-, neun-, zehn-, elf-, zwölfstimmige Akkorde. Außer mir haben meine Schüler Dr. Anton Webern und Alban Berg solche Klänge geschrieben. Aber auch der Ungar Béla Bartók oder der Wiener Franz Schreker, die beide mehr einen ähnlichen Weg gehen wie Debussy, Dukas und vielleicht auch Puccini, sind wohl nicht weit davon entfernt.«[37]

Diese merklich zurückhaltenden Überlegungen führen schließlich zur »ästhetische(n) Bewertung sechs- und mehrtöniger Klänge«, die eine Art zukunftsträchtiger, jedoch noch »theoriescheuer« Coda bildet – das Adjektiv »ästhetisch« deutet dies an: als Hinweis auf noch unklare, gewissermaßen »theorielose« Ahnungen und Erwartungen. Ehe Schönberg hier die bereits erwähnten Möglichkeiten von »Klangfarbenmelodien« entwirft, lenkt er die Aufmerksamkeit auf vieltönige Akkordkomplexe, die in Werken der genannten Komponisten häufig begegnen. An solchen Zusammenklängen sei »viel auf Rechnung bewegter Stimmen zu setzen« und auch damit verbunden, »daß die zusammenklangbildende Fähigkeit der Dissonanzen nicht von Auflösungsmöglichkeiten oder -bedürfnissen abhängt«. Freilich jedoch:

> »Warum das so ist und warum es richtig ist, kann ich im einzelnen vorläufig noch nicht sagen (…) Für die Folgen solcher Akkorde scheint die chromatische Skala verantwortlich gemacht werden zu

können. Die Akkorde stehen meist in dem Verhältnis, daß der zweite möglichst viel solcher Töne enthält, die chromatische Erhöhungen der im vorhergehenden Akkord vorkommenden sind. Aber sie kommen selten in derselben Stimme vor. Dann habe ich bemerkt, daß Tonverdoppelungen, Oktaven, selten vorkommen. Das erklärt sich vielleicht daraus, daß der verdoppelte Ton ein Übergewicht über die anderen bekäme und dadurch zu einer Art Grundton würde, was er wohl kaum sein soll. Vielleicht aber auch aus einer instinktiven (möglicherweise übertreibenden) Abneigung auch nur im entferntesten zu erinnern an die früheren Akkorde. Auf die gleiche Ursache scheint der Umstand hinzuweisen, daß die einfachen Akkorde der früheren Harmonie sich nicht gerne in dieser Umgebung zeigen (...) Ich glaube, sie würden zu kalt, zu trocken wirken, zu ausdruckslos. Oder aber (...), daß diese einfachen Akkorde (...) uns zu primitiv erscheinen. Daß ihnen etwas fehlt, was beispielsweise der japanischen Malerei fehlt, wenn man sie mit der unsrigen vergleicht: die Perspektive, die Tiefe. Die Perspektive und die Tiefe des Klangs könnte es sein, die uns an den einfachen Drei- und Vierklängen fehlt. Und wie in einem Bild kaum eine Partie die Perspektive beachten, die andere sie vernachlässigen dürfte, ohne die Wirkung zu beeinträchtigen, so können vielleicht diese etwas leeren Klänge nicht stehen neben jenen vollen, üppigen, während die ausschließliche Verwendung der einen *oder* der anderen Einheitlichkeit und damit richtige Wirkung sichert.«[38]

Dies ist zweifellos eine außerordentlich bedeutungsvolle Passage, verbindet sie doch gleich mehrere Ansatzpunkte, die für Schönbergs Kompositionsverständnis wegweisend sein sollten. Zum einen zeichnet sich hier die Auffassung ab, daß Zusammenklänge aus »bewegten Stimmen« entstehen, daß die Vertikale also ein Ergebnis horizontaler Ereignisse darstellt. Außerdem führt die Vermeidung von Tonverdopplungen, aber auch die Verwendung von Tönen in einem Akkord, die in dem ihm vorausgehenden nicht enthalten sind, dazu, daß Grundtöne in tonal-funktionalem Sinn, der einem »atonalen« widersprechen müßte, sich nicht mehr herausbilden können. »Perspektive«, »Tiefe« meinen ebenfalls eine von der Bewegung einzelner Stimmen herrührende Komplexität der Klänge, die ihre »Einheitlichkeit« – also ihren »Zusammenhang« und somit ihre »richtige Wirkung« – begründet. Nicht vergessen sei schließlich, daß Schönberg solche Komplexität keineswegs nur für die »atonale« Musik gelten läßt, sondern daß sie auch die »tonale« betrifft: Entscheidend ist offensichtlich einzig und allein das Moment von musiksprachlich-stilistischer Einheitlichkeit oder Verbindlichkeit, worin sich wiederum der Vorrang des »Seins« vor jedwedem »Gemachtsein« abzeichnet.

Unmittelbar nach bzw. auch schon vor Abschluß der *Harmonielehre* entwarf Schönberg, wie erwähnt, weitere Theoriebücher: über Kontrapunkt, Formenlehre und Instrumentation. Daß er sich zunächst der Harmonielehre zuwandte, hatte mehr als unterrichtspraktische, vom üblichen konservatorialen Ausbildungsweg vorgegebene Gründe. Denn einzig die Lehre von den Akkorden, den Zusammenklängen und deren Verbindung galt ihm als »Theorie«, die auf ein System abstrakt formulierbarer Gesetze aufbaut, für die sich – im nachhinein – jeweils Beispiele aus der Kompositionspraxis anführen lassen. Anders Kontrapunkt-, Formen- und Instrumentationslehre: deren Regeln seien sinnvollerweise nur »den Werken der Meister zu entnehmen«[39], da sonst, so wäre wohl zu schlußfolgern, die Lehre sich in starren, unkünstlerischen Anweisungen erschöpfte.

Nun betrifft dies ja auch die Harmonielehre, trotz des unbestreitbar höheren Anteils an verbindlichen, aus der Tradition erwachsenen Vorgaben. Desto stärker – und dies rückte denn auch die Harmonik erneut an die erste Stelle seiner Theoriearbeit –

dürfte Schönberg die Herausforderung empfunden haben, gerade im »Verbindlichen«, im »Systematischen« die aufbrechenden, zu phantasiegeleiteter Neubestimmung bekannter Phänomene zwingenden Sprengkräfte freizulegen. Zum entscheidenden Punkt hierbei wird ihm die latente Verwandlung von »Akkord«- in »Stimmen«-Lehre mit dem Ziel, das alles umfassende, überwölbende Moment des »Zusammenhangs« aus einer einseitig-vertikalen Orientierung zu lösen und gewissermaßen in eine Raumperspektive zu stellen. Damit aber nimmt die Harmonielehre ein Motiv auf, das zum Leitmotiv nahezu der gesamten künftigen Theoriebildung Schönbergs werden sollte: die einheitliche Entfaltung der Begriffe »Gedanke«, »Raum«, »Zusammenhang« und »Faßlichkeit« in der erklärten Absicht, »Logik«, eine »logische Methode« der Kompositionslehre zu entwickeln. Die einzelnen »Lehren«, beginnend mit der *Harmonielehre*, sind immer schon auf eine solche Kompositionslehre ausgerichtet – wie andererseits die gleichzeitig entstehenden Kompositionen (die vollendeten und die Fragment bleibenden) in verblüffend direkter Weise auf eben diese Spur gesetzt werden.

Dem auf Ende Juni 1911 datierten Entwurf einer Kontrapunktlehre mit dem Titel *Das Komponieren mit selbständigen Stimmen* geht eine Einleitung voraus, deren erster Punkt »Zweck der Kunst« bereits zitiert worden ist. Im zweiten wendet sich Schönberg dem »Zweck der Form« zu:

»Nachweis, daß nicht die Schönheit der Zweck der Form, sondern unbewußte Anpassung an unsere sonstige Denk- und Begreifart. Eventuell im Bewußten: handwerkliches. Rücksicht auf Logik, d.i. auf unsere Fähigkeit zu begreifen.«

Im dritten und letzten Punkt heißt es:

»die formbildenden Prinzipien entsprechen in der Tat
a) unseren inneren Trieben
b) unserem Auffassungsvermögen
c) vor allem, was uns sonst als schön und logisch vorkommt,

aber

es gibt außer den bisher bekannten noch viele unbekannte Möglichkeiten (unausprobierte und ausprobierte), diese Beziehung herzustellen. Die feststehenden Formen sind also nicht das Wesen Kunst, sondern nur eine ihrer Möglichkeiten.«[40]

Die Ausrichtung des »Zwecks der Form« auf »unsere Denk- und Begreifart«, auf »unser Auffassungsvermögen«, also auf eine »Logik«, die auch »unsere inneren Triebe« als unbewußt wirkender Ausdruckszwang beherrscht, ist programmatisch. Denn der nachfolgende Kontrapunkt-Entwurf mit dem nicht minder programmatischen Titel *Das Komponieren mit selbständigen Stimmen* unterscheidet hinsichtlich des Verhältnisses von »Stimme und Akkord« zwischen einer »Schul- bzw. Lehrbuchform«, »die sich von der Wahrheit entfernt« und gewissermaßen das tote Regelwerk beinhaltet, und einem »Wesen des Satzes mit selbständigen Stimmen«. Dieses »Wesen« besteht darin, daß »Homophonie und Polyphonie nur zwei verschiedene Formen derselben Sache: zwei Stilprincipien« seien, wobei in der Homophonie die »Harmonie, gebunden durch Melodie« und in der Polyphonie die »Melodie, gebunden durch Harmonie« formbildend wirke. »Die selbständige Stimme hat die

Verantwortung für das formelle Geschehen. Die Harmonie ist nur Kontrolle, Geschmackskontrolle.«[41] Hingegen:

»Die alte Kontrapunktlehrmethode ermöglicht gegen jede Kombination von Tönen in der Horizontalen (Tonfolgen) andere (ein oder mehrere) Tonfolgen zu setzen und sich so einen Vorrath solcher melodischer Möglichkeiten anzuschaffen, der als Technik dann beim freien Arbeiten der Phantasie nachfolgen soll (...) Diese gute Methode wird verschlechtert und schließlich überwuchert von dem, was hier anfangs richtigerweise Nebensache ist: von der Kontrolle der Zusammenklänge durch die Harmonie. Was aber nur eine Geschmacksfrage ist und deshalb unwesentlich sein sollte (...) Dadurch wird die Lehrmethode, die positiv sagen sollte:
wie ist eine Melodie zu bauen,
wie ist ein Gedanke zu bauen,
wie ist eine Phrase zu bauen,
wie ist ein Motiv zu bauen,
wie sind zwei solche Formen gegeneinanderzusetzen,
wie sind mehrere solche Formen gegeneinanderzusetzen,
die dies aber nicht tut, sondern nur Negatives sagt, indem sie verbietet, was dem harmonischen Zeitgeschmack zuwiderläuft, ins Gegenteil verkehrt.«[42]

Daraus zieht Schönberg den Schluß: »Selbständige Stimme ist jene, die dem Entwicklungs-Bedürfnis eines Motivs folgt« – und da »der Zusammenklang nur kontrollierende Funktionen (...) ausübt«, muß die einstimmige Melodie »formbildende Prinzipien der Horizontalen synthetisch hervorbringen«.[43]

Das ist schon eine erstaunliche Schlußfolgerung, läßt sie doch in nuce erkennen, mit welcher Entschiedenheit Schönberg zur aus sich selbst heraus gestalteten, »Zusammenhang« stiftenden »selbständigen Stimme« vordringt, von der aus, gewissermaßen über »synthetische« Kombinatorik, eine Mehrstimmigkeit angesteuert werden könnte, die von »geschmacksabhängiger« Harmonie befreit wäre. Trägt nicht zum Verständnis dieses Ausblicks bei, selbst bereits im Titel des Entwurfs, in der seltsamen und recht umständlichen Formulierung *Das Komponieren mit selbständigen Stimmen* oder noch beziehungsträchtiger in der des III. Teils: *Neue Lehrmethode für die Komposition mit selbständigen Stimmen*, einen wenn auch freilich noch so vagen Vorschein der nachmaligen *Methode der Komposition mit zwölf nur aufeinander bezogenen Tönen* zu erkennen und in der Definition einer »selbständigen Stimme« (sie sei »jene, die dem Entwicklungs-Bedürfnis eines Motivs folgt«) umrissen zu finden, wofür dann die »Reihe« einstehen wird?

Doch alle die 1911 aufgenommenen Theorieprojekte gelangen zu keinem Abschluß, mehr noch: In auffälligem Unterschied zu den Kompositionsfragmenten aus den folgenden Jahren scheint sich Schönberg von der Theorie geradezu abzuwenden – es fehlen die zuzeiten konvolutartig anschwellenden Notizen und Entwürfe, die sonst als Widerhall oder Vorgriff die kompositorische Arbeit zu begleiten pflegen. Sicher sind hier vor allem äußere Gründe im Spiel, etwa die wachsende Beanspruchung durch Aufführungen in den letzten Jahren vor dem Weltkrieg, dann die Kriegsereignisse selbst, die auch lange Perioden kompositorischer Untätigkeit erzwangen.

Und doch wiederum, wie die Gründe von außen kamen, so scheint Schönberg auf sie ebenfalls nur »äußerlich« reagiert zu haben: Im Schweigen muß er den »inneren Monolog« auch um die Theorie fortgesetzt haben. Sonst ließe sich wohl schwerlich erklären, daß, wie erwähnt, im April 1917 eine wahre Springflut neuerlicher Entwürfe zustandekam, die zweifelsohne aus einem angestauten Strom von Überlegungen hervorbrach. Den zentralen und zugleich umfangreichsten Text dieser – in einem Heft *Zusammenhang, Kontrapunkt, Instrumentation, Formenlehre* später gesammelten - Entwürfe bildet eine *Lehre vom Zusammenhang*, die nicht nur die Thesen sämtlicher früheren aufnimmt und weiterführt, sondern auch schon deren Bündelung in einer Weise anstrebt, welche das Fernziel einer umfassenden Kompositionslehre zumindest umrißhaft sichtbar macht.

Wiederum beginnt Schönberg mit einem Definitionsversuch dessen, was er, und zwar im wesentlichen übereinstimmend mit dem bereits 1911 Gesagten, unter einer »selbständigen Stimme« versteht, um damit jedoch nun eine erste umfangreichere und systematische Erörterung des Begriffes »Faßlichkeit« zu verbinden:

»Faßlich ist etwas dann, wenn das Ganze überblickbar ist und aus Teilen besteht, die untereinander und zum Ganzen keine zu fernliegenden Beziehungen (oder besser solche Beziehungen haben, daß sie dem Geist des Beschauers verständlich sind) und wenn die Anordnung dieser Teile so ist, daß die Beziehung untereinander und zum Ganzen nicht verloren geht.«[44]

Als »Unterpfand für das Zustandekommen von Faßlichkeit« gilt das Motiv, »der kleinste Teil (klein nach gemeinschaftlichem Maß) eines musikalischen Stückes«[45], der einer »treibenden Kraft« [46] gleiche.

Indem Schönberg im folgenden das Motiv gewissermaßen in seiner klassischen Erscheinungsweise behandelt – als kleinster Komplex von Ton/Tönen, Rhythmus und Harmonik (»ein einzelner Ton [...] stellt bereits eine Frage: die nach seiner harmonischen Bedeutung [ist er Terz, Quint, Grundton etc?]«[47]) –, scheint er sich von den reihentechnischen Ansätzen eines »Komponierens mit selbständigen Stimmen« zu entfernen und zu seinem Ausgangspunkt »Entwickelnde Variation« zurückzukehren. Doch obwohl die Exkurse in der Tat größtenteils um diesen Punkt kreisen, läßt sich nicht übersehen, daß die Latenz der »Stimme« erhalten bleibt und allmählich das Moment des Motivischen aufsaugt. Und dies geschieht einerseits durch eine immer gezieltere Auslegung der Begriffe »Zusammenhang« und »Faßlichkeit« im Hinblick auf die Darstellung eines »Gedankens«, andererseits durch Einbeziehung entsprechender Teilaspekte aus den »Speziallehren«, vor allem der Instrumentation und der Formenlehre. Wie allein schon aus den aufgeführten Entstehungsdaten der Entwürfe hervorgeht, hält die »Lehre vom musikalischen Zusammenhang« die Fäden eines Netzes in der Hand, an dem, auf das Zentrum ausgerichtet, gleichermaßen die einzelnen »Lehren« wirken. An der zunächst wahllos und zufällig anmutenden Themenfolge der Entwürfe wird deutlich, daß Schönberg zwar weiterhin gesonderte Darstellungen der Theoriebereiche vor Augen hatte, sie sich ihm aber in wachsendem Maße zu einer »allgemeinen« Theorie – eben zur Kompositionslehre – verdichteten.

Der Netzwerkcharakter der Entwürfe tritt in mehrfacher Hinsicht hervor. So geht etwa ein Text mit weitläufigerer, aber auch grundsätzlicherer Themenstellung wie der zum »musikalischen Zusammenhang« nahtlos in die Diskussion begrenzterer

Fragen über, z.B. der Formen- oder Instrumentations-, also der »Speziallehren«, um innerhalb von deren Gesichtskreis das allgemeine Problem »Zusammenhang« zu behandeln. Umgekehrt bleibt selbst in knappen Notizen für die »Speziallehren« der Bezug auf dieses Allgemeine erhalten, leiten sie in der Regel zu ihm hin. Am 15. April 1917 z.B. notiert Schönberg einige klangtechnische Besonderheiten von Instrumenten, um sich am folgenden Tag den »Erfordernissen eines guten Klanges« zuzuwenden. Als erster und somit wichtigster Punkt erscheint dabei der der »Deutlichkeit«: Sie sei erforderlich, weil »der Charakter des Ganzen und jeder Einzelheit seiner Bedeutung entsprechend zur Geltung kommen« und »die Hauptsachen sich von den Nebensachen unterscheiden sollen«.[48] »Deutlichkeit« aber meint hier nichts anderes als »Faßlichkeit«, die wiederum unmittelbar auf »Zusammenhang« verweist – und so besteht denn auch eine gewisse Folgerichtigkeit darin, daß nach einigen weiteren Skizzierungen der »Versuch einer Disposition zum Zusammenhang« unternommen wird.

Solche Disposition hat Schönberg mehrfach beschäftigt, enthält sie doch – da »Zusammenhang« geradezu identisch mit »Komposition« wird – nichts anderes als ein tragfähiges Gerüst für die Kompositionslehre. Die größte Ausführlichkeit und zugleich weitgehendste Konsequenz hinsichtlich dieses Zieles erreicht unter den Texten vom April 1917 ein auf den 21. April datierter, der sich wie ein Fazit aus den eruptiv hervorbrechenden Überlegungen jener Tage und Wochen liest. Die Kompositionslehre, und zwar »alle 4 Disciplinen« – Harmonie-, Kontrapunkt-, Formen- und Instrumentationslehre –, »geben empirisch gefundene Anweisungen zur Erzielung musikalischer Wirkungen. Hier soll untersucht werden, worauf sich die Berechtigung zur Anwendung solcher Mittel stützt. Diese Untersuchung geht von der Behauptung aus: Töne, Harmonien, Rhythmen sind die Teile, die (,) auf rechte Art zusammengefügt, die musikalische Wirkung ausmachen.«[49] Dem recht unambitioniert, geradezu simpel sich gebenden Ausgangspunkt folgt der »Begriff des Zusammenhangs«, für den jedoch nur auf bereits vorhandene Entwürfe hingewiesen wird. Auch die anschließenden Punkte knüpfen an früheres an: »II. Der Zusammenhang ist das, was die Einzelerscheinungen zu Stimmen verbindet« und »III. Eine Form (Erscheinungsform) ist *Kunstform*, wenn die als solche erkennbaren Zusammenhänge, vermöge deren ihre einzelnen Bestandteile miteinander verbunden sind, in gleicher Weise für den Bestandteil, wie für das Ganze wesentlich sind.«

Dann wendet sich Schönberg der »Faßlichkeit« zu, welche auf »künstlerische Ausnutzung des Zusammenhangs« abziele, ihn jedoch keineswegs ausschöpfe:

> »Die Grenzen des Faßlichen sind nicht die Grenzen des Zusammenhangs. Der kann auch da sein, wo Faßlichkeit aufgegehört hat. Denn es gibt Zusammenhänge, die hinter dem Bewußtsein liegen. Solche wirken dann eventuell auf besser Vor- und Ausgebildete.«[50]

Trotz des gewissermaßen pädagogisch abschwächenden Hinweises auf »Vor- und Ausgebildete« rücken hier die praktisch unbegrenzten Dimensionen von Zusammenhang ins Blickfeld, die selbst dann noch wirksam sind, wenn sie sich »aktueller« Faßlichkeit entziehen sollten. »Zusammenhang« gleicht einer Investition, die für ein Werk in der Absicht geleistet wird, seinen ihm eigenen »Gedanken« mit einem Höchstmaß an Darstellungsfülle und -einheitlichkeit vorzutragen. Schöpferische Phantasie dringt dabei in Bezirke vor, die der aufnehmenden Phantasie als verrätselte Landschaft erscheinen mag - in der sie den Faden der »Faßlichkeit« zu verlieren droht. Aber dieses Höchst- und scheinbare Übermaß an Komplexität rechtfertigt sich dadurch, daß es letztlich den Boden bereitet für Kriterien, nach denen künstlerische Wertfragen auf der Ebene schöpferischer Phantasie – also »künstlergemäß« – beantwortet werden können. Deren historisch sich verändernder Horizont bestimmt die Grenzen der ebenso historisch sich verändernden »Faßlichkeit«. Und deshalb auch ist »Komplexität« keine abstrakte Größe, sondern gleichfalls eine historische.

Dafür gibt Schönberg ein bemerkenswertes Beispiel, das wohl nicht zufällig unmittelbar vor dem Dispositionsversuch zum »Zusammenhang« niedergeschrieben wurde. Es geht um die Formenlehre, um »die ersten Anweisungen über den (motivischen) Aufbau und die Organisation von Gedanken«, um elementare Voraussetzungen also, die Schönberg gleichsam beiläufig zum Anlaß nimmt, das, was er unter »Gedanke« versteht, auf eben dieser elementaren Stufe näher zu bestimmen:

»Ein musikalischer Gedanke, um Eindruck zu machen, erfaßt zu werden (er geht vorüber und steht nicht wie das Motiv beständig vor Augen) muß oft wiederholt werden (Strophenlied). So kann man sich die einfachste größere Form als oftmalige Wiederholung eines Gedankens vorstellen (z. Bsp. eines Tanzliedes).«[51]

Es ist oftmals und auch schon an dieser Stelle darauf hingewiesen worden, daß Schönberg sich schwertat zu benennen, was er denn unter einem »Gedanken« versteht, und daß in der Fülle von Definitionsversuchen, die bis zum Lebensende immer wieder unternommen wurden, eine kaum zu verhüllende Ratlosigkeit liegt, erahnte und erfühlte Gewißheit in nüchterne Worte zu fassen. Die Bandbreite der Bestimmung reicht von der »weitesten Bedeutung (…) als Synonym für Thema, Melodie, Phrase oder Motiv«[52] über ein »Verhältnis von Tönen zueinander«[53] bis zur »Totalität eines Stückes«.[54] Das oben gegebene Beispiel geht von »Thema« bzw. »Melodie« aus (»Strophen«- bzw. »Tanzlied«), distanziert sich jedoch – im Widerspruch zur angeblich »weitesten Bedeutung« – vom »Motiv«, worin allerdings eine Übereinstimmung besteht mit dem Kontrapunktentwurf von 1911, der »Gedanke« (»wie ist ein Gedanke zu bauen«) zwischen »Melodie« und »Phrase« setzt und »Motiv« als letztes Element aufführt.

Angesichts solcher unauflösbaren Widersprüche erscheint es wenig sinnvoll, auf eine schlüssige, »logische« Definition zu drängen, die Schönberg selbst offensichtlich nicht gelingen wollte. Freilich mutet dies höchst seltsam an: Ein Komponist, der mit wahrlich allem, das er hervorbringt, via »Zusammenhang« und »Faßlichkeit« um »Logik« ringt und sie auch, nicht zuletzt als Wertmaßstab seiner Leistung, beansprucht, sollte sich bei der Erklärung eines Problems, das den Kernpunkt dieser Leistung ausmacht, auf »Unlogik« einlassen und am Ende gar mit ihr abfinden? Das klingt wenig überzeugend. In der Aussage zum »Strophenlied« ist denn auch nicht so sehr darauf zu sehen, ob der »Gedanke« nun etwas mit einem »Motiv« zu tun habe oder nicht, sondern, daß er in sämtlicher von Schönberg akzeptierter Musik vorhanden sei und daß er etwas »Vorübergehendes« bilde.

In diesem »Vorübergehenden« deutet sich wohl erstmals als konkreter Vorgang an, was gewissermaßen als zweite Dimension des »Gedankens« gilt und die Gesamtheit seiner Darstellung umfaßt. Der »Gedanke« ist ein mit dem »Einfall«, mit Inspiration und Intuition verbundenes »Thematisches« – und zugleich umspannt derselbe »Gedanke« ohne Rest den Aufwand an Material und Formung, den seine Darstellung erfordert. Die Irritationen bei der Bestimmung des »Gedankens« entstehen denn auch nicht zuletzt aus der Tatsache, daß die »thematische« Ebene und die der »Darstellung« direkt aufeinander bezogen sind, die eine in die andere greift (und sie somit auch verunklart!). Deshalb scheint Schönberg keine Bedenken gehabt zu haben, einmal vom »Vorübergehenden« zu sprechen, ein andermal vom »Unveränderlichen«, das »in dem Verhältnis der Tonhöhen zur Zeiteinteilung« eines »musikalischen Gedankens« festgelegt sei.[55] Das »Unveränderliche« gründet in der für ein Werk jeweils spezifisch gestalteten, thematisch aufgefaßten Konstellation eines bestimmten Tönevorrats, den die Darstellung abwandelnd ausschöpft – die Konstellation geht durch das Werk hindurch und somit auch gleichsam an uns vorüber.

»Gedanke« bezeichnet etwas »Sinnhaftes«, das im Zusammenspiel von Augenblick und Dauer des Erklingenden sich herstellt und sofort in Erinnerung verwandelt wird. In ihr als einer Art Wahrnehmungsbeständigkeit verbinden sich die Einzelheiten über deren Zusammengesetztsein nach den Maßgaben von Logik, Faßlichkeit und Mannigfaltigkeit zu »gedanklicher« Komplexität, die gleichsam die Anschauung, das Verstehen eines musikalischen Gebildes enthält und vermittelt. Es hat dies mit jener nur schwer zu beschreibenden Erfahrung oder auch nur Empfindung zu tun, die jedes bedeutende Kunstwerk bei seiner jeweils aktuellen und somit wiederholbaren Präsentation auslöst: die Erfahrung bzw. Empfindung einer in sich erfüllten Ganzheit, einer »Stimmigkeit«, in der nichts Unwesentliches zurückbleibt und noch das kleinste Detail in die Geschlossenheit einer virtuellen Kreis-, Kugel- oder Raumgestalt eintritt. Eröffnen sich solche Erfahrung und Empfindung für den Nachschaffenden (einschließlich des bloßen Zuhörers) als Folge von Wahrnehmung – also post festum –, so hat der Schaffende im Sinne Schönbergs diese Folge von vornherein im Blick – als Anspruch, den es zu erreichen und zu erfüllen gilt. Der entscheidende Punkt, der das »unlogische« Moment in den Definitionsversuchen zumindest verständlicher machen könnte, liegt wohl in der Raumkonzeption, in die sowohl das »Unveränderliche« wie das »Vorübergehende« einbezogen sind. Der »Gedanke« – auch dies eine Quelle für Irritation – strebt unablässig dem Ziel zu, begrifflich festzuhalten, was sich im richtungslosen Raum als Einzelnes und Allgemeines entfaltet und sich deshalb dem Begriff – entzieht. Die Aufgabe, welche Schönberg dem »Gedanken« aufbürdet, ist paradox, doch die Unlösbarkeit scheint zugleich ihr bewegender Puls zu sein: Eine »Lösung« hätte wohl den »Gedanken« in einem System nichts weiter als befolgbarer Regeln erstickt. Aber genau das Gegenteil war beabsichtigt. Und so verbarg sich Schönberg hinter einem Wall von Metaphern, die mit Definitionen des »Gedankens« – mit »Lösungen« – spielen, um das »Unlösbare« beredt zu machen:

»Der zwei- oder mehrdimensionale Raum, in dem musikalische Gedanken dargestellt werden, ist eine Einheit. Obwohl die Elemente dieser Gedanken dem Auge und Ohr einzeln und unabhängig voneinander erscheinen, enthüllen sie ihre wahre Bedeutung nur durch ihr Zusammenwirken (…) Alles, was an irgendeinem Punkt dieses musikalischen Raumes geschieht, hat mehr als örtliche Bedeutung. Es hat nicht nur auf seiner eigenen Ebene eine Funktion, sondern in allen anderen Richtungen und Ebenen und ist selbst an entfernter gelegenen Punkten nicht ohne Einfluß (…) Demnach ist der musikalische Gedanke, obwohl er aus Melodie, Rhythmus und Harmonie besteht, weder das eine noch das andere allein, sondern alles zusammen. Die Elemente eines musikalischen Gedankens sind zum Teil in der Horizontalen als aufeinanderfolgende Klänge und zum Teil in der Vertikalen als gleichzeitige Klänge enthalten. Die gegenseitige Beziehung der Töne regelt die Aufeinanderfolge der Intervalle ebenso wie ihre Vereinigung zu Harmonien; der Rhythmus regelt die Tonfolge ebenso wie die Aufeinanderfolge der Harmonien und organisiert die Phrasierung. Und dies erklärt, warum, wie später gezeigt, eine Grundreihe (GR) von zwölf Tönen in beiden Dimensionen benutzt werden kann, und zwar als Ganzes oder in Teilen.«[56]

Wir haben vorgegriffen – die zitierte Passage stammt aus einem Text von 1934/35 mit dem Titel *Komposition mit zwölf Tönen*, der an verschiedenen amerikanischen Universitäten vorgetragen wurde. Schönberg bot freilich keine Kompositionslehre der Zwölftontechnik, die zeigte, »wie es gemacht würde«, sondern legte mit sanftem, doch unbeirrbarem Nachdruck die historischen Wurzeln frei, aus denen seine Methode entwachsen ist. Obwohl rechtfertigende Absichten kaum verborgen bleiben – sie bewegen ihn seit den ersten kompositorischen Ergebnissen zu Beginn der zwanziger Jahre und hallen im »Siegesruf« über die »Vorherrschaft« kräftig wider –, vermag die erstaunlich unauffällige Hinlenkung zur »Grundreihe« am Ende der Passage überzeugend zu belegen, daß Schönberg in der Methode nichts anderes sehen wollte als eine weitere unter vielen anderen, die sich in der bisherigen Musikgeschichte herausgebildet hatten. Wie diese, folgt auch sie lediglich dem Ziel, »Zusammenhang« und »Faßlichkeit« zu schaffen, um »die Kunst« zu beherrschen, »einen musikalischen Gedanken und seine angemessene Darstellung zu erfinden«.[57]

Deshalb hat die praktisch-kompositorische Entwicklung seit 1917, die um 1923 zur systematischen Ausformung der Reihentechnik führte, kein gleichrangiges Gegenstück in der Theorie – so leicht auch die »Siegesgewißheit« jener entdeckungsfreudigen Zeit ein solches nahegelegt haben könnte. Stattdessen beschränkte sich Schönberg, damals und künftighin, auf einzelne, meist kurze Abhandlungen, die zudem größtenteils nicht veröffentlicht wurden, sowie auf gezielte briefliche Äußerungen, die in der Regel an Freunde und Kollegen gerichtet waren.

Wie eng Schönberg die Reihentechnik mit den vorausgegangenen Techniken verbunden empfand, daß sie lediglich die Konsequenzen aus deren Entwicklung zog, geht sogleich aus einem Text hervor, der im Mai 1923, also während des Formierungsabschlusses der Methode, geschrieben wurde. Die Komposition mit zwölf Tönen, heißt es da, meide

»konsonante Klänge (…) und auch einfachere Dissonanzen«, um »die neuen Mittel selbständig auszuprobieren, ihnen Formbestimmungsmöglichkeiten abzugewinnen, mit ihnen allein alle Wirkungen eines klaren Stils, einer gedrungenen und übersichtlichen und umfassenden Darstellung des musikalischen Gedankens zu erzielen (…) Eine spätere Zeit wird vielleicht (!) beide Arten von Mitteln in derselben Weise nebeneinander verwenden dürfen, wie vor kurzem ein gemischter, teils homophoner, teils polyphoner Stil eine Verbindung dieser beiden (…) Kompositionsprinzipien zuließ (…) Der Komposition mit 12 Tönen liegt als wichtigste Voraussetzung die These zugrunde: Das Zusammenklingende (Harmonien, Akkorde, Stimmführungsresultate) ist eben ein solcher Teil des Ausdrucks und der Darstellung des musikalischen Gedankens, wie das Nacheinanderklingende (Motiv, Gestalt, Phrase, Satz, Melodie etc) und unterliegt eben wie diese den Gesetzen der Faßlichkeit.«[58]

Doch diese Voraussetzung gilt gerade nicht nur für die Reihentechnik, sondern gleichermaßen für die »homophonen Formen« und die »polyphone Musik«, auf die sie Schönberg auch zunächst bezieht:

»Dieses Gesetz, das von mir zum ersten Mal ausgesprochen wurde und in seiner Bedeutung erkannt, bewirkt in den
a) homophonen Formen: daß zu gunsten der Entwicklung der Hauptstimme eine gewisse Ökonomie in der Harmonie waltet, vermöge welcher sie einen entscheidenden Einfluß auf die Entwicklung des Gebildes zu nehmen in der Lage ist (Gegensätze, Höhepunkte, Wendungen, Steigerungen, Variationen)
b) in der polyphonen Musik: Motive, Gestalten, Themen, Phrasen und dgl. gelangen nie dazu, sich über eine gewisse Größe hinaus auszudehnen (derart waltet hier die ähnliche Ökonomie), und werden niemals entwickelt, spalten niemals neue Gestalten ab und werden selten variiert; denn: alle (fast alle) Entwicklung geschieht durch Veränderung des gegenseitigen Verhältnisses der einzelnen Teile des Gedankens zueinander. Diese sind nicht bloß in einer Stimme vorhanden, sondern der Gedanke besteht von vornherein aus mehreren Stimmen, die jede einen ganz bestimmten Teil desselben enthält. Und bei der Änderung des gegenseitigen Zusammenklangsverhältnisses können die Teile nicht nur unverändert bleiben, sondern sie müssen es vielleicht sogar, weil sonst die Entstehung eines durchaus neuen Verhältnisses (der neuen Ableitung aus dem behandelten Gedanken) nicht gesichert scheint!
c) in der Komposition mit 12 Tönen bewirkt dieses Gesetz, daß nach dem mehr oder weniger dissonanten Charakter eines Zusammenklanges nicht gefragt werden muß, weil der Zusammenklang als solcher (...) als kompositorisches Element gar nicht zur Diskussion gestellt ist. Dieser Zusammenklang wird sich nicht entwickeln, besser: nicht er entwickelt sich, sondern es entwickelt sich, allerdings auf Grund einer bestimmten durch den Einfall (den Gedanken!) vorgeschriebenen Reihenfolge (Motiv) des Verhältnisses der 12 Töne zueinander. Weder würde somit hier ein konsonanter Anfangsakkord eine Andeutung eines tonalen Bezirkes sein können, noch ein dissonanter eine Auflösung nach sich ziehen. (Was aber hat die Verwendung solcher Akkorde für Sinn, wenn die formalen Konsequenzen, zu welchen sie führen, nicht befolgt, weil nicht gefühlt werden?)
Zur Diskussion gestellt ist in der K. m. 12T. eben die erwähnte Tonreihe, deren Faßlichkeit als musikalischer Gedanke davon unabhängig wird, ob ihre Teile nacheinander oder mehr oder weniger gleichzeitig zu Gehör gebracht werden. Aber es hängt vielleicht (gewiß sogar) die weitere Entwicklung und das Tempo der Darstellung davon ab, ob er schon in der ersten Form genügend faßlich war oder vielleicht im Gegenteil: zu faßlich (Gesetze der populären Ausdrucksweise!).«[59]

Wenn auch Schönberg in einigen weiteren Texten auf die technischen Seiten seiner »Methode der Komposition mit zwölf nur aufeinander bezogenen Tönen« einging, so überschritt er freilich niemals jene Grenze der Vermittlung, die er sich durch die »Grundsatzerklärung« von 1923 selbst gezogen hatte und die auf die Formel gebracht wurde:

»Meine Werke sind Zwölfton-*Kompositionen*, nicht *Zwölfton*-Kompositionen (...) Für mich kommt als Analyse nur eine solche in Betracht, die den Gedanken heraushebt und seine Darstellung und Durchführung zeigt.«[60]

Daran hat sich Schönberg in der Tat streng gehalten. In einem Vortrag für den Frankfurter Rundfunk aus dem Jahre 1931 über das technisch hochentwickelte, zudem einzige zwölftönige Orchesterwerk, die *Variationen* op. 31, setzt er bei der

»entwickelnden Variation« mit Beispielen von Giacomo Puccini, Johann Strauß und Johannes Brahms an, um von ihnen aus die motivisch-thematische Gestaltung im eigenen Stück zur Sprache zu bringen. Erst danach und verbunden mit der Frage nach einer möglichen tonalen Harmonisierung des Variationsthemas (die selbstverständlich verneint wird) erwähnt Schönberg das Reihenmoment, führt er Grundgestalt, Segmentierung und kontrapunktische Umformungen an: »Ich verspreche mir von einer solchen Vereinheitlichung der Tonfolge eine Erleichterung der Auffassung.«[61] Doch die Passage gerät nicht nur erstaunlich knapp, sondern wirkt geradezu fremd, wie ein Zusatz oder Einschub, der die schwungvoll begonnene, um zahlreiche klingende Beispiele sich rankende Darstellung aufhält. Und als ob er sich dieser »Störung« bewußt würde, fährt Schönberg einigermaßen lakonisch fort: »Nun die eigentliche Analyse…«[62]

Nicht anders verhält es sich mit den übrigen Texten, etwa der *Diskussion im Berliner Rundfunk* (1931), oder den späten wie *Komposition mit zwölf Tönen* und *Rückblick* (1949). In den *Bemerkungen zu den vier Streichquartetten* aus dem Jahr 1931 stellt Schönberg dem reihentechnisch gearbeiteten *3.* und *4. Quartett* eine Art Zwischeneinleitung voran, in der er erklärt, daß die Werke, »obwohl ich nicht die Absicht habe, meine Methode der Komposition mit zwölf Tönen zu erörtern, dennoch (…) unter einem gemeinsamen Gesichtspunkt betrachtet werden« müssen.[63] Von diesem Gesichtspunkt bleibt dann freilich nur das »Grundsätzliche« übrig, das mit keinem einzigen Wort an technische Modalitäten rührt:

»Ein Komponist muß ein volles, unerschütterliches Vertrauen in die Folgerichtigkeit seines musikalischen Denkens besitzen. Ein solcher Künstler wird keine Angst vor losen Gedankenverbindungen haben. Tiefe erfordert keine methodischen Verfahrensweisen.«[64]

Das klingt schon sonderbar: Wenn dem so ist, daß »Tiefe keine methodischen Verfahrensweisen erfordere« – wozu dann der tatsächliche technische Aufwand, für den Schönberg außerdem hartnäckig und bis ans Lebensende die »Priorität« beansprucht? Der Grund liegt wohl in seiner Überzeugung, daß die Reihentechnik lediglich als Teil einer allgemeinen, die musikgeschichtliche Entwicklung der vorausgegangenen rund 250 Jahre umfassenden Kompositionslehre verstanden und behandelt werden kann, einer »Lehre vom musikalischen Zusammenhang«, in der, wie Schönberg in einem Brief an Josef Matthias Hauer vom August 1922 schreibt, »Grundsätze angesprochen werden, auf denen auch die ›Komposition mit 12 Tönen‹ beruht«.[65]

Damit fällt noch in der Geburtsstunde der Reihentechnik als durchgestaltetes System ein Stichwort, das die Ausarbeitung einer »Zwölftonlehre« nach dem Vorbild und gewissermaßen in »moderner« Fortsetzung der »traditionellen Speziallehren« über Harmonik, Kontrapunkt usw. auszuschließen zwingt und nunmehr alle theoretischen Erkundungen auf eine Kompositionslehre lenkt, die allerdings mit dem neu erschlossenen Hintergrund in bisher weitgehend unbekanntes Terrain aufbricht.

Der Vorgriff auf den Vortragstext *Komposition mit zwölf Tönen* von 1934/35, der, wie gesagt, die ausführlichste Abhandlung über die »Methode« bildet, verweist zugleich auf weitere bemerkenswerte Parallelereignisse in Schönbergs Theoriearbeit. Zum selben Zeitpunkt nämlich fällt der – erneute – Entschluß, eine Kompositionslehre zu schreiben und sie nunmehr auch abzuschließen. Die Umstände waren, freilich in bedenklicher und auch gefährlicher Weise, günstig. Vertrieben in ein Exilland, die USA, dessen Kultur bis hin zur vorherrschenden Mentalität seiner Bürger ihm fremd erschien und bleiben sollte, auf dessen verunsichernde Lebensverhältnisse und -bedingungen er sich niemals – trotz partiellen Anpassungsvermögens – einzustellen wußte, geriet Schönberg vollends in gesellschaftliches Abseits. Wurde er in den zwanziger Jahren als von »Sachlichkeit« und »Neoklassizismus«, »Medien-« und »Massenkunst« überholter »Expressionist« der Kriegs- und Vorkriegszeit zum künstlerischen Außenseiter, dem man dennoch eine gewisse öffentliche Anerkennung zollte (vor allem durch die Aufnahme in die Preußische Akademie der Künste), so verlor Schönberg in den USA selbst noch solchen Rest an Reputation. Von seinen Stücken war hier kaum die Rede, ganz ausgeschlossen, daß er und seine Familie von ihnen leben könnten. Die Unterrichtsmöglichkeiten, welche die Übersiedlung sogar veranlaßt hatten, erschöpften sich weitgehend in gering bezahlter Elementarlehre[66], und die bald ebenso gesuchten wie gefürchteten Arbeitsdomänen für anpassungsfreudigere und -fähigere Emigranten – Filmmusik und Musical – blieben für Schönberg aus leicht einsehbaren Gründen ein allezeit unbetretbares Gelände. Ohne die Hilfe von Freunden und (nur einigen wenigen) Mäzenen wäre er der blanken Not ausgesetzt gewesen.

Aber Zeit gab es eben – zwar bedrückende, unfreiwillig überlassene, doch immerhin bot sie die Gelegenheit, nunmehr zum Abschluß zu bringen, worüber Schönberg »so lange nachgedacht« und was sich inzwischen zu einem recht umfangreichen Konvolut von Entwürfen aufgehäuft hatte. Die Situation ähnelte dabei in verblüffender Weise derjenigen, die bereits ein Vierteljahrhundert zuvor mit der Kompositionskrise von 1909 eingetreten war: Schönberg setzte auf die Bewältigung theoretischer Probleme in der Hoffnung, der praktischen Arbeit den Weg zu ebnen. Galt es damals, die Hürde der Atonalität zu nehmen und ein Regulierungssystem aufzuspüren, das das der zerfallenen Tonalität zu ersetzen vermochte, so ging es nun, angesichts einer inzwischen funktionstüchtigen »Methode« für Zusammenhangsbildung auf nicht-tonaler Basis, darum, die gewissermaßen organische Herkunft und Einbindung dieser »Methode« aus der bzw. in die musikgeschichtliche Entwicklung zu verdeutlichen.

Wie klar Schönberg diese Aufgabe vor Augen stand, belegen eine ganze Reihe von Aussagen, etwa in einem Brief vom Juni 1934:

»Ich möchte diesen Sommer eines der theoretischen Werke schreiben, an denen ich seit zwanzig Jahren arbeite. Am liebsten zuerst das sogenannte ›Schlüsselbuch‹: Der musikalische Gedanke und seine Darstellung. Dieses Buch soll die grundlegenden Sätze zur ganzen Kompositionslehre aufstellen.«[67]

Bereits zwei Jahre zuvor teilte Schönberg ebenfalls in einem Brief mit, daß er bisher nichts über Zwölftonkomposition veröffentlicht habe und dies auch nicht tun wolle,

»ehe das Hauptstück meiner Theorien fertig sein wird: die ›Lehre von der musikalischen Logik‹. Ich glaube nämlich, daß aus dieser Komponierkunst nur dann sinngemäßer Vorteil gezogen werden kann, wenn sie sich stützt auf Kenntnisse und Erkenntnisse, die aus der musikalischen Logik hervorgehen; und das ist auch der Grund, warum ich meine Schüler nicht in ›Zwölftonkomposition‹ unterrichte, sondern in ›Komposition‹, aber im Sinn der musikalischen Logik: weiteres könnte sich dann eventuell von selbst ergeben.«[68]

Daß Schönberg die »Methode« einzig und allein im Kontext einer allgemeinen, historisch übergreifenden Kompositionslehre behandelt, in der sie unablösbar verankert ist, geht unmißverständlich sowohl aus den (wenigen) direkten Äußerungen zur Zwölftontechnik als auch aus den weit umfangreicheren zur »Darstellung des Gedankens« hervor – eben zur Kompositionslehre. Dies vermittelt bereits die zitierte »Grundsatzerklärung« von 1923, der sich der Vortrag über *Komposition mit zwölf Tönen* von 1934/35 nahtlos anschließt. »Nach vielen erfolglosen Versuchen in einem Zeitraum von annähernd zwölf Jahren legte ich den Grund zu einem neuen musikalischen Konstruktionsverfahren, das geeignet schien, jene strukturellen Differenzierungen zu ersetzen, für die früher die tonalen Harmonien gesorgt hatten«, heißt es da[69], und:

»Die Komposition mit zwölf Tönen hat kein anderes Ziel als Faßlichkeit (...) Die Grundreihe funktioniert in der Art eines Motivs. Das erklärt, warum für jedes Stück von neuem eine Grundreihe erfunden werden muß. Sie muß der erste schöpferische Gedanke sein (...) Musik ist nicht bloß eine Art von Unterhaltung, sondern die Darstellung musikalischer Gedanken eines Musik-Dichters, eines Musik-Denkers; diese musikalischen Gedanken müssen den Gesetzen der menschlichen Logik entsprechen; sie sind ein Teil dessen, was der Mensch geistig wahrnehmen, durchdenken und ausdrücken kann. Von diesen Voraussetzungen ausgehend, kam ich zu folgenden Schlüssen.«[70]

Und hier verbindet Schönberg nun das Gedanke-Konzept, wie bereits angeführt, mit dem »zwei- oder dreidimensionalen Raum«, der eine »Einheit« darstelle und eine

»absolute und einheitliche Wahrnehmung (erfordere). In diesem Raum gibt es wie in Swedenborgs Himmel (beschrieben in Balzacs *Seraphita*) kein absolutes Unten, kein Rechts oder Links, Vor- oder Rückwärts. Jede musikalische Konfiguration, jede Bewegung von Tönen muß vor allem verstanden werden als wechselseitige Beziehung von Klängen, von oszillierenden Schwingungen, die an verschiedenen Stellen und zu verschiedenen Zeiten auftreten.«[71]

Andererseits stößt Schönberg in den Entwürfen zur Kompositionslehre immer wieder auf die Zwölfton-»Methode«, wobei deren rein technische Seiten gänzlich ausgespart bleiben: Es geht einzig und allein um eine »Denk-Methode«, welche sich der Aufgabe stellt, sinnvolle Konsequenzen aus den vorausgegangenen kompositionsgeschichtlichen Ereignissen zu ziehen. Wenn davon gesprochen wurde, daß der »Siegesruf« angesichts der praktischen Ausarbeitung der Reihentechnik, welche »die Vorherrschaft der deutschen Musik für die nächsten hundert Jahre sichere«, verständlicherweise auch Anlaß gewesen sein könnte, der kompositorischen Praxis sogleich ein entsprechendes theoretisches Fundament zu geben, und daß dies jedoch, aus genannten Gründen, unterblieb, so muß nun hinzugefügt werden, daß solche Theoriebildung dennoch und sofort ins Auge gefaßt wurde. Aber eben nicht als »Theorie der Zwölftontechnik«, sondern als – Kompositionslehre, die gewissermaßen zur Zwölfton-»Methode« latent hinstrebte, ohne sie – wie die *Harmonielehre* in bezug auf die Atonalität – jemals zu erreichen und lehrbuchhaft auszubreiten.

Im Sommer 1923, nahezu parallel also mit den ersten »gültigen« Zwölftonwerken und der theoretischen »Grundsatzerklärung«, verdichten sich Schönbergs Überlegungen zur »Darstellung des Gedankens«. Es entstehen einige Notizen und ausführlichere Textfragmente, die offensichtlich darauf abzielen, vormals verstreut geäußerte Ideen und Bemerkungen zusammenzuziehen:

»Die Wissenschaft ist bestrebt, ihre Gedanken erschöpfend und so darzustellen, daß keine Frage unbeantwortet bleibt. Die Kunst dagegen begnügt sich mit der vielseitigen Darstellung, aus welcher der Gedanke sich unzweideutig emporhebt, ohne daß er jedoch direkt ausgesprochen sein muß. Es bleibt hierdurch im Gegenteil ein Fenster offen, durch welches zum Standpunkt des Wissens – das Ahnen – Einlaß erlangt.«[72]

Diese Sätze sind mit *Zu ›Darstellung des Gedankens‹* überschrieben, und sie benutzen wohl zum ersten Mal den Titel, unter dem Schönberg dann das »Schlüsselbuch« ausarbeiten wollte. Dessen Disposition und erste Skizzierung begann er zwei Jahre später, im Juli 1925, und zusammen mit weiteren, bis 1929 reichenden Entwürfen wurden sie zu einem Konvolut von Manuskripten verbunden, das die Bezeichnung erhielt: *Der musikalische Gedanke, seine Darstellung und Durchführung.*[73]

In einem dieser Texte stellt Schönberg fest: »Die Frage, was ist ein musikalischer Gedanke, ist bisher, wenn überhaupt schon gestellt, so mindestens noch nicht beantwortet worden.« Was mit der Frage gemeint ist, geht dann aus dem folgenden deutlich hervor:

»Es soll hier der musikalische Geist einmal rein als Verstand dargestellt sein, als das, als was sich musikalisches Gefühl und Ahnen auf einer höheren Ebene enthüllen. Es soll das, was der Künstler beim Schaffen unbewußt und gefühlsmäßig tut, hier so dargestellt werden, wie er es täte, wenn er sich seines Handelns bewußt würde.«[74]

Die Behandlung solch schaffenspsychologischer Aspekte ist erneut und im Grunde wie schon 1911 mit der Absicht verknüpft, die Darstellung insgesamt als »Vorarbeit zu drei Werken« anzulegen, »deren Grundzüge nebst vielen Details bereits feststehen: 1. Lehre von der kontrapunktischen Komposition, 2. Allgemeine Formenlehre, 3. Satz- und Setzkunst (Instrumentationslehre)«, welche »wahrscheinlich auch zu einer Revision und Neufundierung der Harmonielehre führen« dürfte.[75] Anders aber als 1911, wo die »Kompositionslehre« noch die Spitze einer Pyramide bildete, welche sich aus den (zunächst zu erarbeitenden) »Teillehren« zusammensetzte, rückt nunmehr die Kompositionslehre an die Basis, um von hier aus gleichsam auf die »Lehrpyramide« auszustrahlen:

»Hier werden die *Grundsätze* gezeigt werden, welche ermöglichen sollen, *die getrennten vier Disziplinen einheitlich als Kompositionslehre* darzustellen und die Widersprüche zu lösen, die entstanden sind durch die einseitige und selbständige Entwicklung jeder einzelnen Disziplin für sich und ohne Rücksicht auf den gemeinsamen Zweck.«

Die »Speziallehren« seien nicht nur außerstande, die »künstlerischen Tatsachen« zu erklären:

»Ihre das Ganze nicht ahnende Enge der ihnen zu Grunde liegenden Anschauung und ihre Systemlosigkeit hinsichtlich des Ganzen der musikalischen Komposition bringen stets die neuen Tatsachen der Kunst von Neuem in einen Gegensatz zur Lehre. Ein Gegensatz, der überflüssig, aber unvermeidlich ist, solange Harmonielehre nicht Kompositionslehre ist; solange man den Unterschied zwischen einer kleinen Rondoform und einer großen als nicht viel mehr ansieht als etwa den zwischen zwei Spielen: Criquet und Croquet; solange Instrumentationslehre nicht mehr ist als Instrumentenkunde plus Kenntnis der wichtigsten Instrumentaleffekte; und solange Kontrapunkt (…) für nicht mehr als Stimmführungskunst (…) gilt, während ich zeigen werde, daß der Kontrapunkt beruht auf den Gesetzen der kontrapunktischen Komposition, welche richtig dargestellt das Bachsche Familiengeheimnis der Fugenkunst lüften und entsprechend erweitert der Komposition mit zwölf Halbtönen theoretisch den Weg ebnen werde.«[76]

Schönberg hat also von Anfang an eine komplexe Auseinandersetzung mit kompositorischer Arbeit im Sinn, und trotz Hervorkehrung einer zu ihm selbst hinführenden Entwicklung liegt es ihm fern, diese zu verabsolutieren. Sie ist beispielhaft, gewiß, doch nicht in der Weise, daß sie zur Bedingung hätte, andere Entwicklungszüge – aus der Vergangenheit und in die Zukunft hinein – zurückzusetzen oder gar auszuschließen:

»Hier wird nicht gezeigt, wie man einen Gedanken darstellt, sondern wie er dargestellt ist. Das ist kein Lehrbuch, aus welchem der Schüler lernen könnte, wie er es tun sollte, sondern bloß erfährt, wie andere es getan haben.«[77]

Diese Sätze führen uns wieder ins Jahr 1934. Sie stammen aus einem *Vorwort*, begonnen »21.6.34«, das Schönberg zu dem nunmehr endgültig in Angriff genommenen »Schlüsselbuch« entworfen hatte. In der Tat häufen sich in den Monaten Juni und Juli rund 200 Manuskriptseiten an mit kürzeren und längeren Aufzeichnungen, die von analytischen Detailstudien über Rhythmik, Thema, Variation, Melodie, Gestalt/Grundgestalt usw. bis zu grundsätzlichen Erwägungen (ebenfalls zumeist mit analytischen Beispielen aus der klassischen Musik durchsetzt) über *Prinzipien der Darstellung des Gedankens*, *Die Tiefe des Gedankens und seine Durchführung als Wertmaßstab*, *Gesetze der Faßlichkeit* und *des musikalischen Zusammenhangs* usw. reichen. Als Titel wählte Schönberg die etwas umständliche, aber eben sein dringendes Bedürfnis nach Exaktheit wie nach Komplexität erfüllende Formulierung: *Der musikalische Gedanke und die Logik, Technik und Kunst seiner Darstellung.*[78]

Von Anfang an ist klar, daß hier ein theoretisches opus magnum entstehen sollte, dessen thematische Fäden bis in die *Harmonielehre* zurückführen, nun aber mit jenen Erfahrungen und Erkenntnissen verflochten werden, die aus der kompositorischen Praxis der Reihentechnik erwachsen waren. Schönberg führt vor, daß in der tonalen Musik gleichermaßen sinnvoll mit »Grundgestalten« operiert werden kann wie umgekehrt in der nicht-tonalen Musik weiterhin die »Gesetze« der tonalen bestehen bleiben. Letzteres freilich macht sich nur indirekt geltend, da, wie bereits in der *Harmonielehre* und allen folgenden theoretischen Arbeiten, ein prinzipieller Gegensatz zwischen »traditioneller« Tonalität und »moderner« Atonalität nicht akzeptiert und statt dessen das einigende Band von „Gedankendarstellung« herausgehoben wird:

»*Die Darstellung des musikalischen Gedankens* ist bedingt

1) durch die Gesetze der Logik, des Zusammenhangs und der Faßlichkeit
2) durch die ästhetische Forderung der Mannigfaltigkeit, Abwechslung, des Reichtums und der Tiefe, der Schönheit (?)
3) durch die ›menschlichen‹ Anforderungen der Ethik, (der Schönheit???), des Gefühls, der Suggestibilität (Überredungskraft), der Ungewöhnlichkeit und Neuheit (Originalität).«[79]

Hier wird, entsprechend einem opus magnum, weit ausgeholt, weiter als je zuvor: die »Sachen«, über die Schönberg »schon so lange nachgedacht« hatte, erzwangen nunmehr geradezu einen systematischen Ordnungsversuch, der die bereits vorhandene Fülle an analytischen und allgemein musikhistorischen Aufzeichnungen mit übergreifenden Gesichtspunkten in Beziehung setzt – mit der »Logik« (also der

»Technik«), der »Ästhetik« und schließlich der »Ethik«, wobei das Moment der »Schönheit« als vorrangig vom »Geschmack« gesteuertes und zu begründendes sichtlich fragwürdig bleibt.

Es braucht an dieser Stelle nicht mehr auf einzelne, gelegentlich sogar didaktisch aufgebaute Beschreibungen und Bestimmungen von Motiv, Thema usw. oder von Formteilen wie »Einleitung« usw. eingegangen zu werden – in diesen Passagen macht sich der zusammenfassende Charakter der Entwürfe am deutlichsten bemerkbar. Um so interessanter und neuartiger hingegen erscheinen die verschiedentlich eingestreuten programmatischen und auch schlußfolgernden Abschnitte, in denen sich zum Teil erhebliche, zumindest jedoch beachtenswerte Akzentverschiebungen ergeben. Dazu gehört z.B. ein gewachsenes Verständnis für die Relativität von Theorie, das, vermittelt durch die inzwischen vorliegenden Kompositionen, ein Selbstbewußtsein anzeigt, das krisenbewältigender schöpferischer Souveränität entsprang. Andererseits könnte es aber auch ein Echo jener Bedrängnisse vernehmen lassen, in die Schönberg im Lauf der zwanziger Jahre geraten war und die sich auch im Exil grundsätzlich kaum ändern oder gar mildern sollten. Doch davon später.

Nach dem zitierten Satz aus dem *Vorwort* vom 21. Juni 1934 fährt Schönberg fort:

»Die Theorie muß immer etwas strenger sein, die Wirklichkeit kümmert sich ja ohnehin nicht viel um sie: wie erst wenn sie nicht strenger wäre. Die Theorie leitet sich – wie feinfühlig sie auch den Tatsachen nachspüren möge – von einem Idealfall ab – aber sie bezweckt nicht einen zu erzielen. Denn erzielt würde man erkennen, daß er alles ist, nur kein Idealfall; kein schöpferischer Einfall; selbstverständlich; aber nicht einmal ein theoretischer. Im Grunde genommen ist Komponieren ein Glücksspiel (...) Neun-Zehntel sind Glück; aber allerdings nur wenn er das restliche Zehntel kann und sich für elf Zehntel angestrengt hat. Dann gibt Gott seinen Segen dazu. Wenn er das Glück verdient.«

Eine Woche später notiert Schönberg, ebenfalls zum *Vorwort*:

»Ich will damit sagen: Vieles, was über Logik, Darstellung des Gedankens, Motiv-Einheit etc. hier gesagt wurde, paßt auf viele Stücke gar nicht. Ich glaube, so wenig einer, der eine Theorie aufstellt, behaupten soll, daß seine Theorie alle Fragen löst und so wenig er sich zwingen soll, gewaltsam Probleme zu lösen, die nicht zu lösen sind, so wenig sollte man von einer solchen Theorie behaupten, daß sie falsch ist, da sie doch bloß unvollständig ist. Hier wird zum ersten Mal der Versuch gemacht, aus den Tatsachen der musikalischen Technik der Gedankendarstellung eine *musikalische Logik* zu extrahieren. Der Autor weiß genau, daß er nicht alle Probleme lösen kann, findet es aber für nötig, seine Theorie desto schärfer zu formulieren, je weniger vollkommen sie ist: um Klarheit zu schaffen, welche die Weiterarbeit erleichtert (...) Auf Geistesgebiet ist alles nur Vorstufe, auch wenn es richtig ist, wenn es mir Leistung war.«[80]

Vielleicht spielen in diese wortreiche programmatische Erklärung, deren verteidigender Grundton schwerlich überhört werden kann, die nach wie vor bestehenden Schwierigkeiten hinein, definieren zu wollen, was ein »musikalischer Gedanke« sei – trotz oder gerade wegen der wachsenden Erkenntnis, daß definitorische Unschärfe für diesen metaphorischen Begriff wesentlich ist. Denn sie macht letztlich doch sein Wertvollstes aus, seine Offenheit und Flexibilität, die, Theorie durchdringend, dieser die Starre und Kunstferne von Regeln nehmen und statt dessen die Unausschöpflichkeit praktischer Erfahrung, der Phantasie, des »Einfalls« erschließen könnten.

Der Kernpunkt, daß der »Gedanke« so weiträumig angelegt und verstanden sei, um ihn auf »Musik«, unabhängig von historischen, stilistischen, geschmacklichen usw. Eingrenzungen, beziehen zu können, um ihn als Zusammenwirken von »Einfall-Erfindung« und »Darstellung« mit »Musik« schlechthin gleichzusetzen – dieser Kernpunkt kommt wohl am überzeugendsten mit dem neuartigen Aspekt der »Unruhe« zur Geltung:

»Durch die Verbindung von Tönen verschiedener Höhe, Dauer und Betonung entsteht eine *Unruhe:* eine Ruhe wird durch einen Kontrast in Frage gestellt (...) Diese Unruhe kommt fast immer schon im Motiv zum Ausdruck, sicher aber in der Gestalt. Im Thema aber (...) gelangt das Problem der im Motiv oder der *grundlegenden Gestalt* vorhandenen Unruhe zur Formulierung. D.h.: Indem das Thema eine Anzahl von *Verwandlungen (Variationen) des Motivs* anführt, in deren jeder ja das Problem, aber immer auf andere Art vorhanden ist, wird stets der Tonika aufs Neue widersprochen und dennoch – zur *Abrundung* und *Vereinheitlichung* eine ›scheinbare Ruhe‹ hergestellt, unterhalb welcher die Unruhe weiter wirkt.

Durch die Erklärung des musikalischen *Gedankens* aus einer *Unruhe* ist auch erklärt, warum die Entwicklung der Musik den Weg gegangen ist, immer neue Arten von ›Unruhe‹ herzustellen: die alten konnten die Nerven nicht mehr beruhigen, es bedurfte stärkerer Reize, es entstand das Interesse zu erfahren und zu erleben, wie stärkere Unruhen bewältigt, d.i. wieder zur Ruhe gelangten (...) Die *Weiterführung des musikalischen Gedankens* kann nur (...) so erfolgen, daß das in der *Grundgestalt*, resp. im *Motiv* enthaltene *Unruhe-Problem* (...) in allen seinen *Konsequenzen* gezeigt wird. Diese Konsequenzen sind dargestellt durch die *Schicksale* des Motivs oder der *Grundgestalt.* Wie sich die Grundgestalt verändert unter dem Einfluß der in ihr *kämpfenden Kräfte*, in dieser *Bewegung*, in die die *Unruhe* übergeht, auf welche Weise sie dann wieder zur *Ruhe* gelangen, das ist die *Durchführung* des *Gedankens*, das ist seine *Darstellung.*«[81]

An diesem Passus ist mehrerlei bemerkenswert. Zunächst einmal die Gleichsetzung von »Motiv« als tonal geprägtem Begriff mit »Grundgestalt« als inzwischen reihentechnisch besetztem Begriff, der freilich – und dies unterstreicht nur die Gleichsetzung – auch »rückwärts«, auf tonale Musik angewendet werden kann (Schönbergs Analysen liefern hierfür zahlreiche Beispiele). Doch es bleibt nicht bei solcher Gleichsetzung. »Grundgestalt« rückt in die Bedeutung eines Oberbegriffs für »Motivik-Thematik« und nimmt weitere Ebenen der Formbildung auf, wie z.B. die »Durchführung«, die sich in »Unruhe« verwandelt, und, so wäre fortzufahren, die »Reprise«, welche die »Wiederherstellung der Ruhe« bewirkt. D.h., die reihentechnischen, im chromatisch-raumhaften Zwölf-Töne-Total verankerten Gestaltungselemente und -verhältnisse bieten einen zum gegebenen Zeitpunkt maximalen Rahmen, im dem sämtliche bisher entwickelten Möglichkeiten der »Darstellung des musikalischen Gedankens« enthalten sind. So gesehen, verkörpert die »Methode der Komposition mit zwölf nur aufeinander bezogenen Tönen« die bisher weitestgehende Zusammenfassung des vorhandenen, von Schönberg für relevant befundenen »musikalischen Denkens«. Nichts jedoch sagt sie darüber – und soll und will sie sagen –, was die Zukunft bereithalt, wohin sie neigen, wovon sie sich abwenden wird.

Zugleich wird transparent, daß der »Gedanke« sowohl etwas «Gesetztes«, »Anfängliches« ist, das – ob als »Motiv« oder »Grundgestalt« – »Unruhe« auslöst, als auch den gesamten Weg umfaßt, der von der »Ruhe« durch die »Unruhe« zu neuerlicher »Ruhe« führt. Der »Gedanke« erfährt eine Vergegenständlichung im »Einfall«, der wiederum ein ganzes Werk aus sich herausläßt, das ihn, den »Gedanken«, zur »Darstellung« bringt.

Die Raum- bzw. Kugelgestalt eines Kunstwerks, in dem alles wesentlich und nichts »Ornament« ist, kann wohl kaum eindringlicher in Worte gefaßt werden. Und die »Methode« hat das einzige Ziel, solche Kunstgestalt zu ermöglichen – als eine unter den bisher bekannten und als Brücke zu künftigen, denen Schönberg, hierin unbeirrbarer Optimist, zuversichtlich entgegensah. Er war fest davon überzeugt, das Seinige getan zu haben.

Um so unerbittlicher galt die Kritik allen jenen Versuchen, über die »Methode« unabhängig von »Gedankendarstellung« verfügen zu wollen. Die Abwehr jedweder Verkehrung der »Denkmethode« in eine reine Handwerkslehre gründet in der Auffassung, daß zwischen Kunst und Handwerk streng unterschieden werden muß – sie hätten »miteinander soviel zu tun (...), wie Wein mit Wasser. Im Wein ist wohl Wasser drin, aber wer vom Wasser ausgeht, ist ein Pantscher.«[82]

Es scheint, daß die Zwölftontechnik ohne diese Verwechslung von Wein und Wasser nicht die Verbreitung gefunden hätte, die ihr nun schon jahrzehntelang beschieden ist. Denn kaum einmal kam und kommt in ihrem Umkreis das Eigentliche, Schönbergs Eigentliches, zu seinem Recht. Um so mehr und lautstarker hingegen das, was ihm stets nur Mittel zum Zweck bedeutete:

»Diese flachen Vereinfacher, die nur abkürzen, weil sie ausschließlich in der Erfüllung, nicht aber im Weg den Sinn zu erkennen imstande sind, tragen ebenso zur Verschlechterung der alten Lehre bei, wie sie der Entwicklung einer neuen im Weg stehen. Für sie sind Formeln das Wichtigste, deshalb geben sie als Endresultat, was nur Handgriff ist. Und da die Kunst diesen kraftlosen Hirnen ›Ideal‹ sein muß, geben sie die Formel für Ästhetik aus.«[83]

»STILE HERRSCHEN – GEDANKEN SIEGEN«

»Hinter mir beginnt heute die Sackgasse« Gedankendarstellung als materialgerechtes Komponieren

Die Ausformung der »Methode der Komposition mit zwölf nur aufeinander bezogenen Tönen« und die Disposition einer Kompositionslehre als Lehre von der »Darstellung des musikalischen Gedankens« greifen nicht nur zeitlich ineinander – sie sind Ausdruck der Annäherung an ein Ideal »mündig« gewordener Musik: Schönbergs Musik verlangt

»von Anbeginn aktiven und konzentrierten Mitvollzug; schärfste Aufmerksamkeit für die Vielheit des Simultanen; Verzicht auf die üblichen Krücken eines Hörens, das immer schon weiß, was kommt; angespannte Wahrnehmung des Einmaligen, Spezifischen und die Fähigkeit, die oftmals auf kleinstem Raum wechselnden Charaktere und ihre wiederholungslose Geschichte präzis aufzufassen. Die Reinheit und Unbeirrtheit, mit der Schönberg der Forderung der Sache jeweils sich anvertraut, hat ihn von der Wirkung abgeschnitten.«[1]

Musik, die dieses Namens würdig sei, entsteht und steht nicht für »Anderes«, sondern soll und kann nur einen in ihr enthaltenen, von ihr darstellbaren »Inhalt« vermitteln. Sie steuert gewissermaßen eine monistische Ausdrucksweise an, in der sie einzig zu sich selbst – und somit auch unverstellt zu den Menschen – gelangt. Die Ausrichtung auf ein »Anderes«, von der Funktionalität bis hinunter zum »öffentlichen« Programm, wäre zweckgeleitet, wäre »Ideologie« und also mißverständlich und – mißbrauchbar.

Solches Konzept mußte freilich seit den zwanziger Jahren auf wachsenden Widerstand stoßen. Schönbergs künstlergemäßer Rationalismus, der es darauf anlegt, ungebremsten Selbstausdruck und lückenloses Darstellungssystem zusammenzubringen, trifft auf sich nunmehr herausbildende Tendenzen, die durch zeitbezogene Funktionalität und/oder Rückgriff auf »gesichert« scheinende Tradition eine lediglich rational *wirkende* Musik erreichen, eine »Sachlichkeit der Nebensachen«:

»Sicherlich war Erfindungsgabe am Werke, als die auffallenden Veränderungen einiger untergeordneter Elemente zum erstenmal vollbracht wurden. Bewußt eingesetzt, bewirkten sie in der Folge einen Aspekt der Neuheit, der letztlich nicht von Grundgedanken herrührte. Dies ist *Manierismus*, nicht Originalität. Der Unterschied besteht darin, daß Manierismus Originalität in Nebensächlichkeiten ist (...) Das moralische Gebaren derartiger Produkte ist eher auf Erfolg und Popularität gerichtet als darauf, die Gedanken der Menschheit zu bereichern.«[2]

Der Widerstand, der Schönberg aus solchem »Manierismus« erwuchs, machte den ohnehin leicht reizbaren Choleriker noch empfindlicher, sowohl gegenüber jenen, die ihm die »Priorität« in Sachen Zwölftonmethode zu bestreiten schienen, als auch eben gegenüber den »manieristischen« Tendenzen selbst. Die an sich doch wohl eher hoffnungsvoll stimmende Tatsache, daß seine Schüler – Anton Webern mit den

Drei Volkstexten op. 17 (1924); Alban Berg mit der zweiten Vertonung des Storm-Liedes *Schließe mir die Augen beide* und der *Lyrischen Suite* (1925/26) und Hanns Eisler mit *Palmström (Studien über Zwölfton-Reihen)* op. 5 (1924) – die Methode sogleich übernahmen und andere für sie publizistisch warben[3], nahm Schönberg immer wieder und bis zum Lebensende zum Anlaß, sich über »Plagierungen« zu beklagen. Freilich achtete er darauf, daß dieser gänzlich einseitig ausgefochtene und größtenteils auch unverständliche »Prioritätsstreit« (der nur hinsichtlich Schönbergs schöpferisch-mentaler Krisenzustände einen Sinn erkennen läßt) eine interne Angelegenheit des Schönberg-Kreises blieb und selbst den Betroffenen, vor allem Webern, nur gerüchtweise bekannt wurde. Anders reagierte Schönberg auf die »manieristischen« Tendenzen: Durch sie fühlte er sich offen herausgefordert und mithin nicht nur berechtigt, sondern verpflichtet, seine angriffsorientierte Argumentationskraft zu mobilisieren. Nun tritt dem selbstbewußten Wort, daß das »Größte« darin bestünde, »sich auszudrücken«, daß es nicht darauf ankäme, wie etwas »gemacht« sei, sondern darauf, »was es ist«, der befremdliche Satz entgegen: »Ich komponiere so, daß – meiner Einsicht nach – jeder, der anders komponiert, Unrecht tut.«[4]

Die Tatsache, daß beide Äußerungen von *einem* Autor stammen, mutet merkwürdig an. Schönberg formulierte sie etwa im Abstand eines Jahrzehnts: Die Feststellung, was für den Künstler das Größte sei, hatte er in der Auseinandersetzung mit Gustav Mahler gefunden und in der sogenannten *Prager Rede* (1912) ausgeführt; der Satz über Recht und Unrecht beim Komponieren ist ein Echo des theoretischen Selbstverständigungsprozesses, der durch die ersten Zwölftonstücke zu Anfang der zwanziger Jahre ausgelöst wurde. Obwohl der Widerspruch zwischen den Aussagen unüberbrückbar scheint, finden sich doch Bezugspunkte, die zu ihrer Relativierung zwingen.

Mit der Mahler-Rede hatte Schönberg eine Offensive gegen die anhaltende Verketzerung der kompositorischen Leistung des ehemaligen Wiener Operndirektors begonnen, gegen die Ignoranz, der Mahler vor allem in Wien ausgesetzt war, gegen die Unfähigkeit, das Zukunftsträchtige seines Werkes wahrzunehmen – an dem zu erfahren wäre, was das »Größte« sei. In diese Offensive bezog Schönberg die eigene, weitaus gefährdetere und recht eigentlich hoffnungslose Position im öffentlichen Musikleben ein. Mahler war ihm eine Folie, auf der er das entwürdigende Schicksal derer zur Sprache brachte, die Neues »zu sagen« haben und die zunächst die nahezu geschlossene Abwehrkraft eines eingeschliffenen, normierten und dadurch auch tabuisierten Musikverständnisses durchbrechen mußten. Die Formel vom »sich Ausdrücken« war die Formel für Selbstbehauptung angesichts einer feindlich gesonnenen Umgebung, und das Offenhalten von Alternativen im Begriff des »sich Ausdrückens« ein taktisches Moment, um dem eigenen Werk Anerkennung neben anderen »authentischen« Leistungen zu verschaffen.

Nicht weniger taktisch bestimmt ist der Satz von 1923: Prinzipiell hatte sich Schönbergs öffentliche Position wenig verändert, der Widerstand gegen sein Werk, so es überhaupt zu Gehör kam, dauerte ungemindert an. Die Situation hatte sich insofern noch verschärft, als ihm nicht mehr nur ein schlechthin verhärteter Traditionalismus entgegenschlug, sondern auch die Wellen neuartiger kompositorischer Strömungen, die, als »Gemeinschaftsmusik-« oder »Zurück zu…«-Bewegungen, immer stärker die zeitgenössische Musik prägten. Die Zuspitzung in Schönbergs Satz über Recht und Unrecht beim Komponieren ist Reflex einer Entwicklung, in der neben die vertraute Tatsache, daß eine konservative Musikpraxis Tradition zum Kult neutralisiert und damit ihres Zündstoffes beraubt, eine andere rückt, welche sich dadurch auszeichnet, dem Konservatismus den Schein von Avantgarde geben zu wollen.

Obwohl seine Darstellung selbst nicht frei ist von ratlos-konservativen Wertungen, entwirft Stefan Zweig im Erinnerungsbuch *Die Welt von gestern* (1942) ein plastisches Bild der Situation:

»Jede Ausdrucksform des Daseins bemühte sich, radikal und revolutionär aufzutrumpfen, selbstverständlich auch die Kunst (...) Überall wurde das verständliche Element verfemt, die Melodie in der Musik, die Ähnlichkeit im Porträt, die Faßlichkeit in der Sprache (...) man schrieb ›steil‹ und ›keß‹ im Telegrammstil, mit hitzigen Interjektionen, außerdem wurde jede Literatur, die nicht aktivistisch war, das heißt, nicht politisch theoretisierte, auf den Müllhaufen geworfen (...) Auf allen Gebieten begann eine Epoche wildesten Experimentierens, die alles Gewesene, Gewordene, Geleistete mit einem einzigen hitzigen Sprung überholen wollte; je jünger einer war, je weniger einer gelernt hatte, desto willkommener war er durch seine Unverbundenheit mit jeder Tradition – endlich tobte sich die große Rache der Jugend gegen unsere Elternwelt triumphierend aus. Aber inmitten dieses wüsten Karnevals bot mir nichts ein tragikomischeres Schauspiel als zu sehen, wie viele Intellektuelle der älteren Generation in der panischen Angst, überholt zu werden und als ›unaktuell‹ zu gelten, sich verzweifelt rasch eine künstlerische Wildheit anschminkten und auch den offenkundigsten Abwegen täppisch hinkenden Schritts nachzuschleichen suchten. Biedere, brave, graubärtige Akademieprofessoren übermalten ihre einstigen, jetzt unverkäuflich gewordenen ›Stilleben‹ mit symbolischen Würfeln und Kuben (...) behäbige preußische Geheimräte dozierten auf dem Katheder Karl Marx, alte Hofballerinen tanzten dreiviertelnackt mit ›gesteilten‹ Verrenkungen die ›Appassionata‹ Beethovens und Schönbergs ›Verklärte Nacht‹. Überall lief das Alter verstört der letzten Mode nach; es gab plötzlich nur den einen Ehrgeiz, ›jung‹ zu sein und hinter der gestern noch aktuellen eine noch aktuellere, noch radikalere und noch nie dagewesene Richtung prompt zu erfinden.«[5]

Wenn auch Schönberg diesem »Situationsbericht« vollauf zugestimmt haben dürfte, so ergaben sich doch für ihn zugleich weitgehendere Folgen und Folgerungen. Die politische Krise, die, ungeachtet einer relativen Stabilisierung der Verhältnisse um die Mitte der zwanziger Jahre, zur Vorgeschichte des Faschismus wurde, nahm er frühzeitig wahr. Das verstörende Erlebnis von Antisemitismus im Sommer 1921 im österreichischen Ferienort Mattsee – der Aufenthalt von Juden war hier unerwünscht – bedeutete vor allem eine schmerzliche Besinnung auf jene rassistisch-chauvinistischen Angriffe, denen Schönberg, wie auch Gustav Mahler oder Karl Kraus, in Wien von Beginn an ausgesetzt war. Bald aber erkannte er – das belegen die Briefe an Kandinsky von 1923 – den Zusammenhang von Antisemitismus und Faschismus; und die Zukunft, Schönbergs Entlassung aus der Preußischen Akademie der Künste und seine Vertreibung aus Deutschland, sollte diesen Zusammenhang mit unerbittlicher Konsequenz bestätigen. Im August 1933 stellte er lediglich fest, daß er »seit 14 Jahren vorbereitet (sei) auf das, was jetzt gekommen ist«.[6]

Die Auswirkungen der politischen Krise überlagerten sich mit jenen eines künstlerischen Klärungsprozesses, den nicht minder krisenhafte Züge kennzeichneten und der mit der Ausarbeitung des »Doppelprojektes« – der Zwölfton-Methode und des »Schlüsselbuches« – verknüpft war. Überzeugt, mit seinen »Funden« nur etwas aufzudecken, das in der Musik der vergangenen zwei Jahrhunderte sich unablässig entfaltet hatte, glaubte Schönberg, zum Sachwalter der Musik berufen zu sein, und zwar jener, die allein aus dem »Gesetz« hervorginge und neben der alle andere, die, aus welchen Gründen auch immer, sich vor dem »Gesetz« verschließe, zum Untergang – oder zur bloßen »Mode«, worin Schönberg dasselbe sah – verurteilt sei. »Musik des Gesetzes« aber war Schönberg auch wiederum nicht kurzschlüssig gleichbedeutend mit der eigenen Musik, obwohl er in ihr eine authentische Möglichkeit erkannte, sie zu verwirklichen – und sonst nirgendwo. Diese besondere Art von Ausschließlichkeit empfand Schönberg deshalb als schier erdrückende Belastung, weil sie nicht von blinder Arroganz herrührte, sondern aus rationaler und deshalb unwiderlegbar scheinender Analyse historischer Bewegungen abgeleitet war: Schönberg verstand sich als das Gewissen einer ganzen Musikkultur und übernahm damit eine Verantwortung, die menschliches Maß zu übersteigen drohte.

Darin gründet nicht nur die Schärfe seines kritischen Urteils, sondern auch die Schroffheit, die Unbedingtheit in den Beziehungen zur Umwelt. Das Wissen, »recht« zu haben – und dieses »Recht« allenthalben angegriffen, mißachtet, verleugnet zu finden, wie Moses gegenüber Aron –, das ist es, was Schönberg zum einen unablässig irritierte, zum anderen jedoch Kräfte freisetzte, die ohne solche Belastungen wohl kaum heraufgerufen worden wären. Und dieses problematische Wissen färbt sowohl den Ton seiner Musik wie seiner Polemik.

Polemik gehört, neben Komposition, Theoriebildung und Unterricht, zu den Grundäußerungen, die Schönbergs schöpferische Konstitution ausmachen. Daran änderte sich etwas Grundsätzliches weder in den zwanziger noch in späteren Jahren. Es änderte sich aber die Situation des Polemisierenden. Der Widerstand, der ihm als Grunderfahrung entgegenschlug, richtete sich bis in den 1. Weltkrieg hinein gegen den vermeintlich traditionsverachtenden, kunstfeindlichen, ja kunstzerstörerischen Charakter seines Werkes. Nach dem Krieg und insbesondere in den Berliner Jahren kam die Kritik immer stärker aus anderen Richtungen: Schönberg galt nicht länger mehr als radikaler Avantgardist, sondern als ein Exponent jener »Vorkriegszeit«, die – gleich, ob durch Naturalismus, Impressionismus, Symbolismus, Expressionismus usw. – das Absterben des »romantischen« 19. Jahrhunderts nur hinausgezögert hätte. Schönberg, nun zum »alten Eisen« gehörend, hätte einer tatkräftigen, von neuen sozialen, technischen und künstlerischen Ideen begeisterten – oder in Zweigs Verständnis ihnen auch nur mit nebulösen Phrasen nachjagenden – Jugend zu weichen, die sich vor den einstigen Kämpfen verständnislos abwandte, um die eigene Gegenwart zu gestalten. 1928, in einer Notiz *Hirn und Genie*, schreibt er:

»Das Zeitalter der Romantik hat im November 1918 seinen Abschluß gefunden. Bekanntlich. Von da beginnen mehrere funkelnagelneue Zeitalter: das des Folklorismus, das des Rhythmus, das der Antiromantik, das des neuen Klassizismus und (außer noch manchem anderen) das der neuen Sachlichkeit. Und man muß froh sein, daß auf das eine (schlechte) romantische Zeitalter so viele bessere unromantische gefolgt sind. Man weiß wenigstens: vielleicht hört sich manchesmal alles auf, aber die Zeit wenigstens hört nicht auf.«[7]

Und in einem Glückwunschschreiben zu Franz Schrekers 50. Geburtstag 1928 heißt es:

»Wir, unsere Generation, ist insofern alt geworden, als heute – naturgemäß – einige Generationen Jüngerer bereits in Gefahr zu sein glaubt, für alt zu gelten, wenn sie nicht jung schreien.«[8]

Solch revoluzzerhaftes Gebaren steigerte nur Schönbergs Verteidigungshaltung, da er nach wie vor, ja nun noch entschiedener daran festhielt, mit seinem Tun einer einzig auf Wahrheit und Gewissenhaftigkeit beruhenden künstlerischen Entwicklung zum Durchbruch zu verhelfen. Allen Widerstand dagegen verstand er als Ausdruck eines mißgeleiteten Zeitgeistes, in dem sich Unfähigkeit, Blindheit und Opportunismus verbündeten und den er immer häufiger als zu verachtende »Mode« apostrophierte – »Mode« als Gegensatz von Kultur.

In dieser Eskalation der Polemik – und darin liegt ein weiteres Novum, das bis heute fortwirkt und uns deshalb auch nachdrücklich beschäftigen muß – findet einerseits jene Steigerung des Ausschließlichkeitsanspruchs statt, der darauf hinausläuft, keinerlei Alternative mehr zur eigenen Leistung anzuerkennen und damit auch – um etwas vorzugreifen – keinen Unterschied sehen zu wollen etwa zwischen Alfredo Casella und Igor Strawinsky, Fritz Jöde und Paul Hindemith. Im Argumentationseifer vernachlässigt Schönberg die eigene Maxime vom Vorrang des »Seins«, des „Dargestellten« vor dessen »Gemacht-Sein«. Andererseits, jedoch gerade auf diesen Ausschließlichkeitsanspruch verweisend, formiert sich der Widerstand gegen Schönberg zu dem Vorwurf eines gedankenlosen Konstruktivismus, eines elitären Abstandhaltens von den Forderungen des Tages. Die Bruchlinie verläuft also nicht mehr, wie vor dem Weltkrieg, zwischen »Tradition« und »Avantgarde«, sondern geht quer durch die Avantgarde hindurch – wobei seine Gegner, wie Schönberg (und nach ihm in ähnlichem Sinne Stefan Zweig) meinte, die Tradition als angeblich »geschlossenes Kapitel« hinter sich lassen. Damit aber verspielte diese Avantgarde, ob sie sich als Sachlichkeit, Neoklassizismus, Gemeinschaftskunst oder »episches« Theater verstand, in den Augen Schönbergs jede Chance, den gleichsam gesetzlich geleiteten Entwicklungsbahnen von Kunst und Kultur folgen zu können.

Der kritische Druck der nachdrängenden »Jungen« traf Schönberg um so schmerzlicher, als unter deren Flagge nicht nur ignorante, auf »Fortschritt um jeden Preis« versessene Leute auftraten, sondern auch solche, die sich zu Schönbergs Anhängern, zu seinen Sachwaltern zählten. Durch den Nachweis einer bereits »historischen« Bedeutung des Werkes war man bemüht, den »Meister« aus den aktuellen Fehden herauszulösen: Er hätte Großes geleistet, doch gehörte dies, wie die »Klassiker«, der Vergangenheit an und sei, ungeachtet aller weiterhin bestehenden problematischen Seiten, abgeschlossen. Zu solcher Schlußfolgerung kam Schönbergs Schüler Hanns Eisler in dem bereits zitierten Aufsatz *Arnold Schönberg, der musikalische Reaktionär* (1924)[9], und nur ein Jahr später ließ sich der von allem Neuen gebannte Kritiker Hans Heinz Stuckenschmidt in durchaus vergleichbarer Weise vernehmen. Nicht so sehr die musikalischen Elemente, »die Substanz seines Schaffens, die zu analysieren heute kein Problem mehr ist«, machten es schwierig, »Endgültiges über das Werk dieses Mannes zu sagen« – sondern »die Person selbst, besser die Persönlichkeit«.

»Das moderne Ideal ist beruhigter, geruhiger. Die Mannigfaltigkeit der Erscheinungen ist uns Heutigen eine Tatsache ohne anderen Belang als den, daß wir die Gesichte zusammenfassen. Uns geht es um Synthese (…) Die Zerissenheit der gestrigen Generation ist uns genommen. Wir leben mit ungeteilten Gefühlen (…) Schönbergs Werk ist unsterblich. Wir wissen es wohl. Aber seine Musik ist nicht, wie man meinte, die Musik der Zukunft, das Volkslied in tausend Jahren. Sie ist der Ausdruck einer Zeit, die Männer vom Schlage Strindbergs hervorbrachte. Sie ist dem Expressionismus nahe verwandt. Alles an ihr ist Analyse. Die Nervosität, die alphafte Zerissenheit und Furcht der letzten Jahre vor dem Kriege: hier ist sie Form geworden. Erbarmungslos, paradox, dabei voll gespenstischen Ernstes, stets hinreißend und nie befreiend, trägt sie das Stigma der geistigen Qualen eines Genius, der zu stark war, um sich gemein zu machen, und zu schwach, um seinen Willen an das Lebendige zu wagen. Bei der Uraufführung der Glücklichen Hand hatte ich nur diese Empfindung: wie Unsagbares muß dieser Mann gelitten haben!

Aber die Zeit ist mitleidlos. Wir gehen weiter. Die Entwicklungen überstürzen sich. Dennoch ist unser Hirn ruhiger geworden. Eine neue Generation ist am Werk. Möge sie den Weg nie vergessen, der gegangen werden mußte, um zur Klarheit zu gelangen! Wir haben es leichter als jene. Es gibt Autos, Aeroplane, Lunaparks, Sport und Reisen. Unsere Kunst weiß es. Aber: je ernster wir sind, desto besser wissen wir zu lachen…«[10]

Folgerichtig schreibt Stuckenschmidt dann 1930, anläßlich der Aufführung von *Erwartung* und *Glücklicher Hand* an der Berliner Kroll-Oper, über beide Stücke wie über »klassische«, der Zeit enthobene Meisterwerke, die keine Bindung an die aktuelle Schaffenssituation mehr besäßen. In einer weiteren Kritik heißt es denn auch, daß es den Anschein habe, diese Stücke seien »für diese schnellebige Stadt zu spät gekommen«. Einerseits hätte »Schönberg heute selbst die hier gemachten Experimente (…) schon überwunden«, andererseits sei »diese als ultramodern verschrieene, von vielen noch nicht akzeptierte Musik (…) bereits von gestern (…) Heute sind wir durch so viele Experimente hindurchgegangen, daß das, was Reiz und Gefahr eines solchen Versuchs in sich schließt, niemand mehr erschreckt, wenn Musik und Darstellung Kraft zum Überzeugen haben. Vor sechs Jahren, in Prag, konnten beide es, hier, bei Kroll, weder eines noch das andere.«[11]

Die Tatsache, daß Schönbergs Avantgardeverständnis durch neue, nachdrängende Avantgarden der »Normalität des Alterns« verfiel und als überholt galt und daß diese Tatsache bereits zu einem Zeitpunkt sich abzeichnete, da er mit der Zwölfton-Methode das Tor zur Zukunft aufgestoßen und mit der Berliner Akademiestellung endlich die ihm zustehende Anerkennung gefunden zu haben glaubte – dieses Bündel von Widersprüchen muß Schönberg zutiefst getroffen und verletzt haben. Nicht nur ein äußerliches Zeichen hierfür dürfte sein, daß die Polemik in der Verbindung von Verteidigung und Angriff um 1923, also in der »kritischen« Phase der Entfaltung der Methode, und zwischen 1926 und 1932, also während der Berliner Jahre, auf den Höhepunkt gelangt. In einem Rückblick aus dem Jahre 1937, dem Schönberg den charakteristischen Titel *Wie man einsam wird* gab, heißt es:

»Ich wurde als Konstrukteur bezeichnet. Dadurch wollte man ausdrücken, daß ich nicht nach dem Instinkt schrieb und daß meine Musik trocken und ohne Gefühlsausdruck war. Aber im Gegensatz dazu wurde ich genau des gegenteiligen Verbrechens bezichtigt. Von jener Stelle wurde ich als altmodischer Romantiker bezeichnet, und mein Ausdrucksstil wurde getadelt, weil er persönliche Gefühle ausdrücke. Und es gab auch Stimmen von anderen Seiten, die mich einen dekadenten Bourgeois nannten, und eine weitere Gruppe bezeichnete mich als Bolschewisten (…) Es war das erste Mal in meiner Laufbahn, daß ich für einen kurzen Zeitraum den Einfluß auf die Jugend verlor. Dies spielte sich zwischen 1922 und 1930 ab, und während dieser Zeit wurde fast jedes Jahr eine neue Art von Musik geschaffen, und die des Vorjahres fiel in sich zusammen (…) Obwohl ich die Verwirrung unter meinen Gegnern bald wahrnahm und obwohl ich mit Bedauern sah, daß manches Talent zugrunde gehen würde durch eine korrupte Haltung der Kunst gegenüber, die nur auf einen sensationellen, aber fruchtlosen Erfolg aus war; anstatt die eigentliche Aufgabe des Künstlers zu erfüllen; obwohl ich recht hatte und die anderen unrecht, fühlte ich mich sehr einsam während dieser Periode.«[12]

Kompositionen, die um des »sensationellen, aber fruchtlosen Erfolgs« willen geschrieben werden, in denen das »Moderne« sich als »Mode« zu erkennen gibt, gehören für Schönberg zu jenen Kunsterzeugnissen, die nicht von Gedankendarstellung ausgehen, von dem, was mit Notwendigkeit »gesagt« werden muß und damit zu angemessener, von der künstlerischen »Aufgabe« diktierter Gestaltung findet. Der Behauptung eines Kritikers, daß in der *Suite* op. 29 der »rein geistige Kontrapunkt überwunden« sei, entgegnet Schönberg lakonisch:

»So schnell, wie die Herren meinen, entwickle *ich* mich nicht. Er verwechselt mich mit Milhaud, Poulenc, Strawinsky und all diesen Hervorbringern neuer Moden, die ja zu jeder Saison eine neue Tracht auf den Markt werfen.«[13]

Kunst als »Mode«, als »Tracht« wird möglich durch den Verzicht bzw. die Unfähigkeit, einen »Gedanken« zu haben und seine nur für ihn sinnvolle, von ihm erfüllte Form hervorzubringen. Ein Symptom für solchen Verzicht bzw. solche Unfähigkeit besteht in nicht-materialgerechtem Komponieren. Musikalisches Material ist für Schönberg historisch bestimmt. Jeder Komponist hat sich den Aufgaben zu stellen, die aus den Forderungen des Materials in konkreter historischer Situation erwachsen. Der Grad der Erkenntnis dieser Forderungen und die Fähigkeit, ihnen gerecht zu werden, entscheiden über die Größe eines Komponisten – und in dieser historischen Verankerung aller kompositorischen Leistung gründet auch Schönbergs Begriff von Musik, der immer *neue* Musik meint, gleich, welchem Jahrhundert sie entstammt: Wesentlich ist, daß sie die ihr gemäßen Forderungen des Materials erfaßt und erfüllt. Den Höhepunkt in dieser Auffassung von Materialbeherrschung bezeichnet die Integration von vertikalen und horizontalen Ereignissen im Kompositionsgefüge, die Idee des »musikalischen Raumes«, die seit Johann Sebastian Bach das latente Ziel kompositorischer Arbeit bildet und an die sich bisher am weitesten die Zwölfton-Methode annähern konnte. »Auf dies und vor allem auf die Überzeugung, daß es ein Schritt sei, der, auf Tendenzen des musikalischen Materials beruhend, mit Notwendigkeit vollzogen werden mußte, gründet sich sein (Schönbergs; M. H.) künstlerischer Anspruch.«[14]

Materialgerechtes Komponieren, Erfüllen der Forderungen des Materials: das sind die auf Formeln gebrachten theoretischen Ausgangspunkte, von denen aus Schönberg den Wert der eigenen Arbeit beurteilt und den Unwert der von ihr abweichenden Erzeugnisse glaubt nachweisen zu können – von denen aus er »Recht« und »Unrecht« scheidet. Musikalisches Material, an geschichtliche Bewegung gebunden, verändert sich wie ein Organismus und drängt somit unablässig darauf, unbekanntes Terrain zu erschließen. Wer diesen Impuls des Materials nicht erkennt oder sich ihm gar verschließt, betreibt lediglich Wiederholung von »schon Gesagtem«:

»Es ist unbegreiflich, daß Komponisten als ›ernste Musik‹ bezeichnen, was sie in veraltetem Stil mit einer Weitschweifigkeit schreiben, die dem Inhalt nicht angemessen ist – indem sie drei- bis siebenmal wiederholen, was man sofort versteht. Warum sollte es in der Musik nicht möglich sein, in ganzen Komplexen in gedrängter Form zu sagen, was in den vorausgegangenen Epochen zuerst mehrmals mit geringen Variationen gesagt werden mußte, ehe es ausgeführt werden konnte? Ist es nicht so, als ob ein Schriftsteller, der von jemandem, der in einem Haus am Fluß wohnt, erzählen wollte, zuerst erklären müßte, was ein Haus sei, wofür und aus welchem Material es gemacht sei, und danach den Fluß in der gleichen Weise?«[15]

Unmittelbar auf die Musik von Milhaud, Casella und Strawinsky bezogen, stellt Schönberg fest:

»Während sie fast ausnahmslos Themen zugrundelegen, die sowohl der Harmonie nach als auch dem Satzbau (...) viel einfacher behandelt werden könnten, welche also als Keim keinen Anlaß zu einer Behandlung aufweisen, wie die, die ihnen wird (...), sind meine Themen (...) so, daß man sie mit der alten Harmonie nicht harmonisieren *könnte* (...) Das Material, aus dem meine Musik wird, ist anders und darum, diesem Material entsprechend, wird die Form und alles anders. Die Musik meiner Zeitgenossen aber macht aus dem Eisen goldene Uhren, aus Holz Gummireifen und dgl., sie arbeitet daher nicht materialgerecht und erwartet, daß der Überzug, der Anstrich, den das fertige Produkt bekommt, das seinige tun werde.«[16]

Nichtmaterialgerechtes Komponieren ist der Grund, aus dem die Auffassung erwachsen konnte, durch Adaptierung früherer musikalischer Leistungen zu authentischen Werken in der Gegenwart zu gelangen. Dabei ist Schönberg keinen Moment bereit, etwaige, im weitesten Sinne »kulturpolitische« Zielstellungen wie Verständlichkeit, Gemeinschaftsförderung oder gar »Agitation« zu akzeptieren: Aus falschem Ansatz kann nur Falsches, bestenfalls »Modisches« kommen, das den Gesetzen eines sich weltweit ausbreitenden Musikmarktes gehorcht. Schönbergs bestechende Eigenart, zumindest in künstlerischen Fragen jeden Kompromiß auszuschlagen, erscheint um so bemerkenswerter, als sie nicht, wie etwa bei Hanns Eisler, von außermusikalischen Überlegungen und Überzeugungen getragen ist; als sie musikimmanent bleibt und ihre Argumente ausschließlich mit kompositionsgeschichtlicher Analyse absichert. Politische Dimension erlangen diese Argumente erst in der gleichsam objektiven Wirkungsgeschichte des Denkens, als Wirkung der Werke einschließlich der sie begleitenden theoretischen Äußerungen, deren Aktualität noch immer – ungeachtet wiederkehrender »zeitkritischer« Skepsis – erhalten blieb.

Ein weiteres »modisches« Merkmal für das Auseinanderfallen von Gedanke und Darstellung, Material und Technik, findet Schönberg z.B. bei Ottorino Respighi, in dessen »Plattheiten über die Einfachheit«, die an das Verhalten eines Hobby-Buchbinders erinnerten:

»Er kaufte bei Trödlern alte, gutgebundene Bücher, riss die Bücher aus dem Einband heraus und warf sie weg. Aber den Einband löste er auf und benutzte die Deckel und das Überzugsmaterial, um in sie hinein seine eigenen Bücher zu kleben – ohne sie auf die bekannte Art zu heften und zum Binden vorzubereiten, ohne also den Zusammenhang zwischen Buch und Decke herzustellen (...) Ein neuer Inhalt, eine alte Decke; zusammengeklebt; wie einfach! Ein neues Kunstwerk? Einfachheit überall dort, wo das Können versagt.«[17]

Gegen solcherart »Mode« als »Modernität« richtet Schönberg die ganze Wucht seiner Attacken – weil er gerade durch sie ins Abseits gedrängt und, wie die Gegner meinten, in eine Sackgasse geraten sei. *Meine Sackgasse* lautet denn auch der Titel eines Textes von 1926, in dem allerdings das diffamierende Wort einen überraschenden Bedeutungswandel erfährt:

»Hinter mir beginnt heute die Sackgasse, in die ich mich verrannt habe und in der ich geduldig abwarten werde, bis ihnen (den jungen Komponisten; M. H.) meine Luft ausgeht, von der sie sich noch kümmerlich in ihrem Caroussel ernähren. Früher breche ich nicht durch!«[18]

Mit den *Drei Satiren für gemischten Chor* op. 28 (1926) wandte sich Schönberg zum ersten und einzigen Mal auch mit künstlerischen Mitteln gegen den Neoklassizismus. Die ohnehin unzweideutige Ausrichtung der Kritik wird durch ein ausführliches »Vorwort« noch unterstrichen:

»1. wollte ich alle treffen, die ihr persönliches Heil auf einem Mittelweg suchen. Denn der Mittelweg ist der einzige, der nicht nach Rom führt. Ihn aber benützen solche, die an den Dissonanzen naschen, also für modern gelten wollen, aber zu vorsichtig sind, die Konsequenzen daraus zu ziehen; die Konsequenzen nicht bloß aus den Dissonanzen, sondern weit mehr noch, die aus den Konsonanzen sich ergebenden. Ebenso verhält es sich mit jenen, die unter den Dissonanzen eine geschmackvolle Auswahl treffen, ohne Rechenschaft darüber geben zu können, warum ihre Mißklänge erlaubt und die der anderen verboten sein sollen; die ›nicht so weit gehen‹, ohne zu erklären, warum sie doch *so weit* gehen. Dann die Scheintonalisten, die meinen, sich alles erlauben zu dürfen, was die Tonalität erschüttert, wenn sie nur gelegentlich, passend oder nicht, durch einen tonalen Dreiklang ein Bekenntnis zur Tonalität ablegen. Wer, der hört, glaubt es ihnen? Und wer, der Form-Wissen und -Gewissen besitzt, kann übersehen, daß derlei ihre Sehnsucht nach ›Form und Architektur‹ nicht zu erfüllen imstande ist, wenn sie dafür nicht noch anders und auf kunstvollere Weise Vorsorge treffen müßten: was allerdings möglich ist.
2. ziele ich auf die, die vorgeben, ›zurück zu…‹ zu streben. Ein solcher sollte nicht glauben machen wollen, es liege in seiner Hand, zu bestimmen, wie weit zurück er sich bald befinden wird, und gar, daß er damit einem der großen Meister (der ›strebend sich bemüht‹ hat) nahe kommt, wo er ihm, da er ihn im Munde führt, doch nur zu nahe tritt! Dieser Zurück-Lebemann hat, kaum wiedergeboren, schon in der Schule viel versäumt und muß darum eben jetzt Tonika und Dominante neu erleben. Gerne hülfe man ihm mittels eines Tour-Retour-Billets durch die Stile. Ihm aber die ›Spielregeln‹ (wie der Mediokre neckisch sagt) zu verraten, ist überflüssig, weil seine Meisterschaft im ›corriger la fortune‹ besteht und die Gewähr bietet, daß er sich wie immer helfen werde: indem er dem unfreiwilligen Partner in die Karten guckt. Da überdies schon so manche laut gepriesene ›Renaissance‹ sich in kurzer Zeit auf eine verschwiegene fausse couche zurückführen ließ, sei bloß konstatiert, daß ein solcher freiwillig so dürftig schreibt, wie ein armer Konservatorist zu schreiben gezwungen wird.«[19]

Geradezu allergisch reagierte Schönberg auf »volkstümelnde« Tendenzen, gleich, ob sie sich als Programmatik einer Jugendmusikbewegung oder als Versuch äußerten, kompositorische Darstellung durch Rückgriff auf »geläufiges« musikalisches Material »verständlicher« erscheinen zu lassen. Solche Volkstümlichkeit war Schönberg nicht allein aus ästhetischen Gründen suspekt. In ihr erkannte er den Verfall unverzichtbarer ethischer Werte. Künstlerische Produktivität ist eine Äußerung menschlicher Würde, der beständigen Entwicklung des Menschen zum Höheren und Besseren. In diesen Prozeß einzugreifen, ihn voranzutreiben, ist eine Forderung an den Schaffenden, die Schönberg freilich vor allem und zuerst an sich selbst stellt. Jeder Versuch, davon abzurücken oder auch nur durch mildere, kompromißbereite Varianten ersetzen zu wollen, führte zwangsläufig zur Beschädigung dieser Würde und förderte den Opportunismus – also das, was für Schönberg ohnehin die gesellschaftlichen Spielregeln bestimmt:

»Mit Vergnügen treffe ich auch die Folkloristen, die, sie mögen so müssen (weil ihnen eigene Themen nicht zu Gebote stehen) oder nicht (da ja eine vorhandene musikalische Kultur und Tradition schließlich auch noch sie tragen könnte), auf die naturgemäß primitiven Gedanken der Volksmusik eine Technik anwenden wollen, die nur einer komplizierten Denkart angemessen ist. Sie erinnern an solche, die vornehm: ›die Schinke‹ oder volkstümlich: ›oan Oadelwoass‹ sagen.«[20]

»Tonal oder atonal?«
Polemik um den Zeitgeist

Mit der Forderung nach materialgerechtem Komponieren und den sie flankierenden Formeln von »Recht« und »Unrecht« kompositorischer Arbeit bzw. von der größten Fähigkeit des Künstlers, der des »sich Ausdrückens«, stößt Schönberg immer wieder auf das Problem des Verhältnisses von Stil und Individualität, von musiksprachlich-kompositionstechnischer Normierung und individueller, unwiederholbarer Aussage. Es versteht sich fast von selbst, daß für Schönberg das Phänomen der Stilbildung vor allem Beschränkung bedeutet: Stil faßt das »schlechte Allgemeine« zusammen, ergreift nicht zulänglich die geschichtsprägende Individualität, die sich in jedem Werk großer Musik äußert:

»Wenn man auf gewisse Musikgelehrte etwas geben würde, müßte man glauben, alle Komponisten hätten nicht etwa ihre *Vision* zur Darstellung gebracht, sondern ihr einziges Bestreben sei es gewesen, einen Stil zu etablieren (…) Daß man meinetwegen in fertigen Werken die Eigentümlichkeiten aus den Noten, aus den mehr oder weniger sonderbaren Figuren oder Wendungen zu entnehmen versucht, sei zugegeben. Aber daß man übersieht, daß solche Eigentümlichkeiten die Folgen des eigentümlichen Gedankens sind, bloß als Symptome, und daß man glaubt, wenn man die Symptome, den Stil imitiert, daß man dann etwas Künstlerisches erreicht hat: das ist ein verhängnisvoller Irrtum! Ein feines Ohr hört Eigentümlichkeiten, auch unsichtbare, wo ein Tauber höchstens Stile sieht.«[1]

Und an anderer Stelle heißt es:

»Die Aufstellung eines neuen Stils aber, ehe ein neuer Gedanke da ist, ist ein lächerliches Beginnen und führt zu Bocksprüngen, wie wir sie die heutige Musik fortwährend tun sehen. Im Stil älterer Komponisten komponieren zu wollen, ist ein Unterfangen, das am besten derjenige unternimmt, der diesen Stil am wenigsten kennt: dem gelingt es auch am besten, seine Hörer glauben zu machen, daß irgend jemand derlei geschrieben hätte.«[2]

Schönbergs teleologische Auffassung vom Komponieren als Weg zur gleichmäßig entwickelten Durcharbeitung aller Kompositionselemente muß zwangsläufig jeden Versuch ausschließen, in der Tradition verwurzelte, von ihr geschaffene Vokabeln oder gar stilistische Komplexe in einen Kompositionszusammenhang zu bringen, der dem Stand der geschichtlichen Bewegung des Materials, wie er sich in jenen Vokabeln oder Komplexen niederschlägt, nicht mehr entspricht. Dies ist zugleich der Ansatz, von dem aus Schönberg die »Renaissance«-Tendenzen der zwanziger Jahre, welcher Spielart auch immer, rigoros ablehnt. Dabei bedarf es eigentlich nicht mehr des Hinweises, daß für ihn die Materialentwicklung vom eigenen Werk und von dem Anton Weberns und Alban Bergs bestimmt wird.

Die politische Dimension der »Renaissance«-Bewegungen – die Überwindung der Kluft zwischen »Kunst« und »Volk« mittels der »gemeinschaftsbildenden Kräfte« insbesondere der Musik – nahm Schönberg, wie es scheint, nur beiläufig wahr. Zumindest hat sie ihn keinen Moment nachgiebiger gestimmt:

»Tonal oder atonal, die Frage, ob das eine oder das andere berechtigt, zulässig, notwendig oder entbehrlich sei, hat derzeit bereits eine handliche Form angenommen: sie ist eine Gesinnungsfrage geworden (…) Eine Parteisache. Parteien sind auf Anhänger angewiesen, die sie durch Schlagworte gewinnen. Diese aber treffen nie den Kern, sondern weit daneben, den Raum, der den Parteigängern gelassen werden muß. Wie sollte auch sonst deren Entfaltungs- und Erholungsbedürfnis sich ausleben können, wenn strenge Gesetze, die Ergebnisse tiefgegründeter Erkenntnisse, den Weg vorschrieben, zeigten, daß es zwar den Weg des Kreuzes, aber keinen Kreuzweg gibt und daß der Scheideweg an einem der Punkte seinen Anfang nimmt, wo man sich von der Kunst bereits geschieden hat, wenn man zu ihm gelangt? (…) Viele moderne Komponisten glauben tonal zu schreiben, wenn sie im Laufe einer Reihe ungeprüfter und unprüfbarer harmonischer Ereignisse von Zeit zu Zeit einen Dur- oder Mollklang oder eine kadenzähnliche Wendung anbringen. Andere versprechen sich das gleiche von der Anwendung des ›Ostinato‹ und der Orgelpunkte. Beide handeln wie Gläubige, die sich einen Ablaßzettel kaufen: sie verraten ihren Gott, ohne sich jedoch mit denen zu verfeinden, die sich seine Sachwalter nennen; über ihren heimlichen, sündigen Umgang mit Dissonanzen breiten sie einen noch wenig getragenen Mantel christlich-germanischer Nächstenliebe, dessen persönliche Note besteht durch Verwendung nur jener Vor- und Abzeichen, die von der herrschenwollenden Tonart zugelassen sind.«[3]

Prekär wird Schönbergs Haltung freilich, wenn sie auf Leistungen trifft, deren Bedeutung bereits damals hätte erkannt werden können und – müssen; auf die nicht die Argumente für »Recht« und »Unrecht«, sondern die für das »sich Ausdrücken« zu beziehen wären. Hier sind vor allem Igor Strawinsky, aber auch Kurt Weill zu nennen, die Schönberg nahezu ausnahmslos negativ beurteilt: Ihre Musik war ihm gleichbedeutend mit modischer Attitüde – für den Tag bestimmt und mit ihm vergehend: »Strawinsky macht sich über Musiker lustig, die (während er nur *die Musik der Gegenwart* schreiben will) sich bemühen, *die Musik der Zukunft* zu schreiben. Ich könnte einen solchen Satz nicht sagen, ohne wenigstens durchblicken zu lassen, warum einer Musik, die voll und wirklich die der Gegenwart ist, auch die Zukunft gehören muß.« Strawinsky hielte es offensichtlich für veraltet, »einer Kunstschöpfung eine über ihre Gegenwart hinausgehende Bedeutung zuzumessen«, er zähle sie »zu den Modestoffen und Krawatten« und strebe deshalb folgerichtig nur danach, »den Käufer zu befriedigen«.[4]

Schönbergs Werkbegriff hingegen ist unmittelbar mit dem Begriff des Schöpferischen verbunden, der die originäre Leistung, die Unersetzbarkeit individueller Verwirklichung im Schaffensprozeß zum inhaltlichen Kern hat. Von ihm gehen »Botschaften« aus, welche die »Gedanken« des Schöpfers vermitteln. Schönbergs Begriff hält unbeirrt an der Vorstellung von der auserwählten Künstlerpersönlichkeit fest, die fähig ist, das durch sie Erkannte und Erfahrene zum Ausdruck zu bringen. Und so ist jedes neue Werk ein fortgesetzter Versuch, solcher individuellen schöpferischen »Konfession« Gestalt zu geben.

Theodor W. Adorno wies auf den Zwiespalt in diesem Selbstverständnis hin. Einerseits revoltierte Schönberg gegen den »Besitzcharakter der Erfahrung«[5], gegen die Normierung von ästhetischen Auffassungen durch die Kanonisierung kompositionstechnischer Verfahren – wieder kann auf die Fähigkeit des »sich Ausdrückens« verwiesen werden. Andererseits aber ist dieses Selbstverständnis noch von einem merkwürdig archaisch gestimmten, romantizistischen Geniekult berührt, der als wichtigste Konsequenz eine weitgehende Blindheit gegenüber »historischen Veränderungen im ästhetischen Produktionsprozeß«[6] einschließt. Abgesehen von erst später, nach Schönbergs Tod, ins Bewußtsein der Öffentlichkeit gedrungenen Komponisten wie Charles Ives, Erik Satie oder Edgar Varèse, wirkt sich diese Blindheit auch auf die Erkenntnis von Musik aus, die von Schönberg zu leichtfertig mit dem Etikett des Neoklassizismus versehen wurde. Und dazu gehören Strawinskys Stücke seit den zwanziger Jahren, deren neoklassizistisches Moment angesichts der außerordentlichen kompositorischen Innovationen, die sie in sich tragen, nahezu gegenstandslos erscheint. Diese Innovationen, auf die hier nicht eingegangen werden kann, hat Schönberg nicht zur Kenntnis nehmen wollen – oder können. Er beharrte ihnen gegenüber auf dem »Recht«, das auf seiner Seite stünde, und weigerte sich beharrlich, Strawinsky zuzugestehen, daß auch er des »Größten« fähig sei.

Inwieweit sich in Schönbergs Kompositionen, insbesondere seit der Entwicklung der Zwölfton-Methode, Anzeichen zu erkennen geben, die eine eigene Annäherung an neoklassizistische Strömungen durchblicken lassen, soll hier nicht erörtert werden. Die Methode als ein System festgefügter kompositionstechnischer Verfahren, das Einheit und Durchbildung eines musikalischen Organismus sichern soll, und die Pläne zum »Schlüsselbuch«, das in zusammenfassender Form den entsprechenden theoretischen Grund zu liefern hätte – beide Projekte sind schwerlich von jenen Konsolidierungstendenzen zu trennen, die sich um die Mitte der zwanziger Jahre auf nahezu allen Gebieten des gesellschaftlichen Lebens abzuzeichnen beginnen. Im Bedürfnis nach »Ordnung«, nach systemorientierter Begründbarkeit von künstlerischer Arbeit berühren sich in der Sache so auseinanderliegende Auffassungen wie die der »Renaissance«-Bewegungen, der »Gemeinschaftskunst«, der »Neuen Sachlichkeit« und der Dodekaphonie. Anstoß für solche Systemorientierung ist die Überzeugung, daß die als chaotisch empfundene Situation zumal nach dem Ende des 1. Weltkriegs (hier sei noch einmal auf Stefan Zweigs Schilderung verwiesen) durch Entwicklung kontrollierbarer Verfahren überwunden werden müsse. Der hemmungslosen Anarchie gelte es ein System von Verbindlichkeiten entgegenzusetzen, zu denen eben auch kompositionstechnische Verfahren gehörten. Dabei ist Schönbergs Begründung für die Entfaltung der Zwölfton-Methode einigermaßen und nach außen hin konservativ angelegt: Sie stelle ein »formbildendes« System dar, das lediglich eine Weiterentwicklung jener »Gesetze« enthalte, welche im Rahmen der Tonalität sich geltend gemacht hätten. Strawinskys »Neoklassizismus« oder auch der polternden »Sachlichkeit« des frühen Hindemith hingegen ist durchaus eine antibürgerliche Geste eigen, die trotz ihrer Einhüllung in stilistische Verbindlichkeiten zu schockieren vermochte. Doch nur zubald sind diese Schocks konsumfähig geworden und zum bloßen Reizmittel abgesunken – während Schönbergs dem Buchstaben nach so konservative Verfahrensweise die eruptive Gewalt seiner musikalischen Sprache nicht im geringsten hemmte. Und dies mochte er dann auch wiederum zum Anlaß genommen haben, zwischen »Recht« und »Unrecht« zu unterscheiden.

Neben dem »Neoklassizismus« in seinen verschiedenen Spielarten wendet sich Schönberg mehrfach und über einen längeren Zeitraum dem Musiktheater zu, der sogenannten »Zeitoper«, dem »Lehrstück« und schließlich dem Begriff des »epischen Theaters«. Auf das Problem stößt er bereits 1923, als er Ernst Kreneks Oper *Der Sprung über den Schatten* »flüchtig durchgelesen«[7] hatte. Das anfänglich abwägende Urteil über das Werk und seinen Autor, dem Schönberg keineswegs Talent abspricht, weicht bald schärferen Tönen. Ihn irritiert die »Weisheit dieses 3 oder 24-jährigen Menschen (...) Solche Weisheit muß doch auf Erfahrung beruhen. Sie ungeprüft von Wedekind, Kraus, Altenberg, Kokoschka und einigen Franzosen zu übernehmen, ist feuilletonistisch.« Mangelnde Erfahrung rettete sich denn auch in »Gesinnung«: »Das ist so gewiß Literatur, als es sich einbildet, Leben zu sein. Eben bloß eine andere Literatur-*Richtung*!«

Um solche Uneigentlichkeit der Erfahrung wie des Gefühls kreist Schönbergs Kritik. Hier zeige einer die Vertrautheit eines »Handlungsreisenden« mit »Liebe und Treue«, die sich gleichermaßen auch der Musik mitteile. Um des leichten Erfolges wegen werde auf modische Tänze sowie auf Stilkopien zurückgegriffen, als deren Vorlage Schönberg sogar Musik von sich selbst wiederzuerkennen meint. Die Vermutung eines direkten Angriffs auf seine Person und damit einer Mißachtung des künstlerischen »Standesbewußtseins«, die nur die Misere einer »modischen« Kunst zum Ausdruck bringe, wird dann durch Kreneks Artikel *Musik der Gegenwart* im Jahrbuch der Universal-Edition von 1926 zur Gewißheit. Krenek schreibt: »Die absolute Musik der Gegenwart (...) wird in konsequenter Entwicklung zur Selbstbefriedigung eines Mannes, der in seiner Kammer sitzt und Gesetze erfindet, nach welchen er hernach Figuren legt.«[8] Schönbergs Erbitterung über diese Bemerkung ist so stark, daß er sich gleich in zwei ausführlicheren Notizen Luft zu machen sucht: »Augiasstallsprache, Augiasstallbilder« seien hier von »Lumpen« verwendet, die wissen, »daß sie Lumpen sind und den Leuten nur eine Komödie vormachen und da meinen sie, unsereiner sei auch so ein Lump und spiele nur Komödie«.[9]

Schönberg fixiert dann, und dies ist entschieden ernster zu nehmen, Kreneks Begriff der »Zweckmusik«, den dieser nicht nur mit Theater- und Tanzmusik, sondern auch mit Bachs Kirchenmusik in Verbindung bringt: »Welcher Zweck. Eine unglaubliche Dummheit (...) Weil die Kantatenkomponisten für die Kirche geschrieben haben, so war es doch höchstens für die Kirche Zweckmusik, für die Autoren aber Musik.«[10]

Krenek hatte jedoch mit dem Begriff keineswegs die ihm hier unterstellte »Plattheit« einer surrogathaften »Gebrauchsmusik« im Blick, sondern eine Musik, deren »funktionales« Wesen auf die Opernästhetik Bertolt Brechts vorausweist: »Das Drama ist kein Kunstwerk, welches durch Milieu, Kostüm, Besonderheit der Exposition und aparten Verlauf der Handlung interessant zu sein hat (...) Man denke an Shakespeare, der teils bekannte Stoffe dramatisiert, teils auch noch, um jede Spannung und Neugier auf das Stoffliche aus dem Zuschauer zu entfernen, durch Prologe oder sonst durch oft ganz auffallend kunstlose Mittel sein Publikum über das Kommende orientiert.« Für die Oper wäre dies in noch höherem Grade zu fordern: »Somit liegt das Problem der Oper von heute darin, die Selbstverständlichkeiten unserer Zeit aufzufinden (...) Musikalisch muß der Ausdruck für einen Stoff solcher Art so einfach wie nur möglich gefaßt werden, wenn anders er zweckmäßig sein soll.«[11]

Es wäre denkbar, daß diese Andeutung einer neuen Ästhetik der Opernmusik als einer eigenständigen Lösung der Aufgabe – Gedankendarstellung in angemessener Form – Schönbergs zustimmendes Interesse gefunden hätte, ginge ihr nicht die Schmähung seiner Person voraus. Diese Schmähung aber hielt er für so schwerwiegend – sie traf ja seinem Verständnis nach nicht lediglich eine »Privatperson«, sondern ein personifiziertes »Gewissen der Zeit« –, daß Schönberg auch auf all das, was noch an weiteren Überlegungen folgte, nicht anders als blind-negativ zu reagieren wußte:

»Wir haben also eine Krenek-Operette zu erwarten. Ach Gott, wird die leicht sein; tausend solche auf ein Lot. Euch macht ihrs leicht? Ihr machts euch leicht: die Kunst stellt ›gar nichts so Wichtiges vor, wie wir immer gerne glauben möchten‹. Und: ›Wer die Kunst an den Anfang seines Glaubensbekenntnisses stellt, wird nach meiner *bescheidenen* Erfahrung *zu nichts gelangen.*‹ Was natürlich nach der bescheidenen Erfahrung, die ich Gott sei dank mit Herrn Krenek gemacht habe, eben das Wichtigere ist als alle Anfänge aller Glaubensbekenntnisse zusammengenommen: *zu etwas gelangen.*«[12]

Die in den Vorwurf des Opportunismus und Karrierismus mündenden Angriffe gegen Krenek haben zweifellos dazu beigetragen, daß sich Schönberg in den folgenden Jahren den aktuellen Veränderungen im Bereich Oper und ihren deutschen Protagonisten Paul Hindemith und Kurt Weill intensiver zuwendet. Nachhaltige Anstöße gehen dabei freilich auch von eigenen Opernplänen aus, zu denen Schönberg durch mehrere Umstände motiviert gewesen sein könnte.

Die ersten und bisher einzigen Arbeiten für das Musiktheater, *Erwartung* und *Die glückliche Hand*, waren bereits vor dem 1. Weltkrieg entstanden. Nun erst, 1924, erlebten sie ihre – alles in allem erfolgreiche, wenn auch nicht ohne Skandalgeräusche abgehende – Uraufführung, der sich nicht minder beachtete weitere Inszenierungen anschlossen. Von der wohl wichtigsten, der Doppelaufführung an der Berliner Krolloper im Februar 1930, war bereits die Rede. Die Resonanz auf diese Ereignisse wurde allerdings überschattet und in Grenzen gehalten durch eine ganze Reihe weiterer Opern- und anderer musiktheatralischer Novitäten, von denen einige nicht nur gewissermaßen den Nerv der Zeit trafen (und mit ihr wieder vergingen), sondern darüber hinaus Geltung, auch Weltgeltung erlangten: 1925 *Dr. Faust* von Ferruccio Busoni (vervollständigt durch Philipp Jarnach) und *Wozzeck* von Alban Berg; 1926 *Cardillac* von Hindemith; 1927 *Jonny spielt auf* von Krenek, *Mahagonny-Songspiel* und *Royal Palace* von Weill; 1928 dessen *Dreigroschenoper* sowie die szenische Uraufführung von Strawinskys *Ödipus Rex*; 1929 *Neues vom Tage* von Hindemith; 1930 *Christoph Kolumbus* von Darius Milhaud, die Opernfassung von Weills *Mahagonny*, *Das Leben des Orest* von Krenek und Hindemiths Schuloper *Wir bauen eine Stadt*.

Schönbergs kritisches Interesse wurde nicht lediglich durch die als verwerflich empfundene Attitüde modischer »Zeitopern« gereizt, sondern auch und letztlich noch mehr, wie im Falle des Bergschen *Wozzeck*, von Arbeiten, die im eigenen, engsten Umkreis entstanden und die, wie auch später *Lulu* (1928 begonnen), ungeachtet ihres »avantgardistischen« Niveaus öffentliche Anerkennung finden sollten. Macht sich hier wohl ein gewisses Maß an Konkurrenzdenken gegenüber einer akzeptiert-gleichrangigen künstlerischen Potenz geltend (Schönberg hielt allerdings das Sujet des *Wozzeck* für kunstfremd und warnte Berg vor der zu erwartenden Erfolglosigkeit der Oper[13]), so vermag er in den übrigen Werken – und zwar in allen Belangen – nur ausgehöhlten »Zeitgeist« zu erkennen.

Die Konsequenzen dieser Auseinandersetzung sind bisher vornehmlich – und mit einigem Recht – in Schönbergs schriftlich fixierter Polemik verfolgt worden. Hinsichtlich des kompositorischen Werkes berücksichtigte man dabei lediglich die »komische« Oper *Von heute auf morgen* unter dem inzwischen schon zum Topos gewordenen Gesichtspunkt einer unüberbrückbaren Divergenz von naiv-operettenhaftem Text und hochexpressiver Musik, in deren aufgeheiztem Ausdruck jener verdampfe.[14] Doch auch der Versuch, den Querstand von Text und Musik dialektisch, als Zeichen höheren, eingreifenden Gelingens zu deuten, vermag, wie in Theodor W. Adornos Uraufführungsbesprechung von 1930, die Male gutwilliger Gewaltsamkeit nicht gänzlich zu verdecken:

> »Ein Bürgerzimmer wird dem Ansturm der Hölle preisgegeben, damit zwei Menschen aus deren Gelächter übrigbleiben; die vergriffensten Worte sind gerade recht dazu, da sie die Musik in jedem Augenblick traumhaft groß anschaut und im Wolkenspiel ihrer leuchtenden Transparente deutet. Gerade das Widerspiel des alltäglichsten Textes und der unbanalsten aller Musiken erzeugt die echte Konkretion der Oper, die ergreift, was die Stunde ihr bietet, es blitzhaft zu durchdringen.«[15]

Bereits ein Blick auf die Entstehungsgeschichte der musiktheatralischen Konzeptionen und dann auch der Stücke selbst läßt erkennen, daß die Überlegungen zur »Zeitoper« (mit dem Ergebnis *Von heute auf morgen*) und zur »Bekenntnisoper« *(Moses und Aron)* nicht nur parallel gehen, sondern daß auf beiden Denkebenen, jedoch aus unterschiedlicher Perspektive, ein und dasselbe Problem zur Sprache gebracht wird: die Durchsetzung der Wahrheit des Gedankens gegen die Macht des Modisch-Zeitbedingten. Nach der »Initialzündung« durch die Uraufführung der beiden Einakter *Erwartung* und *Die glückliche Hand* beginnt Schönberg die neuerliche Hinwendung zum Theater mit dem Drama *Der biblische Weg* (1. Fassung 1925), das, flankiert vom zweiten der *Vier Chorstücke* op. 27 (»Du sollst nicht, du mußt«) und dem späteren (1930), ebenfalls zweiten der *Chorstücke* op. 35 (»Das Gesetz«), die Brücke vom Oratoriumfragment *Die Jakobsleiter* zu *Moses und Aron* (1930-1932) schlägt. Das *Moses*-Projekt beschäftigte Schönberg bereits seit 1925[16], zunächst als Kantate, dann, 1928, als Oratorium, ehe er im Frühjahr 1930 den Entschluß faßte, eine Oper zu schreiben. Der Text für die Oratorium-Fassung entstand vom 3. bis 16. Oktober 1928, woran sich unmittelbar die Einrichtung des Textes für *Von heute auf morgen* angeschlossen haben muß – denn am 21. Oktober begann Schönberg dessen Komposition. Sie wurde am Neujahrstag 1929 beendet, und Anfang Mai des folgenden Jahres setzte die Arbeit an der *Moses*-Oper ein. Nur am Rande sei bemerkt, daß diese auffällige, keineswegs zufällige Parallelität ein »Vorspiel« mit den bereits genannten *Chorstücken* op. 27 und den *Chorsatiren* op. 28 hatte: erstere, eine »Ankündigung« des *Moses*, entstanden im September bis November 1924, letztere, das »Manifest« gegen Neoklassizismus/Folklorismus, von November bis Dezember desselben Jahres.

Schönbergs Auseinandersetzung mit dem »Zeitgeist«, der die notwendigen historischen und human-existenziellen Aufgaben verkennt, abweist oder verrät, vollzieht sich also synchron nicht nur auf polemisch-verbaler und aktuell orientierter kompositorischer Ebene, sondern erfaßt die gesamte Produktivität des Komponisten. Das Gleichnis von guter, da wertbewußter Konvention, das in *Von heute auf morgen* gegen sinn- und würdelose Modernität steht [17], findet seine Entsprechung in der Gedanke-Bild-Dialektik des *Moses*. Und auch die so grundverschiedenen Lösungen des Gleichnisses – in der Komödie die operettenhafte Harmonisierung eines nicht minder operettenhaften Konflikts; im biblischen Drama die tragische Dissonanz des nicht zu schlichtenden Widerspruchs zwischen Welt- und Heilsgeschichte –, auch diese Differenz erweist sich als scheinhaft, indem die Musik der »Komödie« jeden Harmonisierungsversuch durchkreuzt: Die »Lösung« gleicht einer Erstarrung, der nicht anders als dem niedersinkenden Moses das brüderlich-erlösende Wort versagt ist.

1930 entwarf Schönberg ein *Vorwort für einen Prospekt*, in dem es heißt:

»›Von heute auf morgen‹ will eine heitere und leichte Oper sein: sie zeigt nur, was sich von heute auf morgen abspielt, nicht länger gilt, nicht länger bestehen bleibt (...) Gezeigt ist, daß es bedenklich wäre, der Mode zu liebe an dem Fundament zu rütteln. Gezeigt sind Menschen, die unklug genug sind, die Grundsätze, mit denen die Mode ja nur prahlen will, in Wirklichkeit umzusetzen.«[18]

Und in einer Einführung zur Rundfunkübertragung des Werkes im Februar desselben Jahres schrieb Schönberg:

»Die wenigsten Menschen machen sich eine Vorstellung davon, wie das in Wirklichkeit aussehen würde, was in Schlagwortform in aller Munde ist (...) Wieviel Böses bliebe ungeschehen im Leben, in der Politik, in der Kunst, in allen privaten Dingen, besäße jeder eine Vorstellung von der Wirkung, vermöchte der Politiker zum Beispiel sich die vorzustellen, die er zu erschlagen empfiehlt, sähe der Chef die Wirkung einer Entlassung, der Angestellte die Folgen einer Unterlassung.«[19]

Schönberg war angeblich fest davon überzeugt, mit dieser »heiteren und leichten Oper« einen Erfolg »à la Cavalleria rusticana«[20] zu erringen. Deshalb lehnte er sowohl zu niedrig scheinende Honorarangebote von Verlagen als auch vermeintlich unseriöse Aufführungsangebote von Theatern ab. Doch der Entschluß, das Werk im Selbstverlag herauszugeben, erwies sich schnell als finanzielle Fehlentscheidung: Die Kosten für die Herstellung des Aufführungsmaterials waren hoch, die Herstellung selbst zog sich hin. Schönberg, der dies durchaus vorausgesehen hatte, wollte nun die Kosten »auf mehrere Bühnen verteilen, und deshalb keine eigentliche Uraufführung vergeben, sondern trachten, ungefähr 10 Bühnen ohne Festsetzung eines Termines das Aufführungsrecht für die Dauer eines Jahres gegen Erwerb des Materials zu überlassen«.[21]

Was dann wirklich geschah, erscheint nur folgerichtig. Nach der Uraufführung am 1. Februar 1930 in Frankfurt/Main und einigen Wiederholungen sowie der Berliner Rundfunkübertragung geriet die Oper bis heute nahezu in Vergessenheit – nicht nur in der Öffentlichkeit, sondern auch beim Fachpublikum. Hans Heinz Stuckenschmidt – um nur einen »Wohlgesonnenen« zu zitieren – gibt in seiner Aufführrungsbesprechung, die das Grundmotiv des bereits angeführten Textes von 1925 aufnimmt, einen Eindruck von der allgemeinen Ratlosigkeit wieder, welche das Werk auslöste:

»Die Differenzen der Charaktere, der Tempomodifikationen sind dermaßen subtil, daß ein gröberes Ohr, das vielleicht mit den Maßstäben Verdischer Theatralik an die Schönberg-Oper herangeht, nicht das geringste merken wird. In dieser selbstherrlichen Ästhetik liegt Schönbergs unbestreitbare Größe: aus ihr jedoch ergeben sich die schwersten Einwände, die eine sozial empfindende Generation gegen sein Werk erheben kann.«[22]

Wie ernst ist Schönbergs »Glaube« an seine Oper *Von heute auf morgen* zu nehmen? Kann man, muß man davon ausgehen, daß dem Komponisten ein geradezu beispielloser Mißgriff, ein Irrtum von erschreckendem Ausmaß unterlief? Schwer vorstellbar ist dies und wahrscheinlicher hingegen die Annahme, daß Schönbergs Überzeugung mit dem Grundwiderspruch der Oper zu tun hat, mit dem unauflösbaren Widerspruch zwischen verbal *genannten* und musikalisch *gestalteten* Wertvorstellungen. Was auf der textlichen Ebene als wertbewußter, wertbewahrender Konservatismus erscheint, *benannt* wird (die wünschenswerte Unantastbarkeit der Ehe als Symbol lebenserhaltender Fundamente gegen modisch-leichtfertigen Austausch der Partnerbindungen als Ausdruck willkürlich-verantwortungsloser Zerstörung dieser Fundamente), erfährt auf der musikalischen Ebene eine Darstellung, die als Konsequenz aus der historischen Bewegung künstlerischer Sprachlichkeit hervorgeht und mithin alles Private, kleinbürgerlich Beschränkte hinter sich läßt. Anders vermochte Schönberg gar nicht zu denken, und für solchen »Musikzentrismus« blieb denn auch jeder textliche Bezug (hinsichtlich einer eigenen literarischen Qualität) unerheblich. Die bloße Feststellung, daß Text und Musik hoffnungslos auseinanderfallen, greift also zu kurz.

Wie wenig später bei der *Begleitungsmusik zu einer Lichtspielszene* (die erst Jahrzehnte später gedreht worden ist): Schönberg schrieb nahezu immer Musik zu imaginären Texten, die vom jeweils »vertonten« bestenfalls in Umrissen angedeutet werden. Das perspektivische Moment, die »konkrete Utopie« zeigten ihm den eigentlichen Wert seiner Musik – und er scheute sich nicht, dies auch auszusprechen: »Wenn ich an Lichtspiele denke, so denke ich an zukünftige, die notwendigerweise künstlerisch werden sein müssen. Und zu denen wird meine Musik passen!«[23] Daß dieser Wert verborgen und schwer zu entschlüsseln ist, vermochte Schönberg nicht von der Überzeugung abzubringen, daß er das einzige sei, das zu entdecken sich lohne. Und dies könnte dann Schönbergs absonderlich wirkenden Optimismus hinsichtlich der Erfolgschancen seiner »komischen Oper« genährt haben.

In solcher ethischen Rigorosität schwinden die sujetgebundenen Gegensätze zwischen »Zeit-« und »Bekenntnis«-Oper, in ihr gründet die Einheit des Schönbergschen Werkes. Diese Rigorosität distanziert es aber zugleich auch von den in Schönbergs Sinne »modischen« Zeitopern, unter denen Hindemiths *Neues vom Tage*[24] eine bemerkenswert-merkwürdige Parallele zu *Von heute auf morgen* bildet. Auch bei Hindemith geht es um Ehebeziehungen, um Partnertausch »überkreuz«, die jedoch zu einer Parodie der »modernen Welt« ausgeweitet werden: Die zu erwartende private Aussöhnung gerät ins Räderwerk der Öffentlichkeit, indem die beiden Hauptakteure ihr Liebesverhältnis als Varieté-Nummer zu spielen haben. Die Verweigerung wirklicher Versöhnung erhält deutliche gesellschaftskritische Akzente, die auf die Ohnmacht der Individuen gegenüber dem Druck der Massengesellschaft hinweisen, auf die Manipulation als Lebensgesetz: Leben verwandelt sich in eine Zeitungsnachricht, in »Neues vom Tage«.

Diesem kritischen Impuls folgt die Musik: Schmissig, aggressiv, parodistisch stellt sie den Text aus, indem sie sich ihm anverwandelt – und damit eine gänzlich andere Aufgabe übernimmt als die, die ihr Schönberg in seiner Oper zuweist. Ist bei ihm die Musik die eigentliche treibende Kraft, bricht sich in ihren Konfigurationen alles Verhalten zu »Außermusikalischem«, auch zum Text und den von ihm benannten Problemen, so reduziert sie sich bei Hindemith auf ein funktionales Moment: Sie ist abhängig vom Text bis zum Extremfall ihrer Austauschbarkeit. Gegen solche »Beliebigkeit« aber, hinter der er einen Verzicht auf die »Gedanklichkeit« der Musik vermutete, erhob Schönberg heftigen Einspruch.

Als symptomatisch hierfür nahm er Hindemiths Vorwort zum *Lehrstück* (nach Brecht), das die Zeitschrift *Anbruch* 1929 in Auszügen veröffentlichte und aus dem Schönberg glossierend zitiert:

»›…auslassungen, zusätze und umstellungen sind möglich, ganze musiknummern können wegbleiben, der tanz kann ausfallen, die clownszene kann gekürzt oder weggelassen werden. andere musikstücke, szenen, tänze und vorlesungen können eingeführt werden, wenn es nötig ist (wie? nötig? welche Notwendigkeit? meine Anmerkung!) und die eingefügten stücke nicht den stil (!!!stil!!!!! [ich]) des ganzen Werkes stören…‹ Und im selben Heft spricht *Krenek* davon, daß die Oper eine potpourrieartige Anlage haben müsse. Wenn Musik erstarrte Architektur ist, so ist das Potpourri erstarrtes Kaffeegeschwätz; festgewordene Haltlosigkeit, Parodie allen logischen Denkens und hat nur als harmlose Travestie eine gewisse Berechtigung: es tut dann so, wie die Menschen tun, wenn sie gesellig beisammen sind und von einem Ding aufs andere springen, wobei eine Eierspeise an Kolumbus erinnert, ein Zündhölzchen eine erotische Anekdote und der Weltuntergang die Assoziation eines Ringelspiels hervorruft.«[25]

Daß Hindemith dann auch noch anderen Leuten erlaubt, in seine Musik einzugreifen, zeuge von einer »Gewissenlosigkeit«, die Schönberg die Frage stellen läßt, warum überhaupt noch komponiert zu werden brauche – und daran knüpft er dann eine Bemerkung über den »Zweck allen Formens«, der darin liege, eine »Anordnung« zu treffen, »welche Auffaßbarkeit garantiert«.

Diese »Auffaßbarkeit«, diese »Faßlichkeit« (um auf eines seiner zentralen Kompositionskriterien zurückzukommen) sieht Schönberg in den nach vordergründiger Aktualität strebenden Stücken und in der ihnen gemäßen musikalischen »Einkleidung« nicht nur gefährdet, sondern außer Kraft gesetzt – die »Verständlichkeit« solcher »Einkleidung« ist die des »Überflüssigen«, nicht aus einem darzustellenden Gedanken Gerechtfertigten. Neben Krenek und Hindemith richtet er diesen Vorwurf auch gegen Kurt Weill, dessen Zusammenarbeit mit Bertolt Brecht 1927 begonnen hatte und bereits ein Jahr später den Welterfolg der *Dreigroschenoper* brachte. Doch – man ist versucht zu sagen: wie immer – kam der Anstoß zur Kritik nicht unmittelbar vom Aufführungserlebnis (welche der von ihm erwähnten Opern Schönberg auch gehört und gesehen hat, ist nicht immer zweifelsfrei festzustellen), sondern durch einen Artikel Weills, der unter dem ironisch-provokanten Titel *Der Musiker Weill* im Dezember 1928 erschienen war.

Eingebettet in eine kleine Rahmenhandlung – Weill parodiert eine Art »preußischer« Schulstunde mit mehreren »Aufstehen! – Setzen!«-Befehlen zu Beginn und strammem Absingen eines Songs aus der *Dreigroschenoper* am Schluß – erfolgt eine recht respektlose Abrechnung mit dem traditionellen Musiktheater, für dessen Höhepunkt und Abschluß das Werk Wagners und Richard Strauss' stünden. Deren »schwierige Gedankengänge« seien überholt: »Ihr (die Schüler; M. H.) beschäftigt euch lieber mit technischen Fragen, mit Flugzeugen, Autos, Radioanlagen und Brückenbauten, und als Lektüre zieht ihr die Sportberichte vor. Aufschreiben!: Die Zeit der Götter und Helden ist vorbei.«[26] Der Besuch von Opern und Konzertvorstellungen sei eine »Gewohnheit« gewesen, »die sich aus der gesellschaftlichen Lage des vorigen Jahrhunderts ergab, für die eurer Generation aber die Voraussetzungen fehlen«. Heute hätte Musik nur noch im »Dienst der Allgemeinheit« eine »Daseinsberechtigung«: sie »ist daher einfacher, klarer und durchsichtiger geworden. Sie will keine Philosophie mehr wiedergeben (…) Aufschreiben!: Kurt Weill macht den Versuch, auf dem Gebiet des musikalischen Theaters von vorn anzufangen. Er hat eingesehen, daß die Oper nicht mehr in einer zeitfremden Atmosphäre ihr romantisches Eigenleben fortsetzen darf. Er will erreichen, (…) daß die Opernfiguren wieder lebendige Menschen werden, die eine allen verständliche Sprache sprechen.« Deshalb habe er sich Brecht angeschlossen: »Klammer auf: Bertolt Brecht, der Begründer des epischen Dramas – Klammer zu.« Brecht und Weill hätten erkannt, »daß die Musik nicht die Handlung des Stückes fördern oder untermalen darf, sondern daß sie nur dann richtig zur Geltung kommt, wenn sie die Handlungen an den geeigneten Stellen unterbricht. Schreibt euch als wichtigstes Ergebnis der Arbeit Weills das Wort ›gestischer Charakter der Musik‹ auf.«

Der Text gibt geradezu eine Auflistung von Forderungen und Begriffen, die Schönbergs Widerspruch reizen und den er, sorgfältig numeriert, in insgesamt acht handschriftlichen Anmerkungen zusammenfaßt. Sie bieten nach allem bisher Gesagten kaum einen neuen kritischen Aspekt, schlagen aber zuweilen einen äußerst scharfen Ton an:

»Ich hoffe, es kommt bald die Zeit, wo diese Jungens es als Beleidigung auffassen werden, daß man für sie wie für Idioten schreibt.«

»Trottel aber, ob sie nun gelehrt oder nicht, haben mich niemals verstanden und werden es auch nicht, wenn ich wie Weill mit ihnen rede: sie würden dann offen erkennen, daß ich ungefährlich bin und ihnen nichts zu sagen habe.«

»›Gemeinschaftskunst ist die einzige rentable Möglichkeit‹ sagte ein Verleger, ›bei dem gegenwärtigen Zinsfuß‹.«

Trotz oder gerade wegen ihrer Schärfe und Konzessionslosigkeit, die über das Ziel hinauszuschießen drohen, verlangt Schönbergs Kritik einige Relativierung. Sie könnte bereits in der Tatsache angedeutet sein, daß der weitaus größte Teil solcher Angriffe in einem Konvolut von persönlich gehaltenen, nicht zur Veröffentlichung bestimmten Notizen und Exkursen erscheint: Schönberg ging es in erster Linie um Selbstverständigung, in der er Gedanken, Auffassungen bis zu maximaler Konsequenz durchzuspielen sucht. Dieses Vorgehen, für das es gelegentlich Hinweise gibt[27], dürfte allerdings den Wahrheitsgehalt nicht im mindesten berührt haben. Zugleich verweist Schönberg des öfteren auf die schöpferische Begabung nicht nur

Hindemiths, sondern auch der noch nicht dreißigjährigen Krenek und Weill – ja nur wenige Tage nach der Glossierung von dessen Artikel schlägt Schönberg beide, Krenek und Weill, für die Wahl zu »Auswärtigen Mitgliedern« der Preußischen Akademie der Künste vor.[28]

In diesem konzilianten Verhalten, das dem Buchstaben der Kritik schroff entgegensteht, Opportunismus sehen zu wollen, trifft wohl nicht zu: Es widerspräche allem, was wir über die offizielle und inoffizielle Präsenz Schönbergs im geistigen Leben seiner Zeit wissen. Er gehörte zu den wenigen, welche die Integrität des Denkens um und vor allem gegen jeden Preis zu bewahren suchten. Vielleicht aber verband er Hindemith, Krenek und Weill (um bei diesen drei zu bleiben; es müßten hier weitere, zum Teil bereits erwähnte Namen fallen) mit jener eingangs umrissenen »modischen Modernität« in dem Sinne, daß ihm die Personifizierung nur Anlaß war, um dem Ganzen einer Kunstentwicklung, die er zugleich als Teil eines mißgeleiteten Weltlaufs verstand, auf die Spur zu kommen. Dazu würde gut passen, daß Schönberg die auf ihn bezogenen oder auch nur vermeintlich bezogenen Vorwürfe bitterernst nahm und sensibel bis hysterisch auf sie reagierte – und gerade persönlich auf die Urheber – und daß er deren weitergehende, dem eigenen Denken nahekommende Überlegungen (die sich im Falle Weills noch dazu erheblich von denen Brechts unterschieden) nicht akzeptierte, nicht akzeptieren wollte. Schönberg hätte sich ja dann nicht pauschal gegen Symbolfiguren wenden können, er hätte differenzieren müssen – was er als abträglich für die Durchschlagskraft der eigenen Argumentation gehalten haben mochte. In seinem Verhältnis zu Kurt Weill kommt dies besonders anschaulich zur Geltung.

Anders als Ernst Krenek oder auch Hans Heinz Stuckenschmidt, seine Generationskollegen, urteilte Weill über Schönberg zwar sachlich-nüchtern, doch stets respektvoll anerkennend. Aufführungen von dessen Werken, etwa im Rundfunk, bespricht er sogar mit Wärme, und die Feststellung, daß es ein Mißverständnis sei, in Schönberg einen »Urheber der heutigen Korruption in der Musik« zu sehen – er wachse »ganz organisch aus der Musik des 19. Jahrhunderts«[29] –, ist frei vom Unterton, daß Schönberg nun, ungeachtet aller sogenannter »Verdienste«, zum alten Eisen gehöre. Daß Schönberg solchen Unterton dennoch herausgehört haben könnte, ist allerdings nicht auszuschließen.

Wichtiger jedoch erscheint der Umstand, daß Weill in seinen Arbeiten zur Oper Anschauungen über Beschaffenheit und Funktion der Musik entwickelt, die sich erheblich vom »funktionalistischen« Konzept Hindemiths oder Kreneks unterscheiden – und Schönbergs Forderungen mehr als nahekommen. Wenn Weill feststellt: »Die Wechselwirkung zwischen einer Handlung, die eine optische Belebung des musikalischen Ablaufes darstellt, und einer Musik, die für die Vorgänge der Bühne nur einen Kommentar liefert, macht noch keine Oper. Erst die restlose Verschmelzung aller Ausdrucksmittel der Bühne mit allen Ausdrucksmitteln der Musik ergibt jene Gattung gesteigerten Theaters, die wir Oper nennen«[30], so ist damit nichts anderes gemeint als das, was Schönberg in der *Glücklichen Hand* verwirklicht hatte: »Mit den Mitteln der Bühne musizieren.«[31]

Bezogen auf die Gegenwart schlußfolgert Weill: »Es ist vor allem der Verzicht auf eine reine musikalische Formgebung, der die Entwicklung der Oper so weit von ihren eigentlichen Zielen abgetrieben hat.«[32] Selbst und gerade die Überlegungen zum epischen Musiktheater lassen ihn dieses Ziel nicht aus den Augen verlieren: »Diese Theaterform«, heißt es mit Blick auf die *Dreigroschenoper*, »ermöglicht es (...), die großen Stoffe der Zeit auf jene Ebene zu übertragen, auf der allein Kunst möglich ist, auf der wieder die gehobene Sprache, die reine Musik, die selbständige Malerei eingesetzt werden können.«[33] Und an anderer Stelle: »Die Form der Oper ist ein Unding, wenn es nicht gelingt, die Musik im Gesamtaufbau und in der Ausführung bis ins einzelste eine vorherrschende Stellung einzuräumen. Die Musik der Oper darf nicht die ganze Arbeit am Drama und seiner Idee dem Wort und dem Bild überlassen, sie muß an der Darstellung der Vorgänge aktiv beteiligt sein.«[34]

Freilich verbindet Weill dieses Konzept[35] mit sozialen und politischen Orientierungen, deren linkssozialistische Quellen unverkennbar sind. Die Oper muß sich den »Interessengebieten« eines »breiteren Publikums« zuwenden. »Die innere und äußere Unkompliziertheit (im Stoff und in den Ausdrucksmitteln), wie sie der naiveren Einstellung des neuen Hörers entspricht, führt zu einer epischen Haltung des musikalischen Bühnenwerkes, die es uns erst ermöglicht, eine absolut musikalische, konzertante Gestaltung zu geben, ohne dabei die Gesetze der Bühne vernachlässigen zu müssen.«[36] Die *Dreigroschenoper* reihe sich in eine Bewegung, »von der heute fast alle jungen Musiker ergriffen werden. Die Aufgabe des l'art pour l'art-Standpunktes, die Abwendung vom individualistischen Kunstprinzip, die Filmmusik-Ideen, der Anschluß an die Jugendmusikbewegung, die mit all dem in Verbindung stehende Vereinfachung der musikalischen Ausdrucksmittel – das alles sind Schritte auf dem gleichen Wege.«[37]

Solche »Politisierung«, gleich, welcher Richtung, weckt Schönbergs Mißtrauen: Er belegt sie unnachgiebig mit dem Verdacht, lediglich eine modische Attitüde zu sein – in der nahezu parallel aufbrechenden Kontroverse mit Hanns Eisler kommt dies zur Sprache. Doch die »Politisierung« könnte nur ein Kritikpunkt gewesen sein. Ein anderer, für Schönberg wichtigerer, da unmittelbar Kunstfragen betreffend, scheint mit Unsicherheiten, mit Unklarheiten zusammenzuhängen, denen Weills Charakterisierung des »epischen Theaters« nicht zu entgehen vermag: Der Musik gehen »bekanntlich alle psychologischen und charakterisierenden Fähigkeiten ab«, dafür »kann (sie) den Gestus wiedergeben, der den Vorgang der Bühne veranschaulicht«.

Bach, Mozart hätten den »richtigen Gestus« getroffen und dadurch die Musik vor Fehlinterpretationen geschützt. »Gestus« in der Musik habe mit rhythmischer Fixierung des Textes zu tun und sei mit Formtypen wie »Fuge« oder »Sonate« vergleichbar.[38]

Diese merkwürdig ratlos wirkenden Ungenauigkeiten im Definitionsversuch des »Gestischen« erscheinen nicht nur wie eine Wurzel, aus der alle späteren Definitionsschwierigkeiten sprossen – sie haben wohl auch nachhaltig Schönbergs Verdacht genährt, daß die äußeren Ungenauigkeiten symptomatisch auf die in der Sache begründeten Ungereimtheiten des Kunstbegriffs verweisen, den Weill hier vertritt. Und durch den sich Schönberg wieder nachdrücklich an den »modischen Zeitgeist« erinnert fühlte, von dem letzten Endes auch die eifrigen Bemühungen um das »epische« Musiktheater getragen seien. So war es denn auch für ihn nur konsequent, die den eigenen Auffassungen nahekommenden Überlegungen Weills unberücksichtigt zu lassen und das epische Moment in einer Weise zu kritisieren, die es als zeittypische, von der Person, vom Künstler Weill abgehobene Erscheinung kenntlich machte.

Dies erfolgt in einem relativ umfangreichen Kommentar zu einem Artikel von

Hans Heinz Stuckenschmidt, der unter dem Titel *Vier Wege und ein Ziel – Quellen der Musikpolemik* im Juli 1931 in der *Vossischen Zeitung* erschienen war und in dem der Versuch unternommen wurde, Gründe für den »Zerfall der Musikanschauungen«, für das nunmehr vorhandene »diffuse Meinungsspektrum« aufzudecken. Dieser Zerfall habe um 1910, mit Schönbergs »Zersetzung des musikalischen Materials« begonnen. Als daran anschließende Phänomene nennt Stuckenschmidt neben Ferruccio Busonis neuer Klassizität, Alois Hábas Mikrointervall-Theorien und dem Experimentieren mit mechanischen Musikinstrumenten Hindemith, Georges Antheil und Stuckenschmidt selbst sowie die »aktivistische« oder »Funktions«-Musik, die vor allem in den revolutionären Nachkriegszentren Rußland und Deutschland entwickelt worden sei. Die »gemeinschaftsbildende Kraft« der Musik gelte es zu nutzen, hinter der alle formal-ästhetischen Fragen zurückzustehen hätten. In diesem Zusammenhang nun erörtert Stuckenschmidt Brechts Musikauffassung, genauer: die gemeinsam mit Peter Suhrkamp entworfene Charakteristik von »dramatischer« und »epischer« Oper, die Brecht in seinen *Anmerkungen zur Oper »Aufstieg und Fall der Stadt Mahagonny«* formuliert hatte.[39]

Zunächst, und wie zuvor den Text von Weill, zitiert Schönberg glossierend die schematische Aufstellung der Gegensätze zwischen beiden musiktheatralischen Darstellungsweisen:[40]

»Dramatische Oper	*Epische Oper*
Die Musik serviert (das ist wohl ein Irrtum)	Die Musik vermittelt
Musik, den Text steigernd	den Text auslegend
Musik, den Text behauptend	den Text voraussetzend
Musik, illustrierend	Stellung nehmend
Musik, die psychische Situation malend	das Verhalten gebend.«

Solche Unterscheidung von »dramatischer« und »epischer« Oper sei, so Schönberg, unhaltbar, da jede Oper dramatisch sein müsse, sofern man darunter nicht nur versteht, »wenn gerauft und gemordet wird«. Ein Unterschied bestünde lediglich darin, ob die »handelnden Figuren (...) vor unseren Augen oder vor unserer Phantasie auf(treten)«. Nachdem Schönberg dies ausführlich erörtert hat, stellt er fest, daß Brecht einen, keineswegs neuen »Darstellungsmodus« im Sinn hat:

»Daß nämlich ein ›Sprecher‹ oder eine Aufschrift, ein Plakat, jenes Vorkommnis berichtet, das die Voraussetzung für die eben stattfindende Szene bildet. Neu an solchen technischen Mitteln ist nur das Übermaß oder die Ausschließlichkeit seiner Benutzung.«

Brecht wende es an,

»um die Rückkehr zu einer Primitivität plausibel zu machen, welche kaum andere Vorteile bietet, als daß sie heute wie etwas Neues aussieht: *So hat man wahrscheinlich angefangen, Theater zu spielen.*«

Ebenso wenig neu sei die Schwierigkeit, auch die Feinheiten einer Opernhandlung verständlich werden zu lassen:

»Episch oder dramatisch: das ist das Problem und wird es bleiben, solange man die Forderung stellt, daß im Kunstwerk alles, was man aus ihm entnehmen soll, nur aus ihm und nur unter Mitwirkung materialgerechter Mittel entnehmbar sein soll. Daß also Handlung der Oper durch die Mittel der musikalischen Bühne, des musikalischen Schau- und Hörspiels bekannt werde und nicht durch Lesen.«

Unter diesem Kriterium »materialgerechter Mittel« analysiert Schönberg die eingangs gebotene Gegenüberstellung von »dramatischen« und »epischen« Merkmalen, z.B.:

»die Musik vermittelnd:
es ist sehr schwer: vermittelt zwischen dem u. jenem;
oder sie vermittelt, indem sie mitteilt;
wahrscheinlich das letztere, also:
die Musik teilt den Text mit
das tut aber doch der Text selbst;
also: teilt die Musik nun etwas des Textes mit, das er selbst allein, ohne Vermittlung, nicht mitteilen kann.
Vielleicht ist das der Stimmungsgehalt, der Elan, der Charakter oder sonst eine romantische, gefühlsmäßige Qualität.
Also:
Die Musik teilt Dinge mit, die der Text nicht sagen will oder kann; man hats nicht leicht, mit Herrn Brecht.«

Die listige Wendung in Schönbergs Analyse besteht darin, daß er den »romantischen«, d.h., den verpönten konservativen Kern in Auffassungen bloßlegt, die sich »modern« und »progressiv« gebärdeten: Brecht stehe auf dem Standpunkt,

»daß die Musik nicht nur ›etwas‹ *ausdrückt*, sondern daß sie etwas *Konkretes* ausdrückt. Er hat also – und das wäre dann ein interessantes Ergebnis des Kampfes gegen die Romantik, gegen die Ausdrucksmusik – durchaus *Ausdrucksmusik* im Sinn. Nur aber verlangt er, daß sie *›etwas anderes‹* ausdrückt (…) Hier will ein Textdichter, daß (…) die Musik jenes andere ausdrücke, das der Textdichter zwar gemeint, aber nicht gesagt hat, oder aber vielleicht auch, das er zwar gesagt, aber nicht gemeint hat – die Hauptsache: es muß ein Widerspruch zwischen Text und Musik entstehen. Wenn das nicht ›vieux jeu‹ ist, heiliger Offenbach, heiliger *Nestroy,* heilige *Johann-Strauß*-Librettisten *bis herab zu Knepler* (dem Dichter und Denker, der *Lehár* beschwingt), dann ist es wohl modern.«

Schönbergs Musikverständnis – wie sein Kunstverständnis insgesamt – ist materialimmanent, d.h., jede Aussage über die Beschaffenheit eines Werkes oder über die Wirkung, die von ihm ausgehen soll, muß unmittelbar im musikalisch-künstlerischen Material und in seiner Organisationsweise, der Technik, verankert sein. Ist sie das nicht, so besteht die Gefahr, daß die Aussage, losgelöst vom historisch akkumulierten Sinnpotential des Materials, eine bloße Absichtserklärung, eine beliebige »Gesinnungsäußerung« darstellt. Auf eine solche »Gesinnungsäußerung« reduzierten sich für Schönberg zumal die politisch-sozialen Zielstellungen, deren Spektrum von nationalistischer Gemeinschafts- bis proletarischer Kampfmusik reichte – und in dem das epische Musiktheater lediglich eine Farbe bildete. Ohne Ausnahme sieht er in ihnen gewissermaßen »Zeitzeichen«, aus der Zeit heraus geborene und mit ihr wieder vergehende Bemühungen, in den Lauf der Geschichte einzugreifen. Darin vermag er bestenfalls Illusion und gewöhnlicherweise nur Sensationsstreben, niedrigen Materialismus, Fortschrittskult zu erkennen. Und deshalb versucht Schönberg mit Nachdruck, einschließlich der ironischen Sottise, Brechts Anliegen auf das Moment einer abstrakten »Verständlichkeit« zu reduzieren, ohne auch nur eine Spur Verständnis für die neuartigen, aber längst nicht mehr nur vagen sozialen Kampfziele des Dichters aufzubringen – von denen alle künstlerischen Fragen, also auch die nach Verständlichkeit, abhängen. Indem Schönberg unbeirrbar behauptet, der Komponist entzünde sich am Text, am »Wahn«, das zum Ausdruck zu bringen, was auf der Bühne geschieht – und die hierin freiwerdende »Besessenheit« übertrage sich als das eigentliche Kraftfeld der Musik auf den Hörer, muß Schönberg zwangsläufig blind sein für Brechts oder Weills Konzept. Ein flüchtiger Blick nur auf die historische Parallelaktion *Dreigroschenoper* und *Von heute auf morgen* läßt dies erkennen.

Schönberg hielt die Kluft zwischen einem Musikverständnis, dessen Wahrheitsgehalt aus der als Totalität bestimmten historischen Bewegung des Materials und deren Gesetzlichkeit hervorgeht, und einem Musik-»Funktionalismus«, der nur manipulatorischem Zweckdenken gehorche, für unüberbrückbar. So sicher dies zutrifft: die Entgegensetzung aber wird problematisch, sobald auf ihre Negativseite Versuche wie die musiktheatralischen von Brecht/Weill – oder auch kompositorische Leistungen wie die Strawinskys – mit einer Ausschließlichkeit gesetzt werden, die den Blick für eine andersgeartete »konkrete Utopie« verstellt. Doch wiederum würde Schönbergs Kritik an »heilsamer« Schärfe verlieren, wenn sie auf die riskante Übertreibung, wenn sie auf die »Ungerechtigkeit«, die »hellsichtig« macht, verzichtete.

»Ich glaube, daß ein wirklicher Komponist Musik aus keinem anderen Grund schreibt, als weil es ihm Freude macht. Diejenigen, die komponieren, um anderen zu gefallen, und an das Publikum denken, sind keine wirklichen Künstler. Sie gehören nicht zu den Menschen, die es treibt, etwas zu sagen, ganz gleich, ob es jemanden gibt, dem es gefällt, oder nicht, und sogar, wenn es ihnen selbst nicht gefällt. Sie sind keine Schöpfer, die die Ventile öffnen müssen, um sich von dem inneren Druck einer ausgereiften Komposition zu befreien. Sie sind lediglich mehr oder weniger geschickte Unterhalter, die das Komponieren aufgeben würden, wenn sie keine Zuhörer finden könnten. Wirkliche Musik von einem wirklichen Komponisten vermag jede Art von Eindruck hervorzurufen, ohne darauf auszugehen.«[41]

ANMERKUNGEN

Abkürzungen für häufig zitierte Literatur

Arnold Schönberg: Stil und Gedanke. Aufsätze zur Musik. Gesammelte Schriften 1, hrsg. von Ivan Vojtěch, Frankfurt/Main 1976 = GS 1

Derselbe: Harmonielehre, 1. Auflage, Wien 1911, fotomechanischer Nachdruck der 3. Auflage 1922, Leipzig 1977 = Harmonielehre (11) bzw. (22)

Derselbe: Briefe, ausgewählt und hrsg. von Erwin Stein, Mainz 1958 = Briefe

Arnold Schönberg. Gedenkausstellung 1974 (Katalog), Redaktion: Ernst Hilmar, Wien 1974 = Katalog 74

Jan Maegaard: Studien zur Entwicklung des dodekaphonen Satzes bei Arnold Schönberg Bd. I-III, Kopenhagen 1972 = Maegaard I, II

Josef Rufer: Das Werk Arnold Schönbergs, Kassel 1959 = Rufer

Texte Schönbergs aus dem Nachlaß im Archiv des Arnold Schönberg Instituts Los Angeles = Nachlaß

Voraussetzungen

1 GS 1, S. 26.
2 Pierre Boulez: Anhaltspunkte. Essays, München 1975, S. 317.
3 Hanns Eisler: Musik und Politik. Schriften 1924–1948. Textkritische Ausgabe von Günter Mayer, Leipzig 1973, S. 15.
4 Briefe, S. 104.
5 GS 1, S. 255.
6 Briefe, S. 74.
7 Christian Martin Schmidt: Über Schönbergs Geschichtsbewußtsein, in: Zwischen Tradition und Fortschritt. Über das musikalische Geschichtsbewußtsein (Veröffentlichungen des Institutes für neue Musik und Musikerziehung Darmstadt Bd. 13), Mainz 1973, S. 91.
8 GS 1, S. 386.
9 GS 1, S. 254.
10 Briefe, S. 230.
11 Rudolf Stephan: Der musikalische Gedanke bei Schönberg, in: Vom musikalischen Denken. Gesammelte Vorträge, hrsg. von R. Damm und A. Traub, Mainz 1985, S. 131.
12 Arnold Schönberg: Die Bewertung musikalischer Qualitäten, Entwurf, 1927 (Nachlaß)
13 Siehe z.B. Harmonielehre (22), S. 247, Briefe, S. 179 u.ö.

»Emanzipation der Dissonanz«
»Secession«
Österreichische Kultur zwischen Geschichte und Tradition

1 Wien um 1900 (Katalog), Wien-München 1985, S. VII.
2 Eva Priester: Kurze Geschichte Österreichs, Wien 1949, S. 446.
3 Wien um 1900, a.a.O., S. 10.
4 Thomas Mann: Leiden und Größe Richard Wagners, in: Adel des Geistes. Zwanzig Versuche zum Problem der Humanität, Berlin 1956, S. 402.
5 Wien um 1900, a.a.O., S. 10.

6 Vgl. Werner Hofmann: Von der Nachahmung zur Wirklichkeit: Die schöpferische Befreiung der Kunst 1890–1917, Köln²/1974, S. 65f.
7 Carl E. Schorske: Wien – Geist und Gesellschaft im Fin de Siecle, Frankfurt/M. 1982, S. 195ff.
8 Manfred Diersch: Empiriokritizismus und Impressionismus. Über Beziehungen zwischen Philosophie, Ästhetik und Literatur um 1900 in Wien, Berlin 1973, S. 16ff.
9 Wien um 1900, a.a.O., S. 409.
10 Ebenda.
11 Diersch, a.a.O., S. 29.
12 Wien um 1900, a.a.O., S. 410.
13 Hermann Broch: Hofmannsthal und seine Zeit, in: Schriften zur Literatur und Kritik I, hrsg. von Peter Michael Lützeler, Frankfurt/Main 1975, S. 194.
14 Traum und Wirklichkeit. Wien 1870–1930 (Katalog), Wien 1985, S. 20.
15 Zit. nach: Diersch, a.a.O., S. 140.
16 Wien um 1900, a.a.O., S. 24.
17 Wien um 1900, a.a.O., S. XII.
18 Wien um 1900, a.a.O., S. XIII.
19 Wien um 1900, a.a.O., S. XV.
20 Wien um 1900, a.a.O., S. 22.
21 Adolf Loos: Sämtliche Schriften Bd. 1, hrsg. von Franz Glück, Wien–München 1962, S. 276–288.
22 Thomas Mann: Briefe 1889–1936, hrsg. von Erika Mann, Berlin 1965, S. 106.
23 Hugo von Hofmannsthal: Reden und Aufsätze III (1925–1929), in: Gesammelte Werke in zehn Bänden, hrsg. von Bernd Schoeller, Frankfurt/Main 1979, S. 40.
24 Robert Musil: Der Mann ohne Eigenschaften, in: Gesammelte Werke in neun Bänden, hrsg. von Adolf Frisé, Bd. 1, Reinbek 1978, S. 54.
25 Eike Middell: Hugo von Hofmannsthal – Dichtung und Geschichte. Nachwort zu: Hugo von Hofmannsthal. Ausgewählte Werke, Leipzig 1975, S. 987ff.
26 Hugo von Hofmannsthal: Ausgewählte Werke, a.a.O., S. 37.
27 Zit. nach: Middell, a.a.O., S. 990.
28 Hofmannsthal: Ausgewählte Werke, a.a.O., S. 96 und 100.
29 Middell, a.a.O., S. 958f.
30 Middell, a.a.O., S. 970.
31 Middell, a.a.O., S. 971.
32 Hofmannsthal: Reden und Aufsätze III, a.a.O., S. 40.
33 Zit. nach: Christian M. Nebehay: Gustav Klimt. Sein Leben nach zeitgenössischen Berichten und Quellen, München 1976, S. 189.
34 Traum und Wirklichkeit (Katalog), a.a.O., S. 528.
35 Vgl. Traum und Wirklichkeit (Katalog), a.a.O., S. 529.
36 Theodor W. Adorno: Wien, in: Quasi una Fantasia. Musikalische Schriften II, Frankfurt/Main 1963, S. 277.
37 Middell, a.a.O., S. 992.

»Secession der Secession«
Auf der Suche nach Wahrhaftigkeit

1 Adolf Loos: Was man druckt, in: Das Andere. Ein Blatt zur Einführung abendländischer Kultur in Österreich, geschrieben von A. L., Heft 2; zit. nach: Burkhard Rukschcio und Roland Schachel: Adolf Loos. Leben und Werk, Salzburg 1982, S. 91.
2 Adorno: Wien, a.a.O., S. 277.
3 Werner Hofmann: Von der Nachahmung zur Wirklichkeit, a.a.O., S. 46.
4 Wassily Kandinsky: Über die Formfrage, in: Der blaue Reiter, hrsg. von Wassily Kandinsky und Franz Marc. Dokumentarische Neuausgabe von Klaus Lankheit, München 1965, S. 148.

5 Vgl. Hofmann: Von der Nachahmung zur Wirklichkeit, a.a.O., S. 48ff.
6 Vgl. Carl Dahlhaus und Michael Zimmermann: Musik – zur Sprache gebracht. Musikästhetische Texte aus drei Jahrhunderten, München und Kassel 1984, S. 337f.
7 Friedrich Schiller: Über die ästhetische Erziehung des Menschen, aus einer Reihe von Briefen. Neunter Brief, in: Friedrich Schiller: Über Kunst und Wirklichkeit. Schriften und Briefe zur Ästhetik, hrsg. von C. Träger, Leipzig 1975, S. 290.
8 Hofmann, a.a.O.
9 Adolf Loos: Sämtliche Schriften Bd. 1, a.a.O., S. 323.
10 GS 1, S. IXX.
11 Loos, a.a.O., S. 65.
12 Loos, a.a.O., S. 106.
13 Loos, a.a.O., S. 152.
14 Wien um 1900, a.a.O., S. 63.
15 Loos, a.a.O., S. 287.
16 Loos, a.a.O., S. 316.
17 Loos, a.a.O., S. 309.
18 Loos, a.a.O., S. 316.
19 Allan Janik und Stephen Toulmin: Wittgensteins Wien, München 1987, S. 36.
20 Die Fackel 279–280 vom 13.5.1909, S. 8. Vgl. auch Heine und die Folgen, in: Karl Kraus: Grimassen (Ausgewählte Werke Bd. 1, hrsg. von Dietrich Simon), Berlin 1977, S. 293.
21 Untergang der Welt durch schwarze Magie, in: Karl Kraus: Grimassen, a.a.O., S. 458f.
22 Janik/Toulmin, a.a.O., S. 108.
23 Heine und die Folgen, a.a.O., S. 296.
24 Die Fackel 1 vom 1. 4. 1899, S. 2.
25 Janik/Toulmin, a.a.O., S. 116.
26 Janik/Toulmin, a.a.O., S. 101.
27 Heine und die Folgen, a.a.O., S. 311.
28 Janik/Toulmin, a.a.O., S. 94; Karl Kraus: Aphorismen und Gedichte (Ausgewählte Werke Bd. 4), Berlin 1984, S. 97f.
29 Loos, a.a.O., S. 180.
30 GS 1, S. 33.
31 Loos, a.a.O., S. 323.
32 Briefe, S. 104.
33 Adorno: Wien, a.a.O., S. 279.
34 Rukschcio/Schachel: Adolf Loos, a.a.O., S. 177.
35 GS 1, S. 26.
36 Wilhelm Worringer: Entwicklungsgeschichtliches zur modernsten Kunst, in: Im Kampf um die Kunst. Die Antwort auf den »Protest deutscher Künstler«, München 1911, S. 95f.
37 Wilhelm Worringer: Abstraktion und Einfühlung. Ein Beitrag zur Stilpsychologie, Leipzig und Weimar 1981, S. 15.
38 Worringer: Abstraktion und Einfühlung, a.a.O., S. 16.
39 Worringer: Abstraktion und Einfühlung, a.a.O., S. 104.
40 Worringer: Abstraktion und Einfühlung, a.a.O., S. 17 und 19.
41 Hofmann: Von der Nachahmung zur Wirklichkeit, a.a.O., S. 48.
42 Arnold Schönberg, Wassily Kandinsky: Briefe, Bilder und Dokumente einer außergewöhnlichen Begegnung, hrsg. von Jelena Hahl-Koch, München 1983, S. 218 (Anmerkung 69).
43 Wassily Kandinsky: Rückblicke, Baden-Baden 1955, S. 45.
44 Kandinsky: Rückblicke, a.a.O., S. 32.
45 Wassily Kandinsky: Über das Geistige in der Kunst, Benteli-Verlag 1959, S. 21.
46 Kandinsky: Über das Geistige in der Kunst, a.a.O., S. 22.
47 Kandinsky: Über das Geistige in der Kunst, a.a.O., S. 25.

48 Kandinsky: Über das Geistige in der Kunst, a.a.O., S. 134.
49 Kandinsky: Über die Formfrage, a.a.O., S. 140ff.
50 Kandinsky: Über das Geistige in der Kunst, a.a.O., S. 82.
51 Schönberg/Kandinsky: Briefe, Bilder und Dokumente, a.a.O., S. 35.
52 Kandinsky: Über die Formfrage, a.a.O., S. 143 und 145.
53 Kandinsky: Über die Formfrage, a.a.O., S. 180f.
54 Kandinsky: Über das Geistige in der Kunst, a. a. O., S. 127f.
55 Kandinsky: Über die Formfrage, a.a.O., S. 147ff.
56 Hofmann: Von der Nachahmung zur Wirklichkeit, a.a.O., S. 61.
57 Kandinsky: Über die Formfrage, a.a.O., S. 154ff.
58 Kandinsky: Über die Formfrage, a.a.O., S. 160ff.
59 Vgl. Kandinskys gewissermaßen synästhetische Beschreibung Moskaus in: Rückblicke, a.a.O., S. 12.
60 Schönberg/Kandinsky: Briefe, Bilder und Dokumente, a.a.O., S. 19.
61 Kandinsky: Über das Geistige in der Kunst, a.a.O., S. 54.
62 Kandinsky: Über das Geistige in der Kunst, a.a.O., S. 55f.
63 Kandinsky: Über das Geistige in der Kunst, a.a.O., S. 79.
64 Kandinsky: Über das Geistige in der Kunst, a.a.O., S. 114.
65 Kandinsky: Über das Geistige in der Kunst, a.a.O., S. 18.
66 Als Fortsetzung von Über das Geistige in der Kunst. Schließlich ging aus diesem Plan in den zwanziger Jahren die Schrift Punkt und Linie zu Fläche hervor.
67 Hofmann: Von der Nachahmung zur Wirklichkeit, a.a.O., S. 73.
68 Harmonielehre (11), S. 471, (22), S. 507.

»Es werde Einheit«
Tonalität und Entwickelnde Variation

1 Schönberg/Kandinsky: Briefe, Bilder und Dokumente, a.a.O., S. 21.
2 Schönberg/Kandinsky: Briefe, Bilder und Dokumente, a.a.O., S. 19.
3 Ebenda.
4 GS 1, S. 11.
5 Harmonielehre (11) und (22), S. 2f.
6 Harmonielehre (11), S. 79f. (22), S. 82. Textabweichungen werden nur in sinnverändernden Fällen benannt.
7 GS 1, S. 170.
8 Vgl. Carl Dahlhaus: Die Musik des 19. Jahrhunderts (Neues Handbuch der Musikwissenschaft Bd. 6), Laaber 1980, S. 220ff.
9 GS 1, S. 36.
10 GS 1, S. 5.
11 Katalog 74, S. 156 (Brief Schönbergs an Leopold Moll, 28.11.1931).
12 GS 1, S. 397.
13 GS 1, S. 157.
14 GS 1, S. 253f.
15 GS 1, S. 226.
16 Ebenda.
17 GS 1, S. 227.
18 GS 1, S. 398.
19 GS 1, S. 365.
20 GS 1, S. 157.
21 GS 1, S. 128.
22 GS 1, S. 96.

23 GS 1, S. 251.
24 GS 1, S. 128.
25 Ebenda.
26 GS 1, S. 453f.
27 Ankündigung des II. Vortragsabends am 30.10.1902 mit Streichquartetten von Ferruccio Busoni (op. 26), Richard Strauss (op. 2) und *Verklärte Nacht* von Schönberg, in: Deutsche Tonkünstler-Zeitung Jg. 1902 Nr. 3 (21.10.1902), S. 20.
28 Arnold Schönberg: Die formbildenden Tendenzen der Harmonie, Mainz 1954, S. 74.
29 GS 1, S. 56.
30 GS 1, S. 410.
31 Christian Martin Schmidt: Schönbergs ›very definite – but private‹ Programm zum Streichquartett Opus 7, in: Bericht über den 2. Kongreß der Internationalen Schönberg-Gesellschaft »Die Wiener Schule in der Musikgeschichte des 20. Jahrhunderts«, hrsg. von R. Stephan und S. Wiesmann, Wien 1986, S. 230ff.
32 Christian Martin Schmidt, a.a.O., S. 233.
33 Ebenda.
34 Theodor W. Adorno: Philosophie der neuen Musik, Frankfurt/Main 1978, S. 60ff.
35 Schönberg: Aphorismen (aus dem Nachlaß).
36 Maegaard II, S. 563.
37 Arnold Schönberg: Sämtliche Werke, hrsg. von R. Stephan, Abteilung VI: Kammermusik, Reihe B, Bd. 20, Streichquartette I, hrsg. von Chr. M. Schmidt, Mainz 1986, S. 63.
38 A.a.O., S. 35.
39 Adorno, Theodor W.: Arnold Schönberg (1874–1951), in: Prismen. Kulturkritik und Gesellschaft, München 1963, S. 159f.
40 GS 1, S. 412.
41 Reinhold Brinkmann: Die gepreßte Sinfonie. Zum geschichtlichen Gehalt von Schönbergs Opus 9, in: Gustav Mahler. Sinfonie und Wirklichkeit. Studien zur Wertungsforschung Bd. 9, hrsg. von O. Kolleritsch, Wien 1977, S. 133ff.
42 A.a.O., S. 134f.
43 A.a.O., S. 148.
44 GS 1, S. 401.
45 Brinkmann, a.a.O., S. 145.
46 A.a.O., S. 133.
47 GS 1, S. 441.
48 Harmonielehre (11), S. 450f., (22), S. 483f.
49 Schönberg: Programmnotiz zu op. 9, in: Brinkmann, a.a.O., S. 137.
50 GS 1, S. 442.
51 Carl Dahlhaus: Brahms und die Idee der Kammermusik, in: Neue Zeitschrift für Musik 134 (1973), S. 560, und in: Verteidigung des musikalischen Fortschritts. Brahms und Schönberg, hrsg. von A. Dümling, Berlin 1990, S. 59.
52 GS 1, S. 18.

»Der musikalische Gedanke«

»Ich fühle Luft von anderem Planeten« Textbindung und Polyphonie

1 GS 1, S. 227f.
2 Harmonielehre (22), S. 488 (Anmerkung, geschrieben 1921).
3 GS 1, S. 213f.

4 Harmonielehre (11), S. 442, (22), S. 488.
5 GS 1, S. 414.
6 Brinkmann, a. a. O., S. 133.
7 GS 1, S. 414.
8 Reinhold Brinkmann: Schönberg und George. Interpretation eines Liedes, in: Archiv für Musikwissenschaft XXVI (1969), S. 1.
9 GS 1, S. 286f.
10 GS 1, S. 74.
11 GS 1, S. 3.
12 Theodor W. Adorno: George, in: Noten zur Literatur IV, Frankfurt/Main 1974, S. 49.
13 A.a.O., S. 46.
14 A.a.O., S. 53.
15 Brinkmann: Schönberg und George, a. a. O., S. 26.
16 A.a.O., S. 22.
17 A.a.O, S. 12.
18 GS 1, S. 4f.
19 Brinkmann: Schönberg und George, a.a.O., S. 21f. Die Ausführungen zum Wort-Ton-Verhältnis sind insgesamt dieser ebenso exakten wie einfühlsamen Arbeit verpflichtet.
20 GS 1, S. 421f.
21 GS 1, S. 28f.
22 GS 1, S. 31.
23 So etwa in Brahms – der Fortschrittliche, GS 1, S. 33ff.
24 Manfred Pfisterer: Studien zur Kompositionstechnik in den frühen atonalen Werken von Arnold Schönberg, Neuhausen–Stuttgart 1978, S. 22ff.
25 GS 1, S. 46.
26 GS 1, S. 49.
27 GS 1, S. 46.
28 GS 1, S. 50.
29 GS 1, S. 50f.
30 GS 1, S. 52f.
31 GS 1, S. 48.
32 Pfisterer, a.a.O., S. 73.
33 Brinkmann: Schönberg und George, a.a.O., S. 12.
34 Pfisterer, a.a.O., S. 91.
35 GS 1, S. 420.
36 GS 1, S. 414.
37 GS 1, S. 421.
38 Ebenda.

»Von den Fesseln der Tonalität befreit«
Auf dem Weg zur Klangfarbenmelodie

1 GS 1, S. 387.
2 Maegaard II, S. 484f.
3 Theodor W. Adorno: Arnold Schönberg 1874–1951, in: Prismen. Kulturkritik und Gesellschaft, München 1963, S. 152.
4 Brief an Richard Strauss, 14.7.1909, in: H. H. Stuckenschmidt: Schönberg. Leben-Umwelt-Werk, Zürich und Freiburg i. Br. 1974, S. 65.
5 Auf die Entstehungsgeschichte der Titel und Titelvarianten sei hier nicht weiter eingegangen. Siehe Eberhardt Klemm: Der Briefwechsel zwischen Arnold Schönberg und dem Verlag C. F. Peters, in: Deutsches Jahrbuch der Musikwissenschaft für 1970 (1971), S. 5ff.

6 Theodor W. Adorno: Schönberg. Fünf Orchesterstücke Op. 16, in: Gesammelte Schriften Bd. 18, Frankfurt/Main 1984, S. 337.
7 GS 1, S. 404.
8 So z.B. Michael Mäckelmann: Arnold Schönberg. Fünf Orchesterstücke Opus 16, München 1987, S. 33.
9 Klemm: Der Briefwechsel zwischen Arnold Schönberg und dem Verlag C. F. Peters, a.a.O., S. 7.
10 Ebenda.
11 GS 1, S. 404.
12 Katalog 74, S. 203.
13 Maegaard II, S. 312.
14 Vgl. z.B. Siegfried Mauser: Das expressionistische Musiktheater der Wiener Schule, Regensburg 1982; Jürg Stenzl: Die Apokalypse einer Liebe. Arnold Schönbergs Monodram »Erwartung« (1909), in: Bericht über den 2. Kongreß der Internationalen Schönberg-Gesellschaft, a.a.O., S. 64ff.
15 Stenzl: Die Apokalypse einer Liebe, a.a.O., S. 64ff. Carl Dahlhaus: Ausdrucksprinzip und Orchesterpolyphonie in Schönbergs »Erwartung«, in: Schönberg und andere. Gesammelte Aufsätze zur Neuen Musik, Mainz 1978, S. 189ff.
16 Paul Bekker: Schönberg: »Erwartung«, in: Anbruch VI, Heft 8/9 (1924): Arnold Schönberg zum fünfzigsten Geburtstage.
17 Maegaard II, S. 315.
18 Maegaard II, S. 316 und 371.
19 So z.B. Mauser: Das expressionistische Musiktheater der Wiener Schule, a.a.O., S. 58ff.
20 A.a.O, S. 101.
21 Maegaard bezieht sich hier auf seine Ausführungen (S. 177) zum vierten Lied des op. 15.
22 Maegaard II, S. 317f.
23 Maegaard II, S. 371.
24 Maegaard II, S. 436f.
25 Maegaard II, S. 315.
26 Harmonielehre (11), S. 416, (22), S. 445.
27 Theodor W. Adorno, in: »23«. Eine Wiener Musikzeitschrift, Reprint, hrsg. von W. Reich, Wien 1971, dokumentarische Einleitung, S. 5.
28 Maegaard II, S. 456 (der letzte Teil des Satzes, ab »das zwölftönige chromatische Total…«, erscheint bei Maegaard in grammatisch unkorrekter Form und wurde stillschweigend berichtigt).
29 Vgl. Albrecht Dümling: Die fremden Klänge der hängenden Gärten. Die öffentliche Einsamkeit der Neuen Musik am Beispiel von Arnold Schönberg und Stefan George, München 1981.
30 Zit. nach: H. H. Stuckenschmidt: Schönberg. Leben-Umwelt-Werk, a.a.O., S. 170.
31 Zit. nach: Katalog 74, S. 200.
32 Zit. nach: Stuckenschmidt: Schönberg. Leben-Umwelt-Werk, a.a.O., S. 123.
33 Vgl. Karl-Heinz Wörner: Die Musik in der Geistesgeschichte, Bonn 1970; José Maria Laborda: Studien zu Schönbergs Monodram »Erwartung« Op. 17, Laaber 1981.
34 Theodor W. Adorno: Über einige Arbeiten Arnold Schönbergs, in: Gesammelte Schriften Bd. 17, Frankfurt/Main 1984, S. 331.
35 Arnold Schönberg: Berliner Tagebuch, hrsg. von J. Rufer, Frankfurt/Main 1974, S. 33f.
36 GS 1, S. 355.
37 Katalog 74, S. 207.
38 So lautet auch der Titel eines Textes aus dem Nachlaß, teilweise wiedergegeben in: Katalog 74, S. 207.
39 Schönberg in einem Interview (1950), in: Schönberg/Kandinsky: Briefe, Bilder und Dokumente, a.a.O., S. 206.
40 Katalog 74, S. 207.

41 Briefe, S. 20.
42 Katalog 74, S. 108.
43 Wassily Kandinsky: Die Bilder, in: Arnold Schönberg. Mit Beiträgen von Alban Berg, Paris von Gütersloh u. a., hrsg. von A. Berg und A. Webern, München 1912, S. 59.
44 Schönberg/Kandinsky: Briefe, Bilder und Dokumente, a.a.O., S. 35.
45 Kandinsky: Die Bilder, a.a.O., S. 59.
46 Schönberg/Kandinsky: Briefe, Bilder und Dokumente, a.a.O., S. 69.
47 Briefe, S. 27.
48 Arnold Schönberg: Berliner Tagebuch, a.a.O., S. 31.
49 GS 1, S. 23.
50 Katalog 74, S. 253.
51 GS 1, S. 236f.
52 Maegaard I, S. 67f.
53 Schönberg/Kandinsky: Briefe, Bilder und Dokumente, a.a.O., S. 148f.
54 A.a.O, S. 124.
55 A.a.O, S. 69.
56 Harmonielehre (11), S. 471, (22), S. 506f.

»Für sich bestehend, und dennoch war alles eins« Gedanke und Raum

1 Katalog 74, S. 232.
2 Katalog 74, S. 232, siehe auch Schönbergs Brief vom 31.10.1911 an die Universal Edition (Emil Hertzka), Wiener Stadtbibliothek.
3 Brief an die Universal Edition (Emil Hertzka) vom 23.7.1911, Wiener Stadtbibliothek; siehe auch Stuckenschmidt: Schönberg. Leben-Umwelt-Werk, a.a.O., S. 130; Rudolf Stephan: Schönbergs Entwurf über »Das Komponieren mit selbständigen Stimmen«, in: Archiv für Musikwissenschaft XXIX (1972), Heft 4, S. 239ff.
4 Brief an die Universal Edition (Emil Hertzka) vom 23.1.1911, Wiener Stadtbibliothek.
5 Z.B. Grundlagen der musikalischen Komposition, hrsg. von R. Stephan, Wien 1979; Vorschule des Kontrapunkts, Wien 1977; Modelle für Anfänger, Wien 1972.
6 Stephan: Schönbergs Entwurf über »Das Komponieren mit selbständigen Stimmen«, a.a.O., S. 246ff. (Abweichungen vom hier gebotenen Text ergaben sich aus dem Vergleich mit dem handschriftlichen Originalmanuskript).
7 Harmonielehre (11), S. 447, (22), S. 479 (»Ein neuer Klang…«).
8 Briefwechsel zwischen Arnold Schönberg und Ferruccio Busoni 1903–1919 (1927), hrsg. von J. Theurich, in: Beiträge zur Musikwissenschaft 19 (1977), Heft 3, S. 165.
9 GS 1, S. 282.
10 Rudolf Stephan: Der musikalische Gedanke bei Schönberg, a.a.O., S. 129ff.; Martina Sichardt: Die Entstehung der Zwölftonmethode Arnold Schönbergs, Mainz 1990, S. 10ff.
11 Dahlhaus/Zimmermann: Musik – zur Sprache gebracht, a.a.O., S. 173.
12 Johann Nikolaus Forkel: Allgemeine Geschichte der Musik (1788 und 1801). Zitiert nach Dahlhaus/Zimmermann: Musik – zur Sprache gebracht, a.a.O., S. 123.
13 Robert Schumann: Gesammelte Schriften I, Leipzig o.J., S. 106.
14 A.a.O, S. 69.
15 A.a.O, S. 130.
16 Arnold Schönberg: Moses und Aron (Studien-Partitur), Mainz o. J., II.Akt, 1. Szene (Takt 93–96).
17 Eduard Hanslick: Vom Musikalisch-Schönen. Aufsätze. Musikkritiken, hrsg. von K. Mehner, Leipzig 1982, S. 77.

18 Vgl. GS 1, S. 31.
19 Dahlhaus/Zimmermann: Musik – zur Sprache gebracht, a.a.O., S. 304.
20 Hanslick: Vom Musikalisch-Schönen, a.a.O., S. 73.
21 A.a.O, S. 79.
22 A.a.O, S. 91.
23 A.a.O, S. 144.
24 Ferruccio Busoni: Über Instrumentationslehre, in: Die Musik 1905/06, Heft 3, S. 168.
25 Die Datierung (1904) des Manuskriptes Einige Ideen zur Begründung einer modernen Kompositionslehre in: Jean und Jesper Chistensen: From Arnold Schoenbergs Literary Legacy: A Catalogue of Neglected Items, Detroit 1988, S. 39f. ist, wohl zu Recht, mit Fragezeichen versehen.
26 Vgl. Schönbergs Brief vom 23.7.1911 an die Universal Edition: Schönberg habe an der Harmonielehre bisher »1 1/2 Jahre (rein gering 1 Jahr) gearbeitet«. Wiener Stadtbibliothek.
27 Vgl. Schönbergs Brief vom 26.7.1910 an die Universal Edition, Wiener Stadtbibliothek.
28 Schönbergs Brief vom 26.9.1910 an die Universal Edition, Wiener Stadtbibliothek.
29 Schönbergs Brief vom 21.3.1911 an die Universal Edition, Wiener Stadtbibliothek.
30 Schönbergs Brief vom 13.4.1911 an die Universal Edition, Wiener Stadtbibliothek.
31 Harmonielehre (11 und 22), S. 12. Auf S. 14 (22 = S. 13) verwendet ihn Schönberg lediglich metaphorisch, als »Gedanken, die ich zu sagen hatte«.
32 Siehe die in Anmerkung 31 zitierte Wendung, die eine vollendete Zeit wiedergibt.
33 Harmonielehre (11), S. 143, (22), S. 153f.
34 Harmonielehre (11), S. 143, (22), S. 153f.
35 Harmonielehre (11), S. 145, (22), S. 156.
36 Harmonielehre (11), S. 322f., (22), S. 346f.
37 GS 1, S. 168.
38 Brief Weberns an Schönberg vom 9.3.1911, Wiener Stadtbibliothek.
39 Brief Weberns an Schönberg vom 21.3.1911, Wiener Stadtbibliothek.
40 Brieffragment Weberns an Schönberg, Juli 1911, Wiener Stadtbibliothek.
41 Wolfgang Schreiber: Gustav Mahler in Selbstzeugnissen und Bilddokumenten, Reinbek 1971, S. 107.
42 Alban Berg. Briefe an seine Frau, München 1965, S. 72.
43 A.a.O, S. 89.
44 Brief Weberns an Schönberg vom 1.1.1911, Wiener Stadtbibliothek.
45 Stuckenschmidt: Schönberg. Leben-Umwelt-Werk, a.a.O., S. 215.
46 August Strindberg: Inferno/Legenden, München 1923, S. 395.
47 Stuckenschmidt: Schönberg. Leben-Umwelt-Werk, a.a.O., S. 214.
48 Honoré de Balzac: Philosophische Erzählungen, Leipzig 1910, S. 176f.
49 Vgl. Alban Bergs Brief an Webern vom 29.7.1912, in: Hans Ferdinand Redlich: Alban Berg. Versuch einer Würdigung, Wien 1957, S. 88.
50 Brief Weberns an Berg vom 2.8.1912, Wiener Stadtbibliothek.
51 Brief Weberns an Berg vom 8.8.1912, Wiener Stadtbibliothek.
52 Walter B. Bailey: Programmatic Elements in the Works of Schoenberg, Ann Arbor, Michigan 1984, S. 82.
53 Brief Schönbergs an Dehmel vom 13.12.1912, in: Joachim Birke: Richard Dehmel und Arnold Schönberg. Ein Briefwechsel, in: Die Musikforschung XI (1958), S. 282.
54 Ebenda.
55 A.a.O, S. 284.
56 Vgl. Schönbergs Brief an Nicolas Slonimsky vom 3.6.1937, in: N. Slonimsky: Music since 1900, New York 1937, S. 574; GS 1, S. 382; GS 1, S. 405.
57 Hier wird die gegenüber Rufer, S. 101, leicht abweichende Übertragung in Maegaard I, S. 81, wiedergegeben.
58 Vgl. Maegaard I, S. 84f.

59 Zit. nach: Bailey, a.a.O., S. 86.
60 Dem Abschlußvermerk »17. 5.« folgte noch ein letzter Überarbeitungshinweis, datiert mit »7.6.1917«.
61 Bis zu seinem Tod hat Schönberg das Werk (wie auch *Moses und Aron* sowie einige theoretische Werke) als nur »unterbrochen« angesehen und sich um seine Vollendung immer wieder Gedanken gemacht, so 1944, als er eine neuerliche Überarbeitung begann. Und noch im Juni 1951, keine drei Monate vor dem Tod, gibt Schönberg in einem Brief an Karl Rankl der Hoffnung Ausdruck, daß das Werk, wenn nicht mehr von ihm selbst, so doch von fremder Hand abgeschlossen werden sollte.
62 August Strindberg: Legenden/Inferno, a.a.O., S. 191f.
63 Harmonielehre (11), S. 146, (22), S. 157.
64 Harmonielehre (11), S. 169, (22), S. 182.
65 Harmonielehre (11), S. 217, (22), S. 238f.
66 Harmonielehre (11), S. 430f., (22), S. 459f.
67 Harmonielehre (11), S. 431ff., (22), S. 460ff.
68 Harmonielehre (11), S. 434.
69 Harmonielehre (11), S. 431, (22), S. 460.
70 Harmonielehre (11), S. 435ff., (22), S. 467ff.
71 Harmonielehre (11), S. 446ff., (22), S. 478ff.
72 Harmonielehre (11), S. 458ff., (22), S. 493ff.
73 Harmonielehre (11), S. 470, (22), S. 505f.
74 Harmonielehre (11), S. 471, (22), S. 506f.
75 Schönberg hatte zuvor Beispiele aus Werken von Webern , Schreker, Bartók und Berg angeführt (S. 467ff.).
76 Harmonielehre (11), S. 470, (22), S. 505.
77 Harmonielehre (11), S. 431, (22), S. 460.
78 Balzac: Philosophische Erzählungen, a.a.O., S. 22.
79 A.a.O, S. 25.
80 A.a.O, S. 47.
81 A. a O., S. 68.
82 A.a.O, S. 91.
83 A.a.O, S. 92.
84 A.a.O, S. 62.
85 A.a.O, S. 176.

»Laß uns wieder ein Ganzes werden«
Von der *Jakobsleiter* zum »Schlüsselbuch«

1 Hanns Eisler: Arnold Schönberg, der musikalische Reaktionär, in: Musik und Politik. Schriften 1924–1948. Textkritische Ausgabe von G. Mayer, Leipzig 1973, S. 15.
2 Rufer, S. 125.
3 Nachlaß, vgl. Rufer, S. 125.
4 GS 1, S. 382.
5 Das »fremde« a in der 1. Trompete verdankt sich wohl der Vermeidung von Oktaven (a – d – as) und ist gewissermaßen die Andeutung eines Krebses zur Anfangsfigur der 1. Flöte (as – f – a).
6 Winfried Zillig: Arnold Schönbergs »Jakobsleiter«, in: Österreichische Musikzeitschrift 16 (1961), Heft 5, S. 197.
7 A.a.O, S. 194.
8 Arnold Schönberg: Die Jakobsleiter, in: Sämtliche Werke, Abteilung VIII: Supplemente, Reihe A, Bd. 29, hrsg. von R. Stephan, Mainz 1985, Takt 278ff.

9 Zillig, a.a.O., S. 193.
10 Maegaard II, S. 555.
11 Stuckenschmidt, a.a.O., S. 226.
12 Zillig, a.a.O., S. 203.
13 Schönberg: Die Jakobsleiter, a.a.O., S. VII.
14 Sichardt: Die Entstehung der Zwölftonmethode, a.a.O., S. 24.
15 Stuckenschmidt, a.a.O., S. 255.
16 Zillig, a.a.O., S. 201.
17 A. a. O., S. 202.
18 A.a.O, S. 200f.
19 Nachlaß, 5.6.1934.
20 Maegaard II, S. 558, I, S. 94f. Das Passacaglia-Fragment stammt (leider) nicht aus dem Jahre 1920, sondern 1926.
21 Maegaard II, S. 490.
22 Maegaard II, S. 566.
23 Maegaard II, S. 563.
24 Vgl. den einleitenden Abschnitt »Voraussetzungen«, Anmerkung 13.
25 Stephan: Der musikalische Gedanke bei Schönberg, a.a.O., S. 131.
26 Was es mit einer 2. Auflage der *Harmonielehre* auf sich haben könnte, erscheint ungewiß. Vielleicht handelte es sich um eine später ausgelieferte Teilauflage von 1911.
27 Rufer, S. 26.
28 Harmonielehre (22), S. VIII.
29 Harmonielehre (11), S. 431.
30 Harmonielehre (11), S. 431.
31 Harmonielehre (11), S. 434.
32 Harmonielehre (11), S. 434.
33 Harmonielehre (22), S. 463ff.
34 GS 1, S. 403f.
35 Harmonielehre (11 und 22), S. 26.
36 Harmonielehre (11 und 22), S. 29.
37 Harmonielehre (11), S. 453f., (22), S. 487.
38 Harmonielehre (11), S. 469f., (22), S. 504f.
39 Notiz zu einem »Vorwort«, 20.4.1917, Nachlaß.
40 Stephan: Schönbergs Entwurf über »Das Komponieren mit selbständigen Stimmen«, a.a.O., S. 246f. Die Abweichungen vom hier wiedergegebenen Text ergaben sich aus einem Vergleich mit dem Originalmanuskript.
41 A.a.O, S. 247f.
42 A.a.O, S. 248.
43 A.a.O, S. 249.
44 Die Lehre vom Zusammenhang, Nachlaß (»April 1917«), S. 4.
45 A. a. O., S. 5.
46 A.a.O, S. 7.
47 A.a.O, S. 8.
48 Welches sind die Erfordernisse eines guten Klanges, 16.4.1917, Nachlaß.
49 Entwurf zur Disposition der Lehre vom Zusammenhang, 21.4.1917, Nachlaß.
50 Ebenda.
51 Zur Formenlehre, 20.4.1917, Nachlaß.
52 GS 1, S. 33.
53 GS 1, S. 219.
54 GS 1, S. 33.
55 GS 1, S. 215.

56 GS 1, S. 77.
57 GS 1, S. 245.
58 Ohne Titel, »9.5.1923«, Nachlaß (Rufer, S. 158).
59 Ebenda.
60 Briefe, S. 179.
61 GS 1, S. 264.
62 Ebenda.
63 GS 1, S. 422.
64 GS 1, S. 423.
65 Journal of the Arnold Schoenberg Institute, 1987, Nr. 2, S. 131.
66 Vgl. Stuckenschmidt: Schönberg. Leben-Umwelt-Werk, a.a.O., S. 426.
67 Journal of the Arnold Schoenberg Institute, 1977, Nr. 1, S. 4.
68 Brief an Edgar Prinzhorn vom 17.4.1932, in: Rufer, S. 129.
69 GS 1, S. 75.
70 GS 1, S. 73 und 76f.
71 GS 1, S. 79.
72 Zu »Darstellung des Gedankens«, Traunkirchen 9.8.1923, Nachlaß.
73 Rufer, S. 125.
74 Ohne Titel, 1925 (Rufer, S. 125).
75 Ebenda.
76 Ebenda.
77 »Vorwort«, 21.6.1934, in: Journal of the Arnold Schoenberg Institute, 1977, Nr. 1, S. 6.
78 A.a.O, S. 5. Siehe auch Rufer, S. 126.
79 Unbetiteltes Textfragment, »26.6.1934«, Nachlaß.
80 Journal, a.a.O., S. 6f.
81 Der musikalische Gedanke, 9.6.1934, 13.6.1934, 14.6.1934.
82 Harmonielehre (11), S. 465.
83 Harmonielehre (11), S. 298, (22), S. 323.

»Stile herrschen – Gedanken siegen«

»Hinter mir beginnt heute die Sackgasse« Gedankendarstellung als materialgerechtes Komponieren

1 Theodor W. Adorno: Arnold Schönberg 1874–1951, in: Prismen, a.a.O., S. 147f.
2 GS 1, S. 130.
3 So z.B. Erwin Stein: Neue Formprinzipien, in: Anbruch 1924, Heft 8/9 (Arnold Schönberg zum fünfzigsten Geburtstage), S. 286ff.
4 Aphorismus, 5.12.1923, Nachlaß.
5 Stefan Zweig: Die Welt von Gestern, Frankfurt/Main 1970, S. 218f.
6 Brief an Webern vom 4.8.1933, in: Katalog 74, S. 329.
7 7.4.1928, Nachlaß.
8 7.3.1928, Nachlaß.
9 Eisler, a.a.O., S. 13ff.
10 Hans Heinz Stuckenschmidt: Arnold Schönberg, in: Das Kunstblatt, hrsg. von Paul Westheim, 1925, Heft 2, S. 54ff.
11 Nora Piesling-Boas: Schönberg-Erstaufführungen, in: 8-Uhr Abendblatt, Berlin, 10.6.1930.
12 GS 1, S. 356f.
13 Das Tempo der Entwicklung, 1928, Nachlaß.
14 Christian Martin Schmidt: Brennpunkte der Neuen Musik, Köln 1977, S. 94.

15 GS 1, S. 476f.
16 21.4.1923, Nachlaß.
17 Respighi-Selberaner, 26.9.1927, Nachlaß.
18 Meine Sackgasse, 23.7.1926, Nachlaß.
19 Arnold Schönberg: Drei Satiren für gemischten Chor op. 28, Wien 1926, S. 3f.
20 Ebenda.

»Tonal oder atonal?«
Polemik um den Zeitgeist

1 GS 1, S. 305.
2 GS 1, S. 477.
3 GS 1, S. 209.
4 Der Restaurateur, 24.7.1926, Nachlaß.
5 Theodor W. Adorno: Philosophie der neuen Musik, Frankfurt/Main 1958, S. 117.
6 A.a.O, S. 172.
7 Sprung über den Schatten, 21.12.1923, Nachlaß.
8 25 Jahre neue Musik. Jahrbuch 1926 der Universal Edition, hrsg. von H. Heinsheimer und P. Stefan, S. 48.
9 Kreneks »gehaltener« Vortrag, 1926, Nachlaß.
10 Krenek für leichte Musik, 26.11.1926, Nachlaß.
11 25 Jahre neue Musik, a.a.O., S. 56f.
12 Krenek für leichte Musik, a.a.O.
13 Vgl. Bergs Brief an seine Frau vom 8.4.1923, in: Alban Berg: Briefe an seine Frau, a.a.O., S. 505.
14 So z. B. Stuckenschmidt: Schönberg. Leben-Umwelt-Werk, a.a.O., S. 300.
15 Theodor W. Adorno: »Von heute auf morgen«, in: Die Musik 1929/30, März 1930, S. 446.
16 Vgl. Brief an Webern vom 29.3.1926, in: Katalog 74, S. 46.
17 Vgl. Arnold Schönberg: Sämtliche Werke, Abteilung III, Reihe B, Bd. 7, 2. Kritischer Bericht von G. Neuwirth und T. Okuljar, Mainz 1974, S. 13f.
18 A.a.O, S. 24.
19 Arnold Schönberg: Berliner Tagebuch, hrsg. von J. Rufer, Frankfurt/Main 1974, S. 43.
20 Schönberg: Sämtliche Werke (siehe Anmerkung 17), S. 14.
21 Brief an Paul Bekker vom 22.4.1929, in: Stuckenschmidt: Schönberg. Leben-Umwelt-Werk, a.a.O., S. 298.
22 In: Melos 10 (1930), Heft 2, S. 96ff.
23 GS 1, S. 281.
24 Entstanden 1928/29.
25 »Hindemith, Krenek, Gutmann, Westphal und auch z.T. Wiesengrund, Redlich (nicht zu vergessen)«, 1929, Nachlaß.
26 Alexander L. Ringer: Schoenberg, Weill and epic theater, in: Journal of the Arnold Schoenberg Institute, 1980, Nr. 1, S. 77ff.
27 Z.B. bei Rufer, S. 164. Zu seinem kritischen Text »Klein Zaches« (über Webern) vermerkt Schönberg: »nicht zu publizieren, nur im Notfall als Abwehr«.
28 Brief an Georg Schumann vom 6.1.1929, Staatsbibliothek zu Berlin, Preußischer Kulturbesitz.
29 Kurt Weill: Ausgewählte Schriften, hrsg. von D. Drew, Frankfurt/Main 1975, S. 119.
30 A.a.O, S. 31.
31 GS 1, S. 236.
32 Weill: Ausgewählte Schriften, a.a.O., S. 31.
33 A.a.O, S. 48.
34 A.a.O, S. 41.

35 Differenzen zu Brechts Konzept brauchen hier ebenso wenig berücksichtigt zu werden wie offenkundige Übereinstimmungen mit Ansichten von Ferruccio Busoni – da sie von Schönberg nicht berücksichtigt wurden.

36 Weill: Ausgewählte Schriften, a.a.O., S. 36.

37 A.a.O, S. 54.

38 A.a.O, S. 42.

39 Erschienen im 2. Heft der »Versuche«, 1930.

40 Stuckenschmidt – Brecht Operngesetze, 3.7.1931, Nachlaß. Das von Schönberg angegebene Datum ist offensichtlich ein Irrtum, da Stuckenschmidts Artikel am 4.7.1931 erschienen ist. Wahrscheinliches Datum: 13.7.1931.

41 GS 1, S. 105.

ANHANG

Chronik

1874	13. September: Schönberg in Wien geboren	Hugo von Hofmannsthal, Karl Kraus geboren
1878		Franz Schreker geb.
1882	Sch. beginnt autodidaktisch mit dem Violinspiel	Igor Strawinsky geb.
1883	Erste Kompositionsversuche	Anton Webern, Franz Kafka, Richard Gerstl geb.; Richard Wagner gest.
1884		Hans Makart gest.
1885	Besuch des Gymnasiums	Alban Berg geb.
1886		Oskar Kokoschka geb.
1888		Gustav Mahler: *1. Sinfonie* (UA 1889)
1890	31. Dezember: Tod des Vaters Samuel Sch.	Egon Schiele, Franz Werfel geb.; Literatenkreis »Jung-Wien« (Hugo von Hofmannsthal, Arthur Schnitzler, Felix Salten, Richard Beer-Hofmann, Hermann Bahr u. a.)
1891–1895	Bankangestellter	
1891		Frank Wedekind: *Frühlings Erwachen*; Hermann Bahr: *Die Überwindung des Naturalismus*
1892		Gerhart Hauptmann: *Die Weber*; Maurice Maeterlinck: *Pelleas und Melisande*
1893		Josef Matthias Hauer geb.; Arthur Schnitzler: *Anatol*
1893–1897	Erste Lieder (Richard Dehmel, Nikolaus Lenau, Ludwig Pfau u.a.); Beginn der Freundschaft mit Alexander von Zemlinsky	
1894	*Drei Klavierstücke* (o. op.)	Gustav Mahler: 2. *Sinfonie* (UA: 1895 in Berlin); Joseph Roth geb.
1895		Otto Wagner: *Die moderne Architektur*; Arthur Schnitzler: *Liebelei* (UA); Claude Debussy: *Prélude d'après-midi d'un faune*; Gustav Mahler: *Lieder aus »Des Knaben Wunderhorn«* (UA); Richard Strauss: *Till Eulenspiegel*
1895/96	Leiter eines Metallarbeiterchores in Stockerau bei Wien	Richard Strauss: *Also sprach Zarathustra*
1896	Beginn der Freundschaft mit Adolf Loos	Anton Bruckner gest.; Gustav Mahler: *3. Sinfonie* (UA 1902 in Krefeld); Theodor Herzl: *Der Judenstaat*

1896–1898	Chormeister des Mödlinger Arbeitergesangsvereins	
1897	*Streichquartett D-Dur*, UA: 17.3.1898 in Wien, Fitzner-Quartett	Gründung der Wiener »Secession«; Richard Strauss: *Don Quixote*; Johannes Brahms gest.; Gustav Mahler wird Direktor der Wiener Hofoper
1897/98	*Zwei Lieder* op. 1 (Karl von Levetzow)	
1898	21. März: Übertritt zum evangelischen Glauben; Sinfonische Dichtung *Frühlings Tod* (nach Nikolaus Lenau, unvollendet)	Hanns Eisler geb.; Adolf Loos gestaltet das Cafe »Museum«; August Strindberg: *Nach Damaskus*; Richard Strauss: *Ein Heldenleben*
1899	Leiter des Männergesangsvereins »Beethoven« in Heiligenstadt; Instrumentation von Operetten; Vorstandsmitglied des Wiener Tonkünstlervereins *Vier Lieder* op. 2 (Richard Dehmel, Johannes Schlaf) Streichsextett *Verklärte Nacht* op. 4 (nach Dehmel), UA: 18.3.1902 in Wien, Rosé-Quartett	Johann Strauß (Sohn) gest.; *Die Fackel* (Karl Kraus) erscheint
1899–1903	*Sechs Lieder* op. 3 (»Des Knaben Wunderhorn«, Gottfried Keller, Richard Dehmel, Jens Peter Jacobsen, Hermann Lingg)	Gustav Mahler: *Sieben Lieder*
1900	*Gurrelieder* für Soli, Chor und Orchester (Jens Peter Jacobsen), 1911 beendet, UA: 23.2.1913 in Wien, Dirigent Franz Schreker	Gustav Mahler: *4. Sinfonie* (UA 1901 in München); Arthur Schnitzler: *Reigen* und *Leutnant Gustl* veröffentlicht; August Strindberg: *Totentanz*; Ernst Krenek, Kurt Weill geb.
1901	Heirat mit Mathilde von Zemlinsky (geb. 1877); Dezember: erste Übersiedlung nach Berlin; Kapellmeister an Ernst von Wolzogens Kabarett »Buntes Theater« (»Überbrettl«) Acht Chansons *(Brettl-Lieder)*	Gründung der Universal Edition, Wien; Thomas Mann: *Buddenbrooks*; Frank Wedekind: *Die Büchse der Pandora*
1902	Lehrstelle am Sternschen Konservatorium, Berlin	Beethoven-Ausstellung im »Secessions«-Gebäude mit Gustav Klimts *Beethoven*-Fries; Claude Debussy: *Pelleas und Melisande*; Gustav Mahler: *5. Sinfonie* (UA 1904 in Köln)
1903	Sinfonische Dichtung *Pelleas und Melisande* op. 5 (nach Maeterlinck), UA: 26.1.1905 in Wien unter Leitung Sch.s; Sch. erhält für zwei Jahre das Liszt-Stipendium Juli: Rückkehr nach Wien, Lehrer an der Schwarzwald-Schule; Bekanntschaft mit Gustav Mahler	Richard Strauss: *Sinfonia domestica*; Hugo von Hofmannsthal: *Das kleine Welttheater*; Klimt-Ausstellung der »Secession«
1903–1905	*Acht Lieder* op. 6 (Julius Hart, Richard Dehmel, Paul Remer, Hermann	

	Conradi, Gottfried Keller, John Henry Mackay, Kurt Aram, Friedrich Nietzsche)	
1904	23. April: Sch. und Alexander von Zemlinsky gründen den »Verein schaffender Tonkünstler«; Anton Webern und Alban Berg nehmen den Unterricht bei Sch. auf *Sechs Orchesterlieder* op. 8 (Heinrich Hart, »Des Knaben Wunderhorn«, Francesco Petrarca)	Gustav Mahler: *6. Sinfonie* (UA 1906 in Essen); Hermann Hesse: *Peter Camenzind*; Eduard Hanslick gest.
1905	*1. Streichquartett d-Moll* op. 7, UA: 5.2.1907 in Wien, Rosé-Quartett	Programm der »Wiener Werkstätte« veröff.; Heinrich Mann: *Professor Unrat*; Maxim Gorki: *Die Mutter*; Rainer Maria Rilke: *Das Stundenbuch*; Richard Strauss: *Salome*; Claude Debussy: *La mer*; Gustav Mahler: *7. Sinfonie* (UA 1908 in Prag); Robert Musil: *Die Verwirrung des Zöglings Törless*; Karl Amadeus Hartmann geb.
1906	22. September: Sohn Georg geb. *1. Kammersinfonie* op. 9, UA: 8.1.1907 in Wien, Rosé-Quartett und weitere Musiker *2. Kammersinfonie* begonnen (1939 als op. 38 beendet, UA: 15.12.1940 in New York)	Dmitri Schostakowitsch geb.; Gustav Mahler: *8. Sinfonie* (UA 1910 in München); John Galsworthy: *Die Forsyte-Saga*
1907	*Zwei Balladen für Gesang und Klavier* op. 12 (Heinrich Amman, Viktor Klemperer) *Friede auf Erden* für gemischten Chor a-cappella op. 13 (Conrad Ferdinand Meyer), UA: 9.12.1911 in Wien	Marcel Proust: *Auf der Suche nach der verlorenen Zeit* (Beginn); Oskar Kokoschka: *Mörder, Hoffnung der Frauen*; Demission Gustav Mahlers von der Wiener Hofoper
1907/08	*2. Streichquartett fis-Moll* op. 10 (Stefan George), UA: 21.12.1908 in Wien, Rosé-Quartett und Marie Gutheil-Schoder *Zwei Lieder* op. 14 (Stefan George, Karl Henkell)	Alban Berg: *Sonate für Klavier* op. 1
1908	4. November: Konzert von Schülern Sch's (Anton Webern, Alban Berg, Erwin Stein, Karl Horwitz u. a.) Intensive Hinwendung zur Malerei	Richard Strauss: *Elektra*; Anton Webern: *Passacaglia* op. 1; Gustav Mahler: *Das Lied von der Erde* (UA 1911 in München); Adolf Loos: *Ornament und Verbrechen*; Alfred Kubin: *Die andere Seite*; Arthur Schnitzler: *Der Weg ins Freie*; Olivier Messiaen geb.
1908/09	*Fünfzehn Gedichte aus dem »Buch der hängenden Gärten« von Stefan George für eine Singstimme und Klavier* op. 15, UA: 14.1.1910 in Wien, Martha Winternitz-Dorda, Etta Werndorf	

1909	*Drei Klavierstücke* op. 11, UA: 14.1. 1910 in Wien, Etta Werndorf *Fünf Orchesterstücke* op. 16, UA: 3.9. 1912 in London, Queens' Hall Orchestra, Dirigent Henry Wood *Erwartung* op. 17 (Marie Pappenheim), UA: 6.6.1924 in Prag, Marie Gutheil-Schoder, Dirigent Alexander von Zemlinsky	Gustav Mahler: *9. Sinfonie* (UA 1912 in Wien); Anton Webern: *Fünf Sätze für Streichquartett* op. 5; Sergej Djaghilews »Ballett russes« gastiert erstmals in Paris
1910	Privatdozent an der Wiener Akademie für Musik und Darstellende Kunst 10. Oktober: Ausstellung der Gemälde Sch's im Kunstsalon Hugo Heller *Drei Stücke für Kammerorchester* (o. op.) 9. September: Beginn des Dramas mit Musik *Die glückliche Hand* op. 18 (eigener Text), beendet 1913, UA: 14.10. 1924 in Wien (Volksoper), Dirigent Fritz Stiedry 31. Oktober: erste Aufführung eines Orchesterwerkes außerhalb Wiens (*Pelleas und Melisande* in Berlin, Dirigent Oskar Fried)	Igor Strawinsky: *Der Feuervogel*; Heinrich Mann: *Geist und Tat*; Anton Webern: *Sechs Orchesterstücke* op. 6; Alban Berg: *Streichquartett* op. 3; Alexander von Zemlinsky: *Kleider machen Leute*
1911	September: zweite Übersiedlung nach Berlin, Dozent am Sternschen Konservatorium; Bekanntschaft mit Ferruccio Busoni und Wassily Kandinsky; Beteiligung an der Ausstellung des »Blauen Reiter« in München Die *Harmonielehre* erscheint *Sechs kleine Klavierstücke* op. 19, UA: 4.2.1912 in Berlin, Louis Closson *Herzgewächse für Sopran, Harfe, Celesta und Harmonium* op. 20 (Maurice Maeterlinck), UA: 17.4.1928 in Wien, Marianne Rau-Hoeglauer, Dirigent Anton Webern	Richard Strauss: *Der Rosenkavalier*; Gerhart Hauptmann: *Die Ratten*; Béla Bartók: *Herzog Blaubarts Burg*; Alexander Skrjabin: *Prometheus*; Hugo von Hofmannsthal: *Jedermann*; Igor Strawinsky: *Petruschka*; Gustav Mahler gest.
1911–1915	Pläne und Entwürfe für ein »Bühnenwerk« (*Jakob ringt* nach Strindberg, Frühjahr 1911; *Seraphita* nach Balzac, Sommer 1912 bis 1913), ein Oratorium (seit 1912) und eine Sinfonie (seit 1912, kompositorische Entwürfe seit 1914), die sich z.T. überschneiden und aus denen das Oratorium *Die Jakobsleiter* hervorgeht	
1912	Vortrag über Gustav Mahler in Prag (25. 3.), Berlin (13.10.) und Wien (3.11.) Bekanntschaft mit Albertine Zehme März bis Mai: *Pierrot lunaire*, 21 Melo-	Alban Berg: *Fünf Orchester-Lieder nach Ansichtskartentexten von Peter Altenberg* op. 4; Maurice Ravel: *Daphnis und Chloe*; Franz Schreker: *Der ferne Klang*;

	dramen für Sprechstimme und acht Instrumente (5 Spieler) op. 21 (Albert Giraud/Otto Erich Hartleben), UA: 16.10. 1912 in Berlin, Albertine Zehme, Dirigent Sch. Oktober/November: Tournee mit dem *Pierrot*-Ensemble und Hermann Scherchen Konzertreise nach Holland 8. und 12. Dezember: Konzerte in Petersburg (*Pelleas und Melisande*, Dirigent Sch.)	Romain Rolland: *Jean Christophe*; John Cage geb.
1913	31. März: Konzertskandal in Wien (Werke von Webern, Zemlinsky, Berg, Mahler und Sch.)	Igor Strawinsky: *Le Sacre du Printemps*; Claude Debussy: *Jeux*
1913–1916	*Vier Orchesterlieder* op. 22 (Ernest Dowson, Rainer Maria Rilke), UA: 21.2.1932 in Frankfurt/M., Hertha Reinecke, Dirigent Hans Rosbaud	
1914	Januar: Konzertreise nach England (*Fünf Orchesterstücke* op. 16, Dirigent Sch.; *Verklärte Nacht* op. 4 und verschiedene Lieder)	Alban Berg: *Drei Orchesterstücke* op. 6; Franz Schmidt: *Notre Dame*; James Joyce: *Ulysses* (Beginn)
1915	25. April: Aufführung von Beethovens *9. Sinfonie* in Wien, Dirigent Sch. 19. Mai: Musterung zum Wehrdienst November: Einberufung Dichtung *Totentanz der Prinzipien*	Max Reger: *Variationen und Fuge über ein Thema von Mozart* op. 132; Richard Strauss: *Eine Alpensinfonie*; erster Film von Charles Chaplin
1915–1922	*Die Jakobsleiter*, Oratorium für Soli, Chor und Orchester (eigener Text), unvollendet	
1916	März bis Mai: Ausbildung in der Reserveoffiziersschule in Bruck a. d. Leitha 21. Oktober: Freistellung	Richard Strauss: *Ariadne auf Naxos* (2. Fassung); Ferruccio Busoni: *Entwurf einer neuen Ästhetik der Tonkunst*; Hermann Bahr: *Expressionismus*; James Joyce: *Porträt des Künstlers als junger Mann*; Johannes R. Becher: *An Europa*
1917	17. September: erneute Einberufung 5. Dezember: endgültige Freistellung vom Wehrdienst *Verklärte Nacht* op. 4 in der Fassung für Streichorchester	Alban Berg: *Wozzeck* (Beginn); Hans Pfitzner: *Palestrina;* Igor Strawinsky: *Les noces* und *Renard*
1918	Frühjahr: Umzug nach Mödling Fortsetzung der Lehrtätigkeit Mai: zehn öffentliche Proben der *1. Kammersinfonie* op. 9 in Wien 6. Dezember: Gründung des »Vereins für musikalische Privataufführungen« 29. Dezember: erstes Konzert des »Vereins« mit Gustav Mahlers *7. Sinfonie* in der Bearbeitung für Klavier zu 4 Händen	Thomas Mann: *Betrachtungen eines Unpolitischen*; Igor Strawinsky: *Die Geschichte vom Soldaten*; Bertolt Brecht: *Baal*; Peter Altenberg: *Vita ipsa*; Franz Schreker: *Die Gezeichneten*; Gustav Klimt, Koloman Moser, Egon Schiele gest.

1919	Hanns Eisler wird Schüler Sch's	Peter Altenberg gest.; erste Zwölfton-Komposition von Josef Matthias Hauer (*Nomos* op. 19); Karl Kraus: *Die letzten Tage der Menschheit*; Richard Strauss: *Die Frau ohne Schatten*; Igor Strawinsky: *Piano-rag-music*
1920 – Frühjahr 1921	Aufenthalt in Holland, Konzerte in Amsterdam und Den Haag, Teilnahme am Mahler-Fest in Amsterdam (Mai) Ernennung zum Präsidenten des »Mahler-Bundes«, Entwurf eines Statutes	Kurt Pinthus (Hrsg.): *Menschheitsdämmerung*; Igor Strawinsky: *Pulcinella*; Maurice Ravel: *La Valse*; Erik Satie: *Socrate*
1920–1923	*Fünf Klavierstücke* op. 23 *Serenade für 7 Instrumente und Baritonstimme* op. 24 (Francesco Petrarca), UA: 20.7.1924 in Donaueschingen, Dirigent Sch.	
1921	27. Mai: Walzerabend des »Vereins« (vier Walzer von Johann Strauß in Bearbeitungen von Alban Berg, Anton Webern und Sch.) 5. Dezember: letztes Konzert des »Vereins« (*Pierrot lunaire*)	Paul Hindemith: *Kammermusik Nr. 1 mit dem Finale 1921* op. 24,1
1921–1923	*Suite für Klavier* op. 25	
1922	23. April: Gründung des »Vereins für musikalische Privataufführungen« in Prag, Sch. wird Ehrenpräsident Instrumentierung zweier *Choralvorspiele* von Johann Sebastian Bach (BWV 654 und 667), UA: 7.12.1922 in New York, Dirigent Joseph Stransky 3. Auflage der *Harmonielehre* erscheint	Béla Bartók: *Der holzgeschnitzte Prinz*; Paul Hindemith: *Die junge Magd*; Bertolt Brecht: *Trommeln in der Nacht*
1923	Veröffentlichung der *Methode der Komposition mit zwölf nur aufeinander bezogenen Tönen* Kontroverse mit Josef Matthias Hauer um die »Priorität« 22. Oktober: Mathilde Schönberg gest.	Arthur Honegger: *Pacific 231* und *König David*; Alexander von Zemlinsky: *Lyrische Sinfonie*; Zoltán Kodály: *Psalmus Hungaricus*; Darius Milhaud: *Die Erschaffung der Welt*; Hanns Eisler: *Klaviersonate* op. 1
1923/24	*Bläserquintett* op. 26, UA: 13.9. 1924 in Wien	
1924	März/April: Konzerttournee nach Italien mit dem *Pierrot*-Ensemble 28. August: Heirat mit Gertrud Kolisch	Thomas Mann: *Der Zauberberg*; Edgar Varèse: *Octandre*; André Breton: *Surrealistisches Manifest*; Hanns Eisler: *Palmström* op. 5; Luigi Nono geb.
1924–1926	*Suite für sieben Instrumente* op. 29, UA: 15.12.1927 in Paris, Dirigent Sch.	
1925	April: Konzerte in Barcelona (*Pierrot lunaire*) September: Sch. in Venedig beim Kammermusikfest der Internationalen Gesellschaft für neue Musik	Franz Kafka: *Der Prozeß*; Lion Feuchtwanger: *Jud Süß*; UA von Alban Bergs *Wozzeck* in Berlin; Dmitri Schostakowitsch: *1. Sinfonie*; Hugo von Hofmannsthal: *Der Turm*; Luciano Berio, Pierre

	27. September: Berufung zum Leiter einer Meisterklasse für Komposition an der Preußischen Akademie der Künste in Berlin 6. Dezember: Ehrenmitglied der Accademia Santa Cecilia in Rom *Vier Stücke für gemischten Chor* op. 27 (Sch., Hans Bethge) *Drei Satiren für gemischten Chor* op. 28 (Schönberg)	Boulez geb.
1926	10. Januar: dritte Übersiedlung nach Berlin *Der biblische Weg* (Drama, 2. Fassung)	Franz Kafka: *Das Schloß*; Paul Hindemith: *Cardillac*; Hans Werner Henze geb.
1926–1928	*Variationen für Orchester* op. 31, UA: 2.12.1928 in Berlin, Dirigent Wilhelm Furtwängler	Ernst Krenek: *Jonny spielt auf*; Igor Strawinsky: *Ödipus Rex*; Sergej Prokofjew: *Der feurige Engel*; Arnold Zweig: *Der Streit um den Sergeanten Grischa*; Hermann Hesse: *Der Steppenwolf*
1927	*3. Streichquartett* op. 30, UA: 19.9. 1927 in Wien, Kolisch-Quartett	
1928	Instrumentierung von Johann Sebastian Bachs *Präludium und Fuge Es-Dur* (BWV 552), UA: 10. 11. 1929 in Wien, Dirigent Anton Webern *Klavierstück op. 33a*, UA: 30.1.1931, Else C. Kraus	Alban Berg: *Lulu* (Beginn); Anton Webern: *Sinfonie* op. 21; Igor Strawinsky: *Apollon musagète*; Maurice Ravel: *Bolero*; Bertolt Brecht/Kurt Weill: *Die Dreigroschenoper*
1928/29	*Von heute auf morgen* op. 32 (Max Blonda, d.i. Gertrud Schönberg), UA: 1.2.1930 in Frankfurt/M., Dirigent Wilhelm Steinberg	
1929	*Vier deutsche Volkslieder* für Gesang und Klavier	Alfred Döblin: *Berlin Alexanderplatz*; Erich Maria Remarque: *Im Westen nichts Neues*; Hugo von Hofmannsthal gest.
1929/30	*Begleitungsmusik zu einer Lichtspielszene* für Orchester op. 34, UA: 6. 11.1930 in Berlin, Dirigent Otto Klemperer *Sechs Stücke für Männerchor* op. 35 (Schönberg)	
1930	Erste Aufführung von *Verklärte Nacht* op. 4 in Paris	Robert Musil: *Der Mann ohne Eigenschaften* (1. Band); Joseph Roth: *Hiob*
1931	Arbeitsurlaub in Spanien, Bekanntschaft mit Pablo Casals *Klavierstück op. 33 b* Juli: Abschluß des 1. Aktes von *Moses und Aron* (Schönberg)	Hermann Broch: *Die Schlafwandler*; Igor Strawinsky: *Concerto in D für Violine und Orchester*
1932	7. Mai: Tochter Nuria geb. 2. Juni: Rückkehr nach Berlin März: 2. Akt von *Moses und Aron* beendet	Hans Pfitzner: *Sinfonie in cis-Moll*; Gerhart Hauptmann: *Vor Sonnenuntergang*; Joseph Roth: *Radetzkymarsch*
1932/33	*Konzert für Violoncello und Orchester nach dem Cembalokonzert D-Dur*	

	von Georg Matthias Monn, UA: 7.12.1935 in London, Emanuel Feuermann	
1933	12. Februar: Vortrag *Brahms, der Fortschrittliche* im Berliner Rundfunk 20. März: Rücktritt von der Leitung der Kompositionsklasse an der Akademie der Künste Mai: offizielles Beurlaubungsschreiben der Akademieleitung *Drei Lieder* op. 48 (Jakob Haringer) *Konzert für Streichquartett und Orchester nach dem Concerto grosso op. 6 Nr. 7 von Georg Friedrich Händel*, UA: 26. 9.1934 in Prag, Kolisch-Quartett, Dirigent K. B. Jirák 17. Mai: Emigration nach Paris 24. Juli: Rückkehr zum jüdischen Glauben Oktober: Emigration in die USA, Lehrer am Malkin-Konservatorium in Boston	Thomas Mann: *Die Geschichten Jaakobs*; André Malraux: *So lebt der Mensch*; Richard Strauss: *Arabella*
1934	Übersiedlung nach Los Angeles, Privatunterricht an der University of Southern California (USC) *Suite für Streichorchester in G-Dur*, UA: 18.5.1935 in Los Angeles, Dirigent Otto Klemperer	Paul Hindemith: *Mathis der Maler*; Anton Webern: *Konzert für neun Instrumente* op. 24; Alban Berg: *Sinfonische Stücke aus der Oper Lulu*; Igor Strawinsky: *Persephone*; Hanns Eisler: *Deutsche Sinfonie* (Beginn)
1934–1936	*Konzert für Violine und Orchester* op. 36, UA: 6.12.1940 in Philadelphia, Louis Krasner, Dirigent Leopold Stokowski	
1935		Alban Berg gest.; Rudolf Wagner-Régeny: *Der Günstling*; Richard Strauss: *Die schweigsame Frau*; George Gershwin: *Porgy and Bess*; Anton Webern: Kantate *Das Augenlicht* op. 26
1936	Herbst: Lehrer an der University of California, Los Angeles (UCLA) *4. Streichquartett* op. 37, UA: 9.1.1937 in Los Angeles, Kolisch-Quartett	Dmitri Schostakowitsch: *4. Sinfonie*; Igor Strawinsky: *Jeu de cartes*; Béla Bartók: *Musik für Saiteninstrumente, Schlagzeug und Celesta*
1937	26. Mai: Sohn Ronald geb. 11. Juli: Gedenkrede für George Gershwin Bearbeitung des *Klavierquartetts g-Moll op. 25 von Johannes Brahms für Orchester*, UA: 7.5.1938 in Los Angeles, Dirigent Otto Klemperer	Hanns Eisler: *Lenin-Requiem*; Richard Strauss: *Daphne*; Dmitri Schostakowitsch: *5. Sinfonie*
1938	*Kol Nidre* für Sprecher, gemischten Chor und Orchester op. 39, UA: 4.10.1938 in Los Angeles, Dirigent Sch.	

1939		Anton Webern: *Erste Kantate* op. 29; Karl Amadeus Hartmann: *Concerto funebre* für Violine und Orchester; Rudolf Wagner-Régeny: *Die Bürger von Calais*; Thomas Mann: *Lotte in Weimar*; James Joyce: *Finnegan's wake*
1940		Anton Webern: *Variationen für Orchester* op. 30; Igor Strawinsky: *Sinfonie in C*
1941	27. Januar: Sohn Lawrence Adam geb. 26. März: Vorlesung über 12-Ton-Technik an der UCLA 11. April: Verleihung der USA-Staatsbürgerschaft *Variationen über ein Rezitativ für Orgel* op. 40, UA: 10.4.1944 in New York, Carl Weinrich	Richard Strauss: *Capriccio*; Dmitri Schostakowitsch: *7. Sinfonie (Leningrader)*; Bertolt Brecht: *Mutter Courage und ihre Kinder*; Johannes R. Becher: *Abschied*
1942	*Models for beginners in Composition* *Ode an Napoleon* für Sprecher, Streichquartett und Klavier op. 41 (Byron), UA: 23.11.1944 in New York *Konzert für Klavier und Orchester* op. 42, UA: 6.2.1944, Eduard Steuermann, Dirigent Leopold Stokowski	Carl Orff: *Die Kluge*; Sergej Prokofjew: *Krieg und Frieden*; Eliott Carter: *1. Sinfonie*
1943	*Thema und Variationen für Blasorchester* op. 43a, für Orchester op. 43b, UA: 20. 10. 1944 (op. 43b) in Boston, Dirigent Sergej Koussevitzky	Hermann Hesse: *Das Glasperlenspiel*; Stefan Zweig: *Schachnovelle*; Paul Hindemith: *Sinfonische Metamorphosen Carl Maria von Weberscher Themen*; Anton Webern: *Zweite Kantate* op. 31; Dmitri Schostakowitsch: *8. Sinfonie*
1944	Emeritierung zum 70. Geburtstag (13. 9.)	Igor Strawinsky: *Babel*
1945	Antrag Sch's für das Stipendium der Guggenheim-Stiftung abgelehnt; Wiederaufnahme des Privatunterrichts *Prelude to Genesis* für gemischten Chor und Orchester op. 44, UA: 18. 11. 1945 in Los Angeles, Dirigent Werner Janssen 27. März, 10. und 24. April: Konzerte der UCLA zu Ehren Sch's mit Werken aus allen Perioden	Igor Strawinsky: *Sinfonie in drei Sätzen*; Béla Bartók: *3. Klavierkonzert*; Hanns Eisler: Musik zu Brechts *Furcht und Elend des dritten Reiches*; Hermann Broch: *Der Tod des Vergil*; Bertolt Brecht: *Der kaukasische Kreidekreis*; Anton Webern gest.
1946	Januar: Ehrenpräsident der Internationalen Gesellschaft für Neue Musik Mai: Vorträge an der University of Chicago August: Herzinfarkt *Structural functions of harmony* (dt. Übersetzung: *Die formbildenden Tendenzen der Harmonie*) *Streichtrio* op. 45, UA: 2.5.1947 in Cambridge/Mass.	Arthur Honegger: *Liturgische Sinfonie*; Richard Strauss: *Metamorphosen*; Karl Amadeus Hartmann: *2. Sinfonie*

1947	*A Survivor from Warsaw* (*Ein Überlebender von Warschau*) für Sprecher, Männerchor und Orchester op. 46, UA: 4. 11. 1948 in Albuquerque, Dirigent Kurt Frederick	Igor Strawinsky: *Orpheus*; Hanns Eisler: Musik zu Brechts *Galileo Galilei*; Thomas Mann: *Doktor Faustus*; Hans Werner Henze: *1. Sinfonie*
1948	Beginn der Kontroverse mit Thomas Mann über dessen Roman *Doktor Faustus* *Drei Volkslieder* für gemischten Chor op. 49	Igor Strawinsky: *Messe*; Olivier Messiaen: *Turangalila*; Pierre Boulez: *2. Klaviersonate*; John Cage: *Sonatas and Interludes*
1949	13. September: Konzert der International Society for Contemporary Music zu Ehren des 75. Geburtstages 14. September: Verleihung der Ehrenbürgerschaft der Stadt Wien *Fantasie für Violine mit Klavierbegleitung* op. 47, UA: 13.9.1949, Adolf Koldofsky, Leonard Stein *Dreimal tausend Jahre* für gemischten Chor (Dagobert D. Runes), UA: 29.10. 1949 in Fylkingen (Schweden)	Paul Dessau: *Die Verurteilung des Lukullus*; Olivier Messiaen: *Mode de valeurs et d'intensités*; Boris Blacher: *Hamlet*
1950	16. Mai: Konzert der Schüler in Los Angeles mit Werken Sch's Aufsatzsammlung *Style and Idea* erscheint *De profundis* (Psalm 130) für gemischten Chor a-cappella op. 50b, UA: 29.1. 1954 in Köln	Karl Amadeus Hartmann: *1. Sinfonie* (Umarbeitung einer Kantate von 1936); Luigo Nono: *Variazioni canoniche über eine Zwölftonreihe aus opus 41 von Schönberg*; Pierre Schaeffer/Pierre Henry: *Symphonie pour un Homme Seul*; Boris Blacher: *Ornamente* für Klavier
1951	2. Juli: UA des *Tanzes um das goldene Kalb* aus *Moses und Aron* in Darmstadt, Dirigent Hermann Scherchen 13. Juli: Schönberg stirbt	Igor Strawinsky: *The Rake's Progress*; Paul Hindemith: *Harmonie der Welt*; John Cage: *Music of Changes*; Luigo Nono: *Polifonia-Monodia-Ritmica*; Hans Werner Henze: *Boulevard Solitude*; Pierre Boulez: *Polyphonie X* für 18 Instrumente; Karlheinz Stockhausen: *Kreuzspiel*

Personenregister

Werkregister